從宇宙大霹靂到今天的人類世界

# 大歷史

FROM THE BIG BANG TO THE PRESENT

# BIG HISTORY

Cynthia Stokes Brown

辛西婭·史托克斯·布朗——著　楊惠君、蔡耀緯——譯

# 目次

## 第二部　溫暖的一萬年

導讀

# 「大」歷史回來了！

中央大學歷史所教授兼文學院學士班主任　蔣竹山

「大」歷史又回來了！是的，在歷史書寫的諸多領域當中，大又回來了，這其中最長時段的當數「大歷史」（Big History）。

說起大歷史，我們可能要對這波風潮的演變有點基本認識。這或許可以從戰後史學發展來看，如果說過去二十年西方史學的主流是新文化史，強調敘事、微觀、日常生活、再現、表象等小歷史；近來新的趨勢就是全球史、跨國史、國際史等大歷史。

另一條線是從環境史的脈絡來看。自一九七〇年代環境史興起以來，有關美國及世界各國的環境史論著大量出版。隨著全球環境變化的加速，在上述基礎上，學界漸漸發展出了全球環境史的概念，史家開始研究具有全球重要性的議題。

若從研究特色來看，可概分為四種類型。一是世界環境史，例如約翰・麥克尼爾（J. R. McNeill）與唐納德・休斯（Donald Hughes）的作品。二是以專題為主，如古羅夫（Richard

Grove）、約阿西姆・拉德考（Joachim Radkau）、彭慕蘭（Kenneth Pomeranz）等人的著作。第三種是把環境史與世界史結合的著作，例如世界史著名史家威廉・麥克尼爾（W. H. McNeill）與他兒子約翰・麥克尼爾合著的《文明之網：無國界的人類進化史》（*The Human Web: A Bird's Eye View of World History*, 2007），菲立普・費南德茲—阿梅斯托（Felipe Fernández-Armesto）的《文明的力量：人與自然的創意關係》（*Civilizations*, 2000）及《世界：一部歷史》（*The World: A Brief History*, 2007），克羅斯比（Alfred Crosby）的《寫給地球人的能源史》（*Children of the Sun: a History of Humanity's Unappeasable Appetite for Energy*, 2006）。

最後一種是強調「大歷史」，把人類史放在大爆炸以來的地球環境演化中來研究，例如大衛・克里斯蒂安（David Christian）的《時間地圖：大歷史，一百三十億年前至今》（*Maps of Time: An Introduction of Big History*, 2004）、佛瑞德・斯皮爾（Fred Spier）的《大歷史與人類的未來》（*Big History and the Future of Humanity*, 2010）。有關大歷史，除了上述二位史家克里斯蒂安及斯皮爾外，一般最常提到的就是馬可孛羅此次出版的《大歷史：從宇宙大霹靂到今天的人類世界》。作者是辛西婭・史托克斯・布朗（Cynthia Stokes Brown），目前是美國加州多明尼克大學教授，主持該校的大歷史項目，並擔任國際大歷史學會的委員會成員。這書和克里斯蒂安近來剛翻譯出版的《極簡人類史：從宇宙大爆炸到二十一世紀》（遠足文化，2016）極為類似，都是講述宇宙起源開始的整個歷史，兩本可以參照來看。

論時間長短，全球史已經是長時段歷史研究，其次是台灣讀者較少聽說的橫跨幾萬年的

「深歷史」（Deep History），這種史學研究只談有人類的歷史，將「歷史」與「史前」的界線打破，敘事較為集中，所回應的多為當今世界較關心的議題，又稱為「人類世史」。這方面的課題有：早期基督教史、從黑猩猩到博奕論的生存策略、遠古至今的游擊戰。而「大歷史」所研究的時段更長，範疇含括宇宙、考古與氣候，每個時段都拓展了歷史研究的視野。

台灣的出版市場，過往十幾年，已經出過各式各樣的全球史名著，像是《槍砲、病菌與鋼鐵》、《哥倫布大交換》、《帖木兒之後》、《文明之網》、《維梅爾的帽子》、《世界帝國二千年》。直到今年，才有大歷史著作的翻譯，這表示全球史的出版又進入了另一個階段，有其特別意義。

《大歷史》的原書出版於二〇〇七年，這時間點已離克里斯蒂安於一九九一年首次撰文〈為「大歷史」辯護〉，提出「大歷史」這名詞，相隔十幾年。直到二〇一〇年，這樣的研究與課程被微軟創辦人比爾．蓋茲所注意，捐助了一千萬美金成立「大歷史項目」，架設平台，在中學開設相關課程，以及在網路上推廣公共課程，大歷史才開始受到學界及大眾的重視。

《大歷史》可說是《極簡人類史》的升級版，你如果是克里斯蒂安的粉絲，絕對不可錯過《大歷史》這書。令我印象最深刻的是書末第十三章「現在與未來」的部分。辛西婭．史托克斯．布朗提到，一般歷史學家並不試圖描繪現在，認為這應該是社會學家、政治學家與政治人物的工作。但她和克里斯蒂安這派大歷史學者，並不受限於史家過往的常規。她們認為分析現在以擘劃未來，是人類能力與責任的一部分，刻不容緩。這點與另一本全球史著作《西方憑什麼》有點像。其作者伊安・摩里士（Ian Morris）提出未來可能性的發展，得到的結論是，我們在看歷史發展這個問題時是有法則的。這跟過去不太一樣，過去的歷史學怕講法則，因為我們不是社會學家或未來學家，也不像自然科學有規則或模式可以看出趨勢，但對他而言，歷史是有法且可以遵循，甚至預測未來的。

讀者若對這兩本各自撰寫的大歷史主題感興趣，還可另外找她們兩位合作的教科書，剛翻譯出版的《大歷史：虛無與萬物之間》（後浪，2016）來看，這是大歷史這項新興跨學科領域的第一本教材。這本書吸收了宇宙學、地球與生命科學、人類史的成果，並將它們組合成關於宇宙及我們人類在其中位置的普遍性歷史敘事。

然而，在這個全球化的時代，為什麼我們需要大歷史？

近來有學者就特別強調全球史所具有很強的公民教育的功能。例如北京大學錢乘旦教授最近在一場新書座談會上，就提到：「全球史的書寫，包括我個人這些年倡導跨國史的書寫，還具有很強的公民教育的功能。歷史學的重要功能就是公民教育。我們民族國家歷史書寫過於強調國家的成就、輝煌與貢獻，國家歷史上的一些比如陰暗面，一些失敗，一些錯誤，往往避而不談，也往往忽視外來因素對國家歷史演進的貢獻。」但全球史卻翻轉了過往民族國家史觀的缺點，特別強調人類相互依賴，人與人的互動合作以及人類的共同命運，這有助於破除狹隘的民族主義思潮，進而培養出一種具有世界歷史觀的公民。

此外，近來一本相當受到歐美學界矚目的新書《歷史學宣言》（*The History Manifesto*, 2014）

也揭示了全球史書寫與建構當代世界公民的歷史意識的關係。這本書之所以重要，就如同史家伊格爾斯（Georg Iggers）所言：「該書力圖讓歷史與廣大公眾密切相關，擺脫長久統治專業史學的狹隘專業化取向，轉而以長時段的視角把歷史、當前與未來連成一個密不可分的整體。」或者如查卡拉巴提（Dipesh Chakrabarty）所說：「大歷史和深度史被認為是史學家回應大眾對未來關切的方法與理路……。史家的未來在於史學家是否有能力塑造和引導公眾話語，這無異對同行史學家發出一聲令人振奮的出征號令。」

的確，《歷史學宣言》點出了這個時代「長時段的回歸」為什麼重要？又為什麼能彌補過往文化史階段的微觀與破碎化的問題。作者喬・古爾迪（Jo Guldi）及大衛・阿米蒂奇（David Armitage）認為，有段時間史家整體甚少對未來進行任何思考，與當時正紅的微觀史相較，長時段的歷史幾乎不算是一門學科。更不用說，歷史老師也很少讓學生去研讀，幾乎不屑談論，更無人仿效。雖然有段時間微觀史著作豐富了我們對民眾生活的理解，或是公開地或是私密地了解人們心理的想法，又或認識到人類經驗的建構性特徵。但在書寫微觀史的同時，史家卻拋棄了以往史學的道德批判特性。正是這種關懷，讓全球史較以往的文化史更關注公共領域。

有鑑於此，《歷史學宣言》特別呼籲當下的歷史作品應當特別關注長時段的歷史。這些主題應該帶有道德蘊含，包括應對全球暖化對人類經濟的影響，將民眾的生活經歷納入到政策制訂的範疇之內，並要求史家在選定課題時就考慮到全部的人類經驗，及面向儘可能的廣大受眾，這些包括了環境問題、治理問題、資本主義問題與剝削問題。在這樣的考量下，我們近來看到的全球史著作，基本上較過往著作，更能讓公眾了解到人類的發展與地球之間的長時段關連，尤其有關大氣環境、脆弱的生態系統及逐漸緊缺的自然資源。該書作者還提到，同等重要的是，我們還需要讓公眾了解，圍繞資本主義如何面對正義與不公的問題。

近來德國的歷史教育的例子也能說明如何透過世界歷史觀的培養做為全球化挑戰的一種回應。有學者認為，透過增添不同的視角，在跨國、跨文化與跨洲際規模上對比歷史觀點，能對多元文化的尊重與對差異的認同。在歷史教育的過程中，學生應當認識到歷史是一個過程，生活在不同區域的人們的觀念和知識不斷累積。不同區域之間的接觸不僅僅以衝突的形式發生，也可以通過和平的方式進行。

此外，一些史學研究機構也開始關注長時段歷史的重要性。國際歷史教育協會（ＩＳＨＤ）曾在二〇一一年於上海召開「一九四五年以來世界史的呈現：亞洲與德國／歐洲教科書敘事特點的比較」國際研討會，邀請了中國、韓國與德國的歷史教育研究學者，探討全球化的影響下，歷史教學在總體上，尤其是世界史教學上如何面臨新的挑戰。其目標在使本國史與全球性歷史視角達成新的平衡，並促使年輕一代理解本國歷史與民族文化，同時推動他們把自身融入到世界史與人類史的總體之中。

前述《歷史學宣言》「長時段的回歸」的論點，宣示了一個史學新時代的到來，暗示大歷史更符合當前的世界公民的需求。做為一位世界公民，我們必須跳脫傳統的民族國家史觀，將自身的歷史放在世界史的脈絡下來看待。雖然這樣的趨勢在台灣的學院裡尚未形成風潮，但卻已在民間的史學出版上，看到這類歷史書寫的時代特性。其中《大歷史》的出版，就是這股新趨勢的最佳代表。

# 二〇一二年版前言

自從本書的初版在二〇〇七年九月問世以來，這五年裡，「大歷史」有了不少發展。這個觀念開始確立。全球愈來愈多人對大歷史釐清問題的能力很有興趣。其中一個小案例是本書已經被翻譯成九種語言：阿拉伯語、荷蘭語、葡萄牙語、西班牙語、韓語、越南語、俄語、土耳其語和中文。

近年也出現了其他幾種大歷史的詮釋。可以分成科學家派、史學家派和傳統智慧派（wisdom traditions）。天文物理學家艾瑞克・伽森（Eric Chaisson）以一般大眾為訴求的著作《演化的史詩：宇宙的七個時代》（*Epic of Evolution: Seven Ages of the Cosmos*, 2006），列出了漸進複雜性（increasing complexity）的七個紀元。天文學家羅素・惹內（Russel Genet）寫了一本易懂而幽默的書，《人類：會成為螞蟻的黑猩猩》（*Humanity: The Chimpanzees Who Would Be Ants*, 2007）。首開先河之作《大歷史的結構》（*The Structure of Big History*, 1996）的作者，生化／人類學家佛瑞德・斯皮爾（Fred Spier）在最近的著作《大歷史與人類的未來》（*Big History and the Future of Humanity*, 2010）當中，把他的理論架構修正得更加嚴謹。

在史學家當中，大衛・克里斯蒂安（David Christian）的《時間地圖：大歷史，一百三十億年前至今》（*Maps of Time: An Introduction of Big History*），仍然是必讀的經典。曾經登上加州大學出版社暢銷排行榜的冠軍寶座，新版在二〇一一年問世。克里斯蒂安為TTC公司（The Teaching Company）錄製的大歷史演說，以及二〇一一年三月的TED談話，也吸引了廣泛的觀眾。

傳統智慧派早期的一本大歷史著作在一九九二年出版，叫《宇宙的故事》（*The Universe History*），作者是天主教神職人員／文化史學者湯瑪斯・貝瑞（Thomas Berry）和宇宙學家布萊恩・史威姆（Brian Swimme）。史威姆和耶魯大學的比較宗教與環境研究教授瑪麗・艾芙琳・塔克（Mary Evelyn Tucker）把這個傳統發揚光大，產生了專為一般大眾製作的五十五分鐘電影：《宇宙之旅》（*Journey of the Universe*）。目前這部搭配了教育用教材的影片經常在電視播出，吸引了美國和加拿大的廣大觀眾。

至於想看韻文故事的讀者，貝蒂—安・奇西勒夫（Betty-Ann Kissilove）出版了《大火球：用詩說宇宙故事》（*Great Ball of Fire: A Poetic Telling of the Universe Story*, 2010），而詹姆斯・路・鄧巴爾（James Lu Dunbar）不只寫了韻文，還有整個故事的卡通插圖《霹靂！宇宙的詩，第一冊》（*Bang! The Universe Verse, Book 1*, 2009）和《是活的！宇宙的詩第二冊》（*It's Alive! The*

*Universe Verse, Book 2*, 2011）。

既然已經有各種不同版本和聲音的大歷史讀本問世，我們可以開始問一個問題：大歷史的故事有沒有一個公認的基本主題？在拙作中，我避免公然宣示一個基本的主題或型態（以前犯錯的人太多，使我不敢膽大妄為），反而把重點放在人類和環境的關係，做為我敘事的共同理路。

大歷史是一個很新的領域，作者還在沿途摸索，想找出一個基本的主題或型態。不過，有些共識似乎漸漸浮現，認為宇宙論的敘事確實有一個基本的型態，漸進複雜性的型態。史威姆和塔克在電影《宇宙之旅》中，把這個稱為宇宙的創造力，隨著宇宙的演變而不斷顯現的種種未知、全新的特性。

科學家和史學家很少用「創造力」這個說法，但多半也認為自宇宙誕生以來，確實很規律地顯現出漸增的複雜性。艾瑞克・伽森和佛瑞德・斯皮爾是釐清這個觀念的最大功臣。依照他們的描述，複雜性在本質上是由各式各樣的元素結合成更大的結構，展現出突生的特性，亦即促成更大的新結構生成。必須有能量從這些結構中流過，才能把元素結合在一起。我們可以用每一段時間（秒）有多少能量（爾格，erg）在固定的質量（公克）中流過，來估算這股能量流（energy flow）。例如，伽森估計星系裡的能量流（他稱為自由能率密度〔free energy rate density〕）是一，恆星的能量流是二，行星是七十五，植物是九百，動物是兩萬，人腦是十五萬，而現代社會是五十萬。（請參見艾瑞克・伽森二〇〇一年的著作：*Cosmic Evolution: The Rise of Complexity in Nature*. Cambridge, MA: Harvard University Press, p. 140.）

儘管大歷史的著作經常用到漸增複雜性的型態，但我決定讓本書維持原貌，不對型態做出清楚的論證。我可以很有把握地說，到目前為止，複雜性是增加的。我在一本即將出版的大學教科書裡（目前暫時命名為《大歷史：在虛無與萬物之間》〔*Big History: Between Nothing to Everything*〕，是大衛・克里斯蒂安、克雷格・班傑明〔Craig Benjamin〕和我本人的著作）①提出這樣的論證。然而我在本書寧願強調，人類和環境的關係才是最重要的。

同時，大歷史的倡導者一直在創造他們自己的歷史。在南緬因大學，生物／歷史／考古學家貝瑞・羅德里格斯（Barry Rodrigue）引進了一門大歷史的課程，並且和丹尼爾・史塔斯科（Daniel Stasko）創立了一個有志於研究大歷史的教授專用的電子郵件分散系統。在加州大學柏克萊分校，舉世知名的地質學家華特・阿爾瓦雷茲（Walter Alvarez）開了一門大歷史課，阿爾瓦雷茲認為許多大歷史著作在地質學方面沒有充分發展，事實上也是如此，最後他邀請一小群大歷史學者在義大利的柯爾迪喬科（Coldigioco）待了一星期，補充地質學知識。會後成立了一個學術組織：國際大歷史協會（International Big History Association，簡稱ＩＢＨＡ），推廣大歷史的教學和研究。目前總部設在密西根州大急流城（Grand Rapids）的大谷州立大學（Grand Valley State University），二〇一二年八月將在密西根州舉行第一場研討會。

在大學這個層級，目前大概開了四十到五十門大歷史的課。阿爾瓦雷茲在柏克萊的課程衍生出一個研究計畫，叫年代推移（ChronoZoom），被微軟公司相中，開發出一款專供大學師生使用的互動式大歷史時間軸（見 www.chronozoomtimescale.org）。印第安納大學石器時代研究所的教職人員創辦了許多大歷史的活動。包括好幾個版本的大歷史課程、一間宇宙史博物館和石器時代研究所團體（見 www.bigbangtowww.org）。

在我自己任教的加州多明尼克大學，教職員創辦了大歷史的推廣課程。教職員投票決定，從二〇一〇年秋季開始，所有入學的新鮮人都必須先後上兩門大歷史課，第一門是核心大歷史勘查，然後是用大歷史的角度來檢視自己選擇的一門學科。到了大二，學生可以額外選擇幾門以「塑造未來」為主題的課程，讓大歷史在他們的思維中發揚光大，並且依據大歷史的見解來規劃自己的人生。推廣課程在英語教授莫甘・貝赫曼（Mojgan Behmand）的領導下發展，在課程的設計方面，也和各學科有創意的教職員合作（見 http://www.dominican.edu/academics/big-history）。

愈早用大歷史釐清問題，對年輕人愈好。比爾・蓋茲二〇一〇年看到教學公司錄製的大衛・克里斯蒂安的大歷史演講時，發現等到大學才開始，似乎晚了一點。後來蓋茲和克里斯蒂安合作了大歷史計畫（Big History Project），針對九年級的學生製作一門線上中學大歷史課，他們的課程還塞得下幾門選修課。這個課程在二〇一一和二〇一二年分別在美國和澳洲試播，成績斐然，深受中學教師歡迎，預定二〇一三年可以免費上線觀賞（見 www.bighistoryproject.com）。

---

① 編按：本書已由中國計量出版社於二〇一六年八月出版簡體中文版。

然而，比我們所有人更早思考宇宙學的，是義大利的天主教教育家瑪麗亞・蒙特梭利（Maria Montessori）。二次大戰期間，她和兒子馬利歐・蒙特梭利（Mario Montessori）在印度被英國軟禁，兩人在這段時間研究出六到十二歲兒童的宇宙學教育觀。如今，估計全球兩萬所學校的蒙特梭利教育者都在用蒙特梭利教育者創造的書籍和教材，告訴兒童他們在宇宙中的位置是什麼，此外他們也用珍妮佛・摩根（Jennifer Morgan）的書籍和教材，包括《霹靂的誕生》（*Born with a Bang*）、《從熔岩到生命》（*From Lava to Life*）和《變種的哺乳動物》（*Mammals Who Morph*）。

用幼兒聽得懂的方式來講宇宙的故事，可以幫助他們明白自己是什麼樣的人，來自何方。也能幫他們打好科學知識的堅定基礎。既然目前許多大學新鮮人通常對科學敬而遠之，看來及早接觸科學教材是非常重要的。

即使是大歷史當中的人類史，住在城市的人也不容易了解。人類歷史上百分之九十九的時間裡（大約二十萬年），大多數的人是過著游牧生活的漁獵採集者，完全脫離現在都市人的經驗。即使在過去一萬年裡，人類多半務農維生，這依然超出現在都市人口的生活經驗。到了二〇一〇年，全球百分之五十以上的人口住在城市裡，在超過一半的人眼中，自然世界和人類的演化顯得愈來愈抽象。

基於個人經驗，我可以從一個具體的基礎來想像大規模的人類演化是什麼樣子。我的父母都在威斯康辛州南部的農村長大，渴望到荒野歷練一番。一九四九年，我十一歲的時候，他們帶全家人到加拿大伍茲湖（Lake of the Woods）去滿足這個渴望，在一座只能透過水陸聯運和船隻抵達的小島，我們在小木屋住了一個月。我們每天在當地第一民族部落的酋長華特・瑞德斯凱（Walter Redsky）指導下釣魚，午餐就吃釣來的魚。我們游泳、划獨木舟、吃花崗岩露頭上撿來的野生藍莓。這是我們最接近野外覓食的經驗，讓我留下難以忘懷的印象。

我對農業生活的體驗，是暑假到威斯康辛州南部的外婆家農場。他們養了一群荷蘭乳牛來賣牛奶，同時種植豌豆和甜菜，賣給當地的罐頭工廠。外婆用她的大菜園和大果園餵飽了城市裡的許多表兄弟妹，以及附近來幫忙給燕麥脫粒的農夫。我們小孩子把牛趕去牧草地，然後再趕回來，給在田裡鋤地的男人送水，然後搖鈴叫大家吃午飯。後來我們坐在堆滿了一捆捆麥稈的貨車頂上，學習怎麼開牽引機。在無憂無慮的孩童心目中，這是一首田園詩歌，雖然我的外公、外婆每天要擠牛奶兩次，想跑也跑不掉。

提筆寫大歷史之前，我還有另一個重要經歷，這一次是在中亞的高山和四處為家的牧民作伴。我們跋涉千里，先後來到喬戈里峰（K2）及汗騰格里峰（Khan Tengri）的基地營，我有機會睡在蒙古包裡，和夏天把牧群趕到高山吃草的牧人交談。

要是沒有這些經驗，我還能不能想像人類是如何脫離漁獵採集，轉入農業和文明？這一點我永遠不會知道，但對於沒有我這些經歷的年輕人，一定很難有這樣的強大的想像力。許多年輕人可以取得過去難以想像的資訊，但他們沒什麼時間反思，也很少浸淫在非人類的自然世界，我不禁狐疑將來他們會變成怎麼樣的成年人。他們會有什麼樣的想像能力？他們會用哪一種故事來描述人類這一趟旅程？

現在談談我們身處的現實世界，過去五年的環保新聞是什麼？幸好現在這些新聞已經登上頭版；二〇〇七年以前，環保新聞的篇幅很小，只是在報紙內頁填版面的東西。對於環境（尤其是氣候變遷）的意識，在高爾（Al Gore）的電影《不願面對的真相》（*An Inconvenient Truth*, 2006）的推波助瀾下，已經有了大幅進展。

在過去五年裡，我們對地球環境有了不少了解，而且這些消息難免令人沮喪。人類對地球的衝擊已經非常嚴重，從二〇〇八年起，地質學家就在認真考慮要宣告全新世（Holocene）結束，而新的地質年代：人類世（Anthropocene，人類主宰的年代）開始。

近年得到最多報導的環境問題大概是全球暖化，或者是氣候變遷，因為氣候變遷未必包括暖化。植物和動物往北遷移；冰河溶解，暴風及乾旱的威力和嚴重性都在增加。美國最近幾次的民調顯示，大約只有百分之六十的民眾相信全球暖化正在發生（有一份民調指出，登記為民主黨的人有百分之七十八相信全球暖化，而茶黨黨員只有百分之三十四相信）。許多相信全球暖化確有其事的人，認為暖化並非肇因於人類的活動，而是地球的趨勢使然。

氣候科學家當然做了許多預測，但他們一致認為，資料證明氣候變遷的速度遠超過他們的預測。科學家也認為人類必須迅速降低二氧化碳排放，每年減少百分之四至五，以免氣候變遷的幅度大到足以重傷既有文明。結果在二〇一一年，全球兩大二氧化碳排放國，中國和美國，反而分別增加了百分之十和百分之四的二氧化碳排放，全球平均增加了百分之六。現在大氣層測量到的二氧化碳濃度大約是百萬分之三百九十，而許多科學家相信至少必須降到百萬分之三百五十。（寫這些數據已經夠難了。不難理解為什麼許多人壓根否認全球暖化的存在。）

大氣層的二氧化碳增加，也影響了海洋，吸收的二氧化碳愈多，海水的酸性愈高。日益提高的酸性威脅所有會形成碳酸鈣殼和碳酸鈣板的生物，如海藻、浮游生物、珊瑚、蝸牛、螃蟹、龍蝦和蝦子。肥料溢流額外增加的氮素，被海水的動作打成原子大小，以及被生物吸收的塑膠，進一步影響海洋的化學成分。這些行為結合起來，加上過度捕撈，代表在這五年裡，全球各地的海洋及海洋生物的健康已經惡化。

看似增加的物種滅絕率使生物學家相當驚恐。在辨認地球存活的物種方面，已經有了很大的進展，然而在所有的存活生物中，我們知道的只是鳳毛麟角，因此物種滅絕率很難計算。自然的背景滅絕率是搭配平常的演化過程，不過生物學家相信現在的滅絕率超出平常的一百到一千倍。許多專家相信，我們此刻正在目睹一場全球大滅絕，而且不用等到結束，就會被列為地球史上的第六次大滅絕。

要反制這個令人沮喪的訊息，其實也有一些樂觀的消息。對於永續科技的開發，已經做了許多新投資，而且全球各地都採取了不少政治行動。例如，如果把我居住的加州做為個別的國家，就成了全球第十二大碳排放國。二〇〇六年，加州的立法者通過立法，要創造以太陽能、生質能源和核能為基礎的綠色經濟，並且在二〇二〇年以前把二氧化碳排放量降低到一九九〇年的水平，並由州長阿諾・史瓦辛格（Arnold Schwarzenegge）簽署公布。中止這項立法的提議在二〇一〇年以百分之六十一的過半票數被否決。

為了盡快讓全球不再以燃燒煤炭、天然氣和石油來製造能量，有些化石燃料公司和他們的股東可能必須損失一大筆錢，這是他們投資在設備上，希望以後可以賺回來的錢。他們大多數不會自願承擔損失；全球的公民必須動員起來捍衛自己的利益，在政治的戰場上打敗他們。科學家提醒我們，現在可能只剩十年的時間來改變我們毀滅性的行為，並且實施永續科技，否則屆時地球的氣候會完全失控，無法轉圜。憑藉人類在我們的歷史上展現出的革新能力，我們可以期盼這種永續科技遲早會出現。但也必須展現政治上的決心。為了這一天的到來，希望我對處於宇宙和環境背景下的人類所做的描述，能發揮小小的助力。

最後，我必須向我在大歷史這條路上遇到的貴人表達深深的感謝。這個新領域吸引了全球各地的大智與大器之輩。除了那些已經提過的以外，我特別感謝加州多明尼克大學的同僚，用我做夢都沒想過的方式發展了大歷史。莫甘・貝赫曼卓越的領導力引導了每個人。其他的包括：Martin Anderson、Arturo Arrieta、Tom Burke、Jaime Castner、Heidi Cretien、James Cunningham、Lindsey Dean、Judy Halebsky、Dan May、Phil Novak、Rich Simon、Lynn Sondag、Harlan Stelmach、Cynthia Taylor、Neal Wolfe和Julia Van der Ryn。他們透過本身的創意，用大歷史的觀點改變了他們的研究、課堂和所屬機構。

我最感激的是大衛・克里斯蒂安，謝謝他對本書的喜愛，也謝謝他和克雷格・班傑明邀我合作寫一本大歷史的大學教科書。那本書尚未出版，但在寫作的過程中，有幸在支持我、激勵我的同僚刺激下重新回顧整個故事，是我人生中一次極為愉快而有意義的經驗。

# 初版前言與誌謝

《大歷史》是呈現科學性的創世故事，以簡潔、易懂的語言，述說從大霹靂到今時今日的歷史。在本書中，我把人類知識的諸多學科交織成一篇綿密而完整的敘事。

傳統上，歷史這個學科是以五千五百年前的文字紀錄為起點。在這裡，我把「歷史」擴張為現今能夠以科學方法取得的所有知識，任何現有的資料和證據皆可運用，不限於書面文獻。歷史是科學研究的一部分，沒必要把人類揭露的故事硬生生切成兩個部分，一部分標示為「科學」，另一部分標示為「歷史」。

我們必須把我們的故事往後延伸，因為文字記載的五千年歷史，只講了地球歷史的百萬分之一。要了解我們住在哪一種世界，我們又是哪一種生物，就必須超越文字記載的範疇。

我也不相信有什麼必要把其中一部分標籤為「宗教」，另一部分標籤為「科學」。過去五十年來，科學界對宇宙的起源已經建立了一套可驗證、而且大致上已經驗證過的說法：我們從何而來、如何而來、未來可能往哪裡去。這是我們這個時代的創世故事，一個以現代科學發現為基礎的世界，噴射機旅遊、心臟移植和全球網際網路的世界。這個世界不會永遠持續下去，不過在它毀滅之前，這就是我們的故事。

我們現在能夠用科學的角度來思考我們所屬的這個宇宙的時間表：起點、中間和終點，因此，以現在的思維，我們可以把地球的故事納入更大的脈絡中。我們思考和想像的能力已經把人類帶到一個令許多人膽戰心驚的天平上。對於包括我在內的其他許多人來說，在宇宙的天平上，我們人類的重要性不減反增。我試著陳述現在知道的事實，而不企圖討論或解決我們人類對這些事實互相對立的反應，我很清楚，這些事實是不斷改變的。

你可能會問，總體而言，我要用哪一種角度來說這個故事？說故事的時候，不能沒有某種情節、某種主題。每個書寫大歷史的作者說故事的時候，都有他特殊的重點，特殊的聲音。

我盡量遵循科學界普遍公認的資訊和理論，盡可能不要固執己見。我是在講一個故事，不是提出一種論證。身為歷史學家。我分給人類史的篇幅或許比地質學家或生物學家多一些。我盡可能把故事簡化，但不會違反歷史數不清的複雜性和矛盾。我大量陳述個人認為最基本的資訊，如天氣、糧食、性、貿易、宗教、其他觀念，以及帝國／文化。

當然，我必須若有似無地不斷重複某些訊息，避免故事太過鬆散，弄得混沌不明。這本書的基本主題是人類活動對地球的衝擊，以及地球對人的影響。把地球與地球人類的故事結合起來，我發現為了讓後代子孫持續增加，人類的所作所為已經嚴重危及地球環境和生物的安全。

一言以蔽之，這個故事是描繪「人數的增加」，而非「人性的提升」。

這個主題是在我下筆之後才冒出來的，而非先有主題，再提筆寫作。可想而知，當時我正絞盡腦汁，思索該怎麼說這個故事，所以或許應該這麼說：我盡量簡明扼要地陳述完整的人類的故事，而非直接跳到農耕的起點，在書寫的過程中，我發現這個主題一再出現。只有把時間的尺度拉長，才能看清楚人類做了些什麼；等到開始說故事之後，我才意識到這個主題，但不是掌握得很清楚。

我之所以起心動念把整個故事匯集起來，主要是受到現任加州聖地牙哥州立大學歷史學教授大衛・克里斯蒂安的刺激。從一九七五年到二〇〇〇年，克里斯蒂安在澳洲雪梨的麥考瑞大學（Macquarie University）教俄國和歐洲史。一九八九年，他在該校開了一門課，戲稱為「大歷史」，藉此讓同僚看看他心目中的史學入門課應該是什麼樣子。這門為期一學期的課程一開始說的是起點，亦即宇宙的起源。克里斯蒂安先在課堂上闡述時間和創世神話，然後邀請其他科系的同僚教他們擅長的學科。在《世界史期刊》（*Journal of World History*）的一篇文章裡，克里斯蒂安描述他教這門課的經驗。看到這篇文章，我開始往新的方向思考。「大歷史」已經成為這一類學術研究的專門用語，二〇〇四年，克里斯蒂安就大歷史所牽涉到的故事和技術問題，出版了一部精采的概論：《時間地圖：大歷史，一百三十億年前至今》。一直等到本書的初稿完成後，我才放心閱讀他的大作。

比克里斯蒂安更早步入大歷史的另一位前輩（那時候連大歷史這個名稱都沒有），是英國斯旺西大學學院（University College of Swansea）的克萊夫・朋汀（Clive Ponting）。他的著作，《綠色世界史：環境與文明崩潰》（*The Green History of the World: The Environment and the Collapse of Civilizations*），是我非常喜歡的一本書。朋汀不是以大霹靂為起點，不過書中確實有一章專門討論〈歷史的基礎〉（The Foundations of History），描述大規模的地質和天文力量長期造成的影響。

因為我非得先大笑幾聲才能動筆，因此很看重另外兩部早期的大歷史：賴瑞・高尼克（Larry Gonick）的《卡通宇宙史：從大霹靂到亞歷山大大帝》（*The Cartoon History of the Universe: From the Big Bang to Alexander the Great*）和艾瑞克・舒爾曼（Eric Schulman）的《時間更簡史：從大霹靂到大麥克》（*A Briefer History of Time: From the Big Bang to the Big Mac*）。

大歷史的定義是從大霹靂到今時今日的歷史，至今仍是世界史這個史學附屬專業中的一個小小次領域，而世界史本身也是到了一九九九年春季才擁有專屬的期刊。現在還沒有任何一本大歷史的期刊，全世界真的在大學正式開設大歷史課的從業人員，也只寥寥可數。別的教授可能會額外加上宇宙史和地球史，做為世界史或世界宗教的入門課程。做為大歷史的早期從業者之一，我又是怎麼克服學術界的阻礙，跨越學術領域來教這門課，然後寫這本書？

要回答這個問題，必須先從家母露薏絲・巴斯特・史托克斯（Louise Bast Stokes）說起，我會踏上這條路，要多虧她在知識上的廣泛興趣：從天文學到地質學和生物學，然後是世界宗教。一九三〇年代在中學教生物的她，把演化視為生命的根本原理，並且從這個角度帶我認識周遭的世界。因此，對我而言，「大歷史」是很自然的思考方式，是母親送給我的禮物。

從小在肯塔基州西部的小鎮長大，我在那體驗美國的二元文化。父母在威斯康辛州南部長大，但一九三五年結婚後，他們搬到肯塔基州東部，家父在當地的山區開路。在我即將出世的時候（一九三八年），他們在肯塔基州西部的麥迪遜維爾（Madisonville）定居，家父和他的事業夥伴在當地買下一座露天小礦場經營。在奇特的南方文化中，我的父母是外來移民，父親盡量徹底融入當地文化，母親則堅守原生地威斯康辛州的習俗和價值觀。因此，除了父親遺傳給我的說故事的天分，多元觀點也是我根深柢固的特質。

因為認同母親的關係，我從來不覺得自己是南方人，然而卻進了杜克大學，在南方的北卡羅萊納州達勒姆（Durham）度過大學時光。我在約翰霍普金斯大學取得教學碩士學位，然後在馬里蘭州的巴爾的摩教中學世界史。在霍普金斯幾位教授的鼓勵，以及伍德羅・威爾遜基金會（Woodrow Wilson Foundation）和美國大學婦女聯合會的獎學金支持下，我在一九六四年取得霍普金斯大學的教育史博士學位，論文的主題是十九世紀初率先到德國大學求學的四名美國人。

取得博士學位的三個月後，我的大兒子就出世了，兩年後，二兒子在巴西東北部的福塔萊薩市（Fortaleza）出生，我的第一任丈夫是當地的和平工作團內科醫師。在巴西生活兩年，讓我對文化的既有想法徹底瓦解，開始接觸世界史。我發表的第一篇文章是研究偉大的巴西教育家，保羅・弗雷勒（Paulo Freire），他在一九六四年逃出勒西菲（Recife），一年後，我們就搬到當地居住。

離開巴西後，我在巴爾的摩的家裡帶孩子，一九六九年，我們搬到柏克萊展開新生活，這裡的文化（一個崇尚太平洋及紐約市和歐洲的文化），比我們以前住過的地方開放許多。有許多翻天覆地的變化——多元文化主義、史都華・布蘭德（Stuart Brand）在一九六四年創辦的《全球型錄》（*Whole Earth Catalog*），就在同一年，我們看到脆弱的地球在太空漂浮的第一批珍貴照片。

後來準備從事全職的學術工作（一九八一年），我先到加州的多明尼克大學，也就是當時的多明尼克學院，在教育學院負責單一學科的教學課程。我訂閱了《世界史期刊》的創刊號和後來的各期刊物，幫忙引進專供教師進修的全日制課程，稱為全球教育課程（Global Education Marin），幫忙他們把自己教的課全球化。這個課程後來成為全州教學課程的一環，稱為國際研究課程（International Studies Program），由史丹福大學舉辦。透過這個方式，我一直留意世界史學的發展，並且有幸讀到克里斯蒂安的文章。

把學術的方向轉向大歷史，我努力設法表達我的觀念。一九九二年春季，我在歷史系教一門課，叫「哥倫布和他周圍的世界」，一九九三年，我在大學部教世界史，班上的學生是未來的小學老師。我一開始就用自己的方式講述大歷史和生物的演化，用克萊夫・朋汀的書當課本，要學生建構從大霹靂到現在的時間軸。學生的反應非常熱烈；他們沒有被嚇跑，是我被嚇跑了。

回到教育學院擔任全職工作，到了休假年的時候，我提議寫一部世界史。委員會的人有一半認為這是個好點子，另外一半的人則放聲大笑。因此，為了保住休假年，我暫時放棄世界史，改寫《拒絕種族主義：白人盟友和爭取民權的奮鬥》（*Refusing Racism: White Allies and the Struggle for Civil Rights*）。

從全職的教學工作退休後，休息了一小段時間，我只想把這個故事寫出來。家母過世後，我在二〇〇二年九月底開始動筆，二〇〇四年完成初稿。我用了二十年來保存的《紐約書評》（*New York Book Reviews*）的文章；謝謝鮑柏・席維斯（Bob Silvers）和芭芭拉・艾普斯坦（Barbara Epstein）。我看了當代學者的精采著作；謝謝提摩西・菲里斯（Timothy Ferris）、琳恩・馬爾嘉利斯（Lynn Margulis）、史蒂芬・平克爾（Stephen Pinker）、賈德・戴蒙（Jared Diamond）、約翰・麥克尼爾（J. R. McNeill）與威廉・麥克尼爾（W. H. McNeill），以及大衛・克里斯蒂安。

為了在學生身上測試我的觀念，我回到歷史系當兼任老師，繼續給未來的小學老師上課，同時舉辦了一場學術研討會，亦即三個不同的科系依據跨學科主題所開的三門課，我們稱之為「宇宙的故事」。我很感激多明尼克大學有這種跨學科教學的傳統。這場研討會包含我開的「全球史」；歷史系的吉姆・康寧漢（Jim Cunningham）開的「地球生物」；宗教／哲學系的菲爾・諾瓦克（Phil Novak）開的「世界宗教」。這一次學生的反應同樣熱烈，似乎不太覺得我們開的課有什麼奇怪。這兩位同僚毫無畏懼地跨越學術界限，我非常感激他們的大膽，以及對研究世界史的信心。

我的同僚、家人和朋友對本書的參與，勝過我過往的其他著作。我在教育系的系主任貝瑞・考夫曼（Barry Kaufman）和歷史系的同僚經常提供協助，尤其是派翠西亞・道格提修女（Sr. Patricia Dougherty）、安德遜夫婦（O. P. Anderson and Martin Anderson）。我在全球教育課程的同事，南斯・凡・瑞文斯威（Nancy van Ravenswaay）、愛麗絲・巴薩羅繆（Alice Bartholomew）和朗・赫凌（Ron Herring），讓我多年以來一直朝正確的方向。我的妹妹蘇珊・希爾（Susan Hill）和他的兒子伊恩・希爾（Ian Hill）一副等不及的樣子，每次我剛寫好一章就急著討來看。我的繼女黛博拉・羅賓斯（Deborah Robbins）在洛杉磯的大學高中教世界史，可以討論任何問題，並且引導我探討新課題。兒子艾佛爾（Ivor）給我尋找書籍和文章的線索，另一個兒子艾瑞克（Erik）則不斷提醒我飲食均衡的重要性。我在薩爾瓦多的阿姨琴（Jean）和她的丈夫荷黑・布斯塔曼特（Jorge Bustamante）一直是我靈感的泉源。全球各地的每一位朋友也都對我了解大歷史有所貢獻。

我很感謝早期的眾多讀者。多明尼克大學的物理學與數學教授艾密特・森古普塔（Amit Sengupta）替我檢查第一章，生物學教授吉姆・康寧漢檢查了第二章。我在歷史系的同事馬丁・安德遜讓我避免了很多錯誤。我在宗教／哲學系的同事菲爾・諾瓦克很快就看出整體輪廓，雖然本書是從唯物論的假設出發，他仍然給了我很多信心。世界史學家約翰・梅爾斯（John Mears）和凱文・萊利（Kevin Reilly）提供了專家建言。大衛・克里斯蒂安數不清幫了我多少忙。其他的讀者也各有重要貢獻：吉姆・里姆（Jim Ream）、契斯特・鮑爾斯（Chester

Bowles）、瑪歌・高爾特（Margo Galt）、蘇珊・朗茲（Susan Rounds）和比爾・瓦爾納（Bill Varner）。我的丈夫傑克・羅賓斯（Jack Robbins）看了每一份草稿；多虧他的愛與支持，我才能順利寫完這本書。

我尤其感激 The New Press 出版社的工作人員，特別是馬克・法夫洛（Marc Favreau）、梅莉莎・理查茲（Melissa Richards）和莫・巴登（Maury Botton）以高度的熱誠和專業能力執行這個研究計畫。

殘留的所有錯誤和誤判都是我個人的疏失。

第一部

# 深邃的宇宙

The Depths of Time and Space

# 第一章　膨脹的宇宙

一百三十七億年至四十六億年前

我們都住在一顆小型星球上，在太空不斷迴旋，每天有一部分的時間沐浴在附近一顆恆星帶來的光明和溫暖中，我們稱之為太陽。我們環繞銀河系的中心，一天移動一千九百二十萬公里，供銀河系迴旋環繞的宇宙有超過上千億個星系，每個星系包含上千億顆恆星。（圖1.1）

供我們迴旋的這個宇宙出現在一百三十七億年前，最初只是單一的一個點；後來隨著溫度穩定降低而不斷擴張。我們的宇宙至少有四個維度，三個空間維度和一個時間維度，表示時間和空間是相互連接的。在大小方面，就我們人類所能觀察的部分，目前宇宙的空間維度各自為一百三十七億光年，時間維度也是一百三十七億光年，並且在筆者書寫及讀者閱讀的同時繼續增加。

自從人類出現以來，就一直以敬畏的心情凝望夜空裡的光點，藉由直接觀察來洞悉箇中變化，然後運用這些知識來預測未來、在陸上行旅、在海上航行。然而，沒有專門的儀器，人類很難深入偵察我們這個浩瀚宇宙的起源，以及物質的本質，因為衡量宇宙和物質的尺度和我們日常生活中的測量尺度迥然不同。到了二十世紀末，科學家發明的機器總算能讓我們觀察巨觀的天象和微觀的領域。近年來，人類對這些世界的知識以等比級數的速度迅速擴張。現在每個人都明白這個神奇的宇宙是我們的家——只要我們運用想像力，吸收如今所能看到的種種攝影畫面和圖表。[1]

## 霧起霧散

一切都從一個難以想像的事件開始的：大霹靂（The Big Bang），這是英國天文物理學家弗瑞德・霍伊爾

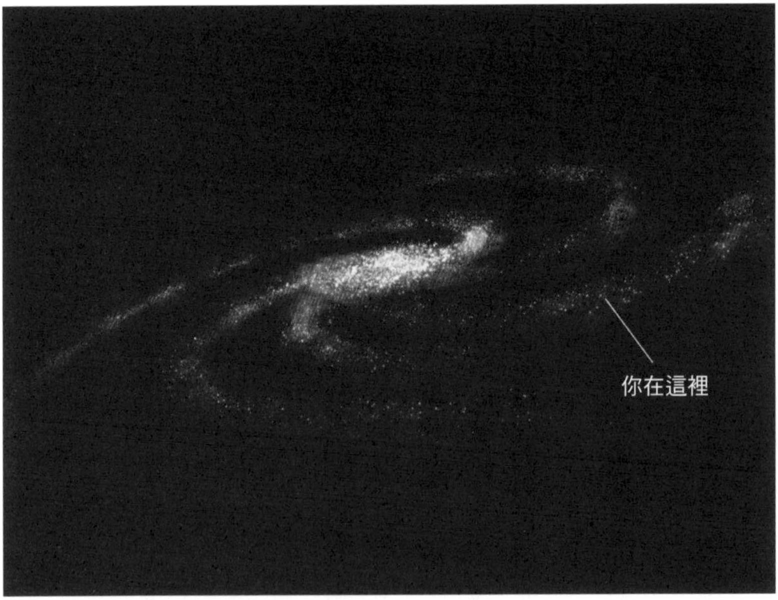


圖1.1　銀河星系。這張圖顯示我們的太陽系位於環繞銀河星系中心和邊緣的中途，環繞中心旋轉。

（Fred Hoyle）一九五二年在英國國家廣播公司（BBC）的一個廣播節目中取的名字。[2]宇宙是從單一的點爆發而產生，這個點的大小大概和一個原子差不多。我們所知的一切物質、能量、空間和時間，都以超乎想像的密度一起塞在這單一的點中。原本被緊密壓縮的空間如潮浪一般向外展開，直到今時今日，仍然帶著物質和能量向四面八方擴張，溫度也在持續下降。最初這股擴張的力量足以使一千億個星系向外飛奔一百三十七億年，至今不曾停歇。宇宙至今仍像海嘯般不斷擴散。

這個爆炸發生的地點在哪裡？在每一個地方，包括我們每個人此刻所在的位置。我們現在看到的所有各自分離的地方，一開始都在同一個位置。

宇宙一開始是由宇宙電漿所構成，這種同質的物質因為溫度太高，以致於完全沒有所謂的結構。在以兆度為單位的溫度下，物質和能量可以互換；誰也不知道能量是什麼，但靜止的能量就是物質。隨著宇宙漸漸冷卻，夸克（quark，是目前所知道最小的物質組成元素）開始以三個一組的方式凝結起來，形成質子和中子（圖1.2）。這個過程發生在大霹靂之後的十萬分之一秒左右，這時溫度已經下降，大約比太陽內部熱上一百萬倍。百分之一秒後，這些質子和中子開始互相結合，形成最輕的兩種元素，氫與氦的核子。

物質的組成單位是原子，原子則是由繞著核子旋轉的若干電子構成，核子包含的質子和中子都以由夸克形成。至於夸克是否由更小的成分所構成，目前不得而知。

大霹靂發生後不到一秒鐘，主宰物質的四種基本力量業已形成：重力、電磁力、強核力和弱核力。重力，又叫萬有引力，是這四種力量中最弱的一種。有關這種力量的描述，出自牛頓的重力論和愛因斯坦的廣義相對論，但仍然缺乏清楚的定義。電磁力是電力與磁力的結合。四者當中最強的強核力負責把夸克鎖在質子和中子內部，同時把質子和中子塞在原子核裡。弱核力是導致輻射元素衰變的媒介。科學家相信這四種力量必定是同一種力量的四個層面，但他們至今仍無法創造出一套統一的理論。

這四種力量構成完美的平衡，宇宙才能以可持續的速率繼續存在及擴張。如果重力稍微強一點，所有的物質本身可能發生內爆。如果重力稍稍弱一點，恆星就無法形成。如果宇宙的溫度下降的速度沒這麼快，質子和中子或許不光只是形成氫和氦而會繼續互相結合，最後形成了鐵，由於重量過大，無法構成星系或恆星。似乎唯有透過這四種力量形成的微妙均衡，宇宙才得以自我

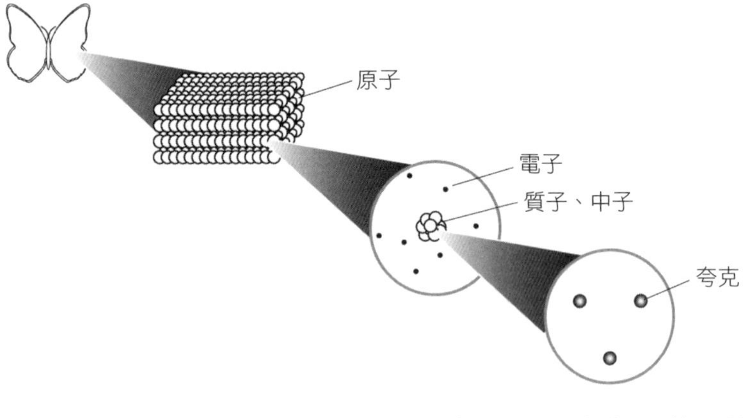


圖1.2　物質的組成分子。物質是由原子組合而成，每個原子包含原子核及環繞原子核的電子，原子核由質子和中子組成，兩者的構成元素都是夸克。至於夸克是不是由更小的物質組合而成，目前不得而知。

維繫。科學家懷疑過去可能有許多其他宇宙存在，不過在這個宇宙出現前就消失了。這個新生的宇宙以極快的速度演化，在不知多少分之一秒中確立其基本特性，此後一直保持穩定。

在三十萬年的擴張和冷卻期間，帶有負電的電子從原本極快的速度逐漸趨緩。原子核、質子和中子帶的是正電。一旦電子流動的速度夠慢，原子核就能靠本身的電荷把電子吸過來，形成第一批電中性的原子：氫與氦，兩者是最輕的元素，也是最早的物質。氫是由一個質子和一個電子組成；氦是由兩個質子和兩個電子組成。

這成了宇宙史的關鍵時刻。在形成穩定的原子之前，宇宙充滿了許多崎嶇前進的粒子，有的帶負電，有的帶正電，因為數量太多，以致於光（由一種次原子粒子構成，叫做光子）無法穿透大量帶電的粒子。另一個原因則是光子和帶電的粒子互動，結果不是轉向就是被吸收。如果有人在現場的話，會看到宇宙像一團濃霧，或是令人眼花撩亂的雪暴。

原子形成之後，立刻將帶負電的電子和帶正電的質子結合起來，解除了光子遭遇的阻礙。帶有輻射的濃霧消散。物質形成之後，宇宙變成透明的。整個宇宙清晰可見（如果現場有人看的話），大部分是空蕩蕩的遼闊空間，充滿了巨大的氫雲與氦雲，無限的能量貫穿其間。

現在我們看得到大霹靂留下的一些光子，它們就是電視螢幕上出現的「雪花」。我們首先要拔掉有線電視的傳輸線，轉到電視機收不到訊號的頻道，這樣才看得到「雪花」。我們看到的「雪花」大約有百分之一是大霹靂留下的殘餘光能／熱能，形成宇宙背景微波輻射之海。如果眼睛能感覺到微波（其實不能），我們會在周遭的世界看見一道漫射的光芒。

科學家已經利用無線電設備記錄了背景微波輻射。到了一九五〇和一九六〇年代，物理學家從他們對宇宙既有的知識，發現如今的宇宙應該充滿了原生光子，經過一百三十五億年的冷卻，現在只比絕對零度略高幾度。一九六五年的春天，在紐澤西州貝爾實驗室服務的兩位無線電天文學家，阿諾．彭齊亞斯（Arno A. Penzias）及羅伯特．威爾遜（Robert W. Wilson）在測試通訊衛星要用的一根新的微波天線時，意外偵測到這個大霹靂的餘暉，也就是嘶嘶作響的背景噪音。一九八九年，美國國家太空總署發射了宇宙背景探測衛星（Cosmic background Explorer），衛星所收集的資訊高度精確地證實了宇宙每一立方公尺大約有四億顆光子。如同大霹靂理論的預言，這是肉眼看不見的一片宇宙微波輻射之海，溫度比絕對零度高了三度。

二〇〇二年，太空總署發射一架五．六公尺長的探測器，叫威爾金森微波背景輻射各向異性探測衛星（Wilkinson Microwave Anisotropy Probe）。威爾金森探測衛星用一年的時間測量整個天空的輻射暴露量，以高解析度繪製出大霹靂發生三十八萬年後的宇宙背景輻射圖像，再度確認了大霹靂的宇宙論。

天文學家的運氣不錯，在宇宙的天平上，距離是一種時光機。天體的距離愈遠，我們看到的樣子愈年輕；這是因為天體的距離愈遠，輻射照到地球的時間也更久。我們永遠看不到宇宙今天的模樣，只能看到它以前的樣子，因為以一年將近九．六兆公里的速度，遙遠星系和恆星的光要花好幾百萬到好幾十億年的時間，才能照到地球。因此，我們可以看到遙遠的過去。只要偵測到微波輻射，我們就能「看見」過往宇宙幾乎是初生時的模樣（圖1.3）。

這樣想吧。離我們最近的恆星（太陽）發出的光，需要八分二十秒才照到地球。木星離我們最近的時候，大概要三十五分鐘才能把光傳送過來，從距離我們最遠的軌道位置傳送過來，則大約需要一個小時。夜空最明亮的恆星（天狼星）需要八．六年才能把光線傳送到地球。（光的行進距離是八．六光年，也就是八十兆八千億公里）。我們在沒有光學輔助工具的情況下能看到的恆星發出的光，要花四年到四千年的時間傳送到地球。如果我們看到一顆在三千光年外爆炸的恆星，那表示爆炸發生時間在三千年前，也就是星光傳送到地球的時間。

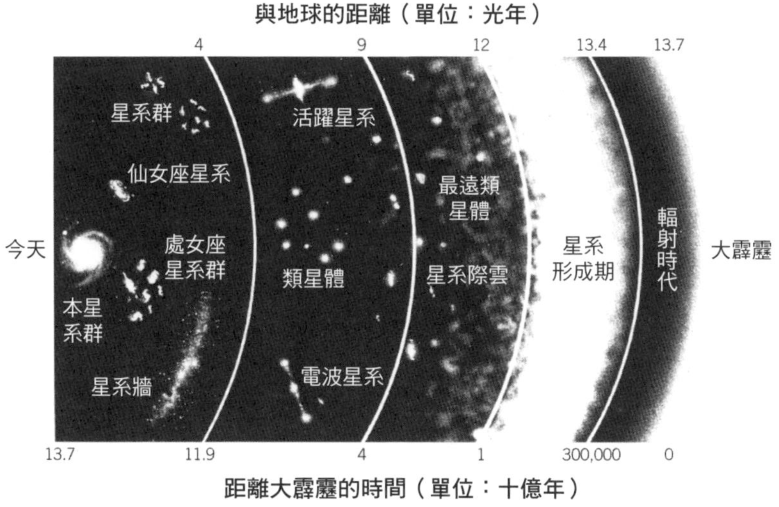


圖1.3　我們看到的宇宙。從我們在銀河系（本星系群的其中一個星系）的位置，看得到遠古以前的宇宙，因為遙遠星系所發出的光要幾百年才能照到地球。在這個遠古時代，宇宙比較小，星系互相撞擊的頻率比較高。類星體是非常非常遙遠的物體，被認為是比較年輕、可能互相撞擊的星系之核心。

## 閃爍的星系

如前所述，宇宙在大霹靂大約三十萬年後變成透明的。巨大的氫雲與氦雲四處漂流，最後分裂成一兆朵獨立的雲，各自有本身的動態，完全不受宇宙的擴張所影響，因為每一朵雲的直徑沒有改變，只是雲朵間隔的空間增加了。

隨著宇宙漸漸冷卻和平靜，每一朵獨立的氫雲和氦雲各自成為一個因重力而結合的星系。這是因為氫原子與氦原子互相撞擊。撞擊時的摩擦創造出極高的溫度，使電子從原子脫離。氫核子開始融合，形成氦離子。根據愛因斯坦的質能轉換公式（$E=mc^2$），這種融合反應會釋出巨量的熱／能，只要減少一點質量，能量就會以光速平方的倍數增加。當氫開始燃燒，每秒有數以百萬噸計的物質化為能量，因而誕生了一顆恆星。在大霹靂發生不過二十萬年後，宇宙第一批恆星就誕生了。

宇宙充滿了各式各樣數之不盡的物體，以質量為測量標準。最大的物體是恆星，恆星會自行產生能量。宇宙最大的恆星比我們的太陽恆星大二十倍。宇宙最小的物體是只能用顯微鏡看到的塵粒，以每天一百噸的速率傾瀉入地球的大氣層。隨便哪一棟房子的屋簷堆積的淤泥，八成就含有微量的星際物質。行星是中量級的物體；以行星的質量，不足以透過氫融合反應來產生自己的能量。

恆星的大小與密度千變萬化，經年累月下來，會從一種類型演化成另外一種類型。離我們最近的大多是紅色恆星，但我們最了解的太陽是一顆穩定的黃色恆星，燃燒氫元素，也就是前面提過的氫融合。大約五十億年後，當氫原子燃燒殆盡，我們的太陽會轉而燃燒氦原子，稱為氦融合。由於氦融合的溫度比較高，產生的能量比較大，這些額外能量帶來的壓力使太陽不斷膨脹，最後成為所謂的紅巨星（red giant）。等氦燃料燒完，紅巨星會崩解成一顆白矮星（white dwarf）。接著白矮星慢慢冷卻，最後成為一團灰燼，叫黑矮星（black dwarf），大小與地球相當，質量則是後者的二十萬倍。目前還沒有黑矮星存在，因為以宇宙形成的時序，白矮星還來不及完成這個緩慢的冷卻過程。

有些黃色恆星的質量一開始就比我們的太陽更大，形成的紅巨星也會大過太陽。這些恆星在紅巨星階段結束後，不會塌縮成白矮星。它們所創造及燃燒的元素質量比較重：碳、氮、氧、鎂，最後產生了鐵。但鐵不能做為恆星的燃料。於是恆星不再產生熱量，開始受到重力的擠壓。恆星的核心發生內爆，然後觸動外層的嚴重爆炸，整個恆星多半被炸成碎片。只有核心存活下來，變成白矮星、中子星（體積很小，但密度極大），或是黑洞，這種物體的密度極高，連光也逃不出它的重力場。恆星這種爆炸式的自我毀滅被稱為超新星（supernova）；只有質量比我們的太陽大了至少六倍的恆星才能變成超新星。

超新星在宇宙的創造中扮演了極為重要的角色。超新星是宇宙的火爐，新元素從這裡產生，而且前面也提到，黑洞的形成是從超新星開始的。當質量超過我們太陽十倍的恆星爆炸，殘餘的內爆核心可能超過太陽質量的四倍。如此一來，這顆恆星的重力會大到足以讓物質消失，留下一個黑洞，一個強大到連光線都逃不出來的重力場。

沒有人知道這些物質到哪裡去了。黑洞的中心被稱為奇異點（singularity）；質量是太陽十倍的恆星所形成的黑洞，直徑只有六十四公里。奇異點周圍的重力場非常強大，任何物體一旦進入，就會消失在洞裡。

天文學家懷疑大多數星系的核心都存在巨大的黑洞，我們銀河系的中心似乎就有一個黑洞。我們這個黑洞的質量是太陽的幾百萬倍，似乎位於南半球的射手座，因此被稱為SgA。科學家在智利阿他加馬沙漠（Atacama Desert）的甚大望遠鏡（Very Large Telescope）觀測了十年，終於在二〇〇二年確認SgA的存在。

巨大的超新星變成黑洞。比較小的超新星（質量介於太陽的三到六倍之間）是外爆而非內爆。在恆星不斷燃燒的核心裡，氫元素被燒成氦元素，然後氦被燒成碳；核子融合成更大的核子，例如氧、鈣，然後繼續融合出元素週期表的所有元素。到了某個時候，恆星爆炸，把恆星的大部分以氣體的型態噴回太空，不過其中不只有氫和氦，還包含可以維持生命的複雜原子。

只有超新星能產生原子序比鐵更高的元素。經過大約九十億年，就這樣逐漸形成週期表上的所有元素。地球上的黃金，無論多麼微量，無一不是源自在太陽誕生前就爆炸的巨大恆星。你手上那枚戒指的黃金必定有超過四十五億年的歷史。因此，由於恆星的爆炸，地球才可能出現生命。我們的的確確是由星塵組合而成的。

回頭繼續講故事，在大霹靂發生後幾十萬年，密度波在太空移動，震動氫雲與氦雲，開始形成恆星，同時使不同的星系互相合併。太空開始閃閃發光，數十億顆恆星宛如蜘蛛絲，以螺旋的方向迴旋流動。大多數的星系呈現螺旋形狀，不過在宇宙形成的初期，物質很擁擠，星系經常互相撞擊。一旦發生撞擊，大星系會吞併比較小的星系，不過大星系永遠無法恢復螺旋的形狀。反而會變成球狀或橢圓形，稱為橢圓星系。由於密度波不會在這種星系裡活動，從而震動氣體雲形成新的恆星，因此橢圓星系不會產生新恆星。我們的銀河系得天獨厚，在一百二十億年前的宇宙初生時期，誕生在一個並不擁擠的區域，是一個完整的螺旋形。

大約長達九十億年的時間，也就是銀河系前三分之二的歲月，宇宙充斥了一場又一場的天體煙火表演。星系不斷轉動和撞擊。密度波急速穿過各個星系，形成新的恆星。超新星爆炸，散播新的氣態元素，隨時可以因為其他超新星爆炸的震波而形成新的恆星，或是內爆成黑洞，使超新星的物質消失無蹤。在此同時，太空不繼續擴張，溫度持續下降。宇宙是一支閃閃發光的舞蹈，憑著令人炫目的美與創造力，周而復始地呈現死亡與復活、衰敗與優雅、難以抵擋的暴力與毀滅。

## 太陽

大約四十六億年前，銀河系一枚超新星爆炸，一顆恆星，也就是我們的太陽，從殘骸中升起。我們之所以知道這一點，是因為月球的岩石和隕石都來自那個超新星，同樣在四十六億五千萬年前誕生。

太陽屬於一般平均尺寸的恆星，其特徵在於缺乏伴星（companion star）（銀河系這一帶的恆星大約有三分之二是多星系統）。太陽位於銀河系的一支旋臂上，和中心的距離是旋臂的五分之二，大約三萬光年。在銀河系橢圓形的軌道上，以每天三十二萬公里的速度繞著中心旋轉，大約需時兩億兩千五百萬年到兩億五千萬年。太陽自誕生以來，在周圍的行星和其他天體構成的系統陪伴下，已經繞著銀河系的中心轉了大約二十圈。根據體積判斷，太陽會燃燒約莫一百億年，現在已經過了四十六億年。

在太陽形成的初期，一個由殘餘物質（銀河系那枚超新星爆炸產生的眾多元素的塵雲與氣雲）構成的圓盤繞著太陽轉動。這些氣體元素相互撞擊，產生微小的塵埃，這些塵埃很不穩定，使圓盤變成一圈圈間隙環帶。這些環帶中的塵埃不斷聚集，聚集的核心便形成行星，由於太陽的重力使然，內圍的四個行星（水星、金星、地球、火星）重量比較大，具有岩石質地的硬殼，而外圍的行星（木星、土星、天王星與海王星）重量比較小，以氣體為主要成分。比月球還小的冥王星已經被正式宣告因為質量太小，失去做為行星的資格。木星的質量大約是地球的三百倍，差一點就可以成為恆星。（如果不用城市街廓大小做為測量距離的單位，根本沒辦法照正確的比例畫出太陽系。如果地球被縮小到和豆子一樣大，那木星距離地球有三百五十公尺那麼遠，海王星的距離則在一．六公里以上。）[4]

初生時期的行星是熔融態和氣態。每一顆行星依循重力互動來自我建構；最重的元素（例如鐵和鎳）就沉降到核心，而比較輕的元素（例如氫與氦）就形成行星的外層。這個穩定的重力秩序受到不穩定的輻射性元素破壞。當這些元素被分裂，它們的能量讓行星保存在沸騰狀態，並使得核心深處的各種物質上升到表面。

在三個比較小的行星上（水星、金星和火星）岩石形成後不到十億年，所有的活動業已終止。而在最大的四個行星上（木星、土星、天王星和海王星）沸騰的氣體活動一直持續到今天，類似太陽系最初的狀態。唯有地球的大小適中，可以產生重力和電磁平衡。在燃燒的地心周圍形成固態的岩石地殼。地球距離太陽平均九千三百萬公里，只有在這種相對位置下產生的溫度，才能形成複雜的分子。在我們的太陽系裡，只有地球上，化學活動仍然持續不斷變化。

我們是以地球繞行太陽所花的時間（一年），做為測量時間的依據。地球繞行太陽的同時，也繞著一個軸心旋轉，這個軸心傾斜了二十三．五度左右，因此地球的電磁極和太陽並未成九十度垂直。拜這個傾斜的軸心所賜，當地球轉到太陽的某一邊時，有一個半球會向太陽傾斜，接收到更多的陽光，當地球轉到太陽的另外一邊，就輪到另一個半球照到更多陽光。我們繞著傾斜的軸心旋轉，創造出地球的四季。假使我們是繞著垂直軸心旋轉，南、北半球一年四季的日照量就應該完全一樣。（除了天王星之外，其他的行星都繞著垂直軸心旋轉，天王星的軸心幾乎是水平的。）

在剛形成的五億年間，地球因為和隕石、小行星撞擊而受到震動。只要看看月球表面，就知道初期這些撞擊的印痕所形成的石景；月球質量很小，很快失去內部的熱能，並保留原始的表面。地球的質量夠大，地心的溫度夠高，因此這些早期撞擊帶來的熱能讓地球繼續日夜沸騰，所以無法在撞擊後形成印痕。

當地球冷卻到一定程度，足以在地表可以形成岩石的時候，一股股熔岩流從地心上升，把地球內部形成的化學元素帶到地表，不斷改變地球的大氣層，這些化學元素主要是甲烷、氫、氨與碳。巨大的閃電和雷鳴攪動這些化學成分。經過了大約五億年的懷孕期，大地之母已經準備產下有生命的分子。

## 待解之謎

我的故事說到這，完全是根據科學家對宇宙的了解，也就是一九六〇和一九七〇年代發展出來的標準模型（standard model），沒有任何妄加揣測的地方。然而我們認定的任何知識，都必須放在未知的脈絡下看待。截至目前，有許多重要的問題尚未找到答案。

就連月球的起源也是眾說紛紜。有人說月球是從地球裂開的一塊岩石，但大多人相信月球是一枚小行星，在撞擊地球之後無法脫離地球的重力，而進入軌道繞行地球，同時把地球垂直的軸心撞得略微歪斜，產生了地球的四季。

接著是比較棘手的問題：「為什麼可以用數學算式來解釋月球和仙女座星系的軌道。」還有「在大霹靂發生前是怎麼回事？」面對第一個問題，數學家只是聳聳肩，打趣地說：「上帝是數學家。」人類能夠了解宇宙，我們的頭腦能創造出和現實相互關連的算式，實在令人不可思議。至於前述的第二個問題和其他問題：

## 一、在大霹靂發生前是怎麼回事？

沒有人知道太初時期的宇宙是什麼樣子。有些物理學家相信憑人類的頭腦及其推演出的理論，永遠也無法解答這個問題。各家理論眾多，如賓州大學的李．斯莫林（Lee Smolin）[5]提出了一套理論，主張太初時期的宇宙可能是其他某個宇宙裡的一個黑洞。黑洞的相關描述似乎很像是太初宇宙的故事，只不過順序顛倒——物質、能量、空間與時間被擠壓變得愈來愈緊密，最後終於消失於無形。有些物理學家思考斯莫林的想法之後推論：物質、能量、空間和時間從我們的宇宙消失之後，可能出現在其他地方，成為新的宇宙。或許我們生活在一個「多重宇宙」，這諸多宇宙會在對方的地盤冒出來。這只是目前依據多重宇宙論所推演出的幾個理論性發展之一。

## 二、宇宙一開始怎麼會發生爆炸？

有一種可能的假設是說，在宇宙誕生的第一個瞬間，就開始膨脹，意思是說，以等比級數（每隔一段時間半徑就會加倍，如此這般不斷重複）迅速擴張，這種速率遠超過光速。每次膨脹的時間不到一秒鐘，此後宇宙固定以恆定不變的線性膨脹率擴張，直到大約五億年前，擴張的速率開始加快。這一套宇宙膨脹的假說有助於解釋大霹靂理論中的某些問題，但尚未得到最後的確定。

## 三、如何讓廣義相對論（處理巨大的天文尺度）和量子力學（處理宇宙的微觀特質）的理論取得一致性？

這兩套理論有互相矛盾之處，無法整合成一套大一統的萬有論。然而，在思考黑洞或大霹靂發生當下的宇宙時，物理學家必須同時運用廣義相對論和量子力學。在這種時候，他們算出來的答案往往是相等的無限大（多）。這裡所點出的問題可以簡述如下：根據量子力學的理論，在微觀的尺度上，宇宙是混沌、狂亂的場域，萬物的出現和消失完全無法預期。相形之下，廣義相對論的基礎是平穩的空間幾何學原理。在實踐上，只要避免極端的尺度，量子力學和廣義相對論的理論可以完美地預測覺察的結果；微觀世界隨機、劇烈的波盪相互抵銷，於是產生一個平穩的結構。

物理學家認為，除非這兩套理論再也沒有任何矛盾與不一致之處，否則他們掌握的知識就絕對稱不上完整。一九八四年，麥克・格林（Michael Green）和約翰・史瓦茲（John Schwarz）這兩位物理學家提供了第一份證據，佐證一套新的統一理論，稱之為「超弦理論」，或簡稱「弦理論」（superstring or string theory）。這個想法是假定宇宙最基本的元素不是點狀粒子，而是不斷震動的能量弦線，弦線的特性取決於震動的模式。這些小弦線的尺寸極小（大約只有十的負三十五次方公分長），即使是用當前功能最強大的儀器，也只能看到一個個的點。另外這套理論也假設宇宙不只是三個維度外加時間而已——或許是十個（或更多）維度外加時間。理論上，弦理論提供了一套真正統一的理論，假設所有的物質和力都是來自同一種成分：搖擺的能量弦。一九八四年以後，出現了更多證據，強化弦線的觀念，不過證實這套理論的實驗證據仍然付之闕如。

**四、一九六〇和一九七〇年代，科學家有了確切的把握，認定宇宙有個明確的起點，此後他們不斷懷疑：「我們的宇宙會怎麼結束？」**

目前看來有三種可能。宇宙可能永遠不斷地擴張，直到所有星系都沒有了光，每一顆恆星都變成一塊煤渣；宇宙的擴張可能就此告終，然後逆向發展，宇宙所有的物質在一場可怕的內爆中自行破裂；或者宇宙的擴張可以達到一個微妙的平衡，讓宇宙的擴張減緩，但還不至於逆向發展。

過去這幾十年，物理學家得知宇宙的擴張非但沒有減緩，反而還加速進行。某種不知名的原因促使宇宙繼續膨脹。科學家把這種未知的反重力力量稱為「暗能量」（dark energy），或是「虛無的能量」（energy of nothingness）。他們也相信有一種「暗物質」（dark matter），和地球上的萬物迥然不同。沒有人知道暗物質和暗能量究竟是什麼；目前科學家認為宇宙至少有百分之九十是由暗物質和暗能量構成。相關的研究才剛剛開始。

# 第二章 孕育生命的地球

## 四十六億年至五百萬年前

地球上的生物是個令人神往的神祕謎團。我們要怎麼確定生命是從什麼時候開始的，換句話說，我們的整個行星形成之後，什麼時候才開始活起來？第一章提過，地球一直能夠在物質和能量之間保持平衡，既沒有在固化之後冷卻，也沒有在氣化之後變得熾熱。或許是藉助或取決於體積的大小，以及和太陽之間的距離，地球一直保持一個持續存在但又不斷變化的結構。

科學家把這種主動的自我維護稱為autopoiesis（希臘語的自我塑造之意）。這是對生命最基本的定義——生物必須有能力在經歷變化的同時保持本身的穩定性。根據蓋亞理論（Gaia theory），藉由透過不斷的改變和發展來維持基本的穩定性，因此地球本身有生命，（蓋亞是希臘文當中的大地女神）。就算並非整個地球都能自我調節，至少大氣層和地表的沉積物似乎形成了一套自我調節的系統，一直保持延續生命所需要的空氣組成和地表溫度。[1]

在這樣連續性的發展中，地球是從什麼時候開始蘊藏能夠自我複製的生物？科學家經過多年的追蹤，最早出現在地球上的生物是一種早已絕種的無脊椎動物：三葉蟲，因為他們能找到的最古老的生物紀錄，是三葉蟲的化石。這些是最早的硬體動物，在海底的石灰岩留下了清晰的印痕。三葉蟲的化石大約出自五億八千萬年前，在全球各地發現的數量相當大。

不過一九四三年發明了電子顯微鏡，讓人類得以觀察化石化的細胞。現在已經列入檔案，認定最早的生物是在地球誕生後的七點五億年間出現的細菌細胞。

然而，即便不用電子顯微鏡，我們也能想像地球生物史如何在我們體內快速進行，人類的身體是一間地球生物史博物館。我們和宇宙一樣，以物質與能量組成。我們的細胞是以恆星爆炸時產生的原子組合而成，維持著一個富氫與富碳的環境，一如初次有生命出現的地球。碳與另外五種元素結合，形成了所有生物共同的化學分母，涵蓋了所有生物百分之九十九的乾重（dry weight）①，我們人類也不例外。

每個人的生命都是從一個細胞開始的，地球上所有生物亦復如是，我們只是把這個事實重新操演。最初的細胞是細菌，我們體內的細菌細胞是動物細胞的十倍以上。我們的細胞所包含的三種結構（粒線體、質體和原生質分化物）演化成個別的細菌，然後被納入我們比較複雜的細胞裡。

我們的血液仍然有海水的鹽分；我們的淚水及汗水都是海水，證明生物的起源來自大海。我們的孩子有長達九個月的時間，在充滿了水的環境生長發育；地球上的生物沒有一種不是在潮濕的環境開始發育的。人類的嬰兒在胚胎時期還長出了臨時的鰓，看起來就像胎兒耳朵後面的小疤，接下來才會發育出呼吸用的肺臟。我們的身體和地表一樣，含有百分之六十五的水。地球是人類最深刻也最原初的歸宿。[2]

## 細胞與生命過程（三十九億年至二十億年前）

早期地球的化學物質是怎麼活起來的？這一點科學家也說不準，因為他們目前還沒有能力在實驗室用化學物質創造生命。他們不過努力了短短五十年，而地球可是至少花了五億年才辦到。不過以科學家目前的知識，足以鋪排出以下的情節發展，而且可以很有把握地說，只要找到當中欠缺的環節，就能證實這個發展輪廓的正確性。[3]

大約四十六億年前，地球在太陽系誕生。在接下來的五億年裡，地球一直是一個熔岩火球，溫度高到無法形成表面，也沒有一滴水，因為水分無法凝結，只能在高高的大氣層裡維持蒸氣的狀態（圖2.1）。

在最初這五億年間，地球冷卻了；在三十九億年前左右，地球的溫度夠低，足以在仍是熔融狀態的地幔上方形成薄薄的一層岩石。在可以推定年份的岩石中，最古老的岩石在格陵蘭，大約在三十八億年前形成。火山在地殼的裂縫爆發，噴出熔岩。隕石撞擊地球。雷暴轟聲大作。

① 編按：生物體去除所有水分的重量。

水氣開始凝結；這場大雨恐怕下了幾百萬年。岩石地殼的板塊運動使地球內部噴出氣體，產生新的大氣層，包含水蒸氣、氮、氫、氖和二氧化碳。有人把這起事件稱為大打嗝！

大約在地球誕生後的八億年間（因為最古老的細菌化石大約出自三十五億年前），不知怎麼地，活機體就在這種環境下產生了。從前科學家認為是閃電擊中了海洋，才不知怎麼地激發太初的有機湯產生活細胞。現在看起來，這鍋有機湯裡的小分

圖2.1　大約四十億年前的地球表面。資料來源：Lynn Margulis and Dorion Sagan, *Microcosmos: Four Billion Years of Evolution from our Microbial Ancestors*, © 1997 The Regents of the University of California, Berkeley, CA: University of California Press, 39.

子無法自發地組合在一起；最有說服力的理論是假設在細胞出現之前，地球存在著原始細胞，也就是氣泡。

這些氣泡的形成，是因為某些分子組合成原始的薄膜，密封了一小塊地方；可以在當中演化出複雜的化學系統。這些薄膜納入了某些分子，並把其他分子阻隔在外。當氣泡變得太大，無法自行維持下去，就會分裂成比較小的氣泡。氣泡的分子內容各有不同，不同的氣泡互相撞擊融合。發生化學作用的氣泡繼續演化；其他則消失無蹤。這些原細胞出現在三十九億年前，而且似乎一直是發展複雜的分子與代謝系統的工具——一個開展生命的連續體。

在最早的階段，氣泡裡的元素是碳、氫、氧、磷，可能還有硫。後來氮（Ｎ）進入氣泡時（可能是以氨〔ＮＨ３〕的形式），系統的複雜性急遽增加，原因在於氮是細胞生物的兩個特徵（觸媒作用和訊息儲存）的不可或缺之物。這件事大約發生在三十八億年前，氣泡蹦跳了一億年之後，普世的始祖在這時出現，不管是單細胞還是一個細胞叢，後來地球上的生物都是它的後裔。這個共同始祖的佐證，在於所有生物都有相同的遺傳密碼，相同的生化網絡。有人把這起事件稱為大誕生。

這個普世始祖細胞發展蛋白質、核酸和遺傳密碼，從而完成了最後一個步驟，從氣泡變成真正的活細胞。這些最早的活細胞密封在薄膜裡，大約包含五千個蛋白質，還有一股股的核糖核酸（ＲＮＡ）和去氧核糖核酸（ＤＮＡ）在薄膜裡到處漂浮。這些細胞的直徑大約是百萬分之一公尺，利用本身的ＲＮＡ和ＤＮＡ來複製ＲＮＡ和ＤＮＡ分子，激發蛋白質的組成，達到自我維護和自我複製的目的。

先發展出來的可能是RNA，因為RNA可以自我複製，還可以當作一種觸媒，後來再演化成細胞。這個從無生命邁向有生命的最後步驟究竟是怎麼發生的，這方面的種種細節仍是一團謎，化學網絡非常複雜，必須有新的數學觀念，才能洞悉箇中奧祕。這個始祖細胞若非在火山口靠能量維生的嗜熱細菌（古生菌），就是和當代的藍綠菌親緣關係密切的一種細菌細胞。現存最古老的化石，是三十四億年前南非一座山上的岩石，化石中的細小微纖絲類似現在的藍綠菌。

如果說我們是從古生菌或藍綠菌演化而來，這句話是什麼意思？說得精確一點，究竟什麼叫做「演化」？自從達爾文在一八五九年提出演化論以來，科學界一直在討論這個問題。相較於比細菌更複雜的生物，細菌演化的方式反而更為複雜，既然如此，現在有關細菌的新研究結果顯示，長久以來，生物有幾種變化和發展的方式。

依照達爾文的理論，第一種是上一代傳給下一代的隨機突變，或是改變；我們現在知道突變是自發的，而且發生在基因複製期間。（基因是DNA的一個節段，負責設定一個完整的蛋白質或其中一部分。）突變純粹只是基因組（一整組基因）當中的核苷酸（核酸當中一個很小的分子組成元素）序列的改變，從而改變了製造生物的指令。除非這樣產生的新生物因為突變而在環境的資源競爭和複製繁殖方面占有優勢，它把基因傳下去的頻率才會大過其他類似的生物。達爾文研究出的是演化的機制，也就是透過隨機的基因突變來適應不斷變遷的環境。

第二種是細菌的演化方式。細菌繁殖的方式是讓體積加倍，複製它們單純的DNA股，然後分裂，讓每一個新細胞都有一股DNA。速度快的細菌每二十分鐘左右就分裂一次。如果遭遇威脅，細菌會把遺傳物質灑到周遭的環境中，其他細菌會吸收某些碎片。細菌會重組DNA，而人類在這方面的學習才剛起步。細菌每天可能改變百分之十五的遺傳物質。它們形成了一個行星網（planetary web），能夠以最快的速度交換遺傳物質。

第三種演化方式叫原始性共生（symbiogenesis）。當兩個生物之間的共生性排列被固定下來，就會以這種方式演化。最鮮明的例子是不能在氧氣中生存的細菌，能生活在我們腸道裡（腸道沒有氧氣）、協助食物吸收。

從三十八億年至十八億年前，細菌在這二十億年間以神祕的方式演化。在這段極其漫長的時間裡，細菌創造出發酵作用、固氮作用、光合作用、運動功能，以及行星生態系統的基本原理原則。

第一批活細胞一開始並沒有足夠的基因來處理它們需要的所有胺基酸、核苷酸、維生素和酵素，所以就直接從周遭環境吸收這些成分。當細菌的數量增加，開始把環境中的養分耗盡時，存活下來的細菌只得發展新的代謝方式，從附近的物質吸取食物和能量。其他生存在暗無天日的泥巴和水裡的細菌，發展出分解糖分的新方法（發酵作用），一直沿用至今。有的細菌演化出從大氣層擷取氮氣，然後轉化為胺基酸鏈的能力。現在地球上的所有生物都要靠一小群能夠從空氣中攝取氮的細菌生存。

細菌也演化出光合作用的過程，也就是把陽光和空氣中的二氧化碳轉化為食物。行光合作用的細菌早期是直接從大氣層攝取氫，然後與碳結合，形成碳水化合物。細菌這種空前的新陳代謝方式（我們現在還沒完全弄明白），堪稱地球生物史上最重要的新發明。細菌也能夠透過地球的大氣層和水來循環氣體和可溶性化合物，對它們生存的環境做出某些調節。

在地球生存了將近二十億年後（十八億年前），細菌覆蓋了地表每一個可達到的角落。淺灘隨處可見，被漂浮的細菌塗成紫色和黃褐色。一塊塊淺綠和淺棕色的渣滓浮在水面、黏在岸邊、給潮濕的土壤染色。遠處的火山依然冒著煙，層層堆疊的細菌製造出的活地毯把空氣弄得臭味瀰漫。不過這時細菌大概已經演化出所有主要的代謝系統和酶系統，不過仍然是沒有細胞核的細胞，又叫做原核生物（prokaryote）。它們的基因在細胞裡自由漂浮；還沒有被裝進染色體當中，包裹在核膜裡，形成細胞核。即便如此，細菌已經建立起這個行星系統的基本原理。

## 新細胞與兩性伴侶（十八億年至四億六千萬年前）

大約二十億年前，地球經歷了一場巨大的汙染危機。在此之前，地球上幾乎沒有氧氣，不過藍綠菌從水中攝取氫氣，於是逐漸把它們用不著的氧氣大量釋放到空氣中，威脅到所有細菌的生存。氧之所以會毒害細菌，是因為它會和生命的基本元素（碳、氫、硫與氮）產生反應。大氣層的含氧量從百萬分之一逐漸上升到五分之一，也就是從百分之〇・〇〇〇一增加到百分之二十一。

在這次大氣變化之後存活下來的細菌，必須進行大規模的重組。藍綠菌發明了一種呼吸氧氣的方法，以控制好的方法加以利用，堪稱盤古開天以來最偉大的錦囊妙計之一。它們現在既能以光合作用製造氧氣，又能呼吸消耗氧氣。大氣中的含氧量穩定保持在百分之二十一左右，也就是現在的濃度。我們至今仍然不知道這種濃度是如何維持的，但如果氧氣濃度再高幾個百分點，生物就會燃燒；如果低一點，生物就會窒息。

當大氣含氧量上升到百分之二十一的時候，一種新的細胞出現了。演化出呼吸氧氣方式的細菌，妥善運用了這個遠非它們的能力所能充分利用的能量源。其中有些細菌演化出一種新的細胞，叫真核細胞（eukaryote），這種細胞有兩大特徵：被本身的薄膜所包裹的細胞核，以及使用氧氣的器官，叫粒線體。像這樣從無核細胞一躍成為有核細胞，許多人視之為生物史上最偉大的壯舉。這是空前絕後、絕無僅有的紀錄；現今所有的多細胞生物都是有核細胞所組成的（圖2.2）。

這種新細胞的體積和複雜度都遠遠超過無核細胞，細胞質在細胞的內部結構四處流動。細胞核裡的染色體包含的DNA比無核細胞多了一千倍。光是這些巨量的DNA究竟有什麼功能，就是一個令人費解的生物學之謎。有些新細胞也具備光合作用的器官，叫做質體或葉綠體，另外還有使用氧氣的器官，叫做粒線體。許多生物學家認為這兩個器官代表了曾經各自獨立的細菌，這下被困在另一個細菌體內。實驗已經證明在變形蟲（一種顯微鏡可見的單細胞動物）身上，危險的細菌不到十年就會變成不可或缺的胞器（organelle）。同樣地，有核細胞似乎可以合併不同的生物。[4]

真核細胞最早出現在十九億年前。從十七億年至十五億年前，這些有核細胞形成的生物演化出一種新的繁殖方法，需要兩個伴侶才能完成。一個生物的精子細胞和另一個生物的卵子細胞結合。在精子和卵子結合及分裂後產生的新生物，有一組完整的染色體，這兩個親本細胞各自複製了其中一半。

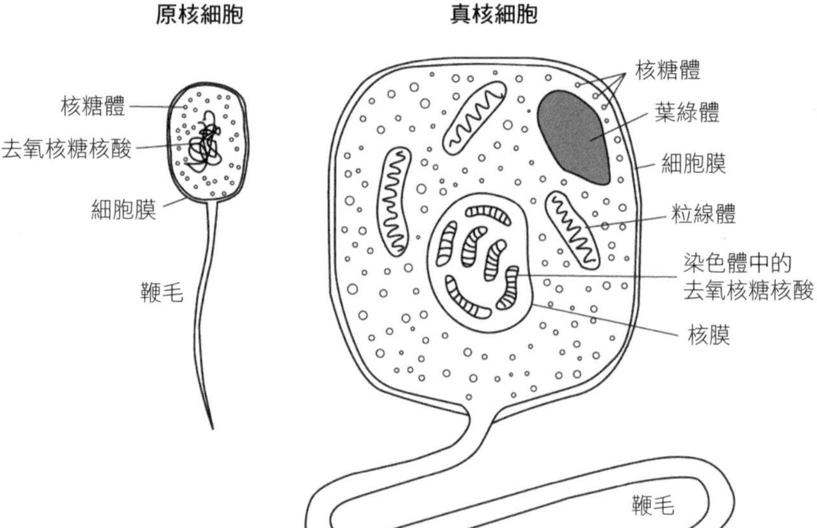


圖 2.2　比較原核細胞與真核細胞。細胞是一個個生化工廠，外部被多孔的薄膜包圍，內部的基因物質（DNA）編碼設定細胞的機能和複製。蛋白質依照DNA發出的指令，聚合在核糖體這種結構裡。比較複雜的真核細胞有一個基因組，由一層薄膜包裹著許多股DNA，形成細胞核。在細胞核外部，更多的薄膜縱橫交錯，組織成細胞裡各種不同的細胞器。有一種細胞器叫粒線體，會把食物轉換成化學能量；另一種叫色素體或葉綠體，會把光轉換成化學能量，稱為光合作用。真核細胞有一條移動所需要的鞭毛。

這種有性生殖的作用方式一直延續至今，未曾改變。

有了新的有核細胞和新的有性生殖，細胞互相黏結的頻率變得比較高。舊的細胞有時會黏在一起，形成多細胞生物，但新細胞黏結的規模變得更加可觀，最後變成了植物和動物。兩個生殖細胞結合，形成一個新細胞，製造更多的遺傳變異性——肇因於重組出自兩個源頭的基因，以及複製上的錯誤（突變），兩者都增加了新生物出現的可能。

生物史有六分之五是單細胞生物（細菌）的故事。它們創造了所有促成人類演化的化學結構。我們經常視為待征服的微生物，但它們也是我們要尊敬的始祖，更別說細菌是我們要招待的客人，每個人身上都有上兆個細菌正在輕啄我們的皮膚。它們一如過往，依然主宰著世界；生命實體愈小，因為複雜性低，自然愈容易形成和維護。

## 植物與地球表面（四億六千萬年至兩億五千萬年前）

前面有提到，活細胞和周圍的環境唇齒相依。事實上，由於地球環境和生物之間的關係難以分割，對於如何界定生物與非生物的差異，生物學界一直缺乏共識。[5]

在單細胞的藍綠菌有了生命之後，一群群的細胞黏結在一起，形成聚落（colony），有些藍綠菌的聚落發展出保持內濕外乾的能力。有了這個演化的優勢，藍綠菌存活下來，而且數量倍增，成為早期的植物，和現代的苔蘚及蘚類植物有親緣關係。到了四億六千萬年前，第一批植物孢子上岸了。

到了陸地上，植物必須立體化，並且發育出堅硬的莖幹，把水分往上輸送，同時把養分從枝椏扁平的末端（早期的樹葉）往下傳送。這是四億年前發生的事。接著出現了種子，保護植物胚胎不會在缺乏水分時枯死。有了種子，植物胚胎可以暫時停下來，監看周遭環境，等待有利的環境出現，再繼續發育。接著冒出了蕨類「樹木」，從三億四千五百萬年至兩億兩千五百萬年前，陸地完全被這種植物覆蓋。

地球上的陸地當時究竟是什麼形狀？有很長一段時間，人類以為現在看到的大陸一直都是這個樣子，固定在同樣的位置，但現在我們知道並非如此。[6]

地球是一台巨大的電磁發電機。正中央的內核是固態，外核是融熔的鐵和鎳，接收地球初創時期大量產生的熱能，因此溫度居高不下。融熔的液態鐵以內核為中心旋轉，形成地球的磁場。由於地球和宇宙萬物一樣處於逐漸冷卻，因此固態內核的直徑以每五年五公分的速度緩慢增加。

一層半融熔的岩石（稱為岩漿）從一百六十公里的深處往上升，衝向地表由六．四到三十二公里厚的固態岩石構成的地殼。岩石構成的地殼覆蓋整個地球；大陸是地殼往上突出的部分，海洋則是大約三．二公里深、充滿了水的淺坑。地殼分裂成不同的板塊，在岩漿上漂浮的板塊互相推擠摩擦、上下交錯。岩漿裡的熱能迫使岩漿往上湧升，穿過中洋脊，衝過地表的火山，進入地殼板塊間的裂縫，產生地震，同時形成新的地殼，並導致原有的地殼移動。地球的岩石表面被侵蝕，沉積海底，固結成岩石，在後來的地球史中，噴發了大約二十五次。[7]

地球的大陸被底下流動的岩漿帶著走，每年以公分為單位移動。我們可以研究大陸長時間累積的位移距離，是因為每次新的岩石產生，其磁場就會和南、北極的磁場對齊（這種現象的相關研究叫古地磁學）。因為磁極每年會有些許的移動，科學家就能確定岩石位移了多少，又是在什麼時候形成的。

把地殼板塊位移的距離，結合古地磁學及化石紀錄，地理學家已經重建出地殼位置的長期變化。當然，回溯的時間愈久，確定的程度愈低，於是更多的爭論和詮釋喧騰不已。然而各方一致認為地球無法對生活在上面的生物提供任何長期、永久不變的環境。

到了兩億五千萬年前，蕨類種子植物生長得相當茂盛，現在的大陸在當時大多一起移動，以一大塊的盤古大陸（全世界）之姿朝南極推擠。較早之前，地球的陸塊分裂成一座座島嶼，現在的許多陸地都沉在水裡；更早以前，陸塊可能比較像是鐵板一塊。

盤古大陸持續了五千萬年左右，再度分裂成上、下兩半，上半部叫勞亞大陸（Laurasia，北美洲、歐洲和西伯利亞），下半部叫岡瓦納大陸（Gondwana，南半球）。後來岡瓦納大陸分裂成南美洲、歐洲、馬達加斯加、阿拉伯、澳洲、南極和印度。只要地球形成時產生的熱能及衰變的放射性元素，繼續維持地核的高溫，大陸板塊就會繼續移動。（圖2.3）

盤古大陸開始分裂之後，蕨類種子樹木演化成針葉樹，然後繼續演變成開花植物和硬木樹，後者大約出現在一億年前。最早的現代硬木似乎是山毛櫸、樺木、無花果樹、冬青、橡木、美國梧桐、木蘭、胡桃和柳樹等各科闊葉樹。紅杉是恐龍的守護者。

從古至今，樹木（以及其他植物）一直是使地球降溫，讓其他生物得以生存的要角。地球每天從太陽接收大批源源不絕的能量（相當於百萬次的廣島原爆）。同時也每天接收從地心內核注入的熱能。地球從太陽接收到的能量大多會反射回太空。植物透過光合作用轉換一小部分的太陽能，但最大的助益是去除空氣中的二氧化碳。由於二氧化碳能吸收太陽的能量，不讓熱能反射回太空，因此植物可以降低地球的溫度。大氣層的二氧化碳含量大約只有百分之〇・三五，但這微量百分比是穩定地球溫度的關鍵。植物的光合作用也會把氧氣釋放到大氣層中，協助維持大約百分之二十一的含氧量，是生物存活的關鍵。

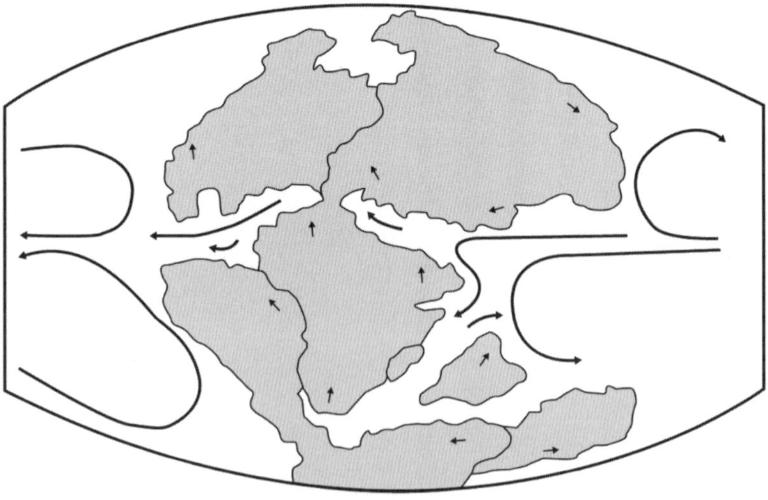
圖 2.3　盤古大陸在大約兩億年前分裂。

## 動物上岸（四億五千萬年至六千五百萬年前）

概括而言，大約在兩億五千萬年前，上岸的細菌乾了以後，演化成巨大的蕨類種子植物，覆蓋一整片盤古大陸。那動物呢？他們是什麼時候爬上陸地的？

動物始於海中。就連植物細胞也是在淺水中開始黏結。動物和植物不同之處，在於前者細胞功能的特殊化，以及細胞之間的複雜互動。動物細胞和鄰近細胞結合，是透過細胞間千變萬化地各種優雅的連結，人類直到最近才能透過電子顯微鏡窺見一二。這些神祕的細胞連結，以及發育成胚胎的細胞團，一起被公認為動物性真正的標誌。同時，動物細胞不具有行光合作用的胞器。動物利用細胞之間非常複雜的相互連結，發展到無以復加的地步。

動物的演化的起點，是一個細胞（包含一個細胞核和移動所需要的鞭毛，但不具備行光合作用）先和另一個細胞黏結，然後如此這般繼續推動，這樣後者就能用本身的微管來執行其他某種功能。目前構造最單純的動物是絲盤蟲。這是有核細胞構成的一個小聚落，直徑三公釐，靠細胞鞭毛移動，如此而已。[8]

既然最早演化出的動物是海裡的軟體生物，有什麼證據能證明早期這些動物的存在呢？二〇〇四年，在南中國海的岩石上發現了兩邊對稱、身體扁平的細小化石，寬度相當於人類的四根頭髮，出自六億年前。

到了五億八千萬年前，動物已經發展出硬器官（肉眼可見的外殼和外骨骼），全球各地都能找到大量的化石。這時我們的細菌始祖已經存在了三十億年左右。最早長出硬器官的動物是三葉蟲和巨海蠍，總長有時超過三公尺。這些動物如今早已滅絕，曾經在地球上生存的物種，大約有百分之九十九也都消失了。[9]

動物上岸所花的時間比植物稍微長一點，這恐怕肇因於它們在海裡演化出的體積和複雜性。一般公認動物大約在四億六千萬年前開始上岸，率先登陸的可能是一種很像潮蟲（sow bug）的生物。為什麼牠們有這個膽子？大概是因為海裡變得危險。鯊魚的演化，盤古大陸的形成，使得適合潮蟲生存的海岸線大幅減少。兩棲動物固然在生命週期的某一段時間必須在水中生活，但爬蟲類、鳥類和大多數的哺乳動物（除了胚胎以外）都沒這個需要。

另一種生物真菌也上岸了。真菌代表有核細胞的第三種基本演化方式，既非植物亦非動物。真菌從孢子所形成，每個細胞可能有很多細胞核，他們取得養分的方式是直接從土壤或木頭裡吸收分子，而非藉由攝取食物或行光合作用。我們平常看到的通常是真菌的「果實」；真菌的身體其實是地下一個由纖細的菌絲構成的菌絲網。黴菌（例如青黴素）、蘑菇、酵母、羊肚菌和松露都是常見的例子，這些大多是真菌。真菌和動、植物共同演化，彼此有著非常深刻的關係。

從微觀的角度來看，我們發現恣意生長、無盡蔓延的表面下，植物、真菌、動物和細菌其實形成了一片閃爍迷人的地景，一個彼此互通的共生網，以眾多有核細胞的模組建構而成。或者是說，拿開顯微鏡，以宏觀的角度來看，我們發現植物、真菌、動物和細菌形成了單一的生活共同體（生物群），對生物界進行監控和調節，以維持生物所需要的環境。

兩億五千萬年前，這個生活共同體遭遇重大威脅，在不到七十萬年的時間裡，就有超過百分之五十的生物科和高達百分之九十五種的生物滅絕了。這個生物群成功地存活下來，只不過損失極其慘烈。（在分類系統中，項目最多的類別是可以共族繁殖的「種」。種的上級類別是屬，屬的上級類別是科，科的上級類別是目，以此類推。）

當時發生了什麼事，使地球超過百分之五十科的生物都滅絕了？我們現在知道，從地球誕生至今，至少重複發生過五、六次的集體滅絕。至於頻率多高，同時有沒有任何規律性，至今仍未有定論。但各界一致認為，兩億五千萬年前的生物大滅絕是歷來最慘烈的一次。

對於兩億五千萬年前的這場大滅絕，科學界收集了許多資料，也提出了許多理論，但要說有什麼明確的結論，未免言之過早。嫌疑最大的兇手是海平面、大氣層，以及氣候的變遷；大規模的火山爆發；以及／或是外太空撞擊。[10]

在大滅絕發生前的兩千萬年間，大陸板塊逐漸形成盤古大陸；這次的融合可能造成極端的氣候變遷。現在已經確定西伯利亞和華南在距今兩億五千二百二十二萬年至兩億五千一百一十萬年間有大規模的火山爆發，可能遮蔽了太陽，引發冰河作用。海洋的含氧量可能急遽下降。可能有一枚巨大的隕石撞擊澳洲西北方的印度洋。至今眾說紛紜。[11]

在集體滅絕之後，生命做出的因應，似乎是用比平常更快的速度創造許多新生物。這些新生物填滿了滅絕的生物所留下的生態區位。在兩億五千萬年前的大滅絕發生前，兩棲動物是動物界的霸主，有的已經演化成爬蟲類。在大滅絕之後，爬蟲類數量倍增，快速演化為驚人的新物種。

兩棲動物發展出密閉的卵，這樣親體不必回到水中，可以在陸地產卵，因此變成了爬蟲類。為了離水繁殖，爬蟲類必須發展出插入式性行為，這樣雄性動物可以把精子存放在雌性的體內，而不必等產卵之後再進行受精。因此爬蟲類算是我們的大恩人。

在大滅絕發生後的兩千五百萬年間，爬蟲類演化成我們稱之為恐龍的神奇生物。大約兩億一千萬年前，恐龍成為全世界的主宰，而盤古大陸就在兩億年前開始分裂。長達一億多年的時間，其他每一種生物都生活在恐龍的統治下，地質學家把恐龍生存的這幾個年代稱為三疊紀、侏羅紀和白堊紀。

恐龍引發的臆測不少，但專家一致認為恐龍是源自共同始祖的同一類群，以陸棲為主，鳥類是一個肉食恐龍類群的直系後裔。恐龍最小的身長只有七十公分，體重不過二・三公斤，最大的就像腕龍這種巨獸，站起來有十二・二五公尺高，體重高達七十噸。在盤古大陸存在的時候，整個世界都是恐龍的天下，不過就在牠們的全盛時期，陸塊開始分裂。最著名的霸王龍正是出現在恐龍時代的末期，是地球有史以來體積最大的肉食動物，身長一六・一公尺，高一一・二公尺，重五噸，牙齒有十五・二四公分長，與其說霸王龍是掠食者，不如說是一種食腐動物。霸王龍把嘴巴張大，裡頭可以站一名七歲的小孩（如果當時有人類的話）。

現在的人對恐龍世界非常神往，這是著眼於恐龍的體積、多樣性和無上的優勢，也是因為我們開始熟悉牠們的世界。在恐龍時代，水裡充滿了魚類和兩棲動物。牠們的氣候是熱帶氣候，植物、花朵和蜜蜂隨處可見，令我們現代人深深著迷。恐龍發展出交配的模式，有的甚至開始照顧卵和後代。毛茸茸的小哺乳動物（和我們小時候玩的動物布偶和寵物差不多大）在地上跑來跑去，天黑之後出來獵取植物和動物。這幅熟悉的畫面只差了幾個元素。鳥類剛開始從翼龍演化出來，當時還沒有穴居人，他們要等恐龍滅絕六億兩千萬年後才會出現，連大猿（great apes）也要再過三千五百萬年才出現。

## 恐龍到黑猩猩（六千五百萬年至五百萬年前）

在恐龍的盛世達到顛峰，種類多得數也數不清的時候，又發生了一次大滅絕。這場六千五百萬年前的集體滅絕，讓恐龍（除了演化成鳥類的那些）和其他所有體重超過二十五公斤的陸棲動物死得一乾二淨。這一回的滅絕不比上一次更嚴重，但卻比較鮮活地留在我們的想像中，可能是因為相較於蚯蚓、三葉蟲或微生物，我們對恐龍的死比較容易感同身受。

有些在六千五百萬年前滅絕的類群，似乎消失得很突然。其他的類群則是從七千五百萬年前到六千五百萬年前逐漸降低其變異性。這場大滅絕的倖存者似乎是大多數的陸地植物和小型的陸棲動物：昆蟲、蝸牛、青蛙、蠑螈、烏龜、蜥蜴、蛇、鱷魚、一些胎盤哺乳類動物、大多數的魚類，以及海洋無脊椎動物。

關於恐龍滅絕的原因，過去科學界胡亂做過一些猜測：恐龍太笨，或是便祕太嚴重，再不然就是恐龍蛋被毛茸茸的小型哺乳動物偷了。在外太空撞擊成災的證據面前，這些觀點一一被否定，當時一枚九．六公里寬的隕石撞擊地球，揚起的碎屑可能多到讓地球幾千年不見天日。一九九一年，地質學家找到了這個寬一百九十二公里，深三十二公里的隕石坑，如今埋在墨西哥猶加坦半島地底。以附近的村莊為名，希克蘇魯伯（Chicxulub）隕石坑在猶加坦北岸的海濱形成，生成衝過整個墨西哥灣的海嘯巨浪。同時如同兩億五千年前的大滅絕，也發生了許多火山爆發，不過地質學家還不清楚火山作用、外太空撞擊和大滅絕之間有什麼連結。[12]

前面提過，古生物學家以前認為可能是小型哺乳動物吃了恐龍蛋，才造成恐龍滅絕，留下空曠的地球供哺乳動物生養發展。大量等待填補的生態空間，讓哺乳動物得以發展出千變萬化的種類。

哺乳動物最重要的特質，是他們可以產下活生生的胎兒，不管是爬到外部的育兒袋繼續發育的小胎兒（有袋動物），還是體型比較大、在母體內發育的胎兒（胎盤動物）。最早的哺乳動物大約在兩億一千萬年前出現，直到六千五百萬年前才滅絕，早期哺乳動物的身形多半比老鼠小。牠們披有能夠保暖的毛皮，吃昆蟲與肉維生；後來有些也把植物加入飲食中。

不過現在我們知道，在一億五千萬年至一億年前，哺乳動物最重要的獨門特徵是發育出新的腦區：邊緣區。大腦的邊緣區負責監控外在世界和身體內部的環境，使兩者協調配合。這個腦區會微調生理機能，讓身體適應外在世界，如此一來，哺乳動物在寒冷的地方也能保暖。邊緣區也是主管情緒的位置，協調用以表達情緒的面部肌肉。

大型恐龍的存在對哺乳動物的演化是一大福音。在恐龍的威嚇之下，大多數的哺乳動物體型嬌小，貼近地面，因為必須等夜裡恐龍睡了以後再出來覓食，因此發育出較好的牙齒、嗅覺和聽覺。現在的松鼠和尖鼠最能代表當時在恐龍腳下奔跑的哺乳動物。

恐龍滅絕以後，哺乳動物花了幾百萬年的時間，才演化出適度的大型身軀。由於盤古大陸開始分裂成較小的陸地，因此這段時間的生物史變得支離破碎。大陸各自孤立，意味著動物無法穿梭來往於同一片陸塊；每一塊大陸各自發展出不同的生物。在我們看來，這些早期的大型哺乳動物的動作既笨拙又難看；他們生長的地區是濃密的林地，而非一望無際的草地，日後草地上才孕育出動作優雅、擅長奔跑的長腿動物。

地球的氣候持續變化，提供新的演化發展所需要的動力。從五千五百萬年至五千萬年前，氣溫上升；南、北兩極有叢林。鯨魚和海豚這兩種大型哺乳動物回到海裡。

到了三千五百萬年前，更多的陸地分離（澳洲脫離南極，格陵蘭從挪威分離），改變洋流的方向，年均溫陡降。最後冷水和溫水沖激，使天氣更加寒冷，造成許多動物類群消失；但同時有新的類群出現。早期的靈長類動物（小狐猴、灌叢嬰猴和猴子）在一年四季水果供應不斷的熱帶地區生存下來。在這個寒冷時代的最初五百萬年間，出現了最早的人猿。

又過了一千萬到一千兩百萬年（兩千三百萬年前），溫度又開始變暖。在地殼板塊的擠壓下，形成了北美洲的科迪勒拉山脈（Cordillera Mountains，包括落磯山脈、海岸山脈、內華達山脈、馬德雷山脈）和南美洲的安地斯山脈。整個印度大陸衝向歐亞大陸，產生了喜馬拉雅山脈。非洲大陸和歐亞大陸連結起來，獨特的非洲動物得以長驅直入，尤其是類似大象的生物和人猿。

到了一千萬年前，地球從三千五百萬年前開始，溫度第一次變得這麼熱。然後因為大氣中的二氧化碳流失，以及反向溫室效應，地球的溫度再次下降。經歷幾番變遷，美洲大陸長出草原，被認為是地球近五億年來的關鍵大事。草地覆蓋了地表的三分之一，成為動物族群的主食。凡是能消化草的動物，就保證能得到一種會自我替換的食物供給。一千萬年至八百萬年前，在美洲大陸長出草原，並且能使動物聚集，預示了東非大草原在過去七百萬年至五百萬年的情況。

現在我們應該很清楚，變遷的氣候是地球史演進的基礎。氣候變遷背後的主要成因，似乎是大陸在熔融岩漿構成的地幔上到處移動，形成高山，並且改變了海水的流動。隕石撞擊大概也影響了氣候，另外還有地球的傾斜度、擺動和軌道的變化，許多因素錯綜複雜地互相影響。

小型靈長類（亦即手腳靈活、有五根手指或足趾、眼睛朝向前方的哺乳動物）最早出現在六千萬年至五千五百萬年前。大約到了兩千五百萬年前，某些靈長類演化成體型更大的動物，稱為人科靈長目，也就是人猿。人猿演化了兩千萬到兩千五百萬年，最後大約在七百萬年至五百萬年前分歧演化，分成人類和猿類。比原先認定的時代晚近多了（圖2.4）。

證實猿／人演化史的唯一證據，是脆弱不堪的化石化骨骸和腳印，這些化石都有幾百萬年的歷史，而且散落各地，完全找不到完整的紀錄。目前還畫不出完整的系譜圖，即使這二十年來已經大幅改善，但這些證據仍然有太多漏洞。化石紀錄有兩大漏洞：從三千一百萬年至兩千兩百萬年前，大猩猩、黑猩猩和人類演化而生，在一千兩百萬年至五百萬年前，大猿和人類分道揚鑣。

靈長類動物最早出現在熱帶和亞熱帶，多半是樹居的猴子。牠們的基本特色是四肢各有五根指頭（趾頭），指（趾）甲取代了爪子，大拇指（趾）與其他四指（趾）相對。猴子的眼睛也是朝向前方，而非兩側，這樣視野重疊的範圍更大。由於大腦必須協調重疊的視野，產生深度感知，因此發育出比其他哺乳類更大的頭腦。靈長類動物經過

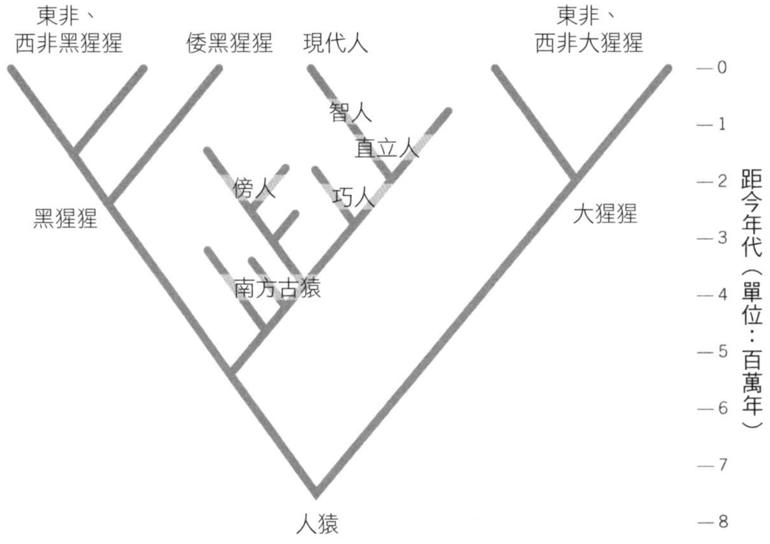


圖2.4　猿類和人類的簡明譜系圖。

漫長的懷胎期後，一次生下一個子女；生下的胎兒成長緩慢，而且依賴父母維生，為了長期支援幼兒的發育，形成複雜的社會安排。

對比世界其他地區的猴子，美洲的猴類靈長動物一直是樹棲動物。原因至今不明。在亞洲、歐洲和非洲，有的猴子大膽爬下樹木，變成後來演化為人類的人猿，也就是人科靈長動物。大約兩千五百萬年前，非洲出現人猿，到了一千八百萬年前，從法國到印尼的歐亞大陸南部，都有人猿的蹤跡。人猿在歐洲和亞洲發展了幾百萬年，但終究陷入困境。亞洲只有一種大猿（紅毛猩猩）存活下來。大約八百萬年前，歐洲天氣變得比較乾燥，早期的人科動物徹底消失。只有東非的大猿繼續大量繁衍，持續發展。

東非有什麼得天獨厚之處？這裡有大裂谷流域（Rift Valley System），是非洲大陸板塊一道長達六千四百公里的裂痕，從北邊的衣索比亞和紅海起始，經過肯亞、烏干達、坦尚尼亞和馬拉威，最後進入南邊的莫三比克。非洲大陸板塊這道裂痕兩側達兩千萬年的地殼構造活動，造就了火山、隆起的高原和崩塌的低地，因此形成許多河谷，把水輸送到這塊大陸最大的湖泊。這裡什麼氣候都有，熱帶森林變成了遼闊的與世隔絕林地，林地則化為熱帶草原。降雨的型態和地理屏障改變，使動物類群彼此隔離。大裂谷流域提供了最完美的演化實驗室。

非洲大猿包含兩種黑猩猩（黑猩猩和倭黑猩猩〔原本稱為侏儒黑猩猩〕）和兩個亞種的大猩猩。近年的研究斷定，人類和黑猩猩的DNA有百分之九十八．四相同，因此算是我們的近親（相比之下，我們和其他生物的基因有百分之九十相同）。[13]

一九六〇年代初期，珍．古德（Jane Goodall）到坦尚尼亞觀察野外的黑猩猩，才開啟了人類對大猿的研究。在此之前，除了動物園以外，黑猩猩沒什麼人注意，也沒有人了解。珍．古德帶我們認識黑猩猩之後，人們開始發現，要了解人類早期的歷史，非透過這些動物不可。如果科學家還不知道什麼叫演化，黑猩猩、倭黑猩猩和大猩猩就絕種了，我們根本無從想像早期人類的面貌。[14]

經過四十五年辛勤的研究，生物學家對黑猩猩的行為逐漸產生一個共識。這兩個物種（黑猩猩和倭黑猩猩）的行為差異極大。在黑猩猩生活的地盤，雄性會拚命防衛邊界。雄性黑猩猩長大以後，會留在自己生長的地盤，雌性則遷移他處。雄性和雌性分屬不同的階級，並非以夫妻相稱。雄性迫使雌性順從，必要時會使用暴力。雄性和雌性都有多重伴侶。黑猩猩的語文智能和人類的幼童相當，每一隻都有自己獨特的個性和才能。牠們可以學習手語，藉此與對方及人類溝通，也會把手語教給自己的兒女。人猿的基本飲食是水果和植物，但黑猩猩也愛吃生肉，而且不惜為此大開殺戒。黑猩猩的母親會跟兒女形成長久而密切的關係，雄性則對養育子女興趣缺缺。黑猩猩是一種群居性很強的動物，生活在八十到一百隻的群體中。牠們的感情生活和人類非常相似；黑猩猩會生氣、嫉妒和孤單，會保護弱小，也願意和同伴分享食物。

另一種黑猩猩（倭黑猩猩）完全是另外一回事。倭黑猩猩的體型比黑猩猩嬌小，頭部、頸部和肩膀都按比例縮小，而臉部比較扁平、開闊。一九二九年以前，沒有人把倭黑猩猩當成另一個物種，人類研究倭黑猩猩的時間比黑猩猩更晚。野生的倭黑猩猩只出現在剛果民主共和國

（過去的薩伊）剛果河南岸。倭黑猩猩的社會遠不如黑猩猩那樣階層分明，由雌性掌握大權。倭黑猩猩很少殺生，全靠千變萬化的性行為來解決衝突。在黑猩猩演化出這兩個物種之前，人類的譜系已經脫離了黑猩猩的譜系，因此理論上來說，我們和這兩個物種的親緣關係是一樣相近的。[15]

不過，黑猩猩並非人類，反之亦然。一個清楚的遺傳標記把兩者區分開來：黑猩猩總共有四十八個染色體（二十四對），人類則有四十六個染色體（二十三對）。黑猩猩和人類還有許多相當明顯的區別。牠們交配的時間只有十到十五秒，無法分辨合法與非法行為，不會說話，而且和人類學習手語時，只能用人類兩歲小孩的程度「交談」。

我們將繼續留在東非的大裂谷，下一章談的是人類和黑猩猩脫離了共同的人猿祖先之後，人類在後續七百萬年至五百萬年前是如何演化。

## 待解之謎

關於本章所涵蓋的時代（將近四十億年），我們大部分的知識是來自殘缺不全的證據，這一點在所難免。雖然目前許多問題仍無法解決，但不斷出現的新證據會證實我們所講述故事的基本內容。

近年在岩石和化石定年技術的進步，有正面的幫助。定年法測的是輻射性，也就是同一化學元素的不同種類（叫同位素）的原子核隨機變化的統計趨勢。同位素的原子核不穩定，亦即有輻射性。某個數量的同位素衰變（或改變原子核）所需時間的二分之一，稱為半衰期（half-life）。火山岩石經常包含放射性同位素，提供一種為岩石定年的方式。這個檢驗過程叫放射性碳定年法，發明於一九四八年，近年做了不少改良。[16]

## 一、恐龍是溫血動物嗎？

羅伯特・巴克爾（Robert Bakker）在其著作《恐龍異說》（*The Dinosaur Heresies*）裡解釋他為什麼認為恐龍一定是溫血動物，才能稱霸世界這麼久。和哺乳動物（比爬蟲類往前進了一級）同樣流著溫血，才會有競爭優勢。但這個了不起的想法找不到任何證據或反證，因為化石中沒有恐龍的器官或器官如何運作的證據。

## 二、生物應該如何分類？

對微生物的知識增加以後，科學界準備提出一整套新的分類系統，讓細菌的分類可以更為詳盡。一九六九年，康乃爾大學的生態學家羅伯特・惠特克（Robert H. Whitaker）將生物界分為五大界：動物界、植物界、真菌界、原核生物界（細菌）和原生生物界（除了植物和動物，其他都算在裡面）。到了一九七六年，卡爾・烏斯（Carl Woese）提出了二十三種主要類別，全部列在「域」（domain）這個新的層級下：細菌域、古菌域和真核生物域。照這個模式，所有的植物和動物都得「連降幾級」，成為真核生物域最外圍幾個分枝上的小細枝。[17]於是，有關生物分類的論戰仍持續上演。

## 三、演化如何有助於說明人類的本性？

演化心理學家把心智當作人類為了生存下去而適應環境的一種特徵。他們這種研究方式是過去數十年的一種思想趨勢。他們主張人類的大腦是從黑猩猩的大腦或至少兩百萬年前的情況演化而生，而非出自我們過去五千年來的經驗，後者還沒有在我們的遺傳物質裡形成基因密碼。一個很小的例子是我們對蛇和蜘蛛的恐懼，演化心理學家認為，這種恐懼是天生的，而且始於當初在蛇與蜘蛛充斥之地演化的時候。害怕蛇和蜘蛛的人猿比較容易存活下來，看到那些不怕蛇和蜘蛛的人猿一一送命，這種恐懼便植入我們的大腦。[18]

## 四、如果黑猩猩和人類的親緣關係這麼密切，是否有人曾經試著和黑猩猩交配？

如果有人試過，應該不會大聲張揚。所以沒有人聽說過這種實驗。黑猩猩和人分屬不同物種，應該不能繁衍後代。如果這樣的實驗成功了，那要怎麼把這個嬰兒養大？

大猿的命運岌岌可危。牠們生活的森林世界幾乎消失殆盡，伊波拉病毒造成大猿大量死亡，加上人類把牠們抓來吃進肚子裡、養在動物園，以及關在籠子裡做醫學研究。最貼近大猿的研究者傷心不已。大猿的分布地離非洲人最近，他們往往在跟大猿的衝突中尋求利益。現在的孩子將來可能會看到人猿從野外滅絕。

五、有些生物學家和天文學家決心在宇宙尋找其他的生物，或是把生物從地球擴散到宇宙。他們提出以下的問題：微生物（亦即細菌）的世界能不能擴散到太空的其他地方？細菌聚落能否在其他地方創造適合生存的環境？人類會不會把細菌帶到其他行星，建立殖民地？②

②編按：原文如此，作者僅提出問題，未加解釋。

# 第三章　人類：一個新物種的誕生

五百萬年至三萬五千年前

現在該說說人類歷史中已經逝去的千秋萬代。來自猶太—基督教背景的人可能認為世界不過是幾千年前創造的，照猶太人的估算，創世發生在西元前三七六一年，或是欽定版《聖經》注解上說的西元前四〇〇四年。然而其他文化的時間觀則更為久遠。馬雅銘文說是一百萬年前，也可能是四千萬年前，不過這個說法還有爭議。印度教的宇宙本身經歷了死亡和重生，梵天的一天一夜長達八十六億四千萬年之久，略多於科學宇宙論當中大霹靂歷史的一半。西元八世紀的天文學家一行禪師（唐代人，俗家姓名為張遂）認為世界已經存在了幾百萬年。

由於人的一生只有七十到一百年，自然無從直接體驗宇宙時間。必須透過一些類比或隱喻，把所謂的時間具體表達出來，好讓我們了解何謂時間。這時只得發揮想像力，否則就會受制於我們對時間的短暫經驗。

要想像大霹靂發生後的時間，我們可以把從古至今的時間全部壓縮在十三年裡。如果說宇宙史從十三年前開始的，地球的存在只有五年光景；殺光恐龍的隕石是在三週前撞擊地球；最早的雙足人猿（用兩隻腳走路的人猿）三天前剛冒出來，而最早的智人（Homo sapiens）在五十分鐘前出現；而現代工業化社會只存在了六秒鐘（表3.1）。[1]

紐約市的美國自然歷史博物館最近舉辦的宇宙史展覽，一開始是用燈光秀模擬大霹靂。親身經歷了大霹靂之後，觀眾沿著環繞兩個樓層的漫長斜坡往下參觀。最後牆上有一塊板子，畫了長度相當於髮絲寬度的一條線，代表三萬年的人類史，這個隱喻令我永難忘懷。

在我書寫這部世界史的同時，好幾個朋友提議我不妨讓書中的每一頁代表某個年數。不過他們想到這個點子的時候，沒有把數字算清楚；如果要用……比方說三百頁好了，來代表地球四十六億年的歷史，每一頁就得涵蓋一千五百萬年。而智人要等到最後一行的最後三分之一才出現。整本書多半是空白頁，代表不可知的時間——這可不是什麼好的行銷策略。

| 如果說宇宙是從十三年前開始的，那現在…… | |
|---|---|
| 地球只存在了 | 五年左右 |
| 大型的多細胞生物只存在了 | 七個月左右 |
| 造成恐龍滅絕的小行星撞擊地球 | 三週 |
| 人科動物只存在了 | 三天 |
| 我們自己的物種，智人，存在了 | 五十三分鐘 |
| 農業社會存在了 | 五分鐘 |
| 文明的所有書寫歷史存在了 | 三分鐘 |
| 現代工業社會存在了 | 六秒鐘 |

表3.1　壓縮的宇宙時間軸。資料來源：David Christian, "World History in Context," *Journal of World History*, December 2003, 440.

把前三分之二的時間擺在一邊，只管地球存在的這段期間。如果需要一個直線式的隱喻，就想像自己在地上拉開一條有三十一又四分之一個足球場那麼長的線（兩千八百四十三公尺），這條線代表地球誕生後的四十五億年。人類的演化在大約五百萬年前和大猿分道揚鑣，應該發生在距離這條線的終點只有三・二公尺的地方。從人科靈長類動物進化到智人，則發生在離終點一二・七公分的位置，而農業的歷史只有〇・六公分。

另一個再現地球時間的簡單方式，是把這段時間濃縮成我們最熟悉的時間刻度：一天的二十四小時。如果把地球的年紀想像成從午夜起算的一天；那麼單細胞生物就出現在凌晨四點左右，而最早的海洋生物要到晚上八點半左右才出現。植物和動物大約在晚上十點登陸，恐龍現身時已經將近晚上十一點了。在午夜前二十一分鐘，恐龍消失無蹤；人類出現在午夜前不到兩分鐘的時候，而農業和城市在午夜十二點的幾秒鐘前才誕生。[2]

不管用什麼方式來表現，人類的歷史只占了地球時間的一點點，更別提宇宙時間了。

## 從分歧演化到直立人

我們很難精確指出人類從什麼時候開始出現；人類和人猿之間的界線並非一個定點。在七百萬年至五百萬年前，有個人猿始祖身上發生某種突變，而且存活下來，從這個單一的突變開始，人科靈長動物（雙足人猿）這個分支不斷出現其他單一的突變。這些突變所賦予的優勢被保留下來。這種種變化最後促成現代智人的誕生。

這些遺傳變異重複發生在同一個地方：東非。至少有三百萬年的時間，人類的演化只發生在非洲；人科靈長動物只生活在這裡，不過歐洲和亞洲也有人猿的蹤跡。在一千八百萬年至一千萬年前的某個時候，一群我們稱為直立人的人科靈長動物離開非洲，開始往地球的其他地方擴散。後來，大約在兩百萬年至一百萬年前，已經在許多不同地方演化的直立人絕種，另外一群人（當時已經演化成智人）繼直立人之後離開東非，擴散到全球各地。我們現在最多只能建構出這個大趨勢，在直立人和智人之間，可能也發生了一次遷徙。[3]

為何人類演化會發生在東非？這塊大陸有哪些特色，使它成為人類演化唯一的發源地？東非地處熱帶；身上沒長濃毛，表示我們是從熱帶動物演化而來。為了成為人類，熱帶人猿從樹上爬下來，到草原生活；人類是草原的生物，而非森林動物。如同前一章所述，能塑造人類演化的地理環境就出現在東非的大裂谷。

只要到大裂谷、奧都威峽谷（Olduvai Gorge）或是坦尚尼亞的恩戈羅恩戈羅火山口（Ngorongoro Crater）走一趟，看到當地的美景，認出自己祖先的故鄉，通常會有一種深刻的感動。在賽倫蓋提平原（Serengeti Plain）的邊緣，仍然看得到大量的動物和鳥類，當初人類從人猿演化出來的時候，就是靠這些草原動物維生。峽谷的岩壁、森林地區和遼闊的平原，為蜷縮在旁邊的漁獵採集者提供了遮蔽、圈隔和食物。

大裂谷是非洲大陸板塊上一條裂痕的產物；非洲的東岸遲早會和大陸的其他地方分裂，在印度洋愈飄愈遠，最後撞進印度、中國、日本或誰知道是什麼地方。這條裂痕起於衣索比亞的紅海，往南經過肯亞、坦尚尼亞和莫三比克，其分支延伸到薩伊和尚比亞。赤道在坦尚尼亞的吉力馬札羅山（Mount Kilimanjaro）穿過，把整條裂痕一分為二。平坦的海岸平原隆起，形成海拔三百六十五到一千兩百二十公尺的內陸高原。這些高地的氣溫維持在攝氏二十六・七度上下（圖3.1），就人類的生理構造而言，這樣的溫度範圍是最自然的。

大裂谷的地景混合了熱帶的林地和草原（或是乾草原），偶爾有些山脈點綴其間。在雨季期間，茂盛的青草、樹木和開花植物結出果實。到了旱季，高原地區天乾物燥，閃電引發火災，然後隨著雨季的來臨再度重生。熱帶草原為苗床提供了舒適的溫度，到處都是果實、堅果和獵物。

不過地景並非一成不變。地震和反覆無常的降雨型態，締造出零碎片段的局部環境。當地球進入冰河期，熱帶草原變得較為涼爽乾燥，這時草原比較多。間冰期的熱帶草原則比較炎熱潮濕，這時雨林比較多。

現在氣候被視為演化變遷的一個關鍵因素。變成人類的人猿必須適應劇烈的氣候變化。要不是發生氣候變遷，要是特定地點的基因庫沒有受到特定的壓力，尤其是熱帶變得涼爽乾燥，那麼恐怕不會出現我們這個物種。

地球進入現在這個冰河期與間冰期交替的環境，不過短短兩百萬年。南極最早的冰原約莫出現在三千五百萬年前，在此之前，地球花了六千五百萬年的時間，冷卻了攝氏八・三度左

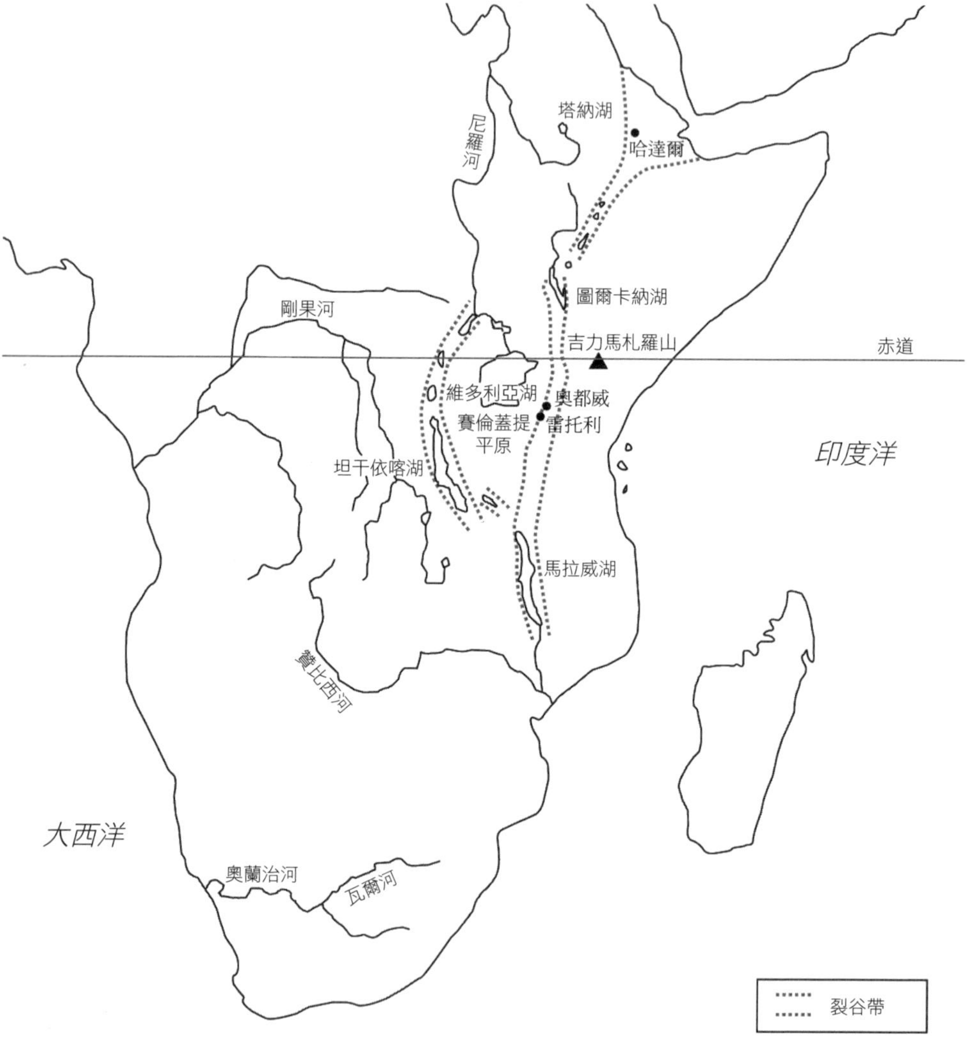
塔納湖
哈達爾
尼羅河
圖爾卡納湖
剛果河
吉力馬札羅山
赤道
維多利亞湖
奧都威
賽倫蓋提平原
雷托利
坦干依喀湖
印度洋
馬拉威湖
尚比西河
大西洋
奧蘭治河
瓦爾河
裂谷帶

圖 3.1　東非大裂谷。

右。過去兩百萬年來，地球顯然已經進入冷熱週期可以隨時互相交替的溫度範圍。

過去這一百萬年，地球經歷了大約十個冰期，也就是冰河期，粗估每十萬年發生一次。上一次的冰期被稱為大冰河期，始於九萬年前，在大約兩萬年前達到最大冰河期。在過去一萬年的溫暖期，氣溫比先前地球使冷卻的冰河期上升了攝氏一到三度。

這些變化是什麼原因造成的？看樣子是因為地球軸心的傾斜度、地球繞行太陽的橢圓行軌道，和地球軸心的晃動出現了少許變化。這三種現象都有各自的型態。地球軸心的傾斜度從二十一．三九度變成二十四．三六度，再恢復到二十一．三九度，前後要經歷四萬一千年，繞行太陽的軌道從近乎圓形到偏向橢形，再恢復到近乎渾圓的形狀，需要九萬五千八百年，而地球軸心掃略出一整個圓錐（歲差），總共要兩萬六千年。這三種變化的效應重疊在一起，有時會互相強化，有時會互相抵銷。

另外一些因素也導致了氣候變遷，如地震、火山、大陸漂移、大氣層的碳濃度改變，以及隕石和小行星的撞擊，更別提南、北兩極的磁場平均每五十萬年就會隨機翻轉。測量海底岩石的磁場，我們得知在過去一千萬年裡，磁極已經翻轉了兩百八十二次，上一次的翻轉發生在七十八萬年前左右，當時直立人還在學習怎麼製作石器。現在科學界已經發現，目前地球磁場的磁力衰退了百分之十到十五，而且惡化的情況似乎正在加速，使各方開始辯論，一般歷時五千到七千年的磁場翻轉是否已經開始。

大約六百萬年前，因為極端的氣候變遷，雙足人猿的譜系發展得既緩慢又不規律。地球上的雙足人猿一度多達二十種；現在只剩我們這個物種還存在。關於這方面的發展，目前找到的化石證據很粗略、脆弱，而且令人困惑。許多物種同時在地球上共存。古人類學家一致認為，我們沒辦法建構出一個清楚明白的系譜圖，而且可能永遠也做不到。透過比較人類和黑猩猩的基因組，科學界已經辨識出人之所以為人的一部分基因列表。其中包括聽覺和說話的基因、向正在發育的大腦傳遞訊息的基因、偵測臭味和塑造骨骼的基因。

專家把地球最古老的一群雙足人猿稱為南方古猿（Australopithicus）。這些動物直立時的高度大約是一至一．五公尺，頭部的大小和黑猩猩相仿。一九九二年，衣索比亞的阿法爾（Afar）挖出了南方古猿最古老的遺骸，出自四百四十萬年前。最著名的南方古猿叫露西（Lucy），一九七四年，在衣索比亞的哈達爾（Hadar）附近挖出她不到半副的骨架。這個名字來自披頭四的歌〈露西戴著鑽石在天空〉（Lucy in the Sky with Diamonds），因為考古挖掘團隊幹活兒的時候放的就是這首歌。哈達爾挖出的骨骸殘缺不全，至少分屬十三個人，出自三百二十萬年前。

露西是一隻直立行走的北非人猿，身高一百二十二公分，體重不到三十公斤，年紀介於十九到二十一歲，而且骨盆和現代女性相同，只是長了一張黑猩猩的臉。她的骨骼解決了人類學界長久以來的爭議：人類種系（lineage）究竟是先演化出大頭腦，還是用雙足行走的能力？露西的骨骼告訴我們答案是後者。露西的骨架證明有些大猿從樹上爬下來，保留樹居時期旋轉自如的手臂和肩膀，並且演化出直立的姿勢，然後大腦才開始擴張。

從人類演化的重重迷霧中浮現的另一個令人難以忘懷的畫面，是一九七〇年代末期，由瑪麗・李奇（Mary Leakey）率領的考古挖掘人猿在坦尚尼亞的雷托利（Laetoli）發現的一組腳印。這些腳印屬於兩隻早期的雙足動物，當時似乎走在火山爆發形成的一片灰燼上。火山灰被小雨淋濕，牠們的腳整個陷進去。後來有更多火山灰掉進去，這些腳印就此保留下來，直到三百六十萬年後被人發現。對人類來說真是非同小可的發現！

早期的大猿如何演化出雙足行走的能力？專家推論表示，東非人猿的身材變得比較壯碩，需要更多食物，由於森林漸漸變成乾草原，在樹上覓食的難度提高。這些人猿大概就爬到樹下尋找食物，再帶回樹上給其他人猿吃。既然能夠直立，就能看得更遠，攜帶更多的食物和小人猿，並且騰出雙臂和雙手做其他事。當雙腿變得更加強壯而笨重，身體的重心往下移，更容易維持直立的姿勢。可能開始改良一些小地方，好成為一個可以自我強化的系統。

原本同時存在著幾個不同物種的南方古猿，這個情形直到大概五十萬年前才改變，想釐清這個問題的古人類學家自然忙得不可開交。當時還演化出其他物種，而且到了兩百五十萬年前左右，已經出現了人屬動物的種系，是一種骨架小、腦容量比較大的人猿。到了兩百萬年前，出現了巧人（Homo habilus），也就是雙手靈巧的猿人。這些猿人的直立身高大約一百四十公分，腦部已經開始擴張，從黑猩猩腦容量約三百到四百立方公分，發展到巧人的六百至八百立方公分。由於雙手不必用來行走和擺動，便開始製作石器，因而促進了腦部的發育。雙眼努力往前看，也是腦部發育的因素。腦容量較大的雄性必然選擇了骨盆較大的雌性做為配偶。腦部較大的胎兒會比較早出生，好順利通過產道，這種胎兒需要長期照顧，也必須和成年人有更多的互動。雖然還不會說話，但第一批石器的製作，以及協調性的提升，都顯現出腦容量大的優勢。手、眼、腦協調這個自我強化的循環已經啟動。

巧人可能是最早在白天狩獵的人屬動物，或至少是撿拾動物屍體，他們攝取的熱量可能有百分之十來自肉類。對於早期的猿人究竟吃多少肉類，一直是充滿爭議的問題。由於哺乳動物的生活方式深受其攝取的食物影響，因此猿人的肉食量是討論的重點。不過幾乎找不到什麼真正的證據，只能從牙齒的結構推論。

到了大約一百八十萬年前，出現了直立人（Homo erectus），身材比較高（高達一百六十七），腦容量較大（九百至一千一百立方公分）。既然現代人的腦容量平均是一千三百五十立方公分，現在我們似乎可以省略「猿」這個字，直接把這種動物叫做「人」。

直立人開始出現我們相當熟悉的長相。他們製作木矛，把石頭削成優美的手斧。他們可能捕殺大型獵物，這種行為需要精準的工具和精密的群體合作，雖然直立人大概只有最原始的語言能力。他們吸收的熱量有百分之二十左右來自肉食，建立了固定的巢穴，並且照顧靠父母扶養的幼兒。直立人大概也完成了關鍵性的轉變，從黑猩猩社會的雄雌階級制度過渡到現代男女的婚姻關係。

直立人也學會了不害怕火焰，這恐怕帶動了人類的一次大躍進：用火。他們學會在閃電擊中樹木之後，保留樹椿燃燒剩下的餘燼，然後自行生火。這個冒險的行為令他們獲益匪淺。人類可以嚇走掠食動物，放火把獵物趕入陷阱，並且烹煮及食用各式各樣的食物，將食物長期保存，為漆黑的洞穴照明，並且在天氣變冷時保暖。腦容量增加的好處開始一一顯現。

事實上，有人認為製備、烹調食物，並且把進食當作一種社交行為，都是人類最重要的經驗，因此烹調藝術可能是人之所以為人的關鍵元素。拜烹調藝術所賜，人類得以食用更多不同的食物，然後從中吸收更多養分。把肉類烹調之後食用，而非在狩獵現場生食，或許能說明為什麼男女之間在體型上的差異相對減小（如今女性可以吃更多的肉），伴侶在一起的時間也比其他大多數的靈長類動物更長。至於人類在什麼時候學會用火，估計最遠是兩百萬年前，最近是三十萬年前。[4]

學會用火之後，直立人再度開創先河，有些人帶著禦寒用的火，首度踏出溫暖非洲的舒適環境。此事可能發生在一百二十萬年至七十萬年前，當時的環境溫暖、潮濕，撒哈拉沙漠的降雨夠多，可以安全通行。直立人大概穿過了銜接非洲和亞洲的陸橋，也就是現在的阿拉伯。這次的移居算不上是集體遷徙，而純粹是一批批為數不多的漁獵採集者為了尋找食物而離開。最後直立人遷入了近東、歐洲、北亞的部分地區，以及熱帶的南亞和東南亞。他們無法在極寒的地方居住，如歐亞北部大多數的地方。直立人並未抵達澳洲和美洲。當時整個人類世界大概只有幾萬人；不過人類和其他動物一樣，周遊世界各地；人類的種系和其他動物一樣喜歡雲遊四方。一年可以走上十六公里，不到兩千五百年就繞了地球一圈。在直立人的年代，劍齒虎絕種了。人類已經對周遭的環境產生影響了嗎？

另外一種可能的情況，是人類在一百八十萬年前離開非洲，然後在亞洲演化成直立人，再重回非洲。大量人口長期在地球上四處移動，演化出各種局部的擴張和收縮，實際的發展過程想必非常複雜。

## 直立人的後裔

直立人的後裔可以歸類到三個不同的地點：歐洲和地中海沿岸的尼安德塔人（Homo Neanderthals）、東亞的直立人，以及出現在東亞或南亞某個地方的智人。

正式的分類法沒有清楚反映這個事實，因為尼安德塔人早先被認定是智人的一個亞種，一度被稱為尼安德塔智人（Homo sapiens neanderthalensis），即使已經證明不屬於智人的物種，這個學名卻沿用至今。真正的智人的學名叫 Homo sapiens sapiens，好跟 Homo sapiens neanderthalensis 有所區隔。為了節省篇幅，我用尼安德塔人和智人來稱呼這兩個物種。

根據化石紀錄，尼安德塔人距今大約十三萬年至兩萬八千年，出現的時間比距今約九萬年的上一個冰河期更早。冰河時期的生活朝不保夕，尼安德塔人是第一個成功適應這種生活的人類。迄今出土的尼安德塔人骨骼，包括大約三十副完整的骨架，在數量上超過其他任何一種人科動物。這個名稱出自一八五六年在德國的杜塞道夫（Düsseldorf）附近發現的尼安德河谷骨骼化石，儘管以前也有過同類型的發現。

從尼安德塔人的骨架，看得出他們已經適應了寒冷的氣候。他們的骨骼比現代人短，骨質也比較密致，顯示體格笨重矮胖，肌肉厚實，男、女、兒童都有桶狀的胸口。男性大約一百七十公分高，七十公斤重，女性接近一百六十公分高，五十四公斤重。從臀部的某些特徵看來，他們走路的方式和我們不盡相同。他們的腦部至少和我們一樣大，只不過形狀不同，頭骨長而低，和比較早期的人類差不多，眼睛上方的眉脊明顯，而鼻孔之大，在人類這個物種中堪稱空前絕後。

在工具製作方面，尼安德塔人的設計數萬年不變，用岩石製作鑽具、刮刀、尖頭、刀子和手斧。他們可以捕獵長毛象、麝牛、洞熊、野馬和馴鹿，以獵物身上的肉為主食。他們會使用木頭，但從來沒想過骨頭、鹿角或象牙也能製成工具。直到尼安德塔人完全滅絕為止，都沒有他們使用飾品的證據，也沒有留下任何洞穴壁畫。

尼安德塔人當然會用火。他們把獸皮刮下來，製成衣服和棲身的處所。他們會埋葬死者，是第一個出現這種習俗的人類。屍體往往伴隨著工具一起出土，但沒有其他形式的陪葬品或任何可能舉行儀式的線索。從某些骨架看來，死者在死前的一段時間曾經罹病或受傷，因此尼安德塔人必然對失能者提供了社會照護。

尼安德塔人擁有什麼樣的語言能力，目前還沒有定論。經過解剖學重建，發現喉頭的位置和現代人不同，對尼安德塔人能發出的聲音必然有所限制。既然口說語言的能力有限，大概是透過比我們現代人更豐富的手勢和表情及肢體語言來彌補不足。

現代遺傳學家發現，骨骼所包含的細胞不會在死亡的當下馬上消亡。有時可以從死去已久的動物身上取出少量的DNA，只要死亡的時間不是太久。如果已經死了一千年，成功萃取出DNA的機會大約是百分之七十。然而在一九九七年，遺傳學界設法從三萬年前的尼安德塔人骨骼中萃取出一小段DNA序列。DNA顯示尼安德塔人和許多現代人迥然不同，而且不可能是我們的祖先。如今普遍認為尼安德塔人是一種適應嚴寒氣候的特化智人（目前還找不到同時期智人的DNA樣本）。[5]

我們稍後會看到，等智人終於從非洲東南部的發源地抵達歐洲，尼安德塔人已經滅絕了。在歐洲演化的人（例如尼安德塔人）似乎不如非洲演化出來的人那麼健康。直到一九六〇和一九七〇年代後期，歐洲人才終於揭露或接受這個事實。在此之前，種族主義的思維，加上非洲考古挖掘的欠缺，以及定年技術不佳，歐洲人一直無法認清現在認為正確的歷史沿革。

我們只消舉一個例子。一九一二年，有人宣稱在英格蘭，索塞克斯（Sussex）的皮爾當（Piltdown）碎石堆裡找到一個腦容量很大的人科動物顱骨。歐洲和美國科學界把皮爾當人當成證據，認為第一個腦容量大的人類祖先是在英格蘭演化出來的。皮爾當頭骨成為判定及淘汰其他骨骼證據的標準。

皮爾當人被發現的四十年後，才證明是贗品，偽造者以精巧的手法把一個現代人頭骨的碎片和一個猩猩的顎骨拼湊在一起，偽造得很像古代化石。這個騙局的偽造者身分成謎；率先對骸骨做出評論的解剖學家、發現骸骨的業餘考古學家、對這位考古學家懷恨在心的博物館館長，甚至是亞瑟·柯南道爾爵士（Arthur Conan Doyle，福爾摩斯的創作者，也是上述考古學家的朋友）都脫不了嫌疑。這齣鬧劇讓整個科學界的誠信被打上問號。不過，歐洲考古學界最後總算揭開了這個騙局，成功捍衛他們的信條，雖然足足耗費四十年之久。[6]

第一個來到東亞的人類物種是直立人；當地的直立人對熱帶和溫帶亞洲的森林環境演化出獨特的適應力。置身於森林，而非草原，智人為了尋找果實和堅果，必須不斷移動。他們使用的工具不是石器，而是竹子和木頭，無法在考古遺址保存下來。這些森林文化蓬勃發展，慢慢演化了數十萬年，似乎和非洲及歐洲人類的變遷毫不相干。亞洲直立人滅絕的時間似乎比歐洲和非洲晚了幾十萬年。語言學家德瑞克・畢克頓（Derek Bickerton）有一句名言：「華北的直立人在周口店通風良好、煙霧瀰漫的洞穴裡一待待了三十萬年，一邊用悶燒的灰燼烹調蝙蝠，一邊等著洞穴被他們自己的垃圾填滿。」[7]

## 智人占據全世界

終於說到我們現代人了。場景又是東非的某個地方，在二十五萬年至十三萬年前的某個時候，直立人的非洲後裔再度突變成一個更健康的物種：智人，是人類種系迄今最後一次物種形成事件。

智人的身材瘦高，不像尼安德塔人那麼壯碩。智人沒有眉脊，額頭和頭蓋骨比較大、也比較高。即使腦容量比尼安德塔人小，形狀卻有很大的差別。

智人似乎是第一個能夠以完全清晰的口齒說話的人科動物類群。憑著流暢無礙的語言能力，智人發展出語法，以及抽象、理性、象徵性思考等人類專屬的特質，把手、眼、腦的強化循環發揮到極致。

要研究人類語言的演化發展，只透過兩種解剖學的方法，因此這是我們對人類最不了解的領域之一。我們可以研究大腦控制語言的區域，稱為布洛卡皮質區（Broca's area），用顱腔模型來推斷這個區域的大小及形狀，此外也可根據喉嚨的骨骼來研究喉頭和咽喉的演化。

精確的手部動作似乎也由大腦的布洛卡皮質區控制。舌頭在說話時必須做出精確的動作，和手的動作類似。研究顯示，一旦發生會削弱語言的產出與理解能力的腦部損傷，就同時無法進行各種序列的精確手部動作。學習手語的自閉症兒童，有時也能夠說話。理論派相信當早期人類演化出精細的手指動作時，同時發展出能讓他們處理文字順序及發展語法學的腦區。手勢一步步發展，成為口說語言。

人類喉頭的位置與眾不同。在其他動物身上，喉頭大多位於喉嚨的高處，如氣閥一般分離流入肺部的空氣和流入食道的液體。其他動物可以同時喝水和呼吸；我們卻不行。從成年男性的喉結看得出來，我們的喉頭下降到喉嚨中間的位置。因此在鼻子後面和喉嚨頂端空出一個空間，當作音腔，使人類產生其他物種所沒有的共鳴。這種共鳴，加上我們極度靈巧的舌頭和嘴唇，才有了足以和我們無比靈巧的雙手媲美的口才。孩童重演了喉頭的演化史；到了十四歲左右，喉頭會從喉嚨頂端下降到成年人喉頭的位置。[8]

尼安德塔人喉頭的位置有沒有完全下降，至今仍是眾說紛紜。專家大多相信尼安德塔人的喉頭居於上下之間，大概和八歲的孩童差不多。他們一致認定到了三萬年前人類文化起飛的時候，喉頭下降到現代人喉頭的位置，人類已經充分掌握語言能力。

經年累月下來，非洲的直立人漸漸演化為智人。憑藉優越的大腦和語言能力，漸漸凌駕非洲其他人類物種之上，在大約十萬年前繁衍出五萬人。其中有些人成功（利用地球氣候提供的短暫機會之窗）離開熱帶的乾草原，進入地中海東岸地區，也就是現在的以色列、巴勒斯坦、敘利亞和黎巴嫩。然後在九萬年前左右，地球再度進入寒冷的冰河期，撒哈拉沙漠很快乾燥，一直要等到氣候變得比較溫暖、潮濕，人類才能再度橫越沙漠。

即使在九萬年前就抵達地中海東岸，智人似乎一直到了六萬年至四萬年前才踏足歐洲。我們不禁要問：智人為什麼過了這麼久才抵達歐洲？

有人推測是因為智人需要時間，適應比溫暖的乾草原更寒冷的天氣。人類留在地中海東岸，學習禦寒需要的技術（製作比較好的衣服和棲身之所），加上果實和堅果比較稀少，也得發展出更好的狩獵技術。五萬年至四萬年前，天氣暖化了一小段時間，智人在這時進入南歐（北歐仍然被冰原覆蓋）。等到寒冷的天氣重回地球，這些被稱為克羅馬儂人（Cro-Magnon）的智人，運用先進的文化技巧（不像尼安德塔人是透過身體的改變）適應了環境。

這裡有一個很有意思的問題：尼安德塔人和智人的關係為何？我們知道雙方曾經在中東及中、西歐有過互動，但無從得知實際的情況是怎麼回事。既然兩者被歸類為同一個物種的亞種，比較早期的專家認為他們可以相互通婚。但現在遺傳學家懷疑智人有沒有混到尼安德塔人的基因。這兩個人種或許曾經交戰，或者純粹因為適應技巧的高低，而有不同的死亡率。假設死亡率差了一個百分點，過了三十個世代，也就是僅僅一千年或一個千禧年內，尼安德塔人可能就滅絕了。無論實際的情況為何，到了三萬四千年至三萬兩千年前，克羅馬儂人成為歐洲唯一的人科動物。

當一批批智人沿著地中海岸往西擴張，進入南歐，照理說也會有成群的智人往東進入東南亞。然而卻沒有化石證據提供佐證。我們不知道智人究竟在什麼時候移居到東南亞、印尼群島，以及地質學家口中稱為莎湖（Sahul）的陸地，這是新幾內亞、澳洲和兩者之間的大陸棚共同形成的大陸，如今已被海水淹沒，但當時冰河凍結，導致海平面降低，這片莎湖大陸得以浮上水面。

早期人類移居莎湖大陸，是人類的第一次航海行動。在兩萬年前的冰河作用高峰期，莎湖與亞洲大陸之間是一百公里左右的海洋。我們知道人類橫越這片大海的時間比這個更早，那時冰河作用沒這麼嚴重，海平面較高，海上的距離一定不只這區區一百公里。

是哪個人種完成了這個壯舉，是來自非洲的直立人或智人的後裔？這個誰也不知道。最初移居到莎湖，是少數人在機緣巧合又有意促成的情況下乘竹筏渡海。這趟至少長達七天的海上之旅，一定起碼進行了上萬年之久。我們知道至少在四萬年前，新幾內亞和澳洲各地都有漁獵採集者居住；他們可能早在六萬年至五萬年前就來到此地。在人類的歷史上，這些早期移居到新幾內亞和澳洲的人，最早打造出能夠航行汪洋大海的船隻。

人類到中亞、中國和西伯利亞定居，是一個複雜的過程，至今仍有些地方令人摸不著頭腦。近年的牙醫研究顯示，東北亞人群的牙齒和華南人群的牙齒很相似，但和歐洲或東南亞人群的牙齒卻相去甚遠。牙齒的差異大到令專家相信，東北亞的智人所屬的人種和東南亞或歐洲的智人毫不相干。這些東北亞人最後可能進入太平洋彼岸的美洲大陸，完成了人類占據全世界的任務。

在大冰河期期間，海平面遠低於現代的水位。西伯利亞和阿拉斯加有陸地相連，也就是現在已經消失的一塊叫做白令（Beringia）的陸地。在大約五萬年前和兩萬年前，冰河作用兩度達到顛峰，陸橋的面積也臻於極致。當冰河開始融化，白令陸橋開始被上漲的海水覆蓋，並在一萬兩千年前徹底淹沒。在九萬年至一萬兩千年前，冰河時期的漁獵採集者隨時可能穿越白令陸橋到美洲，不需要任何船隻。

但他們是在什麼時候用什麼方式抵達美洲？大多數的專家都認定是取道白令陸橋。人類移居美洲的第一份明確的考古證據，於新墨西哥州的克洛維斯（Clovis）遺址出土，大約有一萬三千六百年歷史。人類更早以前移居美洲的線索，恐怕可以追溯到三萬年前。

無論究竟是怎麼發生的，現代人從非洲向外緩緩擴散，在移居美洲時發展到顛峰（先進入其他熱帶與溫帶氣候地區，然後穿越歐亞大陸北部接近冰河的環境，接著才進入新的大陸）。到了一萬一千年前，從事漁獵和採集的人類占據了美洲的每一個角落。如同他們在全球各地的親戚，這些漁獵採集者充滿創造力與巧思，唯有這樣才能存活下來。他們以高度多樣化的方式適應在地環境，締造各式各樣燦爛的文化，令一萬兩千年後從歐洲登陸的人目眩神迷。

最後是玻里尼西亞人出場，占據全世界最後幾個有人居住的島嶼，他們在三千年前左右航向東加和薩摩亞；並在一千五百年前抵達馬克薩斯群島（Marquesas）、拉帕努伊島（Rapa Nui，即復活節島）和夏威夷；然後在大約一千兩百年前登陸紐西蘭。一千兩百年前，人類從印尼遷移到馬達加斯加。（圖3.2）

從非洲向外擴張的過程中，全世界的智人從頭到尾都是同一個物種。從現代人離開非洲起，雖然過了十萬到二十萬年，智人並沒有分化成不同的物種，不像黑猩猩在兩百萬年前左右被剛果河一分為二，變成兩個不同的亞種。從遺傳學的角度來說，人類現在還不到分歧演化的時候。此外，儘管隔著遙遠的時間和空間，人類各個種群之間的接觸不曾中斷。大冰河期想必也助了一臂之力，冰河使地表的水大量結冰，下降的海平面遲遲不曾恢復，使陸地互相連接，至少有某些智人因此可以四處遊蕩，在各自獨立的種群邊緣來回游移。或許是早期長途健行社的隊員保持了我們這個物種的完整。

簡單地說，在十九萬年至十萬年前，人類首次在東非出現，是熱帶樹棲人猿的後裔。後來人類離開非洲，一步步占據整個地球，在幾個最險惡的氣候帶存活下來，不管到哪一個地方，都成為當地最具優勢的生物。回首前塵，比起我們最直接的祖先（直立人）花了一百四十萬年才演化成智人，更別提在此之前，人類和猿類的共同祖先花了三、四百萬年才讓我們和猿類分

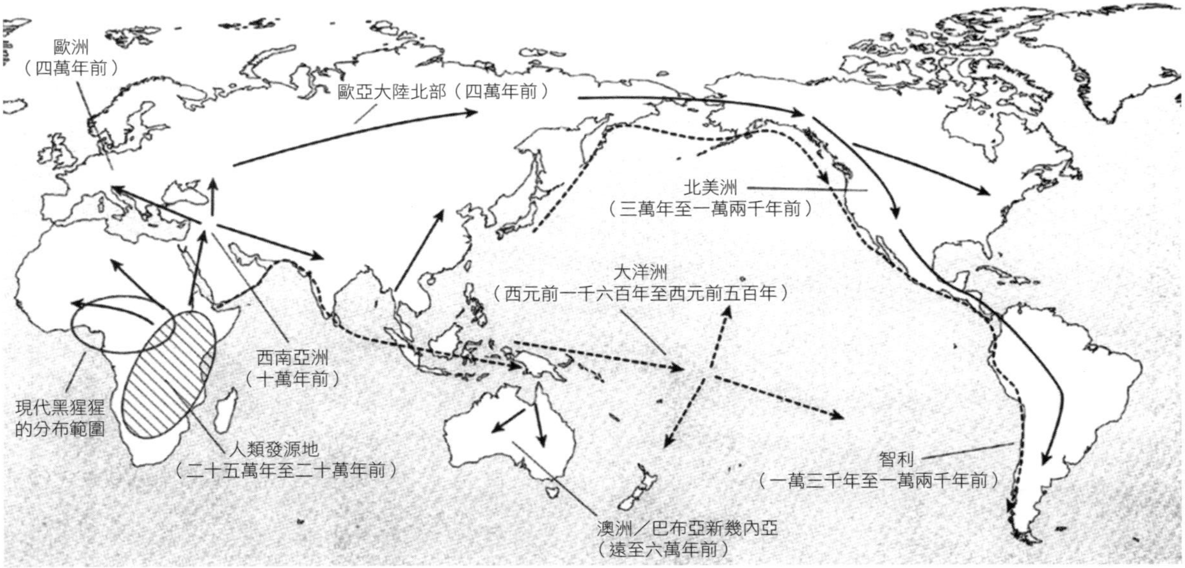


圖 3.2　人類的遷徙。資料來源：David Christian, 2004, *Maps of Time: An Introduction to Big History*, Berkeley, CA: University of California Press, 193

家，相較之下，現代人存在的時間（只有十萬到二十萬年的歷史）實在非常短暫。事實上，如果人類如大多數的物種一樣可以存活幾百萬年，那我們確實還在童年時期。

對於人類如何成為現在地球上最具優勢的生物，有兩個主要觀點值得強調一下。第一、人類天生是生物的一部分。地球的深刻節奏及上面的所有生物和我們息息相關。至少有好幾百年的時間，我們的宗教、心理學和哲學多半模糊和貶低了我們和地球在生物學上的關連，我們的城市生活的居住安排也有這個問題，不過近年來，西方人愈來愈意識到我們和所有生物的關連。當然，和土地接近的人從來不曾失去這種意識。

另一個主要觀點是，長期來說，我們地球上的環境無時無刻不在變動。即使地球每天看起來都沒什麼變化，但事實上絕非如此。地球上的各種力量相互結合，使地球變得異常複雜而不可預測，表面看似溫和的力量，也可能帶來突然的改變。從大趨勢看來，我們是在所謂大災難之間的隙縫中生存。我們正在學習如何在生活中一面保有對這些長期變化的意識，一面假定地球日復一日恆久不變，以適當的態度度過我們短暫的生命。

看完本書的前三章，可以把我們的歷史總結如下：我們的宇宙在一百三十七億年前誕生，最初只是極小的一個點，包含了無限的能量，接著在爆炸之後向外擴張，而且持續至今，未曾停止。在充分冷卻後出現的物質是氫與氦，這兩種元素形成恆星，創造出比較重的原子。有些恆星爆炸後形成超新星，使比較重的元素到處散落，形成新的恆星系統，我們的太陽系和地球便是其中之一。在紫外線和閃電等能量來源的協助下，地球出現構成生命的化學砌塊，最後在四十億年至三十五億年前孕育出第一個活細胞。這個活細胞分裂、繁殖，成為生物演化的起點。大約六百萬年前的一次突變，使黑猩猩逐漸演化為人類，不過二十萬年至十萬年前，人類演化成一個物種，在三萬年前成為其他人類物種的統治者，並且在一萬三千年前占領整個地球（圖3.3）。

## 待解之謎

### 一、智人一開始出現在哪裡，又是在什麼時候出現的？

在說明古人類的起源時，科學界一致認為智人大約在一百萬年前從非洲演化出來，然後向外擴散。直到不久之前，科學界對於現代人（智人）的起源還分成兩派。一派主張我們最近代的祖先是同時在世界不同的地方各自獨立演化。這個假設叫分枝燭台理論（Candelabra theory），人類的每一個演化支就像分枝燭台的一個分支。另外一派的人現在成了主流，他們的說法和本章一樣，認為現代人是在非洲演化出來，然後再擴散到世界其他地方。這個假設叫挪亞方舟（曾

圖3.3 大霹靂。資料來源：W. J. Howard, 1991, *Life's Beginnings*, Coos Bay: Coast Publishing, 84–85.

經坐在同一條船上）、遠離非洲或伊甸園。

根據分枝燭台理論的觀點，至少在七十萬年前（也可能在更早之前）現代人就出現在許多地方，而且在遺傳學上是分歧的。挪亞方舟的論者則主張，大約二十萬年至十萬年前，現代人在非洲出現，然後向外擴散，很久以後才出現遺傳分化。

當大多數的化石樣本都來自歐洲、近東和亞洲時，分枝燭台理論蔚然成風。到了一九七〇年，非洲開始發現化石，許多科學家轉而相信挪亞方舟理論。近來各種不同的證據大多指向非洲晚期分化論的假設，但目前仍然沒有決定性的結論。[9]

這兩種理論在解釋現代不同地理區域的人群在解剖學出現的差異時，有不同的解釋。挪亞方舟論者認為膚色、髮型和體格的差異是表面的，都是晚近人類面對不同環境所產生的適應變化。分枝燭台理論者則表示，這些差異是一百萬年以前基因差異造成的結果。

## 二、怎樣才能調和宗教和科學的發現？

猶太基督教世界中的某些人（其他宗教傳統也一樣）拒絕相信科學的發現，依然相信世界是上帝在短短幾千年前創造的。這些人被稱為創世論者，而他們的見解被稱為「年輕地球創世論」（young earth creationism）。創世論的見解不只這一種。「古老地球創世論者」（old earth creationists）接受現代的地質學和天文物理學，但否定生物學的發現，尤其是演化。其他的創世論者接受某些演化，但不相信極端不同的生物彼此之間有連續性，特別是人類和猿類。許多熟悉人猿的非洲人相信人類是人猿的後代，但基督教或伊斯蘭教對此不以為然。

根據一九九七年的蓋洛普民調，百分之四十四的美國人相信上帝創造了人類，而且過去一萬年的樣子和現在差不多，只有百分之十的人肯認沒有上帝參與的演化。其他人則認為上帝以某種方式引導了演化歷程。[10]大多數的美國人則試圖把演化和個人神祇的存在結合在一起。

許多頂尖的科學家，例如布萊恩・古德溫（Brian Goodwin）、理查・列萬廷（Richard Lewontin）和理查・道金斯（Richard Dawkins），都認為根本不可能。他們認為演化沒有進步或方向，而是一連串的即興創作和偶發事件，生命是不受拘束的創造力，一支探索種種可能性的舞蹈。

另外有些科學家則運用自己的宗教背景，直接面對宗教人士。這樣的著作包括布萊恩・史威姆和湯瑪斯・貝瑞合著的《宇宙的故事：從原始擴張到生態時代》（*The Universe Story: From the Primordial Flaring Forth to the Ecozoic Era*）、厄蘇拉・古德諾夫（Ursula Goodenough）的《自然的神聖深處》（*The Sacred Depths of Nature*）、弗里喬夫・卡普拉（Fritjóf Capra）和大衛・史坦德爾——拉斯特（David Steindl-Rast）合著的《屬於宇宙：科學與宗教邊緣的探索》（*Belonging to the Universe: Explorations on the Frontiers of Science and Spirituality*），以及愛德華・威爾森（Edward O. Wilson）的《創造：拯救地球上生命的呼籲》（*The Creation: An Appeal to Save Life on Earth*）。勞伊・茹（Loyal Rue）則是一位宗教哲學家，從自然主義的觀點來看這整個故事，著有《每個人的故事：了解進化的史詩》（*Everybody's Story: Wising Up to the Epic of Evolution*）。

# 第四章 先進的漁獵與採集技術

## 三萬五千年至一萬年前

現在人類登場，必須把敘事的節奏明顯地放慢下來，仔細瞧瞧這種長了一個音箱、一個大腦袋、全身光禿禿的人猿——就是我們。如果以先前消失的時間為脈絡，過去這三萬年似乎我們與人猿處於同一個時代。畢竟，三萬年前的人只比我們早了一千兩百個世代。以每一代二十五年來算，四個世代就是一百年，四十個世代是一千年，四百個世代是一萬年，而一千兩百世代總共是三萬年。

如前所述，現代人的心智和行為從二十萬年前開始斷斷續續地演化。人類慢慢發展出象徵性語言，並且把他們的集體知識代代相傳，最後大約在三萬五千年前，人類創造出洞穴壁畫、雕刻、小雕像、陪葬品、裝飾品，應該還有完整的象徵性語言。從三萬五千年前到一萬兩千年前的古物具有複雜性、精緻度，以及有象徵意涵，加上人類成功適應了全球各地區的環境，史前史學家因此深信這些人和我們一樣，具有現代人完整的語言和腦力。

這些先進的漁獵採集者過的是什麼樣的生活？他們用十萬到二十萬年的時間，漸漸建立起漁獵和採集的生活。檢視這段時代，會發現他們大幅提升人類活動的複雜性，所以我稱他們是「先進」的。[1]

## 漁獵與採集的生活

我們知道，幾乎全球的每一個氣候帶都有漁獵採集者在當地生活，並且巧妙地適應當地的特殊環境，因此漁獵採集者的生活想必非常多樣化。儘管如此，我們可以想想，靠漁獵採集維生的人有哪些共同的特色，不管他們住在北極或亞馬遜，澳洲或南非的沙漠。

漁獵採集者又稱為覓食者（foragers），其所屬的小群體人數有限，既可以自我防衛、分工合作，又不至於把步行範圍內的食物來源消耗殆盡。群體的人數可大可小，取決於覓食的難易度，少的話可以是十到二十人，多的話大概有一百個人。這些群體偶爾會聚集在一起，但當地的食物無法讓他們長期聚居，一起生存。歷史學家認為一直到兩萬年前為止，一同聚居的人數恐怕不曾超過五百人。[2]

這些群體主要靠游牧維生，隨著動物的遷移或植物養料的消耗，從一個地方遷徙到另一個地方。遷移的型態取決於在地的環境。夏天可能一待就是幾個月，但春季和秋季遷移的次數比較頻繁。冬天一到，他們躲在鄰近獵物的洞穴裡。有的群體可以形成永久的聚落，例如北美太平洋沿岸的人，這是因為當地經常有豐沛的鮭魚和其他海鮮。

飲食可能因季節而不同，除非是像北極這種極端氣候帶，當地的伊努特人（Inuits）完全靠狩獵的肉食維生。獵物的肉或是被其他動物獵殺的腐屍肉，可能占漁獵採集者食物來源比例的百分之十，或接近百分之百，而且大概會隨著季節變化。原先人類一直以腐屍為主要食物來源，一直到三萬年前，才開始用改良後的工具進行經常性的打獵活動。

我們很難評估漁獵採集者的伙食是好是壞，但近年有證據顯示，他們吃的東西可能比以前認為的好多了，不過這同樣取決於運氣和地點。果實和堅果，加上肉類大餐，也許提供了充足的營養。由於人們來不及製造多少汙染就遷往他處，因此傳染病並不普及。此外由於早夭、意外和作戰死亡的人很多，一般認為人類平均壽命大約是三十歲。不過，到了這個時期，至少有些人能活到六十幾歲。

漁獵採集者的創造力展現在他們的棲身之所。我們知道盡可能使用向南的洞穴，用大型動物的骨頭來建造住所。舉個例子，西元前一萬五千年，烏克蘭的梅至里奇（Mezhirich）就使用長毛象的骨頭。長毛象的體重是四千五百公斤左右，要蓋起一間房子，需要九十五根長毛象的骨頭。比較不耐用的材料，如獸皮、樹枝、石塊、燈芯草和泥巴，想必是用在其他地方。在許多地方人們為了維生，必須經常遷移，這些地方的人們必然是以輕便、可移動的建材為上選。

經過了一萬到三萬年，只有岩石和骨頭保留下來，因此我們無從想像漁獵採集者的生活，只知道現在有少數人仍然過著這種生活。這樣的人為數不多，而且受到這個非漁獵採集世界的壓力，正在快速減少。話雖如此，他們仍然是漁獵採集這種生活方式的證據。

我們能否藉由當今漁獵採集者的生活方式，來了解他們在三萬年至一萬年前的生活？如今他們的生活方式可能和過去不同，而這當然是有原因的。首先，在後續的時代裡，他們和那些過著農業或工業生活的人一樣，持續演化和發展，因此他們的生活不可能和三萬年前的人們一模一樣。此外，現今漁獵採集者棲息的空間有限，地方狹小，根本不符所需，生活環境非常嚴峻，根本沒有其他群體想住在這裡。現在的他們為了生存而苦苦掙扎，而過往他們游牧的地區比較大，資源也比較豐富。最後，現今幾乎沒有幾個漁獵採集者能免於現代科技或政治影響。

儘管如此，無論在極地、雨林或沙漠，現在的漁獵採集者和他們的祖先仍舊有許多相同的特徵，所以人類學家覺得可以從他們身上歸納出一些通則，幫忙建構出人類三萬年至一萬年前的生活型態。[3]

從當代的漁獵採集者身上，我們知道狩獵幾乎都是男性的責任，女性則負責採集植物和小動物。捕魚和捕殺小型獵物，往往是雙方共同的責任。男人通常會製作狩獵所需的工具，例如矛、弓和箭；而女性通常製作採集和烹調食物所需的容器，例如籃子、吊索、鍋子，還有製作衣服的工具，例如刮刀、骨針和筋腱。社會結構簡單而平等，沒有階層或階級，只有年齡、性別、親族關係和個人成就的差異，這些似乎是任何人類社會都免不了的。人類會按需求分享食物。[4]

從農業社會發展前的兩萬年間遺留下來的工具，無論品質、數量和創意，先進的程度都令人咋舌。在此之前，石器的尺寸多半很大，主要是手斧，以及用磨好的石核製成的薄片。在此之後，石器多半是細薄的雙面刀刃，最後這些薄刀刃被當作尖頭或拋射物。人類開始使用石頭以外的材料來製作工具，例如長毛象牙、骨頭和鹿角，其中有些相當複雜，例如有刺的魚叉和魚鉤。到了兩萬三千年前，人類已經發明了弓和箭，這樣打獵就容易多了。此時人類也發明了擲矛，一根約莫三十公分長的手柄，往往用鹿角製作，飾以動物形狀，其中一端有安裝矛的卡槽。在法國的拉斯科（Lascaux）那個有一萬七千到兩萬年歷史的洞穴裡，考古學家發現了一條三股繩留在黏土上的印痕。懂得編繩索的人可以製作繩網、陷阱和圈套。

居家工藝從此時起步。人類製作石塊襯砌的壁爐和燈來給洞穴照明，後者大多是小塊的石灰岩板，在中心挖洞，盛裝動物油脂。縫衣針大約在兩萬年前出現，大多以骨頭或象牙製成，包含穿線用的針孔。有了縫衣針，就能把動物的毛皮緊緊縫在一起，提供保暖功能。長毛象牙、狼牙、貝殼和骨頭可以做成手鐲、項鍊和珠子。女性和男性一樣會製作工具；我們不清楚哪些工具是誰做的。

在漁獵採集的時代，人口數相當穩定。嬰兒死亡率高，而且大概每隔四、五年才會生一個小孩。女性沒辦法一面抱著兩個小孩，一面忙著採集和遷移。這樣的間隔多多少少是自然產生的，因為當時沒有其他的乳品或穀類食品，女性要給嬰兒餵好幾年的奶；餵乳通常會抑制排卵。當時大概也實行了其他的節育方式，如殺嬰，尤其是雙胞胎的其中一個，或用草藥引發流產或防止懷孕，以及禁欲。食物短缺也會導致生育力低落。

婦女製備食物的時候，小孩在旁邊玩耍；要不了多久，小孩就能幫忙採收種子和果實，捕捉蜥蜴和青蛙。一天工作幾小時就能滿足基本需求，剩下大把時間可以社交、打扮和放鬆，如果碰上天時地利，這種生活可以過得相當豐饒。

在所有考古文物當中，以洞穴裡的壁畫最能顯示人類比較複雜的意識已經被喚醒。這些壁畫出現在全球各地，不過在法國西南部和西班牙東北部（庇里牛斯山兩側）深邃的石灰岩洞穴保存得最好。一八七九年在西班牙的阿塔米拉（Altamira）首次發現這樣的洞穴。此後這一帶總共發現了兩百多個包含壁畫和雕刻的洞穴，在兩萬五千年至兩萬年前的冰河高峰期，人類就是到這裡來避寒。①（這裡有大群的馴鹿和紅鹿，不必為了覓食而長途遷徙，因此可能聚集不算太密集的人口。）最著名的洞穴壁畫出自兩萬八千年至一萬三千年前左右，當天氣變得比較溫暖，食物供應增加，不再那麼需要和動物比鄰而居，人類就不再固守此地。

人類留在洞穴石壁上的畫作，絕大多數是刻畫動物，特別是鹿、野牛、馬、原牛。人類的圖形數量可觀，包括手印和男人（還有特別是女人）性器官的圖像。近年對這些手印的分析顯示，這些主要是青少年的手。至於這種藝術是出於宗教或是神祕的動機，目前研究者尚未完全釐清。[5]

第一批明確無誤的人類和動物圖形，如同第一個人類演奏音樂的證據（在骨頭的一邊打四個洞，另外一邊打兩個洞的管樂器），出現在三萬兩千年至三萬年前。在法國庇里牛斯山一個叫加爾加斯（Gargas）的洞穴（出自三萬年至兩萬三千年前），有兩百多個人類的手印。這些手印屬於「負像」（negative），把手平壓在岩石表面上，用一根管子把色素塗刷或吹送到手的周圍。這些手印全都沒有畫出手指，只有其中十個例外。我們該如何詮釋這些消失的手指？究竟是在儀式中被切除，還是疾病、感染、意外或凍傷的結果，或者是按照某種密碼，刻意把手指壓在手掌底下？我們怎樣才會知道？在全球各地都發現這種洞穴中的手印，如澳洲、巴西和美國加州。[6]

大約兩萬五千年至兩萬三千年前，歐洲最獨特的藝術形式是後來被稱為維納斯人像的女子小雕像。這些小雕像通常以石頭或長毛象牙雕刻，用黏土雕塑的比較少。雕像大多是女性，有的身材比例誇張，有的則不然。有些是男性或無性別的雕像。其中不乏以風格化的手法再現陰道和陰莖的雕塑品。

有些考古學家和史學家相信，維納斯人像顯示當時的人普遍崇拜豐饒女神，同時女性因為能夠製造新生命而備受敬畏，父權制度是後來才出現的。[7]

沒有任何證據可以證實或反駁這個詮釋，我們只能用猜的。這些雕像可能再現了大地母神或是豐饒女神，是保佑新建住宅和爐灶的神靈，啟蒙儀式的教具，或是保佑多子多孫的護身符。其他可能的詮釋包括：這些人像是孩童玩的娃娃，或是青少年性幻想的對象。（圖4.1）

---

① 原書注：現在這個地區的族群（巴斯克人），血液呈RH陰性血的機率很高，在遺傳上有別於其他所有的歐洲人。他們的語言也自成一格，顯示他們的祖先可能是歐洲最早的智人，在其他智人從西亞遷入之前擊敗了尼安德塔人。

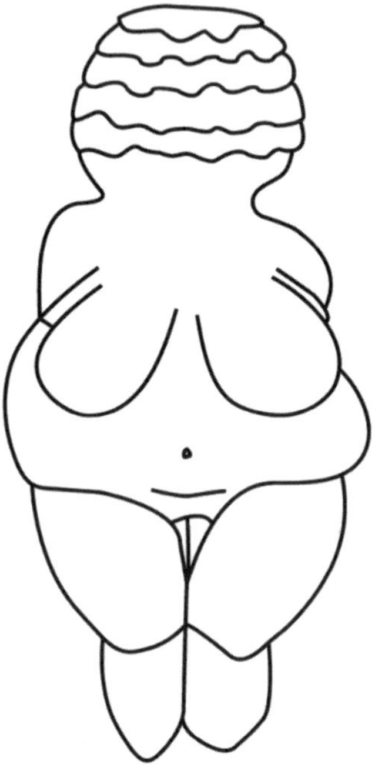

圖4.1　被稱為「維倫多爾夫的維納斯」的女性雕像。這尊雕像以石灰石雕刻而成，高十一公分，約莫有兩萬五千年的歷史。

對於把這些小雕像詮釋為豐饒女神，有人提出一些反對意見。現在的漁獵採集者是把普遍性的神靈和力量視為信仰系統的中心，而非人格化的男神和女神。把她們稱為維納斯人像，是把這些雕像類比為一名羅馬女神，這是因為命名的人用的是另一種文化的思考模式，把神祇人格化了。此外，現今的漁獵採集者比較關心的是人口的限縮，而非增加；或許這多少是現今覓食範圍縮小後產生的作用，不過也符合我們對早期漁獵採集者顯然非常穩定的人口數量所做的詮釋。無論我們選擇如何詮釋維納斯人像，雕像對女性的再現遠高於男性，必然具有重要的意義。[8]

處在現今的後工業化社會，人們的壓力極大，很容易理想化漁獵採集者的生活。在洞穴壁龕牆上的圖像裡，在戶外和動物一同生活的喜悅特別突出，觸動我們一條失落的心弦。一天只要工作幾小時就能蒐集到生活必需品，沒有固定的時間表或期限，整天被朋友和家人圍繞，這種生活看起來當然充滿吸引力。

然而，當時的生活也必然充滿了不確定和恐懼。人們置身於巨大掠食性野獸之間，在脆弱不堪的地方棲身。夜裡豹子會把小孩帶走，對天氣和食物的供應毫無把握，死亡來得突然又意外。漁獵採集者在飲宴、藝術、音樂、儀式和集會中尋求慰藉及情緒的抒發，和現在的我們一模一樣。

## 漁獵採集者的語言

專家敢肯定漁獵採集者藉由某種語言互相溝通。我們先前討論過，尼安德塔人大概沒有充足的口說語言能力，但智人卻有。這個把我們轉換為新物種的基因突變，現在看起來是一種使我們懂得使用文法和句法學的腦部神經變化。（所謂使用句法學，是運用子結構，例如利用「因為」、「雖然」、「除非」和「既然」這種抽象標記來表示的子句，把幼兒口中那種隨機串連的文字，換成依照階層結構排列的文字。）事實證明這種能力是一個巨大的優勢，讓智人能夠凌駕於其他所有人科動物之上。[9]

完整的象徵語言能力究竟是在什麼時候以什麼方式發展出來的，至今仍不得而知。有人認為是人類腦部的網絡連結或是喉頭和舌頭的結構發生了異常現象，時間大約是六萬年至四萬年前，這發生得相當突然，才讓人類有了完整的語言能力。[10]也有人相信象徵語言能力出現的時間更早，且不是一下子從無到有，而是在直立人演化為智人的基因轉換發生後才開始發展，此外還牽涉到其他許多因素，其中主要可能是因為象徵語言能力的產生，帶動人與人間的溝通，引發集體學習的積累。近年從非洲的考古證據推演的理論，點出這種漸進式的發展，當後來智人遷徙到西歐，才突然在當地出現上述的發展。[11]

有的語言學家相信，非洲最早的智人必然說著同樣的原始人類語言。然而，他們大多不相信有可能重新建構這套語言，因為時間實在隔太久了。他們認為可靠的語言重建最多只能往前追溯幾千年。

然而有些語言學家依然繼續尋找所謂原始語言的線索。有人推測這個原始語言大概包含了喀答聲：把舌頭從上顎往下拽所發出的子音。要發出喀答聲，必須積極運用口腔和舌頭，尤其是連續發出幾個喀答聲時。現在只剩非洲南部的幾種語言還有喀答聲（每一種語言通常有四到五個不同的喀答聲子音），遺傳學已經證明使用這些語言的族群幾乎可以回溯到最早的智人。[12]

人類初期曾經擁有共同語言的另一個證據，是幾個相距遙遠的族群，如北美洲人、西伯利亞人和澳洲人，都把金牛座的一個星團叫做七姊妹。每個族群都有自己稱呼這個星群的用語，不過翻譯出來的意思都是「七姊妹」。說英語的族群把七姊妹稱為「七仙女」，是希臘神話中阿特拉斯（Atlas）和普勒俄涅（Pleione）的七個女兒，被宙斯送上夜空與星辰為伍。這似乎不太可能是巧合；這些不同的族群一定是從他們共同的祖先口中學到這個用語，然後最晚在六萬年前各散東西，住在地球上不同的地方。[13]

有些語言學家追查了大約五百個字的起源，他們相信這些字是出自所謂的諾斯特拉語（Nostratic），一般認為是兩萬年至一萬兩千年前在中東、烏拉爾和高加索山、中亞、印度和北非通行的語言。這些語言學家著重於那些看起來意義最穩定的字詞，也就是說，這些字詞很少或從未被其他同義字詞所取代。其中二十三個最穩定的字詞意思如下：我、二、你（單數）、誰／什麼、舌頭、名字、眼睛、心、牙齒、不、指甲／趾甲、虱子、眼淚（淚珠）、水、死、手、夜、血、（動物的）角、太陽、耳朵和鹽。[14]

以前語言被視為一種文化產品，就像這句話說的：智人發展出大腦，再用大腦創造語言。這個觀念是二十世紀前七十年的金科玉律，當時的專家相信文化是人類的特徵，人類的行為大多受到家庭和社群的教育所驅使。

不過這三十年來，生物學家和一同共事的社會科學家強調人類行為的生物學決定因素，改變了這個金科玉律。現在學者認為人類生物本能和社會文化的相互作用，才是決定人類行為的主要因素。人類重要的語言能力，被認為是大腦結構的產物，而大腦結構決定了學習語言的能力。因此，在反覆試驗的過程中，把嬰孩放在不同的文化環境下，他們學習語言的速度和熟練度並不一致。

只要專家把文化視為人類行為的決定因素，就會發現人與人之間異乎尋常的差異性。相反地，現今他們著重在生物本能上，就發現不同文化的雷同之處。專家現在討論的是人類的普遍性，所有個人、所有社會、所有文化或所有語言共同的特徵。人類的某些普遍性是生物上的固有特質，有些則是遍布全球的文化習俗。複雜的象徵語言就是人類普遍性最明顯的一個例子，這似乎是人類有別於其他動物的特徵。其他的例子包括：所有人都居住某種形式的屋所內，不是獨居者，生活在具有社會化、親屬關係和勞務分工的型態內，享有不同的名望。所有人都是私底下交媾，共同用餐。不管哪一種文化，都是由男性主導公共政治領域。人類會彼此合作，但也會遭遇比他們預想還要多的衝突。他們會分辨是非、舉行儀式、歌唱、跳舞，並且為死者哀悼。這些都是人類的普遍性。[15]

人類的另一個普遍性當然是意識，或說是每個人對自我的感知。人類的意識可以回溯到演化史的什麼時候？其他動物是不是也有意識？完整的人類意識是什麼時候出現的？

當大腦各神經系統構成的階層體系以高度複雜的方式傳遞訊息，意識似乎就出現了。當訊息變得夠複雜，生物就產生連續的意識經驗。自我們的黑猩猩祖先以來，人類的神經複雜度在漫長的歲月中逐漸增加，到了四萬年前，似乎有了完整的意識。[16]

## 海平面上升

儘管看似古怪，人類是在劇烈的冰河作用期間遷移到世界各地，並占據大多數的地方，當時的冬天比現在嚴峻許多。大冰河期從九萬年前延續到一萬七千年前，並且在大約兩萬年前臻於顛峰，正好是人類殖民全球的時間點。

更古怪的是，儘管冰河作用的發生是漸進式的，融冰的速度卻快得很，前後最多經歷五千到七千年。大約一萬七千年前，氣候開始變遷，在這段全球暖化期，世界上的植物和動物（包括人類在內）必須趕快適應，否則只有死路一條。

到了一萬四千年至一萬一千年前，氣溫上升，結冰迅速融化。上升的海水使人類的地景有了戲劇性的變化，以前能到的地方現在去不了了，高達百分之四十的海岸線沒入海中。亞洲和美洲之間的陸橋被淹沒，形成白令海峽。連結英格蘭和歐陸的土地沉進水裡，現在被稱為英吉利海峽。海水淹沒了連接西班牙與非洲的土地，形成直布羅陀海峽。斯里蘭卡和印度分離，菲律賓與台灣脫離了朝鮮半島。

到了一萬兩千年前，維多利亞湖（Lake Victoria）的水開始流入尼羅河，創造出全世界最長的河流。其他大河在全球各地一一形成：恆河、黃河、印度河、底格里斯河和幼發拉底河，這些河川氾濫形成的淤泥沉積，使農業得以發展，支撐日後人類文明的搖籃。降雨和植物生長的型態迅速改變。到了一萬年前，海平面比冰河時期高出一百四十公尺。

河川繼續氾濫。到了西元前五千六百年，地中海的海面上漲，以極大的力道衝破銜接土耳其與保加利亞的陸橋，產生博斯普魯斯海峽。來自地中海的海水把尤克森湖（Lake Euxine）這個小型的淡水湖變成了浩瀚的鹹水湖：黑海。語言學分析顯示，被迫遷移的人群出現在不同的地方，例如匈牙利、斯洛伐克和伊拉克。這場驚人的大洪水深深銘刻在倖存者的記憶中，成為大洪水的神話；全世界大約有五百種神話包含有關大洪水的描述。[17]

在這段海水上升期間，非洲得天獨厚。來自洪水地區的難民紛紛湧入非洲南部。連北非也成了寶地，因為撒哈拉的雨量增加，形成湖泊和沼澤；潮濕的環境延續到五千年前，沙漠再度開始擴張為止。

在這段全球暖化時期，世界上許多大型哺乳動物滅絕。其中許多是人類狩獵者數萬年來最喜歡的獵物，例如長毛象、披毛犀、乳齒象和西伯利亞野牛。實際上，過度狩獵可能加速這些哺乳動物的滅絕；各方專家對此爭辯不休。幸虧北美野牛大難不死，靠捕殺大型獵物果腹的生活方式才能絕無僅有地在北美大平原發展下去。

人類適應氣候變遷的方式，是增加食物的種類，納入更多的小型動物、植物性食品、海洋哺乳動物和甲殼類動物，以及魚類。在比較溫暖的環境下，這些食物的來源增加。最早的農耕技術，如環境管理、畜養動物、修剪和保護植物，可能在冰河融化前就開始發展，不過必定隨著全球氣候的暖化而進步得更快。[18]

食物的取得日益複雜，促使人類的社會組織由簡入繁。人口也增加了。藉由兩者奠定的基礎，才衍生出人類對全球氣候變暖最重要的適應作用：定居一地，從事更大規模的農耕，農業於焉發展。

在先前的漁獵採集時代，人類的人口數相對保持穩定。估計西元前兩萬八千年的全球人口大約是幾十萬人。到了西元前一萬年，估計全球人口增加到六百萬人，這要歸功於結冰融化、文化進步及人類的集體學習，因為人類會在社交網絡裡分享他們的成就，並且傳給後代，讓他們能夠複製得更成功。

## 基因流動與適應

大約在一萬年前，人類的歷史走到農業時代的開端，在此之前，現代人已經在全球各種不同的氣候帶生活了五萬年左右，現代人這個物種也已經存在了二十萬年，人類在這段時間究竟改變了多少？現今人類有百分之九十的DNA和其他的生物完全相同，和我們最接近的非人類親緣動物黑猩猩，則約莫有百分之九十八．四的DNA和我們一樣。因此僅僅只有百分之一．六左右是人類的DNA。其中絕大多數是全人類相同的。少許的變異造成某些內在的區別，以及皮膚、頭髮與眼睛的顏色、髮型和臉型方面的外部差異。這些極少數的基因差異會隨著族群而變化，而且不能清清楚楚劃分為人的子類別。可能有某些基因是相同的，但不存在針對親屬關係或「種族」進行的基因檢測，因為這兩者是社會建構出來的類別。

不過，從十六到十八世紀，歐洲人根據外在、視覺上的差異，尤其是皮膚、頭髮和眼睛的顏色，把人分成不同種類。到了十九世紀，當人們開始了解演化的觀念，就把演化與「人種」的假設結合成一套理論，假定每一個「種族」的起源和演化是依循地理距離上的分隔，各自獨立發展出來的種系。白人相信白種人優於其他「種族」，甚至因為一直沒有找到人類與猿猴間消失環節的化石證據，就認定非洲人是那消失的環節。[19]

科學界一直到一九五三年，詹姆斯．華生（James Watson）和法蘭西斯．克里克（Francis Crick）研究出DNA的結構，才開始了解遺傳是怎麼一回事。（DNA，即去氧核糖核酸，是帶有去氧核糖核苷酸的基因所構成的長鏈，這些基因的分子生成物促成了DNA鏈的複製。）在此之前，一般民眾認定遺傳物質存在於血液中。第二次世界大戰期間，許多美軍的白人士兵以為一旦輸入黑人捐贈的血液，就會生出黑皮膚的孩子。因為這個原因，一直到一九五二年，血庫還把血液分開保存。英語中的 full-blooded（血統純正）、bloodlines（血統）和 blood relatives（血親）等字眼就蘊含了這種觀念。後來科學界和社會科學界才逐漸像現在這樣了解基因差異的源頭，因而多半放棄了「種族」這個在生物學上毫無意義的說法。[20]

當前對基因差異的解釋是這樣的：讓直立人變成智人的基因突變，原本只發生在一個人身上。要經過許多個世代，才會產生一小群帶有這種基因的人。這個族群在成長和擴張的過程中，似乎遇到了某種瓶頸，在大約七萬年前減少到一萬五千人左右。這一點可以說明我們人類的同質性。[21]後來這個族群突破了瓶頸，向外擴張，分裂成不同的族群，由於基因流動或隨機的基因突變使然，每個族群都有某種基因特殊性。這種特殊性可能始於非洲，當時原始的智人還沒有散居到世界各地，也可能是後來才開始的，這一點目前不得而知。

當這些可能具有特殊性的族群向外遷移到世界各地，並且適應各式各樣的氣候和生態區位的時候，在天擇的帶動下，開始出現基因差異，以便適應當地的環境。例如安地斯山脈的印第安人胸腔很大，這樣有助於他們從高海拔的稀薄空氣中吸取氧氣；而愛斯基摩人的身材矮小粗壯，可以保存熱能。

究竟是不是天擇塑造了人類在膚色、眼珠和頭髮上差異，則比較難以回答。舉例來說，至今學者仍然找不出是哪個基因決定了膚色，這似乎是好幾個相關基因造成的結果。皮膚裡的黑色素含量決定了膚色，基因決定黑色素的生產量。有些生物學家認為，黑色素愈多，皮膚愈能避免曬傷或罹患皮膚癌，如果基因生產的黑色素較多，這樣的人可以在陽光強烈的氣候帶生活得很好。不過，黑色素也會延緩維生素D的生產（皮膚一接觸到太陽就會製造維生素D）。皮膚黑，也就是黑色素多的人，遷徙到陽光比較弱的氣候帶，就可能罹患維生素D缺乏症，也比較容易有凍瘡。在赤道以外的地方，受到天擇青睞的是基因製造的黑色素比較少的人，長久下來，膚色比較白的人占有優勢。[22]

也有人認為，預防曬傷和皮膚癌對繁殖成功率沒什麼影響，並指出現在至少有八種理論，解釋為什麼熱帶的人皮膚是黑的。可能就像達爾文說的，人類許多可見的變異，是性擇（sexual selection）加上天擇的結果。[23]

性擇的運作方式，是選擇可以吸引配偶的性徵，這些特徵對人類存活與否沒有直接關係，但卻間接提高了人類的存活率。達爾文主張，人類在擇偶時非常注重胸部、頭髮、眼睛和膚色，而且會挑選自己熟悉的特徵。當前的研究似乎證實了這一點。[24]

我們不妨做個結論，基因差異是在天擇和性擇的帶動下，在互相隔絕的族群身上長期演化而成。根據基因差異的外部徵象所形成的族群，原本是有可能成為不同的物種。不過，智人這個物種出現以後，就不曾從中產生新物種。不同於鳥、鴨子或黑猩猩，我們這個物種年紀尚輕，不像牠們有充分的時間和地理上的隔離，演化出新的物種。現在世界上的每一個人都屬於同一物種，智人。現代的地理隔絕減少，基因到處流動，許多人似乎已經準備不再對膚色賦予價值判斷。

## 待解之謎

### 一、我們要如何評價漁獵採集時代的生活？

我們如何評價漁獵採集的生活，是一個重要的判斷問題，因為這透露出許多背後的價值觀。過去三十年，整個人類學界對漁獵採集生活的看法迅速改變。一直到一九六〇年代，人類學家照例會說漁獵採集只是一種生計經濟，當時的人老是不停地覓食，除非遇到特殊環境，否則沒什麼休閒可言。這種悲觀的看法或許可以追溯到農業族群的觀點，他們認為自己的生活優越得多。而且這也是出自現代布爾喬亞階級的觀點，強調漁獵採集生活在物質上的匱乏。

一九七二年，馬歇爾・薩林斯（Marshall Sahlins）出版的書提供一個改變大家想法的觀點。薩林斯以正面的眼光看待漁獵採集生活，稱之為「原始的富足社會」，並且分析當時的人事實上一天最多工作五到六小時，通常就能滿足生活所需。薩林斯反駁了傳統的觀點：人類從漁獵採集者變成農夫，再變成工人的歷史是一種進步。[25]

一九六〇年代的一場生物革命也讓我們重新評價漁獵採集時代。生物學界開始宣稱個人的行為是為了裨益子孫和基因的延續，而非讓群體、家庭或自己受惠。現在大多數的生物學家都認為個人天生就會保存自己的基因，而文化是「人類本能的定型化表現」。[26]

## 二、演化的速度有多快？

許多遺傳變異既沒有好處，也沒有壞處，而是一種中性突變。有的遺傳變異不是有益就是有害，但影響不大；一個有益的基因可能要幾千或幾萬年才能被替換。（人類的一千個世代前後跨越兩萬五千年）。然而遺傳變異可能帶來很大的天擇優勢，在天擇的帶動下，只要幾千年就會擴散。

以人類為例，乳糖耐受力（消化乳糖的能力）的演化就是其一。大多數的人在四歲左右就失去這種能力，但有少數人已經演化出延續到成年的乳糖耐受力。這包括盧安達的圖西族（Tutsi）、西非的富拉尼族（Fulani）、北印度的信德族（Sindhi）、西非的圖瓦雷克族（Tuareg）、北非東部的貝雅族（Beja）和歐洲的某些族群。因為這些族群放牧綿羊、山羊或牛，在成年後還能消化乳糖，自然占有強大的天擇優勢。[27]

## 三、發生過多少基因流動（不同族群間的交配）？

遺傳研究開始揭露我們祖先的歷史。布萊恩・賽克斯（Bryan Sykes）在《夏娃的七個女兒》（*The Seven Daughters of Eve*）裡敘述七個母系氏族，賽克斯在追溯粒線體ＤＮＡ之後，發現他們囊括了百分之九十五的歐洲原住民。粒線體ＤＮＡ完全來自母親。粒線體是存在於每一個細胞內部的微小結構，可是並不在細胞核裡，而是出現在細胞核外的細胞質中。粒線體的任務是幫助細胞用氧氣產生能量。人類卵子的細胞質塞了二十五萬個粒線體。精子則只有寥寥幾個，一進入卵子就棄械投降。因此，人類只會遺傳到母親的粒線體，母親從一開始就在子女身上做了這個額外的投資。

基因追溯顯示，將近百分之五的歐洲原住民的基因不知道是哪裡來的，不過從他們深層的母系血統就能看出端倪。例如蘇格蘭愛丁堡的一位小學老師身上帶有玻里尼西亞人粒線體ＤＮＡ的鮮明印記。她說她知曉家族兩百年的歷史，但完全不知道為什麼會有這種情況。我們可以推測，這位老師大概有一位母系祖先是愛上了船長的大溪地女子，或是在馬達加斯加海岸被阿拉伯人抓住的奴隸。英格蘭桑莫塞（Somerset）一名酪農場農夫身上有明確的非洲人ＤＮＡ，可能源自鄰近城市巴斯的羅馬奴隸。這兩個例子以實例說明了何謂基因流動，是遠赴他鄉的人帶動的基因混合。以往人們認為這是晚近交通改善以後才發生的事，但現在可以清楚知道，我們這個物種的基因從很久以前就四處流動。[28]

第二部

# 溫暖的一萬年

Ten Thousand Warm Years

# 第五章　早期農業

西元前八千年至西元前三千五百年

人們萬萬沒想到，在前後大約八千年的時間裡，農業在全球至少四個（也可能是七個）地方個別興起。在一萬年前（西元前八千年），幾乎人人都吃野生食物。到了兩千年前，絕大多數的人仰賴農業維生。對照人科動物五百萬年的歷史，或甚至是智人十萬年至二十萬年的歷史，這八千年的變化速度之快，實在令人咋舌，因此史學家稱之為農業革命，是人類的歷史無法逃脫的一次重大變遷。[1]

全球成功適應漁獵採集生活方式的人類，為什麼會在短短幾千年內拋棄這種生活，轉而務農為生？要回答這個複雜的問題，我們必須進一步朝我們的時代邁進，因為人類轉向農業，才不過短短四百個世代（一萬年）。

我們對農業生產的食物習以為常，因此很難想像自己圍坐在漁獵採集者的篝火周圍。儘管他們的伙食在我們眼中好像不太美味，但現在考古學家相信，人類改吃馴化的食物以後，飲食的品質可能不升反降，此外這當然也表示人均工作量增加了。

人類為什麼棄獵從農？沒人知道答案，但過去三十年來，發現了許多新證據。最明顯的答案是為了生存不得不然。不從事農業只有死路一條。

人類為什麼逐漸放棄漁獵和採集，我們可以從食物危機的概念來討論箇中種種複雜的原因。和其他動物一樣，人類生存的首要條件是找到足夠的食物；食物愈多，生養的子女愈多，因此不斷迫切地尋找食物。[2]

大約西元前九千年，許多地方的人開始感覺到糧食供應的不足。現在沒有那麼多豐饒的地方可去；已經被其他人占據了。從非洲向外擴張的時候，估計有五萬名智人，到了西元前九千年，已經增加到五、六百萬人。在漁獵採集的時代，人口增加緩慢，但經年累月下來，數量依舊可觀。在漁獵採集生活的技術下，地球可能已經到了人口承載力的極限。

不過，人口壓力不是唯一的因素。前一章談到，地球氣候變遷的速度快得離譜。大約在西元前九千年，地球開始脫離上一次的冰河期，各地的氣溫快速升高。這次的暖化對人類產生許多方面的影響；當上升的海水迫使人們往內陸遷移，上升的氣溫造成動、植物的改變，無論在哪裡，人類藉由本身獨特的巧思來利用改變後的新環境。以原先的成就為基礎：用火烹飪和整地、用語言進行社會合作、發展工具來解決問題，因應動、植物的變化，在接下來的幾千年裡，許多人改變了自己，也被環境改變，從一群群四處遷移的漁獵採集者，成為定居村落的牧人和農夫，生產過剩的食物，至少暫時是剩餘的。

## 植物和動物被馴化

人類不是世界最早或唯一的農夫。螞蟻也會耕作植物（真菌）及照管動物（蚜蟲），收集種子，貯藏在巢穴附近的洞穴裡。至少有兩百二十五屬的植物只能藉由螞蟻的活動來繁殖。人和螞蟻一樣，參與了某些動、植物的生命週期，因而產生了我們所謂的農業。[3]

過去這五十年，考古學家的研究大幅增進了我們對農業發端的了解。這方面唯一的證據，是動物和植物的殘骸（前者是骨骼，後者是種子及花粉）。舉個例子，一九六八年對於伊朗兩座湖床的花粉分析，記載了一萬一千年前的氣候暖化。其他的證據往往是化石化的人類糞便，叫做糞化石，可以透露人類吃了哪些植物。最容易發掘這種證據的地點，位於乾旱地帶。如果同一個考古地點的不同物質檢測出的年代相同，放射性碳定年法的誤差不會超過幾百年。

動物和植物的馴化是一個長久、偶然、互惠的演化過程。地方上不同群體的人可能會互相交流馴化的做法，但至少在四個不同的地方：西南亞（肥沃月彎）、中國和東南亞、非洲、美洲（圖5.1），馴化是在不同的時代個別獨立產生的。

農業在不同的地區同時出現，是氣候暖化使然，這段期間存活下來的，多半是展現出彈性和非特化（non-specialization）這兩種特徵的植物和動物。大多物種在幼年期都具備兩種特徵；因此，氣候暖化締造出的動物保留了幼年的特徵（稱為幼態延續〔neoteny〕），包括溫馴、不

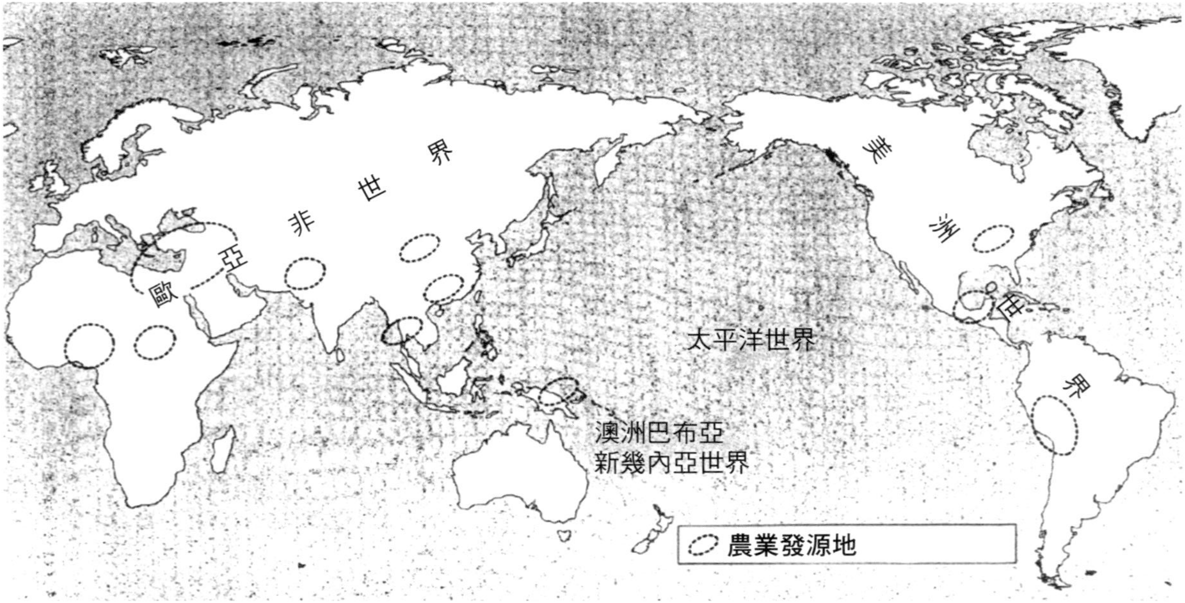


圖5.1　農業的誕生。資料來源：Source: David Christian, 2004, *Maps of Time: An Introduction to Big History*, Berkeley, CA: University of California Press, 213.

害怕、依賴和性早熟。動物演化出這些讓牠們很容易被馴化的特徵。[4]

馴化可以被定義為一種遺傳工程，在這個過程中，人類逐漸掌握了天生容易和人類來往的動物或植物的繁殖，將其與野生物種分開，以控制其發展，最後成為新的物種，具備人類想要的種種特徵。

最早被馴化的自然是人類最好的朋友，狗。狗的祖先是灰狼，演化於北美洲，隨後擴散到世界各地。美洲大陸的狼大約在西元前一萬一千年至西元前一萬年演化成狗，不久之後，現今的伊朗亦復如是。不難想像，在氣候變遷的同時，狗也會逗留在人類的營火和獵場附近，尋找食物，並且與人類互動。狗很容易就適應了人類的活動。牠們是群體動物，習慣追隨一名領導者，願意讓人類替代成為狗群的領袖。溫馴的成犬除了幫忙狩獵，後來也和其他的馴化動物一樣，在人類生活中扮演重要的角色，既防禦掠食動物，又能幫忙放牧。狗是得力的清道夫，吃掉人類的糞便，保持村莊的潔淨。有些文化會吃狗肉，但有些不會。

不出所料，貓是過了很久才被馴化，即便牠們早在五百四十萬年至五百三十萬年前已經演化成現在的樣子。馴化貓的恐怕是埃及人，目的是保護糧倉免於齧齒動物的入侵，在西元前一千五百年，已經有史料記載這種習俗。雖然成貓是獨居動物，幼貓卻是群居動物，這一點似乎是牠們被馴化的關鍵。希臘和中國從西元前五百年起，就有關於家貓的記載。

只有十三種左右的大型哺乳動物（體重超過一百磅）允許自己被馴化。其中的五大哺乳動物是綿羊、山羊、牛、豬和馬。另外八種分別是兩種駱駝、驢子、駱馬、馴鹿、水牛、犛牛和爪哇牛。這些動物都在西元前八千年至西元前六千年被馴化，牠們全部具備以下的特徵：草食、生長快速、圈養繁殖、具有容易受人管理的社會結構（牧群）。大型的哺乳動物多半不願意被馴化，在基因上也不適合；否則我們可能會喝河馬奶，騎斑馬遊行。

每一個放牧地區都有本身獨特的動物。最早的是西南亞，美國人往往稱為中東。①

肥沃月彎某些地方的人，即使沒有馴化動物或植物，也能夠建村定居。他們收集並儲存足夠的野生穀物，在豐富的獵物（以瞪羚為主）之外，做為補充糧食。這個步驟稱為複雜覓食（complex foraging），其對照組是簡單覓食（simple foraging），主要特色是不會儲存糧食或長期定居。

肥沃月彎有兩種野生動物願意和人類密切互動：綿羊從西元前九千年左右開始，山羊則是從大約西元前八千年開始。綿羊和山羊能消化的禾本科植物和葉子種類繁多，遠非人類所能企及，因此可以很有效率地幫助人類把不能吃的植物轉化為蛋白質，而人類也漸漸學會把羊群從一個地方趕到另一個地方牧養，最後終於把牠們圈起來，避免掠食動物的侵擾。綿羊和山羊願意倚賴人類生存，這一點確保牠們得以成功演化。現在全球的家綿羊和家山羊都超過十億隻，野山羊和野綿羊則瀕臨絕種。

綿羊和山羊的馴化過程，一開始可能是人類在遷徙的路上保衛羊群。接著在某些地點放牧、開始餵養，然後把動物關進永久聚落的柵欄和房舍裡。

植物馴化的過程也同樣漫長而遲緩。人類仔細觀察野生禾本科植物，同時收集種子、磨碎食用。依照植物馴化的垃圾堆理論，人類把沒吃的種子丟在營地，然後發現這些野生種子發芽生長。植物馴化的初步程序大概是由女性負責，畢竟她們通常是漁獵採集群體中的採集者。她們想必觀察到某些禾本科植物的種子比較大，比較容易收割和加工製成食物。有些禾本科植物的穗子很容易碎裂，把種子四處散播；有的則會牢牢抓住種子，直到植物成熟為止。

肥沃月彎的婦女學會如何找出三種野生禾本科植物：二粒小麥、單粒小麥和大麥，以及兩種野生豆科植物：小扁豆和鷹嘴豆。收集這些野生植物之後，婦女漸漸學會加以照料和保護。她們發現這些植物生長和來年發芽的地點。到了最後，這些婦女學會保留一些種子，散播在它們會生長的地方，施以澆水和除草，挑選最大的種子和最健康的植物，然後把剩餘的儲存起來。男人繼續狩獵，女人則以愈來愈多的小麥、大麥和豆子做為除了獵物以外的補充食品。

到了約莫西元前七千五百年，肥沃月彎的人在永久的村落落腳定居，照養農作物和動物。

---

① 原書注：有關這個地區的用語並未統一。近東指的是地中海東岸地區，或至少相差不遠，包括現代的土耳其、賽普勒斯、黎巴嫩、巴勒斯坦、以色列、約旦和埃及的領土。中東可以專指波斯灣沿岸的國家，如現在的伊拉克、伊朗、科威特、沙烏地阿拉伯，以及阿拉伯半島的其他波斯灣國家。但現在的新聞評論者用中東來同時囊括近東及波斯灣國家。另外一個史學家普遍使用的說法是肥沃月彎，指的是從現代的以色列、約旦和黎巴嫩的部分領土往北延伸，然後沿著土耳其和敘利亞的邊界向東彎，再順著伊朗和伊拉克邊界的札格羅斯山脈朝南彎曲的弧形地帶。筆者用的是廣義的中東，或是如同上述的肥沃月彎。用近東來專指地中海東岸，並且用美索不達米亞來指涉底格里斯河和幼發拉底河河谷。（圖5.2）

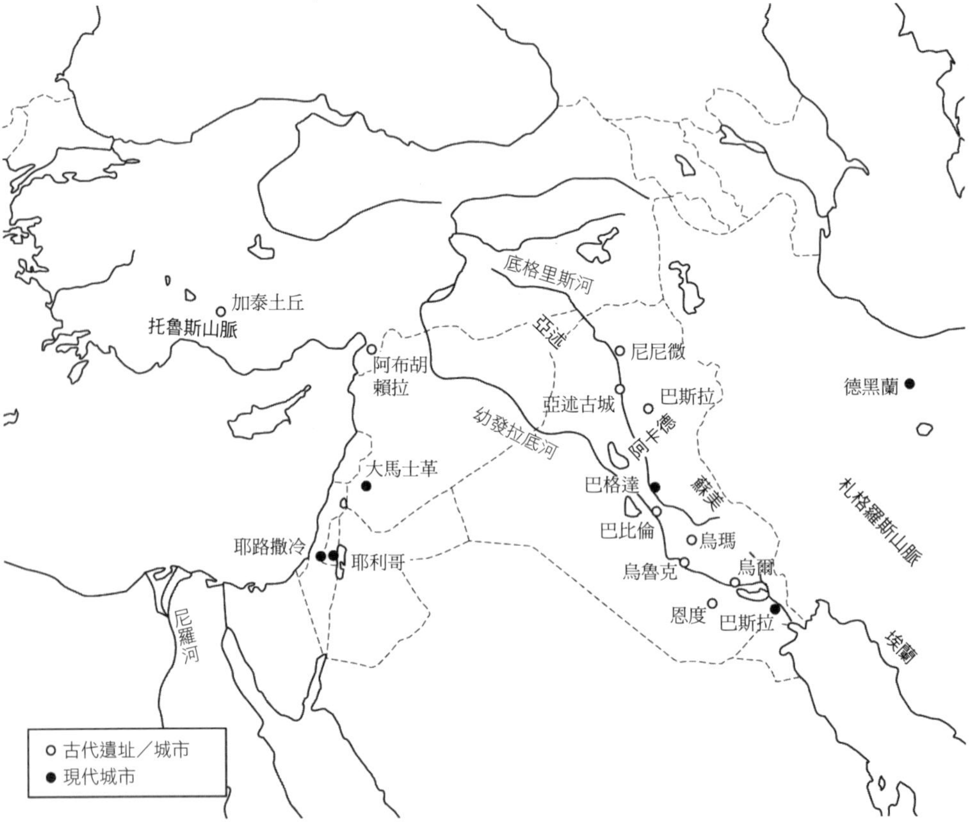
加泰土丘
托魯斯山脈
阿布胡賴拉
底格里斯河
亞述
尼尼微
亞述古城
巴斯拉
幼發拉底河
阿卡德
德黑蘭
大馬士革
巴格達
蘇美
札格羅斯山脈
巴比倫
烏瑪
耶路撒冷
耶利哥
烏魯克
烏爾
恩度
巴斯拉
伊朗
尼羅河
古代遺址／城市
現代城市

圖5.2　古代西南亞。

他們畜養山羊和綿羊，並且耕種小麥與大麥，相較於漁獵和採集，他們能夠從更小的土地生產更多的食物。在這個漸進式的過程中，有人回歸簡單覓食的生活，許多複雜漁獵採集者組成的村落被拋棄；並非每一個村落都能夠或願意轉而從事農業。有證據顯示，早期的村落居民極力把人口限制在食物能供養的範圍內，只好大量殺死女嬰。

就統計數字來說，一名漁獵採集者需要大約二十六平方公里的豐饒區域，才能採集到足以生存的食物。然而二．六平方公里的耕地至少能養活五十個人。因此，農業能供養的人口密度比漁獵採集高了五十到一百倍。[6]

等到西元前六千年，定居生活逐漸成為肥沃月彎的典型。適合這個地區的農作物和植物已經被馴化，成為鄰近區域棄獵從農的基礎，包括歐洲（必須採取不同的調適方式）和尼羅河河谷（幾乎完全一樣）。

在西元前六千年至西元前五千年間，氣候和近東類似的希臘及巴爾幹半島南部，人們改以務農維生，大概也馴化了牛。農業的散播方式究竟是口耳相傳，還是因為有人自己遷徙到新區域，是考古學家激烈辯論的問題。但遺傳研究斬釘截鐵地顯示，人類是自己向外遷移，而非只是口授如何耕作。

在希臘人以農業取代漁獵的三千年後，農業終於傳入中歐和西北歐。到了西元前四千年，農耕傳入中歐的河谷，包括萊茵／多瑙河和維斯瓦河／聶斯特河流域。從西元前三千年至西元前兩千年，西北歐的人紛紛轉而務農，一千年後，丹麥和瑞典南部也如法炮製。在這些地方，必須用刀耕火種的技術把森林夷為平地，後來人口壓力增加，才出現永久的田地。結果發現在中東被當作野草的燕麥和裸麥，到了氣候較為涼爽潮濕的西北歐，成為生長茂盛的糧食作物。

在農夫從中東和土耳其向四周遷徙的同時，他們的語言（稱為印歐語）隨之流傳。當時全球大概有十種原始語，其中的印歐語是近東某些地方和裏海及黑海周圍在西元前八千年至西元前兩千年通行的語言。大約在西元前一千五百年或更早之前，印歐語演化出了梵文，希臘語也在西元前一四五〇年左右演化而成。

農業在中東萌芽約莫兩千年後，才在西元前四千三百年左右傳入尼羅河河谷，以大麥、小麥和牛為基礎。為什麼農業過了這麼久才出現在一個適合農耕的河谷，我們至今不得而知。大概早在西元前七千年，人類就在撒哈拉沙漠獨自把牛馴化，但到了西元前六千年，沙漠乾涸，牧牛者只得向沙漠邊緣遷移。

非洲人馴化了驢子（做為一種馱獸）、珠雞（是古埃及和後來的羅馬最愛吃的一道菜）和貓（前面提過）。小米、高粱、野生稻米、山藥和棕櫚油及其他食物都是在非洲被馴化。像山藥這樣的植物不是靠種子繁殖，而是透過枝插、塊莖或根部。樹薯、香蕉、甘蔗和芋頭都屬於這一類。由於這些作物沒有留下種子做為考古證據，非洲和亞洲人耕種這些作物的時間，可能比我們追溯得到的年代更早得多。

在亞洲，早期糧食生產的證據一直很模糊，大概是因為這裡的氣候比近東溫暖及潮濕許多。目前普遍認為小米和稻米是西元前六千年左右在中國被馴化；黃豆一直到西元前一千一百年才出現。中國也馴化了豬和家禽。印度的稻米似乎是獨立馴化而成，此外東南亞可能也馴化了稻米。

美洲大陸的植物自成一派。到了西元前六千年，墨西哥高原的人耕種多達三十種植物，做為食物、藥物和容器，包括玉蜀黍、辣椒、番茄、五種南瓜、瓠果、酪梨、木瓜、番石榴和豆子。玉蜀黍出現得很慢，遺傳研究顯示馴化的時間大約始於西元前七千年。野生的玉蜀黍穗軸和人的拇指差不多大。隨著產量增加，穗軸也逐漸變大，到了西元前兩千年左右，玉蜀黍的生產已經能養活全村的人。這裡除了狗和火雞之外，沒有適合的動物可以馴化，因此盡可能延續狩獵的生活。同時也種植棉花和花生。

在祕魯的山區（包括現今玻利維亞和厄瓜多的許多地方），發展出另外一套馴化的作物和動物。駱馬和羊駝被當成馱獸，而非食物。當地人的伙食以馬鈴薯和藜麥為主，後者是一種富含蛋白質的穀種。玉蜀黍在西元前一千年左右傳到祕魯。

從長時間來看，全世界許多不同的地方，幾乎在同一時間馴化植物和動物，帶動農業這種生產模式。不過若從短時間來看，前後不過幾千年的時間，有些地區落後其他地方，終於招致毀滅性的後果。因為美洲人早期沒有適合的穀物和動物可馴化，因此比中東、歐洲、亞洲晚了三、四千年才演化出複雜的社會。因此當歐洲人在西元一千五百年抵達美洲時，發現這裡的社會在許多方面和西元前兩千年左右的中東差不多。歐洲人帶著馬匹、槍枝和疾病（這是歐洲比較進化的農業社會的產物），自然有能力扼殺出現得比較緩慢的美洲文明。[7]

在西元前九千年至西元前三千年間，人類的植物實驗非常成功，因此後來再也沒有馴化新的基本糧食植物。唯一的例外似乎是蔓越莓、藍莓和美洲胡桃，這些是北美洲原住民採集的食物，但直到過去兩百年才被馴化。

在大約二十萬種開花植物中，只有三千種左右被人類廣泛食用。其中只有十五種從古至今都極為重要：四種禾本科植物（小麥、稻米、玉蜀黍和甘蔗）、六種豆科植物（小扁豆、豌豆、蠶豆、豆子、黃豆和花生）和五種澱粉類食物（馬鈴薯、番薯、山藥、樹薯和香蕉）。[8]

## 三個小鎮

位於現今敘利亞的阿布胡賴拉村（Abu Hureyra）考古挖掘工作，揭露了人類從漁獵採集轉變為農耕生活方式的過程。西元前一萬一千五百年左右，人類首度在此聚居，以木立柱支撐蘆葦屋頂，形成一個穴居的村莊聚落。這裡的居民收集並貯存野生大麥、小麥和裸麥。他們獵取每年春天從南方北上的波斯瞪羚，全部一起屠宰，然後用曬乾和鹽醃的保存方式，把波斯瞪羚貯存起來。阿布胡賴拉的人口慢慢增加到三、四百人，西元前一萬年左右，氣候暫時冷卻，村民拋棄村落，恢復游牧生活。在遭遇氣溫下降或四周木柴耗盡等困境時，人類還是可以靠游牧維生。

大約五百年後（西元前九千五百年左右），同一地點出現了另一個村落。村落的居民最初密集獵殺瞪羚，但約莫西元前九千年的時候，他們轉而放牧馴化的綿羊和山羊，並且耕種小麥、鷹嘴豆和其他穀類，建造不只一個房間的長方形、單層泥磚住宅，毗連巷子和庭院。這種住宅的地板是經過打磨的黑色灰泥，偶爾綴上紅色花紋，似乎是單一家庭的居所。最後這個小鎮涵蓋將近〇．一二平方公里的面積②，結果在西元前五千年，因為不明原因，居民全數離去。

考古學家一直在中東進行大規模考古挖掘，發現在早期這段時間發展成小鎮的另外兩個村落：約旦河西岸的耶利哥（Jericho）和土耳其中部的加泰土丘（Catal Huyuk）。

耶利哥的聚落有源源不絕的泉水，在西元前七千年已經擴張到〇．〇四平方公里以上。這裡的居民在聚落周圍建造了巨大的圍牆。他們在岩石中切出大約三．一五公尺深、三．五公尺寬的坑洞，周邊砌上三．五公尺高的石牆，再加上八．七五公尺的高塔。牆內是蜂巢狀的一群群泥磚屋。至於為什麼要蓋這種圍牆，原因至今成謎；可能是為了控制水患，也可能是防禦其他巴不得進來偷糧食的人。

耶利哥的人死後葬在聚落裡，往往會把頭砍下來。有時會用彩繪灰泥塑造頭顱。這些頭顱可能意味著地位的差異；從陪葬品看不出其他端倪。

在耶利哥定居的人放牧綿羊和山羊，到了西元前六千五百年，兩者已經囊括了他們百分之六十的肉食。瞪羚大概已經所剩無幾。居民愈來愈能畜養牛和豬，並且耕種小麥、大麥、小扁

② 編按：接近一．七座足球場大小。

豆和豌豆，輪作不同的農作物，以維持高產量。當地出現大量的，如土耳其的黑曜石、西奈的綠松石，以及地中海和紅海的貝殼。黏土製成的小圓球、小圓錐和小圓盤，顯示他們有一種簡單的記載系統，來記錄東西的進出和數量，或許是交易的商品？

耶利哥使用的黑曜石是土耳其的產物，可能是從該國最大的交易中心加泰土丘運送過來的。加泰土丘的繁榮多少要歸功於附近開採的黑曜石的買賣。當火山熔岩流入湖泊或海中，急速冷卻，產生玻璃狀的岩石，即為黑曜石。因為很容易裂開，產生銳利的邊緣，因此價值不菲，同時把黑曜石磨得晶亮，就可以製作高品質的工具、武器、鏡子和裝飾品。加泰土丘遺址在西元一九六一年至一九六三年首次進行考古挖掘，揭露了人類如何適應定居生活，以及在適應過程中創造美麗物品的詳細過程。[9]

加泰土丘位於土耳其中南部科尼亞平原（Konya Plain）的一片沼澤附近，面積超過三十二畝，四周的樹木生長茂盛。考古挖掘顯示這個小鎮曾經重建，估計是在房屋開始倒塌的時候，從西元前七千年至西元前四千五百年居民棄城離去之前，至少重建了十二次。這些房屋以曬乾的模塑泥磚興建，以背對背的方式設計，偶有庭院。屋頂是平的，要用梯子從屋頂的開口爬上去。最外圍房屋的外牆是小鎮的某種防禦工具。

加泰土丘的糧食供應以馴化的綿羊、山羊、豬、兩種小麥、大麥和豌豆為主，同時繼續獵殺紅鹿、野豬和蒙古野驢，並且採集與貯存禾本科植物和橡實之類的野生植物。有些跡象顯示這裡可能種了亞麻（一種製作亞麻布和亞麻籽油的植物），但沒有確切的證據。

加泰土丘男人的平均身高是一百七十公分，女人平均一百五十七公分。男人的平均壽命是三十四歲，女性則是三十歲。這些平均數包含了嬰兒和兒童的高死亡率。從加泰土丘挖出的骨骸顯示有人罹患關節炎，但沒有佝僂病或維生素缺乏症。不過，研究者發現加泰土丘人顱骨中的海綿骨髓空間增長過快，反映約有百分之四十的成年人罹患貧血，顯示當時可能流行瘧疾。據估計，西元前六千五百年時，定居人口約有五十人，後來在西元前五千八百年增長到將近六千人，不過這個估計並不可靠。

加泰土丘發現的文物顯示當時的人在創作活動方面相當有成就。這個小鎮因為人口太少，似乎沒有統治階級或中央集權的政治結構，不像後來的城市有專業化的現象。陪葬品顯示出社會階級。加泰土丘人能參與創作性的藝術活動，顯然要歸結於定居生活。此外加泰土丘人仍舊以漁獵和採集為主，但仍透過放牧、耕種和貿易來彌補定居生活的不足。

加泰土丘人是以土條盤築法製作陶器，還沒發展出輪製陶器。居民製作籃子，用羊毛或亞麻織布。他們削出精美的刀和矛，雕刻石塊和骨頭，給皮革和木材加工，同時製作珠寶和化妝品。加泰土丘也挖掘出銅器和鉛器，幾乎不含任何雜質，是一種裝飾品和祭典用具。

加泰土丘的模擬再現藝術（representational art）透露出狩獵在人們生活中仍然占有很大的比重。石灰牆上的壁畫描繪著狩獵的場景，男男女女身上都披著豹皮。另外還有禿鷹把骨頭（顯然是人骨）啃乾淨的畫面。四者的陪葬品是武器，而非農具。

女性往往葬在特殊的墓室，考古學家認為這是神祠。目前已經挖出四十間這類房間，加泰土丘每兩棟房子共用一間。房間內有雕刻的野公牛頭，公牛和公羊的立體模型，以及女性的胸部、女神、豹子和手印的描繪。由於豐腴、多產的女性人像在數量上遠超過男性，專家相信女神在當地的居民心中享有至高的崇敬。既然這些墓室裡葬的是女性，或許可以推斷是她們創造了宗教儀式，並且擔任女祭司。有些壁畫呈現女子生下小公牛的場景。有些雕像是一名女子把手臂各自倚在一隻豹子身上，而有一個嬰兒的頭從她兩腿之間冒出來。難道豹子代表死亡，該雕像描繪的是生死纏繞的景象，抑或是豹子代表女神征服大自然的力量？這個誰也說不準。

我們無從得知加泰土丘人對死亡的觀念，只知道骨骸旁邊有供奉的祭品，意味著他們相信死後有來生。從他們的壁畫看來，加泰土丘人死後會曝屍野外，任由禿鷹啄食。等禿鷹把骨頭啃乾淨了，人們才會將其埋葬在神祠，或是他們生前居所的臥鋪下方。

基於某些不明原因，加泰土丘人在西元前五十世紀遷走，一去不回。

## 定居的影響

當人類開始定居在村落和小鎮，耕種植物，飼養動物時，他們的生活出現了無法預知的轉變。我們無從分析這些轉變的複雜性（至今依然錯綜複雜），只能描述社會生活的某些層面，以及地球本身受到的衝擊，藉此看出些許端倪。

農業帶來了好處，每單位土地生產更多糧食，但人類自然必須設法貯存和保存食物。既然拔營走人未免得不償失，就必須保衛自己的小鎮，抵抗大型的動物和其他人的侵略。如此一來，他們需要有專人製造貯存容器（陶器、籃子和儲藏箱）和專門保衛城鎮的人。現在有剩餘的食物可以供養這些專業化的人。足夠的糧食可以餵飽嬰兒，有穀類食品，嬰兒可以早點斷奶，女性也可以在間隔較短的時間多生幾個孩子。

不過既然要耕種，工作自然比較辛苦。人類必須學習在心裡壓抑自己，例如明明想睡覺或社交，也必須長時間工作，或是不要在漫長的冬夜把最好的種子吃掉，因為必須留到來年春天播種。人類必須長時間磨籽、織布，這些恐怕不是他們最喜歡的活動。在馴化動物和植物之後，人類也反過來被動、植物馴化了。

人們在城鎮定居之後，必須和其他幾百到幾千人互動，而不是三、五十個人。現代分析顯示，個人最多大約只能和一百五十人維持密切的人際關係，一旦超過這個上限，就必須發展出規矩、準則和政策。在人數更多的群體中，人類必須創造解決爭端的機制，於是出現了律師和法官的原型。人類創造了儀典，而舉行儀典的人便取得某種權威。後來私有財產的觀念興起，如一棟房子（或一塊土地，或多少隻的動物）是屬於某一個人的，就必須就土地的所有權和控制權制訂新規則。家庭的定義必須更嚴格，然後決定誰和誰住在一起。現在不必顧忌遷移的途中能攜帶多少東西，人類開始取得更多的實體物品。於是垃圾和人類的排泄物就成了問題。[10]

因為紡織品會腐爛，相關的考古證據自然不如陶器豐富。目前歷史上最早的布料於一九九三年在土耳其南部的凱約奴（Çayönü）出土。出土品是一塊碎布，大約長三・八公分，寬七・六公分，裹在一件鹿角製器具的把手上。這塊布大概是用亞麻植物的纖維織成的麻布，因為接觸到鹿角裡的鈣，布已經半化石化了。透過放射性碳定年法，測定為西元前七千年的產物。[11]

專家相信，自人類在村落定居以後，就進一步用他們編織籃子的技術來編織粗布。織布要花很多時間，恐怕跟製陶和生產糧食加起來差不多。布料製成的服裝和裝飾品可以表明一個人的社會階級，成為人類社會不可或缺的一環。

當人類定居下來，吃的野生動物少了，就必須想辦法弄到鹽。成年人體內的含鹽量相當於三、四個鹽罐。身體會因為流汗而失去鹽分，而且無法自行製造，必須補充等量的鹽分，才能活下去。如果只吃野生動物，已經足以補充流失的鹽分，可是一旦在飲食中加入耕種作物，人類的鹽攝取量自然不足，必須尋找地球上哪裡有鹽巴。人類飼養的動物也需要鹽分，一頭牛需要的鹽巴是人類的十倍。住在鄉村裡的人只要追隨野生動物的足跡，大概可以找到鹽巴，但居住在城鎮居民的問題就沒這麼簡單。最後鹽巴成為人類最早的國際貿易商品之一，也是人類史上第一個由國家壟斷的事業（中國的鹽業專營制度始於西元前二二一年）。[12]

剛開始馴化植物和動物時，人類發現每一個物種都由雌性產生新生命。那他們如何看待男性在繁衍後代這方面的角色呢？

進入書寫歷史的時代之後，才有辦法記載人類意識到男性在繁衍後代上扮演的角色。令人詫異的是，現代的少數漁獵採集者似乎不知道人類沒有男人是不能繁殖的。然而考古學家相信，因為人類飼養動物的關係，得以充分觀察大多數動物群體，因而了解男性在繁衍後代上扮演的角色。[13]

人類參與動物的日常生活，自然也接觸到動物的疾病。植物的害蟲無法侵害人類，但動物的疾病則不受此限。有一種肺結核會隨著牛奶和山羊奶傳染。麻疹和天花來自牛隻。有一種瘧疾可能是鳥傳染的，流行性感冒則是出自豬和鴨。這些疾病在人類歷史上扮演了重要角色。

村莊和小鎮生活存在的危險和漁獵採集的生活有所不同。染病的可能性帶給人類焦慮；天氣的變幻莫測成了日復一日的擔憂：下雨的時間對不對？氣溫對農作物會不會太熱或太冷？冰雹、蟲災或真菌災害，都會摧毀作物；野生獵物可能減少或消失；洪水可能突然淹沒大地；人隨時可能送命。

定居的人一定會覺得自己被地球玩弄於股掌之間，於是把生活的重心從專注安撫野生動物變成崇拜生命的起源本身，並且要求生命之源給予協助。考古學家發現許多胸部和臀部都非常壯碩的多產女子人像，這和人類從狩獵轉移到農業生活有關。這些人像出現在中東和中歐各地，來自西元前八千年至西元前三千五百年的過渡時期。

就像第四章討論過的，我們無從確知這些工藝品對創造者的意義是什麼，但也很難不推斷這些雕像表達了對繁殖力的些許崇拜。一定有人把地球想像成一位掌管繁殖力的女神，到了文字記載的時代，就成了希臘女神蓋亞（Gaia）。既然女性會孕育新生命，人類祈求的神靈似乎就以繁殖女神的形式出現，這對剛定居的人類是至為重要的。從愛琴海到印尼，女神和早期的農業社會脫不了關係，例如毗濕奴的女兒，稻米女神德威絲麗（Dewi Sri）。

當文明開始有過剩的糧食生產，就能讓少數人專職創造儀式，以及與儀式相關的藝術。和加泰土丘一樣，最早擔任這些專業人士的，似乎很可能是女性，也就是女祭司。

過去四十年來，不斷有女性學者從事相關研究，希望找到證據，證明某些社會是由女性掌控政治權力。但這種母權社會的證據至今仍付之闕如。顯而易見地，當人類的人口密度已經大到需要中央集權的政治權力來管理時，女人受到愈來愈多的子女所侷限，而擔任農夫、軍事領袖和祭司的男人則強大到足以掌握政治權力。14

小孩的數量確實增加了。剛開始試驗定居生活的時候，全球人口估計是六百萬到一千萬人，大約是現在墨西哥城的一半。到了西元前四千年左右，變動率顯著增加。等到西元前一千年，全球人口接近五千萬到一億人。這時人類邁開步伐，跌跌撞撞地闖入稠密而複雜的社會。

從游牧轉為定居的生活方式，對於身歷其境的人而言，某些損失是不言而喻的。工作量大了，看天吃飯的時候多了，病痛比以前多，日子比以前單調。他們可能會絮絮叨叨地訴說昔日祖先以狩獵採集為生的懷舊故事。

不過，還有些損失是他們絕對看不出來的，從時間的角度來說，這些損失要很久以後才會顯現。這些損失是環境、地球本身的繁殖力受到的傷害。這些環境成本包括砍伐森林，早在尚未馴化植物和動物的時候，人類就開始放火燒毀林地，創造能吸引草食動物的草地。當人類想創造耕地，就像這樣燃燒更多樹木；在金屬斧頭發明之前，沒有其他合理的做法；另外人類也會燃燒樹木來做飯和取暖。起初看似微不足道，隨著人口慢慢上升，森林被摧毀得更加厲害。15

在乾旱期間，人類放牧的動物增加，山羊會爬到樹上啃食葉子、吃光幼苗，同樣會導致樹林的消亡。在經常放牧山羊的地方，森林無法再生。綿羊也是摧毀森林的力量之一，因為綿羊吃草時會連根吞下，粉碎土壤。

最簡單的耕作也會侵蝕土壤。即使只是拿棍子挖土，只要土壤結構被打亂，就很容易被吹走或沖走。像這樣的影響，一開始同樣看似微不足道，但隨著人口的增加，一旦土壤耗盡，河水淤積，終究會落到不可收拾的境地。

大約一八七二年，當美國政府建議西北部的高原印第安人從狩獵轉為農耕時，美國原住民領袖斯墨哈拉（Smohalla）談到農耕對地球的傷害：「你們要我犁地。你要我拿刀子割開我母親的胸脯嗎？」[16]

## 持續存在的漁獵採集者和游牧者

從斯墨哈拉的話看得出來，並非所有人都在西元前八千年至西元前三千年間轉為定居生活。世上有許多地方根本不適合耕作；土壤太堅硬貧瘠，沒有適合的穀類禾本科植物，以當地的雨量和氣溫，農作物根本等不到成熟、收割的那一天。有些地方的物產非常豐富，根本不需要耕作。這些地方的人繼續從事漁獵和採集，或是再加上某種游牧形式的放牧。

在歐亞寒冷的苔原地區，人類似乎在西元前九千年至西元前七千年間將馴鹿馴化，用來拉雪橇。在尼羅河谷上游、各個裂谷、非洲東部和南部的平原，人類發展出牧牛文化。

其實放牧最關鍵的動物是馬匹。從中歐到東亞，在溫暖肥沃的農業地區以北，是一片浩瀚無垠的草原。事實證明這種地方氣溫太低，不適合發展農業。草原的人繼續狩獵和採集，直到除了馬以外的大型哺乳動物全部滅絕為止，馬的演化多半發生在北美洲，後來當地的馬匹全數滅絕。西元前四千年至西元前三千五百年間，烏克蘭南部大草原的人開始保護並餵養馬匹，用馬的乳汁來餵養人類的嬰兒、把馬糞曬乾當作燃料、並且把馬肉拿來吃，尤其是在冬天糧食稀少的時候。因為這個原因，在聚落稀疏的草原上，人類和馬匹的數量都開始增加。後來在西元前五百年左右，隨著冶鐵的發展和馬鐙的發明，中亞的馬上游牧民族成為人類歷史上的一支勁旅，和定居的地區通商，有時還會打家劫舍。

北美洲的草原民族沒有把馬馴化，因為氣候的變遷和人類的捕獵，當地的原生馬匹滅絕。這些草原居民繼續靠狩獵和採集維生，同時耕作一些最早由墨西哥開始馴化的植物，直到西元一五〇〇年，才由歐洲人重新引進馬匹。在祕魯的安地斯山脈，或許還有些熱帶地區，許多人持續漁獵和採集的生活，開始有文明的發展。[17]

一群人要投入農耕和定居的生活，絕不是一個簡單的決定。即使定居者成功為自己生產了足夠的糧食，也可能遇上牧人或漁獵採集者，因為覬覦他們的存糧和牲畜而下手劫掠。各個群體之間的衝突變得更加頻繁，也更具威脅性。

世上最古老的文學描繪了漁獵採集者、牧人和農耕者之間的衝突，以及個別民族內部在做這些決定時發生的爭執。其中最古老的是蘇美人（人類史上第一個城邦蘇美的居民）在西元前兩千一百年寫的《吉爾伽美什史詩》（*The Epic of Gilgamesh*），蘇美位於現今伊朗的幼發拉底河河口。口述的故事至少可以追溯到西元前七十世紀（西元前六九九九年至西元前六千年），此時人類剛開始馴化植物、動物和他們自己。

《吉爾伽美什史詩》以歷史人物吉爾伽美什，西元前二七五〇年烏魯克（Uruk）的統治者為主軸。一八五七年，學者破解了亞述古都尼尼微（Nineveh，現今伊朗的烏魯克以北）出土的泥板上寫的楔形文字，不久之後，也就是一百三十年前，現代人才知道這部史詩的存在。如今這部史詩只有大約三分之二的內容可以解讀，其他部分則有許多缺漏。[18]

史詩故事描述的吉爾伽美什是一名超級英雄，三分之一是人，三分之二是神，外表英俊健壯。同時造物女神阿魯魯（Aruru）創造了野人恩奇度（Enkidu），也是一名健壯的美男子，生活在大自然裡，穿著獸皮，和瞪羚一起喝水。

吉爾伽美什派遣神妓暨女神伊絲塔（Isthar）的祭司莎姆哈特（Shamhat）去引誘恩奇度，把他帶回城裡。她教恩奇度穿衣、剪髮、飲酒、當個文明人。恩奇度向吉爾伽美什下戰帖，要較量摔角，結果吉爾伽美什贏了。

恩奇度融入城市生活以後，和吉爾伽美什一起冒險。他們先殺了守護杉樹林的怪獸胡巴巴（Humbaba），然後砍下神聖的杉樹。回到城市之後，女神伊絲塔要吉爾伽美什娶她；被拒絕之後，伊絲塔便派遣天牛到蘇美製造災難。這一對好友聯手殺了天牛。他們的親戚和夜裡的夢境都曾事先警告他們不該砍樹或屠牛。眾神對他們的行為很不高興，便下令他們其中一個人（恩奇度），必須在吉爾伽美什的照顧下，經歷痛苦而漫長的死亡，以示懲罰。

《吉爾伽美什史詩》的故事似乎表達出人類對砍伐森林和馴化野牛又愛又恨的矛盾心情。伊甸園的亞當與夏娃這個古希伯來神話同樣呈現這樣的矛盾。這個故事到西元前一千年才有文字記載，但內容則是根據許久以前在巴比倫流傳的故事（巴比倫是繼蘇美文明之後在現今伊拉克的底格里斯河與幼發拉底河口建立的王國）。

亞當和夏娃的故事呈現出人類的原始狀態，是大自然（伊甸園）裡的漁獵和採集者，隨時可以採集豐富的食物。花園的隱喻指的不是人工花園，而是神在農業興起之前的天然花園。[19]

在這個故事裡，夏娃從分別善惡的樹上摘下蘋果給亞當。神已經明確禁止人類吃樹上的果實。當亞當答應吃下蘋果，神就把這對男女逐出豐饒的自然界，迫使他們必須終身勞苦來生產糧食，做為懲罰。

這個故事講的是人類如何從覓食和放牧轉變為農耕生活，蘋果樹代表的是人類過去仰賴採集，但現在藉由耕種取得的植物，耕種主要由女人負責。蘋果樹也許不只是一種象徵，還是一個明確的指涉；蘋果似乎源起於哈薩克山區，然後流傳到高加索山脈。[20]

蘋果樹也代表了辨別善惡的能力，意思是當人類投入農耕生活時，就必須明確指出他們的行為有哪些是善（有益）的，哪些是惡（有害）的。這是他們首次必須發展出規則和準則，好在人數較多、擁有剩餘糧食的定居群體裡規範人的行為。過去群體的人數較少時，人類所有的行為多半可以被接受，要是不被接受，大可以加入其他群體，或成立一個新的群體。不需要制訂詳細的行為規則。

在亞當和夏娃的故事裡，神不喜歡人類學習耕種作物，於是把他們逐出祂的花園，迫使他們付出勞力來換取糧食。敘事者似乎很清楚定居的代價：勞動增加，行為受到更多限制。

故事繼續說到亞當和夏娃的兒子，該隱和亞伯。哥哥該隱是種地的，亞伯則選擇牧羊為生。當他們各自把勞動的成果獻給神時，神拒絕了該隱的供物，卻接受亞伯獻上的羊。該隱出於嫉妒，把亞伯殺了，從此離鄉遠去，恢復四處飄盪的生活。希伯來人的神不喜歡農夫，不滿意人類轉入農業。希伯來人繼續以放牧為生，四處游牧，一直到他們征服了靠務農維生、祭拜女神的迦南人；最後希伯來人也必須棄牧從農。

從《吉爾伽美什史詩》的隱喻和亞當與夏娃的故事裡，我們聽到了人類的哀嘆，他們再也不能靠漁獵和採集維生，他們掙扎於新的工作安排，而且不斷懷疑自己這麼做究竟對不對。然而他們繼續往前走，利用肥沃的土壤、水、太陽，和地球上所有的植物和生物來發明創新。到了西元前三千五百年左右，所謂的文明出現了。

## 待解之謎

一、在首批亞洲人類移民到美洲大陸後，美洲和亞洲人類是否繼續往來？

這個引人入勝的問題至今沒有答案，雖有證據證明雙方持續往來，但因為證據不夠充分而無法做出結論。中國的烏骨雞（骨頭和肉都是烏黑的）存在於美洲，和中國一樣，是祭神的供品，而非食物。有幾位學者主張，馬雅曆法很可能出自位於現今巴基斯坦的塔克西拉（Taxila），而且曆法中的二十個日名有四個是借自印度諸神。有證據顯示花生是從美洲流傳到中國沿海，而美洲的棉花則傳到了印度。或許未來幾十年會出現更多這方面的證據。

## 二、能否找到伊甸園和《聖經》大洪水的史蹟？

學者相信伊甸園可能位於底格里斯河和幼發拉底河匯入波斯灣的伊拉克沿岸。這片海岸必定為漁獵採集者提供了豐富的食物，不過當海平面上升，人類只得遷往內陸比較乾燥、已經有人聚居的地區。有人可能到一座小湖泊周邊避難，也就是後來的黑海。由於冰河的重量使然，地球鬆軟的內部往上隆起，於是冰河融水沒有流入聶斯特河、聶伯河、頓河和窩瓦河，轉而向西流動。大約西元前五千六百年，地中海的水位上漲，突然往西北邊氾濫，在兩年的時間裡形成黑海，迫使避難者往四面八方遷移，也包括現今的伊拉克。這究竟是不是《聖經》大洪水的典故，誰也無法確定，但大洪水的故事確實是從這時候開始口耳相傳，最後終於載入《舊約聖經》。[21]

# 第六章　早期城市

西元前三千五百年至西元前八百年

當人類的糧食生產已經發展到可以儲存剩餘糧食，人口便開始以更快的速度增加；從西元前八千年至西元前三千年，人口從六百萬增加到五千萬。有人開始住在由一萬到五萬名居民組成的城市。城市人創造了一整套全新的觀念和結構，也就是西方史學家所謂的「文明」（來自拉丁語的 civitas，意指城市）。「文明」的特徵通常包括：糧食的貯存、祭司階級的發展、中央權威、非農業的專業人士、社會階層化、貿易的增加、書寫的發展、向城外的農夫強徵的貢物、士兵和常備軍隊的發展、重大的公共建設，以及性別更加不平等。[1]

史學家一直廣泛辯論文明可能的意義，現在許多學者避免使用這個說法，尤其是因為在晚近的殖民時代，宗主國的史學家都用「不文明」來稱呼殖民地的人。此外，現在對文明的看法也正在改變。過去認為文明的興起，是展現人類如何成功克服自己野蠻的本性。現在許多人開始懷疑，文明的生活就算不比漁獵採集生活更野蠻，至少也不遑多讓，尤其社會地位不平等，而且戰爭頻仍。

有些史學家把文明一詞置換為「複雜社會」。我多半用「城市」或「城市生活」來指涉歐亞各地在大約同一時代興起的早期複雜社會；無論用的是「文明」或「複雜社會」，我指的都是前面列出的諸多城市生活的特色，而沒有隱含任何負面或正面的價值判斷。而且，我欣賞大衛·克里斯蒂安的說法，我們把這些早期的國家稱為「農業文明」，是為了提醒自己，這些文明是仰賴農業腹地來取得食物和貢物。[2]

西元前三千五百年左右，人類最早聚居的歐亞非大陸，有四個地區的河谷多多少少在同一時間出現史上最早的城市。這些最早的城市出現在伊拉克南部的底格里斯和幼發拉底河谷、埃及的尼羅河谷、巴基斯坦／印度的印度河谷，稍後也出現在中國的黃河河谷。美洲的城市地區出現得比較晚，先是西元前一千三百年左右聚居在墨西哥的奧爾梅克人（Olmecs），以及大約西元前九百年在安地斯山脈定居的群體。在城市的興起方面，美洲落後歐亞非，產生了非同小可的結果，本書第十章會有相關討論。筆者在這裡先詳細描述位於底格里斯／幼發拉底河谷的人類最早的城市，然後再籠統地說明歐亞非另外三個城市區域的生活。[3]

## 蘇美人

如前一章所述，小麥、大麥、綿羊和山羊最早是在土耳其、伊拉克和敘利亞高原被馴化；

後來這些作物傳到肥沃的底格里斯和幼發拉底河谷，人們發現小麥和大麥在乾旱期間必須灌溉。在西元前五千年以前的某個時候，兩河河谷的人就設計出可靠的灌溉系統。

大約西元前三千五百年，從當地的農業人口當中，出現一個城市化的民族，說的是一種類似突厥語的語言，叫蘇美語。其他操閃族語言（和希伯來語、阿拉姆語及阿拉伯語系出同源）的群體住在阿卡德（Akkad），就在蘇美地區北邊；有時他們會遷入蘇美人的城市，過著用多種語言溝通的生活。不過長達幾千年的時間，蘇美語一直是主流。我們之所以知道這一點，是因為蘇美人最早發明出一種書寫方式，並且留下了我們能破解的史料。「蘇美」一詞指的是從約莫西元前三千五百年開始，一直到埃蘭人（Elamites，即伊朗人）在西元前二〇〇四年攻滅烏爾城（Ur）的這段時間，分布在巴格達到波斯灣之間的眾多操蘇美語的城市。這個地理區域，再加上東北邊的一些土地，經常被稱為美索不達米亞（希臘語「兩河之間」的意思）（圖5.2）。[4]

大約在西元前三千八百年，氣候變遷造成季風和降雨南移，蘇美人為了讓作物成長茁壯，必須施行更多灌溉，因此遷入城市，並組織周遭土地的灌溉系統。

蘇美的城市大約有八個，其中最早出現的是烏魯克，在《聖經》時代稱為以利（Erech），現在稱為瓦爾卡（Warka）。烏魯克位於巴格達以南兩百四十公里，距離幼發拉底河二十公里。到了西元前三千四百年，烏魯克已經成為自古以來最大的永久聚落。包含兩座主要的神廟，一座供奉天神安（An），另一座供奉愛與生殖的女神伊南娜（Inanna）①。

蘇美人相信宇宙是由眾多肉眼看不見的存在所控制，也就是神。他們認為世間有七大神明，有男有女，這七大神明組成議會，決定人類的境遇。四大男神是安（天神）、恩利爾（Enlil，風神）、恩基（Enki，水與智慧之神），以及烏圖（Utu，太陽神）；三大女神是祺（Ki，大地女神）、南納（Nannar，月神）和伊南娜（愛與生殖的女神，又被稱為黑夜之女、晨曦之女及天之女王）。蘇美人認為這些神祇賜予人類一套恆久不變、普遍通用的律法和規則，稱為宇宙法典（me），人類必須執行法典，俾使神明滿意。

隨著城市生活出現了階級分明的階層制度，人類也開始把神祇分等級，於是出現了貴族神。如社會學家涂爾幹（Émile Durkheim）首次提出，我們對宇宙運行方式的思考，往往反映出我們自己社會的運作方式。[5]

每座大城市都有至少一位神祇住在神家，也就是神廟。雕刻神廟的雕像，是為了具體呈現肉眼看不見的神聖神靈，神廟的工作人員則努力滿足男女眾神的一切想望，好讓神祇選擇住下來協助居民。每座城市的主要神廟都建築在高台上，高台層層上升，成為一座巨大的塔式高台，稱為廟塔（ziggurat），是蘇美對宗教建築的貢獻。

歲月荏苒，蘇美從以神廟為主軸、各自為政的眾多城邦，變成一個中央集權的國家，在抄寫員和祭司構成的官僚體系支持下，由一個城邦及其統治者掌控其他城邦。由於城邦之間連年戰爭，神家廟宇的地位不及戰士的住所重要。阿卡德的薩爾貢（Sargon，約西元前二三五〇年即位，統治五十年左右）是蘇美名聲流傳最久的國王；他的孫子納拉姆辛（Naram Suen，在位時間為西元前二二五四年至西元前二二一八年）則是第一位自封為神的國王。薩爾貢征服其他城邦，拆毀城牆，並交由他的兒子治理，成功把國家的建立推上新的階段——一個控制其他幾個城邦的國家。

蘇美生產糧食的土地分為三種：城市裡的蔬果園、和河川平行的灌溉農田，以及貧瘠的牧草地。主要的灌溉作物是椰棗、大麥、小麥，以及小扁豆、豆子和豌豆。種植亞麻來製作亞麻布衣服。放牧大批山羊和綿羊群，同時放養數量較少的母牛，來供應牛乳和牛肉，另外養驢子和公牛當作馱獸。魚是主要的補充性食物；窮人吃的是大麥、魚和椰棗。有人繼續捕獵兔子和鳥；犬類隨處可見。

灌溉是許多人最主要的工作。春天必須留住河水，避免氾濫；然後隨著季節的運行，逐漸將河水釋出。如此一來，堤防和運河必須經常修繕和調整。因為即使是淡水，也含有些許鹽分，河水蒸發之後，鹽晶體累積在土壤中，幾個世紀下來，會使農作物受到破壞。

到了秋分，也就是農作物收割之後，新的耕種週期到來之前，蘇美人會舉行神廟大典，慶祝新一年的到來。在祭典上，國王會當著聚集的民眾面前，和代表伊南娜的女性大祭司交媾，確保來年大豐收。蘇美文的「水」是a，這個字同時代表了精子或生產力。蘇美人很清楚，沒

①編按：即前文提到的女神伊絲塔。

有雄性的元素，萬物無法蓬勃生長。[6]

人類迄今最早的書寫文字出現在烏魯克祭拜伊南娜的神廟，刻在泥板上的楔形圖案。史學家相信，這種書寫文字的起源是商人把代表商品的小代幣印在潮濕的泥板上，用來記錄每一筆交易。後來，官員用一頭尖、一頭圓的手寫筆，把商品的圖像刻在泥板上。後來，他們用這些圖像來代表商品的單音節名稱。某人決定把手寫筆的一頭削成楔形，然後開始以楔形來呈現這些圖像。於是出現了楔形文字（出自拉丁語的cunens，即楔子）大約有三千個代表音節的文字。蘇美和鄰近地區使用了楔形文字三千三百多年。[7]

迄今發現的蘇美泥板大約有五、六千塊，分散在全球各地的博物館。一八八九年到一九○○年，一支美國考古團隊在蘇美的信仰中心尼普爾（Nippur）進行挖掘；他們的發現分別收藏在伊斯坦堡古代東方博物館和賓州大學的大學圖書館。這些資料從十九世紀末開始進行語言學分析，是一次學術合作的勝利。現在學者對翻譯新文本相當有信心，只不過許多文本至今仍尚未出土，然而只要情況允許，還是可能在伊拉克出土新資料。在過去的三十年，文學文本大多已經出版，包括上一章討論過的《吉爾伽美什史詩》在內的二十個神話、九個史詩故事，以及包括本節結尾處的伊南娜讚美詩在內的七百首讚美詩、哀歌和輓歌。如今大約有三百人在解讀楔形文字。約翰霍普金斯大學已經成立了一個計畫，叫「數位化漢摩拉比」（Digital Hammurabi），目標是把現有的泥板全部製作成3D電子檔案，讓全球各地的學者翻譯。[8]

既然蘇美人沒有木材、石材或金屬，他們是利用驢子商隊（也可能是船隻）與土耳其、伊朗、敘利亞和印度河谷，大概還有埃及，大量從事商業交易。這些連結在中歐、亞洲和北非構成的核心地區形成一個人類交流的網絡。

在蘇美的城市生活初期，既然有管道購買，蘇美人便開始使用紅銅。從西元前兩千五百年開始，西亞某個地方的人學會製作青銅，這種金屬是以一比九的比例混合錫和紅銅，因此比紅銅更加堅固。由於只有埃及東部的沙漠、英格蘭的康瓦耳（Cornwall）和阿富汗產錫，有好長一段時間，青銅的使用量一直不高。但到了西元前兩千年，東亞已經開始使用青銅。到了西元前一千五百年，東北非也開始使用青銅。

人類對城市生活的首次實驗，爆發出極為創新的適應作用，當時出現的城市生活的許多面向，至今依然存在。蘇美人發展出一套法律與秩序的法典（前面提到的宇宙法典me），明文規定應該如何解決衝突。不管哪一個統治者都能組織最有效能的軍隊、官僚體系和征服其他城邦統治者的支援結構。富有的家族發展出個人財產所有權，並且到海外購買奢華貨品。大約百分之九十的人依然是農夫，上繳貢物給統治者（必要時會強制繳納）以換取人身安全的保護。出現了階級分明的階層制度，也就是鮮明的社會階級，包括由欠缺收成的農夫、游牧者和戰俘構成的奴隸階級。蘇美人發明了楔形文字、文學、滾筒印章、運河和堤防、打水的配重槓桿、記帳程序、根深柢固的官僚制度、利用白銀當貨幣。其他地區可能也發明了其中幾樣，不過是由蘇美人集大成。

最後到了西元前二〇〇四年，也就是四千年前，蘇美人統治的烏爾城被來自伊朗的埃蘭人摧毀，國王被終身流放。蘇美的語言失傳，雖然楔形文字依然是國際外交使用的工具，直到西元一世紀為止。

至於蘇美為什麼會驟然崩解，近年來，大多推測是肇因於灌溉帶來的危害；土壤鹽化日益嚴重，導致糧食產量降低，連年歉收。近年的氣候研究顯示，西元前兩千兩百年，北邊有一次嚴重的火山爆發，噴出的火山灰足以遮蔽太陽。長達兩百七十八年的乾旱週期也同時展開。事實證明在人類最初的城市裡，生活很容易受到環境變遷所影響。[9]

不管是在具體的小地方或前述的大方向上，蘇美依然與我們同在。蘇美人採用的是十二進位而非十進位的計數系統。我們的一分鐘六十秒，一小時六十分鐘，一天二十四小時，一年十二個月，還有一圈三百六十度，都保留了這個系統。同時我們也和蘇美人一樣，相信十三是不祥的數字，而且有肉眼看不見的神靈存在，只不過現代人的神只剩一位。[10]

聽聽蘇美人唱讚美詩歌頌代表愛神伊南娜的夜星（金星）時，是多麼喜樂：

當白晝過去，光芒萬丈的星星，
那灑滿天空的耀眼亮光，
夜之女神顯現天際。
四方萬民舉頭凝望。
男人清洗自己；女人潔淨自身。

套上軛的牛低下頭。
綿羊揚起了欄裡的塵土。
大草原的萬物，
高原上的四腳動物，
茂盛的花園和果園，翠綠的蘆葦與樹木，
深海的游魚與天上的飛鳥——
我的女神讓牠們紛紛趕往安息之地。
萬物與眾多蘇美人在她面前跪倒。
老婦選中的人為她準備大盤大盤的食物與酒液。
女神在大地上恢復精神。
蘇美人心中大喜。
年輕男子與心愛的人歡好。
我的女神在天上看得驚喜。
蘇美人在神聖的伊南娜面前列隊前進。
伊南娜，夜之女神，光芒萬丈。
我歌頌你，神聖的伊南娜。
夜之女神在地平線閃閃發光。[11]

烏爾滅城之後，美索不達米亞動不動有人打家劫舍。沙漠的民族遷入，權力轉移到巴比倫的漢摩拉比手中（Hammurabi，約西元前一七九二年至西元前一七五〇年在位）。巴比倫人和北邊的亞述人來回交戰，互有輸贏。尼布甲尼撒二世（Nebuchadnezzar II，西元前六〇四年至西元前五六二年在位）的統治為後人所知悉，是因為他征服耶路撒冷、毀了聖殿、並且把猶太人大規模驅逐到巴比倫，史稱「巴比倫之囚」（Babylonian Captivity）。

蘇美人大概從發展的初期，就透過海上的船隻和陸上的商隊跟另外兩個早期城市地區貿易，分別是埃及的尼羅河谷和巴基斯坦的印度河谷。第四個城市地區以中國為核心，目前和歐亞核心沒有任何往來。

## 其他的城市文化：印度、埃及與中國

大約西元前七千年，人類開始在印度河谷居住，到了西元前三千年，已經有人住在印度河畔。以人力資源為基礎，加上了瘤牛和馴化的棉花。印度河谷挖掘出兩座城市：摩亨佐達羅（Mohenjo Daro）和哈拉帕（Harappa）。這兩座城市在西元前兩千六百年興起，對水資源的管理顯然有獨到之處，創造出人類歷史上第一個下水道系統，把飲用水和廢水分離。由於學者一直沒辦法破解印度河文字（Indus script），我們自然對這兩座城市的宗教或政府一無所知。從幾枚滾筒印章上雕刻的圖像看來，印度教的幾位神明可能是源於印度河的神祇。西元前兩千年左右，印度河文明開始衰敗，最可能的解釋似乎是森林逐漸被砍伐殆盡、過度灌溉使土壤鹽化、北方的敵人入侵，或是河川系統的改變。罪魁禍首可能是類似地震或大洪水之類的突發現象。到了西元前一千五百年，印度河的城市生活完全消失，這證明為了糧食而從事農業，不能代表一定有長期穩定的生產。

因為埃及的象形文字已經被破解，因此我們對埃及社會的了解比較多。蘇美人的文字看得出是逐漸發展而成，埃及則不然，他們的象形文字出現在西元前三千三百年至西元前三千兩百年間，是一套發展成熟的系統，顯示可能是模仿蘇美文字。一八二四年，商博良（Jean-François Champollion）用拿破崙的軍隊在埃及發現的羅塞塔石碑，解讀出埃及象形文字。石碑出自西元前二世紀，以三種文字雕刻同樣的內容：象形文字、世俗文字（簡化的象形文字）和希臘文。埃及的典籍多半以莎草紙記載，在乾旱的環境中保存良好。埃及的莎草紙捲軸約莫出自西元前兩千五百年。從莎草紙文獻看來，尼羅河沿岸的各個城市聚落在西元前三千一百年左右結合成一個複雜社會，由位於三角洲地帶的孟斐斯統治者所治理。埃及的統治者法老很早就自稱是神的化身，可能也是受到蘇美的影響。

尼羅河長六千七百公里，是世界第一大河，也是氾濫期最固定的河川，其條件得天獨厚。尼羅河提供穩定的雙向運輸（水往北流，風向南吹），使法老得以控制王國境內的航運和分配。河川帶來一年一度的氾濫，埃及人利用堤防沉積淤泥，再用蓄積的水灌溉植物，避免像蘇美那樣，因為水分蒸發而導致土壤鹽化。因此，以尼羅河為基礎的生活環境格外穩定，周遭的沙漠又提供了天然的防衛。[12]

尼羅河的基本糧食作物是小麥、大麥、椰棗、無花果、橄欖和葡萄。埃及人馴化了小型家禽，如鴨、鵝、鵪鶉和鵜鶘，且捕了不少魚。他們學會用鹽巴和水浸泡橄欖，製成食品。他們製作麵包和啤酒，並且用鹽巴醃魚，西元前兩千八百年以前，他們已經把醃魚賣給腓尼基人，交換杉木、玻璃，以及用骨螺製成的紫色染料。埃及人還學會用鹽包裹人類屍體七十天，以長久保存。[13]

由於缺乏充足證據，無法將埃及人的宗教理念系統化。埃及人驕傲自大，認為自己高人一等，這是人類常見的特徵。他們的人口形形色色，包含許多不同的群體，從閃族到黑皮膚的努比亞人都有，他們的神祇也混合了許多在地的神明。他們的創世之神亞圖姆（Atum）是雙性神，而且和太陽神瑞（Ra）有關。埃及人認為心臟是智力思考之所在，因此形成了一種信仰，認為只要今生的行為經過認真推敲，而且道德偉岸，便能贏得來世的生命。本身即是死後復活的冥神歐西里斯（Osiris）主持審判，把死者的心臟放在天平上，測量他究竟應該被死亡的魔鬼抓走，或是擁有比今生更幸福的來生。歐西里斯的妻子伊西斯（Isis）即使出了埃及也擁有大批信徒，特別是在羅馬帝國初期。

埃及人的灌溉系統前後維持了五千年，遠勝於蘇美人或印度河谷的哈拉帕社會。不過，現在埃及面臨嚴重的土壤和用水問題，原因在於用來解決問題的二十世紀科技反而愈幫愈忙。（例如，亞斯文水壩阻擋了尼羅河一年一度的氾濫，使肥沃的淤泥無法沉澱；水壩儲存的水從地底滲漏，流入古墓）。[14]

埃及人很少相互征戰，最後被所謂的西克索人（Hyksos）入侵，一般認為他們是來自巴勒斯坦的迦南人。西元前二三五〇年至西元前三三一年，中東的統治者不斷相互征伐，西元前一六七八年，西克索人駕駛剛修改到完美無缺的馬戰車，越過西奈沙漠，把埃及人拖入連天烽火中。不管在哪裡，統治者已經很擅長建立帝國，並且靠官僚系統維持下去；大約西元前一五五〇年，埃及人統治南至努比亞北部的尼羅河流域、巴勒斯坦沿岸，以及北至幼發拉底河的敘利亞。八百年後，亞述人統治美索不達米亞，又過了兩百年，波斯帝國的疆域涵蓋埃及南部、整個土耳其、黑海與裏海以南的美索不達米亞，且往東延伸到印度河谷。這些軍事上的勝利，要歸功於西元前一千兩百年左右始於賽普勒斯或土耳其東部的戰力改良，其中又以馬戰車和打造廉價盔甲的冶鐵技術最為重要（圖6.1）。

埃及文化深深影響了一個「鄉巴佬」文化（country cousin），即在希臘的離岸島嶼克里特島發展出的米諾斯文化（Minoan）。從西元前三千年至西元前一四五〇年期間發展的米諾斯文化，是歐洲第一個複雜社會。米諾斯人使用一種早期的書寫文字，派遣船隻建立殖民地，建立一個貿易帝國。由於克里特島位於希臘與非洲海岸之間的地中海上，埃及對米諾斯的壁畫產生強烈的影響，對其他文化層面的影響應該也不小。埃及人透過米諾斯人影響希臘人，恐怕甚至提供了希臘神祇的原型。西元前一六四五年，米諾斯文化忽然消失無蹤，原因迄今不得而知，學者推測可能是附近錫拉島（Thera，現在的聖托里尼島）的火山爆發，把火山灰噴進大氣

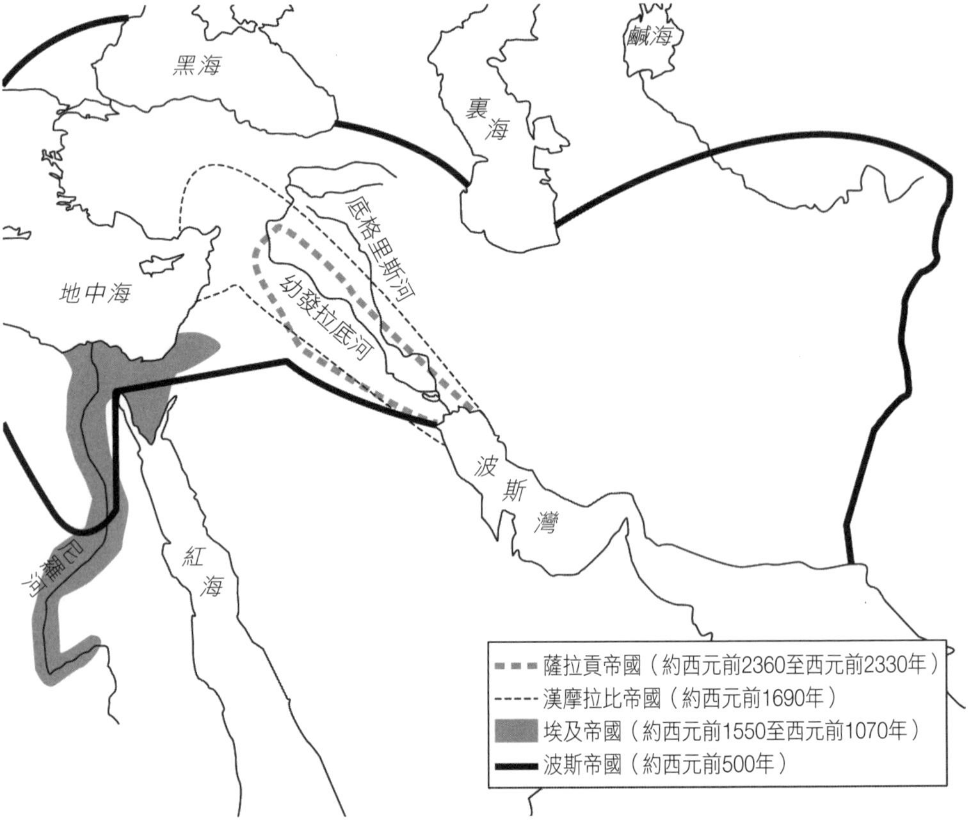


圖6.1　西南亞和埃及的一些古代帝國。

層，使島上多年不見天日。[15]

在位於歐亞大陸遠東地區的中國，興起了第四個農業文明，產生另一種獨特的人類文化。中國早期城市的發展，仰賴的是一個大河流域（黃河及其支流）生產的剩餘農產品。華北的雨量比南方稀少，以粟（本地土產）和小麥（自西亞傳來）為主食農作物。後來，在氣候比較潮濕的華南，稻米成了主食農作物。

在美索不達米亞和埃及，城市是在農業的邊際土地上發展出來的，但中國則不然，中國城市地區的前身，是在黃河沿岸梯田上建立多年的村落。西元前三千年以前，華北已經存在以圍牆防禦的村落，從裝飾華麗的墳墓中挖出的陶器，上面的符號可能是中國文字的祖先。貴族負責處理和神靈之間的關係，中國人相信，只要祖靈肯為子孫居間懇求，就能打動神靈。子孫則以青銅器皿盛裝美酒和祖靈溝通。漢字的「祖」原本是「陽具」之意，更早之前則是「土」的意思，顯示後來變成一個只有男丁能舉行祭禮，讓父親的靈魂脫離肉體，加入祖先行列的文化。[16]

負責和神靈溝通的家族同時要提供安全防衛，不像美索不達米亞將祭祀和軍事一分為二。到了西元前一五二三年，商朝人藉由從西亞輸入的昂貴武器系統：木頭、骨頭和筋腱黏合而成的弓，青銅盔甲和馬戰車，成為軍事和政治的強權，統治達五百多年。位於現今河南省安陽的商朝都城，學者不斷從農田中挖掘出甲骨文物。這些骨頭上刻字是為了占卜用途，由於甲骨文和中國的古文非常相似，學者一眼就讀得懂。

在商朝統治期間，貴族擁有高超的青銅製造技藝，其中又以禮器和烹飪用的鼎最為出色。青銅也用來製作輪車的金屬零件，但很少製成工具和器具。商朝人以竹簡製作書冊，也開始用毛筆寫字；以活人祭祀、蓄養奴隸、也開始用瑪瑙貝殼做為貨幣，只不過沒人知道這些貝殼是哪裡來的。[17]

## 城市的轉捩點

世界最早的城市出現在歐亞大陸及非洲的尼羅河一帶，使人類生活產生許多空前的變化，至今依然牢不可破。當社會變得更加複雜，似乎必須有某些結構，整個社會才能運作。其中包括書寫的使用、宗教的機動性、官僚體系的精密化，以及父權制度的建立。

事實證明，早期的書寫對宗教活動、貿易和貢物的記載都發揮了極大作用。長久下來，人類發現楔形或象形符號不能做複雜的排列組合，要有更簡易的文字才行。

埃及迫切需要一套簡化的象形文字，於是出現了世俗體，以世俗名之，因為這是一般人使用的文字。不過把書寫文字改良為每個字母代表一個音的文字系統，則是腓尼基人的功勞，他們定居在地中海東岸（現在的黎巴嫩），是閃族的一支，從事航海貿易。腓尼基人連結了埃及和美索不達米亞，並且在西元前六百年左右，在西班牙南部建立卡迪斯城（Cadiz），從這裡航向非洲西岸，比葡萄牙人早了兩千多年。應該是因為廣泛到各地經商，才促使他們創造一套比較簡單的書寫系統。[18]

在一套文字系統裡，每個符號代表一個字母，而非一整個音節。只要二十五到三十個符號，就能代表大多數語言的所有發音。在西元前一千四百年至西元前一千年發展出來的腓尼基文字系統，從埃及象形文字借來二十二個符號或字母來代表子音（圖6.2）。這套文字行得通，是因為閃族語言的母音有限。腓尼基語有別於阿拉伯語和希伯來語，前者由左往右閱讀書寫，後兩者稍晚發展於地中海東岸，是由右往左讀寫的文字系統。

從字母M就能看出我們的文字系統如何承載歷史的連貫性。古希臘人畫波浪狀的線條來表示「水」。希伯來語和腓尼基語的字母Mem都保留了這個符

圖6.2　腓尼基字母表。

號，代表mayim，也就是水，後來變成拉丁語的字母M。[19]

透過分析口說語言的語音來創造一套文字系統，其實極為困難。證據顯示在歐亞非大陸只發生過一次，美洲大陸更是不曾發生。大多數的文字系統都是借用前人的遺產，或是有人學到其他地方的字母表，再設計自己的文字。

到了大約西元前八百年，腓尼基文字系統的使用已經傳到希臘，希臘人的語言中有更多的母音。由於需要更多字母來代表母音，希臘人又借用了腓尼基語的四個子音字母：A（alpha）、E（epsilon）、O（omicron）和Y（upsilon）。I（iota）是希臘人的新發明。羅馬人採用了希臘文字系統，拉丁語系和日耳曼語系的語言至今仍然採用這一套系統。[20]

阿拉伯文字也是從腓尼基文字系統衍生而來，不過在西元初年就和腓尼基文字分裂，然後在西元六世紀中葉發展成阿拉伯語。《古蘭經》是在西元六五〇年以阿拉伯文字寫成，隨著伊斯蘭快速散播到世界各地，這套文字也廣為流傳。

中文一直沒有拋棄象形文字和音節文字。漢字系統在西元前兩千年至西元前一千五百年發明，在西元前二〇〇年至西元二〇〇年之間簡化，至今一直沒什麼改變。漢字有兩百一十四個部首，必須把部首結合成代表整個詞彙的字。

事實證明文字書寫系統很容易變異，因為書寫和閱讀的簡化，能夠學習的人口更多。在這過程中，一般信徒得以閱讀神聖經典。長期以來一直依附於地方神祇的宗教思想，也可以四處散播，因為就算人們遷徙或被捕，也可以隨身攜帶經典。地方神祇可以蛻變為普世神明，不再受到地域的限制。

猶太地區的以色列人（即猶太人）是最鮮明的例證。亞伯拉罕來自美索不達米亞的烏爾城，大約在西元前二十世紀，領著一家人往西南遷徙，來到現在的以色列。西元前五八六年，巴比倫國王尼布甲尼撒占領耶路撒冷、摧毀聖殿、殺了祭司。大批以色列人被俘，送到巴比倫，他們運用帶來的大批聖典在巴比倫建立一種新宗教，強調每週聚會一次，聆聽教師（稱為拉比）闡釋經文。他們思索經文的意義，為離散者建立了一套行為法則，並宣示無論子民在任何地方，神無所不在，而非居住在某個特定地點。猶太教流傳了兩千五百年，一直為信眾提供指引，無論他們住在什麼地方，受到什麼磨難。

文字書寫系統也促成官僚結構的精細化，西南亞戰事不斷，要維持這些戰火中建立起的帝國，必須倚賴官僚系統。官僚體系的出現比文字系統的發展更早，到了漢摩拉比的時代，已經屹立不搖。所謂的官僚體系，是個人受到統治者的指派，有權收集貢物和執行法律，百姓（大多時候）必須乖乖照辦，以換取軍事保護。透過文字書寫系統，統治者任命的官員辦事效率大幅增加。文字推動了貿易的發展，因為私人可以用文字記錄他們自己的商業契約和交易。

在城市崛起的同時，人類建立了父權制度，也就是女性在政治和社會地位上從屬於男性，這是人類社會中階層制度發展的另一個面向。這樣的結果並非偶然的單一因素使然（複雜的歷史情境照例如此），而是各種錯綜複雜的因素相互影響，才形成這個早期城市社會的共同特色。

從漁獵採集過渡到農耕時代，女性的角色比較著重在家庭。當男人減少狩獵，用犁來增加耕地面積，女性卻拿不動笨重的犁。（例外是美洲大陸即使沒有犁，仍然發展出父權制度）。糧食增加，自然可以多生幾個小孩，女性的家務就更忙了。顧慮到個人財產所有權，男性進一步控制女性，以確保財產只會留給繼承人。面對外來群體的劫掠，城市必須派兵防衛；男性必須組織起來，保護財產和家人。或許最簡單的解釋，是男人比女人更容易脫離社會最基本的單位：家庭，專職其他任務。[21]

當城市發展，城市人口不再從事農業，早期農耕時代的大地母神開始失去意義。許多神話都有她被推翻的故事。例如，巴比倫人說他們的神王馬爾杜克（Marduk）向萬物之母提阿瑪特（Tiamat）宣戰，把她的身體劈成好幾塊，用來重新創造世界。以色列人完全不接受這位女神的形象。以色列人的宿敵，務農的迦南人，供奉的就是豐饒女神阿斯塔蒂（Astarte），《舊約聖經》稱之為「可憎的神」。[22]

希臘和羅馬文化傳達出明確的男權訊息。雅典娜是從宙斯的頭顱誕生的，這是顛覆大地母神神話的經典案例。早期的希臘文學反覆敘述女權如何降低。在《歐墨尼得斯》（*Eumenides*）當中，埃斯庫羅斯（Aeschylus）筆下的太陽神阿波羅宣布：「母親不是她所謂的孩子的親人，她不過是新播下的種子的孵育者，真正的親人是跨在上面的那位。」[23]至少從西元前六世紀開始，希臘文化出現了這些例子：方形界碑（herm）以邊界之神赫密斯（Hermes）命名，木製或大理石製樁頂上飾有赫密斯的頭像，前方則有一副男性生殖器，通常是勃起的模樣。羅馬文化則相信男性器官可以轉移或克服邪魔歪道。陽具被當成護身符配戴。父權制度完全確立。[24]

在本章涵蓋的時代，西元前三千年至西元前一千年前後，全球人口從五千萬左右增加到一億兩千萬左右。每個世紀的成長率大約是百分之四．三到四．五，屬於和緩而非爆炸性的成長速度。史學家相信，在這個普遍上升的增長趨勢底下，其實是週期性的人口膨脹和衰退，只不過被長期趨勢所掩蓋。[25]

許多文物出土的地點和發源地距離甚遠，顯示這些早期的城市有一些貿易往來。到了西元前一千一百年至西元前八百年，腓尼基人主宰了地中海的貿易，大膽到非洲西岸和英格蘭買錫。到了西元前一千五百年，不知名的冶金匠學會精鍊鐵礦：把熔爐溫度提高到比煉銅溫度高出攝氏四百度。到了西元前九百年，鐵器經常出現在地中海東岸，然後在西元前的第一個千禧年流傳到歐亞非大陸的許多地區。[26]

從西元前三千五百年至西元前八百年左右，定居在歐亞非網絡核心的民族開始發展維持城市和大規模帝國的穩定所需要的社會制度和結構。儘管有地方性的差異，考古證據顯示，歐亞非四個地區對密集定居的解決方案是大同小異，在美洲大陸獨立發展的農業文明也相差不遠（見第十章）。有的觀察家發現，這些解決方案類似白蟻和其他群居性昆蟲的做法。無論是人類或昆蟲，密集居住可能都有自己的特色。

下一章我們會看到，從西元前八〇〇年至西元二〇〇年，早期農業文明的制度和結構帶動了所謂世界性的宗教和文化。在這段期間，以城市為基礎的帝國文明在歐亞非核心地帶如雨後春筍般地出現。

## 待解之謎

一、文明是不是在某一地發展，然後流傳到其他地方？

這種觀念被稱為文化傳播理論，在五十年前是顯學。不過現在普遍認可的是多元文化興起論，即文化在許多地方興起，而每個地區只有一種本土文化。[27]

二、埃及和地中海其他地區有多少貿易往來，埃及對其他文化有多少影響？

近年來，和這些問題有關的討論很多，因為非洲各民族一直很想重申他們對世界史的貢獻，尤其是馬丁・伯納爾（Martin Bernal）在一九八七年前後出版《黑色雅典娜：古典文明的亞非根源》（*Black Athena: The Afroasiatic Roots of Classical Civilization*）之後，引起相當多的討論。在本書中，伯納爾認為埃及與腓尼基對希臘社會的形成有強大的影響，但歐洲學者卻基於種族歧視和反閃族的理由低估了這些影響。許多史學家承認伯納爾提出的許多例證，揭露在過去兩百年，埃及和腓尼基的影響是如何被低估，但學者多半並未得出希臘文化是由黑色非洲和腓尼基文化所建構而成的結論。[28]

除了埃及對希臘和羅馬文化究竟有多少影響的問題外，還有埃及人究竟包含多少黑人的問題。埃及的主要人口是不是黑人、閃族人或兩者的混合？這很難確定，因為埃及人在繪畫中對顏色賦予象徵意涵，因此被畫成黑色的人未必真的是黑皮膚。當時的埃及一定有來自許多不同區域的各色人種，但誰也無法知道真相究竟為何。

# 第七章　歐亞非的網絡

西元前八〇〇〇年至西元二〇〇〇年

前面談到，地球最早的城市和文明，出現在歐亞非的四大河谷。這些城市形成一個網絡，一個很小的城市生活核心，網絡裡的人互相貿易、彼此交流。從西元前八〇〇〇年至西元二〇〇〇年這段時間，這些社會發展出的精密官僚和宗教體系，一直延續到全球化時代，是色彩鮮明的世界文化。

在我們繼續談論這些核心城市的居民有哪些創造之前，不妨記住，在城市區域的外部和周圍，大多數人維持著各種不同的前城市生活型態，如農耕、放牧或漁獵採集文化。撒哈拉沙漠使沙漠以南的非洲放牧民族和主流貿易全然隔絕。美洲大陸的人繼續他們的漁獵採集文化。在歐亞非的新興城市文明核心以北，住的是歐洲的塞爾特人（Celts），以及中亞的騎馬游牧民族。這些游牧民族南下突襲農耕和城市區域；印度初期的城市生活在西元前約一千五百年瓦解之後，這些游牧民族在這塊次大陸的發展中扮演了決定性的角色，因此本章只會略微提及，到下兩章再詳細討論。

這裡必須特別提一下塞爾特人，由於他們被羅馬人征服，世界史的敘事往往低估了他們的文化。西元前一千年左右，塞爾特人起源於法國東部和德國西部，也就是萊茵河和多瑙河的發源地，不過，在西元前三百年左右的塞爾特人全盛時期，從愛爾蘭到黑海，從比利時到西班牙和義大利，整個歐洲到處都有塞爾特人的蹤跡。

羅馬人把塞爾特人稱為「高盧人」（Gauls），這個名稱來自希臘語的hal，意思是鹽巴，因為鹽和鐵是他們經濟發展的基礎。到了西元前九百年，地中海東岸和歐洲經常使用鐵製的工具和武器，當地的塞爾特人順著幾條河川來回買賣，這幾條河的名字都是他們取的：萊茵河、美茵河、內卡河、魯爾河和伊薩爾河。[1]

塞爾特人擁有高度發展的集體自給農耕文化，官員透過選舉產生，女性享有平等地位。塞爾特人有以橡木打造的出色道路、石造建築、優美的金屬珠寶和工具，還有幾乎比羅馬儒略曆更準確的陰曆曆法。他們在祭司德魯伊（Druid）的帶領下，朝拜眾多男、女神祇。他們用希臘文從事商業活動，卻拒絕用文字記載塞爾特的歷史、系譜和宗教，目的是保有記憶的能力。塞爾特人是頂尖的戰士，偏好徒手搏鬥，有時會赤裸上陣。大約西元前三九〇年，元老院建立羅馬共和國剛滿一百年不久，就被塞爾特人劫掠了足足七個月。但稍後會看到，羅馬帝國出兵反擊，終於征服塞爾特人除卻愛爾蘭、威爾斯、蘇格蘭和布列塔尼（法國北岸）的所有土地，上述地方的塞爾特人把三千年的文化延續到現代。[2]

## 印度

現在把目光轉到歐亞非的城市化區域，先從印度說起。喜馬拉雅山脈是印度北面的邊界，原本印度是一塊漂浮的獨立大陸，和亞洲大陸撞擊之後，產生了喜馬拉雅山脈。要穿越這些雄偉的高山，只有一條喀布爾山口（Khyber Pass）可走。大約西元前一千五百年，來自北方的游牧民族，騎著馬，說著一種印歐語言，從這個山口進入北印度。他們究竟是攻克了北印度的居民，還是默默被同化？答案誰也不知道。

不過他們確實來過印度，這些人被稱為雅利安人（Aryas），膚色比當地原居的達羅毗荼人（Dravidians）淺。這兩個群體結合後，不知怎麼生成一種名為瓦爾那（varnas，字面意義是膚色）的制度，或稱為種姓制度，膚色淺的雅利安人等級較高，達羅毗荼人的等級較低。階級最高的是祭司和學者（婆羅門）、然後是戰士和統治者（剎帝利）、再來是其他雅利安人，最後是非雅利安人。種姓制度是印度文化的獨特之處，嚴格限制不同種姓的人不得通婚，藉此確保種姓制度恆久不變。如今官方已經廢除了種姓制度，但仍然有兩萬五千個次種姓群體，組織成三千個種姓，歸入四種古老的瓦爾那。

種姓制度和輪迴轉世的信仰有關。祭司說每個生命體都有一個阿特曼（atman），也就是自我，會在死後脫離肉體，並且依照業力，也就是生前的行為，回到另一具肉體。如果自我及其肉體接受了他們所屬的種姓地位，並忠實地履行應負的責任，自我會得到獎賞，在來生回到更高的種姓。否則的話，自我會被懲罰，回到更低的種姓。這個信仰系統幫助人們接受種姓制度在社會經濟上的僵固性。

印度人在政治上幾乎不曾統一過，除了因為地方的統治者無法獲得各種姓的支持來征服鄰國，也因為游牧民族不斷從北方下來劫掠，然後被同化。由於馬匹無法適應印度的氣候，印度人沒有能力抵抗從北方下來的騎馬戰士。

事實證明印度的宗教寬大為懷，而且逐漸加入地方性的神明，最後匯聚出數量眾多的男、女神明，傳說有三億三千萬位神祇。然而這種多樣性也有其一貫之處，每一位男神和女神都被視為宇宙神聖力量的具體展現。這個宗教現今的名稱出現於十一世紀左右，當時的伊斯蘭入侵者稱其為印度教（Hinduism），意思是「印度人的行為」。[3]

印度最後發展出許多不同的信仰和行為，挑戰了婆羅門祭司的權威，以及無盡輪迴轉世的觀念。瑜伽就是其中之一，個人可以透過精神和肉體的鍛鍊，得到解脫。但最具影響力的挑戰來自一個叫悉達多．喬達摩（Siddhartha Gautama，西元前五六三年至西元前四八三年）的人，他後來被尊稱為佛陀，也就是「覺者」之意。[4]

喬達摩誕生於現今的尼泊爾，是一個小王國的王子，屬於剎帝利階級。在皇室的教養下長大，過了二十九年優渥的生活之後，他放棄榮寵，成為一名雲遊的苦行僧。六年後，他明白苦行和錦衣玉食一樣，都不是開悟之道，應該依循中道才是。他在現今印度東北部巴特那市

（Patna）的一棵菩提樹下靜坐四十九日，終於證得無上正等正覺，成為他傳道的基礎。他強調儉樸的生活，把欲望和苦難降到最低，透過律己和禪修來尋求開悟之道。他不相信任何神明，也不相信自我或靈魂會在死後繼續存在。他的目標是達到涅槃（字面的意思是滅火），也就是解脫生死的輪迴。他到印度各地傳授他的理念，實踐他心目中的正道。

佛陀傳揚佛法，吸引了許多追隨者，立誓不淫邪、不殺生、不執著。在佛教傳播的過程中，分裂成小乘佛教與大乘佛教，小乘佛教主張保留原始教義，大乘佛教主張加入新教義，譬如將佛陀視為神明供奉，並且崇敬菩薩（幾乎達到涅槃境界，卻選擇輪迴轉世，好留在世上幫助他人者）。

西元前三二六年，馬其頓—希臘的統治者亞歷山大大帝率軍抵達旁遮普（Punjab，巴基斯坦北部）。他過世後，印度次大陸達成了政治統一。亞歷山大死後，印度統治者旃陀羅笈多・孔雀（Chandragupta Maurya）終於能擴大對印度的控制。西元前二六九年至西元前二三二年，偉大的阿育王（Ashoka）攻城掠地，擴大王國的版圖。後來，對過往所作所為懷抱悔恨的阿育王皈依佛教，力求以非暴力、德政、寬容和節制的方式來治國。他下令禁止用動物來祭祀，不准在他的廚房殺生，也不再舉行皇家狩獵活動。阿育王所採用的法輪至今仍飄揚在印度國旗上，佛教在阿育王時代成為世界性宗教。

阿育王死後五十年，北印度的政府受到來自北方的攻擊而瓦解，直到五百年後才重新統一。然而在西元前三世紀到西元三世紀這個諸國連年交戰的時代，卻被公認為印度藝術和文學蓬勃發展的古典時期。

## 中國

中國早期的城市文明並未衰亡，以祖先崇拜為基礎的獨特文化繼續流傳。商朝滅亡後，從西元前一〇三〇年至西元前二二一年，中國經歷一段至少有二十五個國家相互爭權奪利的時期。在這段時間，中國人興建了堤防和運河，使整片黃河氾濫平原得以耕作。也有不少新發明融入中國文化，其中包括動物拉的犁具、馬具、弩機和貨幣經濟。西元前一千五百年左右，青銅出現在中國，鐵的生產則大約從西元前五百年開始。中國人想要中亞生產的玉，地中海沿岸的人想要阿富汗和伊朗的青金石，因此也有了往來於地中海和中國的幾條脆弱貿易路線。

中國從西元前四世紀開始使用的馬具，把胸帶低低地套在馬匹的鎖骨上，而不是套著喉嚨，因此不會導致馬匹呼吸困難，降低效率。歐洲人應該沒有發明馬具，是中亞人在西元六世紀中葉把馬具引進匈牙利；在此之前，中國馬匹的負重量勝過歐洲馬匹。

為了防衛來自北方的攻擊，中國人發展出大規模的武器生產，特別是弩機，可以同時射穿兩套金屬盔甲。弩機上的扳機機制是用兩個匣安裝的三個活動零件，各自以青銅鑄造，而且打磨得異常精確。希臘人在西元前四世紀開始使用弩機，這究竟是從中國走私出來，抑或是自行仿製的，誰也不知道。從西元四〇〇年至九〇〇年間，弩機在歐洲消失，後來科提茲（Hernán

Cortés）征服中美洲時，又以弩機做為主要武器之一。[5]

儘管在政治上顛沛流離，中國這段時間在知識上卻有長足的發展。數百個派別的哲學家周遊列國，提供建言，並設立學校。封建制度被官僚體系所取代，再加上警察和通行證的出現①，印上幣值的金屬鑄幣出現在西元前五百年左右。

大草原的游牧民族連年進犯華北和西北；中國人從他們身上學到馬車戰術，以及馬鞍與馬鐙的使用方法。西元前三五〇年左右，中國人學會了騎馬作戰，但是在沒有草原的地方，畜養馬匹的花費相當高昂，一匹馬吃的穀物是人的十二倍。[6]

西元前二二一年，秦國設法統一整個中華帝國，開國皇帝秦始皇每個月伏案批閱上噸重的木簡或竹簡奏摺，不知疲倦為何物。他統一了度量衡，書同文、車同軌，並擴建萬里長城。不過十五年後，漢帝國取而代之，從西元前二〇六年至西元二二〇年統治中國。

中華帝國的立國基礎有一部分是靠運河系統產生的剩餘穀物，運河同時也提供了徵收稅金的交通管道。稅金是從每年的收穫中抽取某個百分比，以徵收穀物的方式課徵，運到宮廷。男人也必須服一個月的勞務和兩年兵役。西元前二〇二年至西元八年的首都長安（今稱西安），在西元二年首次進行全國人口普查時，城裡住了大約二十四萬六千人。帝國人口大約六千萬

① 編按：警察指的可能是《周禮》中的司稽，掌市場內的巡視稽查，檢舉不法之徒。通行證則可以封傳為例，《史記・孟嘗君列傳》，孟嘗君即是利用變造的封傳，得以逃出秦國。

人，估計百分之十到三十人口住在城市，當時歐洲的城市人口大約是百分之十。

漢帝國的另一個立國基礎在於孔子（大約生於西元前五五一年，卒於西元前四七九年）的道德教育。孔子教的是處世之道，也就是說，社會階層制度是一種自然現象，君子應該敬鬼神，「無終食之間違仁，造次必於是，顛沛必於是」。在漢帝國統治的天下，研讀儒家經典成為讀書人的標籤，而且必須通過儒學的科舉考試，才有資格擔任官職。

在西元前四八〇年至西元前二二一年，許多中國人開始追隨老子的教誨，雖然不能百分之百確定，但老子比孔子年長五十歲左右。老子勸世人捐棄世俗的野心、專心於自我開悟，尋找自己通往正確行為的道。在他的追隨者心目中，道更甚於社會、官僚體系和政府的要求。老子的教誨被稱為道家。

從中國前往中亞、再延續到地中海沿岸的沿線貿易，在西元前一〇一年左右大幅增長，原因是漢武帝派了外交使節，準備引進費爾干納谷地（Fergana Valley，今日的烏茲別克）產育的汗血馬。這位使節張騫出使西域共十八年，只不過第一次因為在途中被捕，從出發到返回足足花了十三年。他走的這條路線叫絲綢之路，以中國最主要的輸出物「絲綢」命名。絲是由桑樹上的蠶吐絲成繭而製成，在西元六世紀以前，製絲技術一直是中國的祕密。在中亞，絲成為一種貨幣，也是最重要的財物。希臘人和羅馬人視絲綢為珍寶，佛教徒也需要大量的絲來製作幡旗。種子和農作物也經由絲路交易，釀酒用的葡萄和苜宿草運到中國，杏桃和桃子則運到地中海岸（圖7.1）[7]

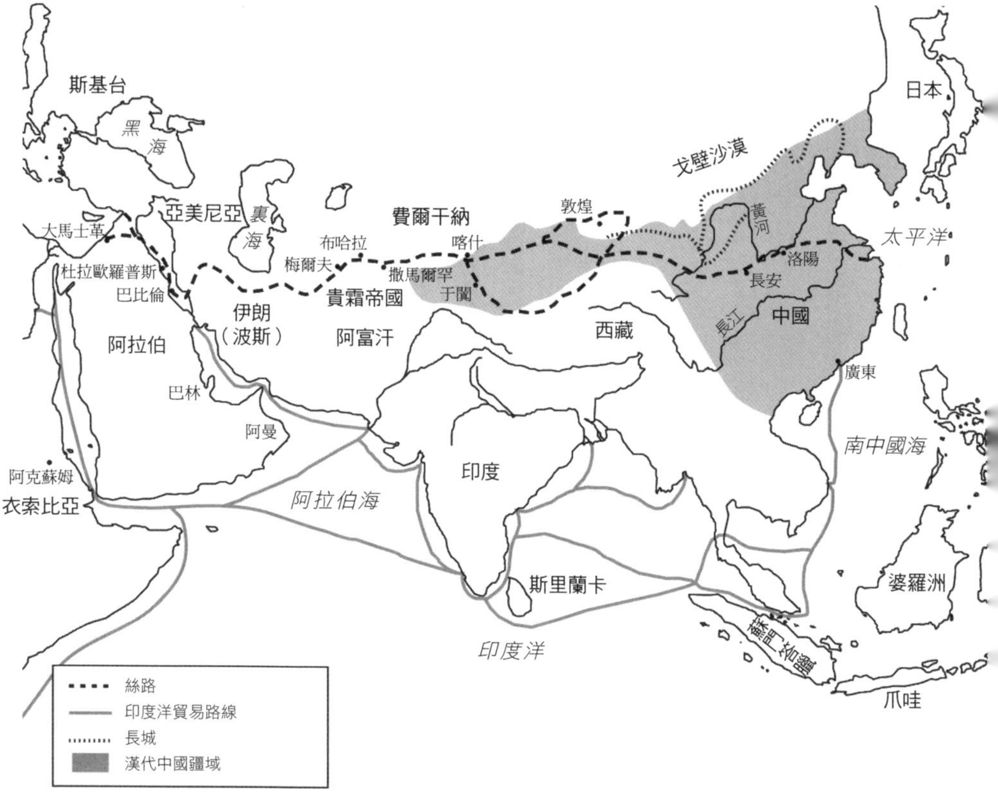


圖7.1　絲綢之路與漢代中國。

漢代期間，中國出現一種懷疑和理性的思維模式，比希臘晚一、兩個世紀。活躍的知識活動繼續進行，包括紙張的發明和流傳。帝國官員登記土地和家戶，以便記錄應該上繳的稅金和勞務。伊朗和歐洲到了好幾個世紀後才接觸到中國的紡織工業。煤礦是製鐵的燃料。[8]

往來絲路的貨運隱藏著肉眼看不見的旅客——動物疾病的病毒。有些是現在仍時有所聞的兒童病，如天花、流行腮腺炎、百日咳和麻疹。這些病毒之所以會從動物傳到人身上，是因為人類的居住密度至少達到三十萬人左右，這樣病毒的第一個宿主死亡之後，必然有源源不絕的新宿主。[9]

絲路把這些疾病傳染給兩端脆弱的城市人口。從西元一六五年至一八〇年，羅馬和中華帝國都爆發了嚴重的傳染病，奪去高達百分之二十五的人口，是導致漢帝國在西元二二〇年滅亡的原因之一。

漢帝國同時還要應付統治階級的陰謀、官僚腐敗和效率不彰、無路可走的農民揭竿而起、土匪的勢力擴大，以及野心勃勃的鄉野軍閥。不過，中國一直難以克服的一種潛在的動盪，是來自大草原的游牧民族長期劫掠和攻擊。漢代政權滅亡之後，中國經歷了群雄割據的時代，直到西元六世紀末期才告終。

絲路貿易鞏固了歐亞非城市和農業文明的網絡。中國、印度、希臘和羅馬在觀念及貨物方面的交流頻繁，帶動了世界史的新紀元，也就是本書下一章的內容。事實證明，中國和地中海之間這個連結對第一個千禧年的重要性，不亞於哥倫布把歐洲和美洲相連，對現代世界的重要意義。不過在進入這個絲路連結的新紀元之前，必須先回頭說明地中海沿岸的生活和文化。

## 希臘

我們對希臘的了解更甚於早期的美索不達米亞、中國或印度，這是因為考古挖掘和保存下來的典籍使然，希臘文明的證據比較豐富。密集的城市區域在希臘快速興起，但希臘人的社會並未同時極度階層化。希臘半島的南部地勢崎嶇，生產大麥、橄欖和葡萄，加上綿羊與山羊，根本養不活大量的城市人口。北希臘的雨水充足，可以飼養馬匹和牛。但西元前一六五〇年錫拉（聖托里尼）火山爆發產生的落塵，影響了未來許多年的氣候。一直到西元前八百年左右，希臘人才創造出一種城市型態，叫城邦（polis），這是一種全新的政治型態，相較於美索不達米亞、印度或中國，城邦納入更多希臘人從部族生活學來的平等觀。

城邦通常位在山丘頂上，包括周圍的鄉村在內。它是公民組成的群體，由公民選出的執政官領導一段時間，通常為期一年。因為必須親自為城邦作戰，公民權只屬於男性所有；女性、孩童、奴隸與異族人都被排除在外。為避免貧富差距過大，西元前五九四年睿智的執政官梭倫（Solon）廢除以人身償還債務的陋習，重新分配土地和選舉權。

西元前七百年左右，文字書寫系統從腓尼基傳到希臘，使希臘人得以寫下以荷馬為署名的史詩。隨著希臘人口在西元前八世紀增加了五到七倍，希臘殖民者在希臘、義大利、土耳其和黑海建立了數百個新城市。殖民者成為個人主義的模範，深受希臘人景仰，他們自稱為Hellenes（希臘人），其他人則是barbaroi（蠻族，字面意思是不講希臘語的人）。位於現今土耳其西部的呂底亞（Lydia）城的人，發明了金屬貨幣，由國家來保證黃金、白銀和銅的重量和純度。希臘人很快採用了貨幣制度，使得貿易蓬勃發展。

在《伊里亞德》（*Iliad*）中，希臘詩人荷馬推崇個人在戰場上的英勇行為。然而到了西元前七世紀中葉，希臘人利用方陣打陸地戰，公民並肩排成兩行隊伍，彼此用自己的盾牌來保護旁邊的人。這種作戰方式追求的不再是個人的聲名與榮耀，而是整個城邦的聲名和榮耀。西元前四八〇年，大約由二十個希臘城邦組成的聯盟擊敗了波斯帝國的大軍，取得一次意外的海戰勝利。一年後，希臘人再度於陸上擊敗波斯，自此希臘以第一大城邦雅典為首，展開了長達一百五十年的希臘文化創造期。

在這一百五十年間，雅典大約有三十萬人口，其中三到四萬是公民。他們發展出一種獨特的上流社會作風，包括在市場討論政治，運動員全裸登上體育競賽場，以及在酒宴中進行哲學辯論，這些都是奠基於個人能力的發展，並且用頭腦來推理，不受任何祭司或國王的限制。公民實行直接民主，立法權賦予全體公民，行政權賦予五百人組成的議會，任期兩年。每年必須選出十位將軍，但可以連選連任。伯里克里斯（Pericles）在西元前四六一年至西元前四二九年擔任將軍，是希臘民主政治的高峰期。[10]

希臘人最重視的是對城邦的忠誠，而負責安排宗教儀式的是執政官，而非祭司。上流社會祭拜大批神祇；在天神宙斯和戰神阿瑞斯（Ares）領導之下，除了永生不死之外，這些神祇的行為和凡人一樣。絕大多數的務農人口信的是祭拜阿斯塔蒂等豐饒女神的教派。

被稱為詭辯學家的教師為上流社會的男子提供邏輯和公共演說方面的訓練。由於欠缺具有權威的神職人員，希臘思想家把他們的文字推理能力應用到生活的各個層面。戲劇、詩、史學、哲學和科學蓬勃發展，在柏拉圖提出的問題（卒於西元前三四七年）和亞里斯多德（卒於西元前三二二年）得出的解答中臻於巔峰。

雅典女性似乎完全受到父權體制的宰制，但各個城市的狀況各有不同，甚至所謂父權體制的模範，與其說是歷史情境的描述，無寧說是男性自己的理想化模式才對。斯巴達貴族婦女的傭兵丈夫一旦出征作戰，妻子就能得到一些財富和自主權，但雅典的某些男人（包括亞里斯多德在內）以為斯巴達的女人淫蕩、貪婪，是斯巴達衰敗的罪魁禍首。[11]

在這個黃金時代，阿提卡（Attica，希臘南部）大約有三分之一的人是奴隸。奴隸大多是異族人，也有一些是本地的負債者。奴隸什麼都得做，而且只要主人一聲令下，就得乖乖從事任何性工作，不過似乎很少聽說什麼極端的酷刑或凌虐。奴隸愛比克泰德（Epictetus）後來成為哲學家，其著作一直流傳至今。希臘作家設法為奴隸制度開脫，宣稱蠻族不如希臘人理性，所以最好接受希臘人管理。

為什麼雅典可以風光一段時間？別的先不說，這座城市富可敵國，從境內的銀礦賺取不少財富。雅典同時也是個迷你帝國，它帶頭建立抵禦波斯海軍的聯盟，向每個參與的城邦徵收貢金。雅典的擴張主義政策激起了它和其他希臘城邦之間的伯羅奔尼撒戰爭（西元前四三一年至西元前四〇四年）。雅典及其盟友敗給斯巴達及其盟友。然而，希臘各城邦一直無法得出和平共處之道，彼此爭戰不休。其後，雅典重獲自由，阻止了斯巴達的擴張，讓雅典的黃金時代又延續了半個世紀。[12]

西元前三三八年，亞里斯多德死前十六年，馬其頓國王腓力（Philip，馬其頓即為希臘半島北邊的區域）征服雅典及其他希臘城市。兩年後，腓力遭人刺殺（可能是被他同床異夢的妻子所鼓動），他的兒子是亞里斯多德的弟子，亞歷山大，在二十歲那年登基即位。不到十五年，亞歷山大大帝征服了波斯、創造出有史以來最大的帝國。亞歷山大大帝征服的地方包括埃及和非洲北岸。由於希臘人協助治理亞歷山大的帝國，希臘的思想和風格也體現在整個帝國裡。無論埃及及先前對希臘和羅馬文化有什麼貢獻，如今風水輪流轉，反而是埃及被希臘化，然後又變得羅馬化。

希臘城邦在全盛時期，把希臘土地的森林覆蓋率從西元前六百年的百分之五十降低到西元前兩百年的百分之十。他們用木材來取暖、烹飪、燒陶、煉製鐵和青銅、造船。他們的土地有五分之四是放養綿羊和山羊的牧草地，造成嚴重的過度放牧。[13]在西元前二一五年至西元前一四六年這段時間，希臘人被羅馬人征服，屈服於在其他城市化地區比較常見的帝國、官僚治理模式。

## 羅馬

義大利半島是地中海北岸另一個文明的焦點。這裡的地理條件其實比希臘更友善；義大利的土地比較肥沃，可以養活更多人口。伊特魯里亞（Etruria）主要位於義大利西部，介於亞諾河（Arno River，比薩和佛羅倫斯）與台伯河（Tiber River，羅馬）之間，西元前七世紀和西元前六世紀期間，伊特魯里亞人稱霸半島，後來才受到羅馬人的牽制。

西元前六百年左右，義大利中部西海岸的七座山城結合起來，成為羅馬。西元前五〇七年，元老階級的成員推翻了暴君的統治，建立羅馬共和國，一直延續到西元前三一年。在共和體制下，男性公民皆有投票權，但富人公民的選票比窮人公民的選票更有價值。如此這般，羅馬把貧富不均體制化，世襲的元老成了共和國的統治者。家族裡年紀最大的男性被稱為家長（paterfamilias），擁有主宰其他家族成員的權威。

在共和時期，羅馬控制了義大利半島，並取得第一批海外殖民地：西西里、薩丁尼亞和西班牙。羅馬最偉大的將軍凱撒（Julius Caesar）在西元前五九年至西元前五一年征服了高盧（現在的法國）的塞爾特人。各省的總督每年由不同的元老擔任，但隨著羅馬的版圖擴張到萊茵河，沿著多瑙河到黑海的路線，一步步征服維也納、布達佩斯和貝爾格勒（Belgrade），土耳其的部分地區，以及近東和北非。長久下來，羅馬人發現共和體制在管理廣大疆土上不敷使用。

西元四七年，羅馬征服了英格蘭南部，但一直沒有攻下愛爾蘭、蘇格蘭和威爾斯。塞爾特人在這裡挺住了。

戰敗國的人被大批賣到羅馬當奴隸，包括凱撒在高盧作戰的九年間俘虜的五十萬人。沒有任何可靠的證據可以估計奴隸在羅馬社會總共占了多少比例，但羅馬皇帝大約有兩萬名奴隸，富有的家庭也有四千名。

西元前三一年，凱撒的甥孫屋大維（Octavian）成為奧古斯都（Augustus），一位權傾天下的獨裁皇帝，他為羅馬建立一套行政官僚體系，能夠非常忠誠且一致地管理整個帝國。從西元前二七年至西元一八〇年，西歐沒有重大戰事，這段時間被稱為羅馬和平（Pax Romana）。羅馬的統治地位在西元二世紀達到顛峰。

在西元初始的三個世紀，羅馬城的人口大約是一百萬人。居民吃的是從西西里和北非運來的穀物。羅馬文化混合了來自地中海的許多影響；羅馬神祇吸收了希臘諸神，朱彼得等同於宙斯，馬爾斯等同於阿瑞斯。羅馬的馬路前後連接了從蘇格蘭到巴勒斯坦的八千公里公路；一天平均可以用馬匹行走一百四十七公里。

事實證明，鹽巴是羅馬雄厚國力不可或缺的成分；帝國全境開了六十幾座製鹽廠。軍隊的士兵和馬匹都需要鹽巴。士兵的薪餉有時是以鹽巴支付（英文中「薪水」〔salary〕一字和「勝任」〔worth his salt〕一詞的來源）。魚是羅馬人餐桌上的大菜，鹽醃魚是他們主要的貿易商品之一。[14]

羅馬帝國體系的衛星國之一是猶太地區，位於地中海東岸的猶太國家。這個猶太國家的全盛時期是大衛王和所羅門王統治的西元前十世紀。到了西元前九三三年，王國分裂成以色列和猶大；以色列在西元前七二二年落入亞述人手中；西元前五八六年，猶大落入巴比倫人手中，巴比倫摧毀耶路撒冷，燒毀聖殿，把至少一萬名猶太人擄掠到巴比倫。西元前五世紀，耶路撒冷重建，但猶太國家一直是某個帝國系統，如波斯帝國、希臘化帝國及西元前六八年後的羅馬帝國的衛星國。

在西元六年的一場重大事件中，猶太人的國家（大約相當於現代的以色列）成為羅馬直接統治的行省。羅馬巡撫可以容忍猶太人的一神信仰，但條件是他們必須展示代表羅馬帝國國威的圖像。許多猶太人開始希望救世主彌賽即刻降臨，把羅馬人趕出去。

在這種情況下，以色列北方的加利利（Galilee）出身的年輕木匠耶穌開始講道。他反對猶太人的宗教領袖：撒都該人（Sadducees）和法利賽人（Pharisees），他認為這些人過於沉溺於金錢和權力。他鼓勵信徒重新回到個人的信仰和靈性。在其他的猶太領袖眼中，他是政治煽動者和潛在的革命分子。耶穌被綁到羅馬巡撫龐提烏斯・彼拉多（Pontius Pilate）面前，他任由耶穌被定罪，然後釘上十字架，這通常是處置普通罪犯的刑罰。

相信被釘十字架的耶穌已經在死後復活的信徒，開始宣揚他主愛的信息。保羅是猶太人，來自安納托利亞（土耳其）的希臘城市塔爾蘇斯（Tarsus），他接受了耶穌的傳道。西元四五年至五八年，保羅以基督之名（基督一詞出自christos，希臘文的「受膏者」）沿著羅馬的公路，在希臘、敘利亞—巴勒斯坦和安納托利亞招募信徒，在地中海東岸各地設立基督教社群。

耶路撒冷的情況不太好，猶太被一連串的羅馬官員統治。龐提烏斯．彼拉多在西元三六年去職。窮人與富人、城市與鄉村之間的關係日益緊張。當希律王（Herod the Great）下令修建的聖殿山工程終於在西元六〇年代完工時，一萬八千名無地棲身的工人失業了。為了維持社會和平，地方政府開創史上第一個「創造就業」（make-work）計畫；花錢請人重新鋪設城市街道，即使每日工時只有一小時。在耶穌逝世三十五年後，西元六六年，猶太行省的猶太人終於起義反抗羅馬統治者；羅馬當局在西元七〇年成功鎮壓叛變，摧毀聖殿、也摧毀了耶路撒冷的基督教社群。這等於大開方便之門，讓基督徒脫離了猶太的發源地，基督徒變得更加希臘化，並在政府極力迫害（或說應該歸功於政府的迫害），成為羅馬帝國境內為數可觀的少數團體。從此以後猶太人再也沒有自己的政府，直到現代以色列在一九四八年建國為止。[15]

因為基督教的關係，羅馬世界的窮人和受迫害者有了屬於自己的認同和社群，特別是這個帝國正在分崩離析。羅馬帝國的瓦解要從西元一六五年至一八〇年算起，前面提到的傳染病奪去羅馬帝國大約四分之一的人口。相比羅馬社會的其他群體，基督徒對抗這些傳染病的成效或許更好，基督徒把照顧病人視為一種宗教義務，而非基督徒往往一走了之，沒有為病人提供基本的食物和飲水。其實只要有這些基本照顧，有些病人還能活下來。按照比例，存活下來的基督徒自然比較多，且活下來的人對社群充滿感激。即使突然面臨死亡，基督教的教義會使得生命更有意義，離去的親友獲得了進入天國的應許。[16]

西元三世紀，羅馬帝國發生嚴重的通貨膨脹。糧食價格上漲。黃金和白銀的來源枯竭。政府新鑄造的錢幣減低了黃金和白銀的含量，民眾因此對貨幣失去信心，經濟倒退回以物易物，稅賦收取實物。[17]竊盜（這永遠是社會痛苦的徵兆）的數量增加。君士坦丁（Constantine，西元三〇六年至三三七年在位）曾短暫重新統一帝國，皈依基督教，但在三二四年遷都拜占庭，重新命名為君士坦丁堡。西元四一〇年，來自中亞大草原的哥德人入侵，在羅馬打家劫舍。帝國在君士坦丁堡延續，義大利和歐洲其他地方則紛紛被在地政權所分割統治。

羅馬帝國的瓦解是因為代代累積的沉痾弊病，不像美索不達米亞和米諾斯是在瞬間崩潰。由於腐敗的原因過於複雜，實在無從分析。史學家認為道德敗落、氣候變遷、缺乏軍事準備、奴隸人數眾多、自然資源的濫用及劣化都可能是羅馬衰亡的原因。土壤侵蝕和過度放牧導致農產量下降當然也是原因之一。義大利城市居民的糧食和生活方式都需要仰賴遙遠殖民地的供給，而最後中央政權再也控制不了殖民地。

希臘和羅馬上流社會那種型態的公民權和自由只延續了幾百年，但這種思想卻以口耳相傳和著書立說的方式保存下來。等義大利的條件再度成熟，這些思想會再度浮上檯面，在整個歐洲留下深深的經驗印記。

## 人口、環境與宗教

漢帝國和羅馬帝國時代，進行過人類史上最早的兩次人口普查，這是官僚體系所做的計畫管理的一部分，在此之前，誰也不知道在更早的時代，或是這兩個帝國以外的領域，究竟有多少人口。史學家估計，當農業興起之時，全世界的人口大概是六百萬人。到了西元前一千年，已經增加到一億人，西元元年的人口則高達兩億五千萬人。農業解除了過去對於人口數量的限制；有了剩餘的糧食，人類可以養育許多後代。科技的創新造成人口增加，超出地球的負荷能力，人口隨之下降，如此周而復始。西元一〇〇〇年，全球大約有七十五個擁有三萬到四十五萬居民的城市，大城市的總人口大約是五百萬人。[18]

農業發展成功所增加的人口，對自然界和人類都造成損害。自然界的傷害包括人類破壞了供養他們的環境，主要是森林砍伐造成的水土流失，以及灌溉造成的土壤鹽化。人類放牧綿羊和山羊、取得燃料來取暖及烹調、使用木炭來燒陶和冶金，都需要用到木材，因此森林砍伐是所有人類社會發展的背景。

到了西元二〇〇〇年，歐亞非的環境受到的衝擊顯而易見。蘇美的平原已經寸草不生。此外由於森林砍伐和土壤鹽化的關係，印度河谷興起的複雜社會只持續了五百年左右。中國的林木被大量砍伐，造成黃河氾濫，河水夾帶黃色的泥沙，故稱黃河。黎巴嫩的杉木因為高聳筆直而價值不菲，曾經是腓尼基商業活動的中流砥柱，如今卻只剩幾個小樹叢。地中海沿岸喪失了天然植被，如橡樹、山毛櫸、松樹、杉木等植物，只有根部強韌的橄欖樹，可以穿透石灰岩，生長在侵蝕嚴重的山坡上。羅馬在北非的行省退化成廣大的沙漠，自從這裡的環境在西元前八○○年至西元二○○年間沙漠化後，一直沒有恢復過來。只有埃及人維持足足七千年的永續平衡，尼羅河每年會自然（以上游各地被侵蝕的土壤）更新下游的土壤，不過到了二十世紀，灌溉和水壩阻止了河水氾濫，也破壞了這個自然循環。[19]

人口密度增加，也為人類帶來了傷害。城市和城外納貢區的生活既艱難又危險，必須做出許多適應，也必須承受許多苦難。到了西元二○○年，人類絕大多數還住在村莊，但其中有愈來愈多的人必須納貢或繳稅給常駐城市的統治者。城市裡的居民被極端社會階層化，分成地主和非地主，非地主占大多數，用勞力換取賴以生存的酬勞。只有少數的貴族能享受文明的果實。為了擴大勢力範圍，並保護儲存的剩餘糧食，戰爭成了家常便飯。最後，絲綢之路把歐亞非各地的密集人口連結起來，城市居民必須面對動物的病毒和細菌帶來的重大傳染病疫情，畢竟這些病毒和細菌只會傳播到人口密集的地方。

從西元前八○○年至西元二○○年，在這一千年裡，歐亞非見證了人類不斷創造出的宗教思想，令人矚目。如果把基督教和伊斯蘭教都視為希伯來先知發展出來的宗教，那麼現今所有世界性的信仰都出現在這個時代。歐亞大陸偉大的聖賢出現在這個年代：波斯的瑣羅亞斯德（Zoroaster）[20]和摩尼（Mani，摩尼教）、中國的孔子和老子、印度的吠陀先知和佛陀、地中海沿岸的希臘哲人、猶太先知、耶穌和後來的穆罕默德。在城市區域以外，如美洲、北歐和非洲的撒哈拉沙漠以南，人類似乎繼續信奉原始宗教。

出現在城市核心的這些新宗教在性質上似乎有別於過去。在漁獵採集的時代，人類尊敬的是肉眼看不見的神鬼世界，和天地萬物大同小異，後來他們敬拜的男、女神祇和人類更是相似，只是可以永生不死。這兩種做法都是對生命的肯定，無論是歡喜的禮讚或恐懼的祈求，重點都在於重視人類置身其中的這個既有的自然世界。前城市或非城市的人終其一生都不會經歷多少變化，重視的應該是生活中恆久不變的特質——原始的時間和生活一如往常之感。

在西元前八〇〇年至西元二〇〇年誕生的新宗教不再肯定這個世界，世界似乎不再百分之百令人滿意，人們轉而想像一個更美好、超驗的世界。新的先知和聖賢強調如何獲得救贖、解脫、或是涅槃，如何在死後得到更好的生活，或是在轉世後投入更好的輪迴。從某方面說，他們擬定一套套的倫理制度，激勵民眾在行為上符合發展中的密集城市生活所需。

同時，這些先知和聖賢是在找尋解藥，解決許多人在城市生活中經歷的種種個人痛苦，宗教是一種精神補償，用來紓解城市生活或鄰近村莊（這裡的人要向城市的貴族納貢）生活的苦難和不確定感。只要加入城市裡的宗教社群，人們就有機會重新建立從前人數有限的漁獵採集社會，以及城市化開始之前的村莊生活特有的那種相互充滿關懷的小群體。

城市生活有許多好處，尤其是對貴族地主而言，然而這勢必違反了前城市生活的地方習俗。城市的出現，讓人類得以選擇，究竟是要模仿文明的城市作風，盼望能生活得更好，從而排斥村莊的習俗和原始生活；抑或抗拒文明的生活，強化傳統習俗。現在促進城市化的力量強大，地球上任何一個角落都無法置身事外，因此許多人現在同樣要面臨這個抉擇。

## 待解之謎

一、史學家和哲學家大致都認定世界性宗教都出現在某一段時期，也就是西元前八〇〇年至西元二〇〇年，德國存在主義哲學家卡爾·雅士培（Karl Jaspers）在一九四九年出版的世界史著作《歷史的起源與目標》（*The Origin and Goal of History*），把這段時間稱為軸心世代（Axial Age）。世界性的宗教大約在同時出現，背後的原因是什麼呢？

這個問題目前還沒找到一致的答案。這些宗教強調死後的來生，可能反映出在密集城市中生活的艱苦。個人和思想家似乎第一次有能力把自己和社群意識分開，想像他們自己的答案；或許多少是因為人類接觸到更多不同的觀念。文字書寫系統的存在一定扮演了很重要的角色，透過這種工具，可以把個人反思及思考的成果組織起來，傳播出去；猶太人、基督徒和穆斯林都特別相信書籍。旅行和經商的網絡增加，表示現在更容易從事分享和集體學習。對於所謂軸心世代的本質、原因和結果的問題，已經到了可以研究和分類的時候。不管這些宗教興起的原因為何，現在許多人篤信的仍然是兩千年前創造的思維系統，而非可能和當下的知識與環境有關的更新的思維系統。[21]

## 二、羅馬帝國「衰亡」（Fall）了嗎？

歐洲和美國的傳統觀念一直認為羅馬軍事和政治勢力的瓦解標示了文明的終結，讓歐洲落入物質與知識貧乏的黑暗深淵。一九七〇年代，西方史學家開始避免使用「衰亡」、「淪亡」和「危機」這些詞彙，改而用「轉變」、「變遷」、「轉換」等字眼。一九八〇年代，德國學者亞歷山大·德特曼（Alexander Demandt）在《羅馬的衰亡》（*Der Fall Roms*）照字母順序逐一盤點數百年來被列為導致羅馬帝國「淪亡」的兩百一十個理由。美國人艾爾登·羅林斯（Alden Rollins）則回顧數世紀以來談論羅馬淪亡的書籍。兩人都指出書籍的作者們幾乎可以把「淪亡」歸咎於任何一個原因。改變未必代表衰亡，而且，無論如何，衰亡有進程快速的意味，而轉變的複雜過程是緩步進行的。有鑑於此，筆者採用的說法是羅馬帝國「瓦解」（dissolution）而非「衰亡」。[22]

# 第八章　歐亞非網絡的擴展

西元二〇〇年至一〇〇〇年

到了西元初年，人類已經在城市化的環境下，達到可能穩定的生活型態。強大的領袖發展出帝國、官僚的指揮系統，用這種體制向國民保證生活的穩定。羅馬帝國、中國的漢帝國和美索不達米亞的帝國結構、伊朗和印度，都代表了人類的適應能力到達顛峰，這都要歸功於人類轉而從事締造出城市生活的農業。

不過這個轉變製造出人類彼此間極大的不平等，打家劫舍和戰爭成了家常便飯，這顯然是人口大幅增加所產生的代價。穩定的生活沒有維持多久。交通和商業的新發展擾亂了帝國的指揮系統，開創人類發展的下一次大躍進，由密集的貿易建構出強大的商業網絡。[1]

## 中央核心（西元二〇〇年至六〇〇年）

歐洲人和美國人習慣把羅馬帝國滅亡後的這段時間稱為「黑暗時代」。從這個角度來看，一旦與基督教結合的拉丁文化衰微，天就黑了。不過，另一方面，盎格魯人、撒克遜人、哥德人、汪達爾人、法蘭克人和歐洲其他族群則閃閃發光，而位於歐亞中心的帝國也一直光輝燦爛。看整個歐亞非交流網絡的範圍，我們可以這麼說：歐亞大陸兩端的羅馬與漢帝國滅亡之後，帝國的勢力就轉移到了伊朗和印度。歐洲的情況比中國還慘，恢復所花的時間也更久。

羅馬皇帝君士坦丁在西元三二四年遷都拜占庭，並更名為君士坦丁堡，把勢力撤出歐洲，留下了分崩離析的社會。從西元二〇〇年至六〇〇年，歐洲的人口少了一半，歐洲經歷了遷徙、戰爭和城市化崩潰的「黑暗時代」。

殘留的希臘羅馬文明在君士坦丁堡發展成拜占庭帝國，西元三九二年禁止了所有異教儀式，把古代的異教神殿悉數摧毀；坐擁完整政治與宗教權威的基督教統治者拒絕寬容其他宗教。最後，在西元一〇五四年，羅馬的拉丁教會與君士坦丁堡的東正教會正式分裂。拜占庭帝國一直延續到一四五三年，但後期逐漸式微，因此到了十二世紀末，前拜占庭帝國有三分之二的基督徒轉為穆斯林。

拜占庭帝國滅亡之前，對基輔羅斯（Kievan Russia）的出現發揮了決定性的影響，維京人

（在俄國斯被稱為瓦蘭吉人〔Varangians〕）控制了烏克蘭—俄羅斯的兩條大河：聶伯河和窩瓦河。瓦蘭吉人的貴族住在城市，聶伯河邊的基輔和窩瓦河邊的諾夫哥羅德（Novgorod），由當地的農奴為他們耕田。西元九八九年，基輔羅斯的統治者弗拉基米爾一世（Vladimir I）制訂東正教而非伊斯蘭為國教，據說是因為看到宏偉的君士坦丁堡城和當地的大教堂，同時也因為他相信俄羅斯人不喝伏特加就活不下去。[2]

往東一點，來到先後由安息帝國（Parthian，西元前二四七年至西元二二四年）和薩珊王朝（Sasanian，西元二二四年至六五一年）統治的伊拉克和伊朗。這些統治者的軍隊打仗時騎的是高大的駿馬，要維持這樣的體格，只能靠苜宿製成的乾草，而苜宿需要大量的水來灌溉。在這段期間，美索不達米亞的城市財力雄厚，文化創造力豐富。薩珊王朝的農夫採用來自印度和中國的農作物：棉花、甘蔗、稻米、柑橘類水果和茄子。薩珊王朝鞏固了瑣羅亞斯德教①的信仰，如同君士坦丁大帝確立了基督教；這兩批統治者都把宗教當作政治的工具，在宗教上不容異己。

在印度，西元三五〇年至五三五年的笈多王朝在政治上非常穩定，締造了印度文化的古典時代。王朝繁榮的基礎在於強化的農業，尤其是從西南亞引進印度西部地區的稻米（種稻需要伐林耕地）。肉桂、胡椒和棉花紡織品利用馬路廣泛地賣到中國、地中海及印度洋沿岸。棉花

---

① 編按：即中國習稱的祆教或拜火教。

可能是印度的原生植物，和環境非常契合，而印度人很擅長處理這種布料的各種工序。

佛教和印度教的聖人取道印度國內的貿易路線傳教，並且跨越中亞前往中國，把救贖的希望帶給數以百萬計的人。在這個時代，印度教有了定於一尊的教義，而佛教的僧侶和一般信徒發展出適合他們特殊角色的各種儀式。由信仰虔誠的教徒出錢供養的佛教寺院，如同猶太—基督教和伊斯蘭傳統的流動式信徒，是一個相當重要的體制。這些宗教協助數以百萬計的平凡人輕易融入帝國和貿易的網絡。

我們在上一章討論過，貫通歐亞大陸的貿易路線被稱為絲路。絲路從來不是單一的一條道路而已，這些路線包含不同的支線和路段，在不同的時期發揮了重要作用。絲路使用最頻繁的時代是西元一世紀到十一世紀，直到海上航路擴大，重要性提高了為止。在西元第一個千禧年期間，一支商隊從中國的長安出發，花了大約四個月的時間，來到撒馬爾罕與布哈拉（Bokhara，當時稱為粟特，也就是現在的烏茲別克與塔吉克），旅程長達四千公里，沿途經過無人居住的沙漠、高山和草原。（圖7.1）

絲綢是中國最主要的出口商品，多年以來，希臘人和羅馬人一直不知道這種布料是怎麼編織的。他們聽過許多可能的解釋，例如是用樹皮製成的。一直到西元六世紀中葉，拜占庭皇帝才從兩個僧侶那裡得知，這種布料來自吃桑葉的蠶。[3]

到了西元一世紀，富有的羅馬公民很喜歡穿著絲綢外出。在絲路兩端所消費的絲綢，有不少是投入宗教活動。基督教神職人員所穿的法衣，是以紫色的絲綢製作，再繡上金色的絲線。

國王、神職人員和聖徒下葬時都以絲綢包裹。在信仰佛教的地區，用一段一段的絲綢製作旗幟，有時一間寺院就需要好幾萬公尺。佛教徒捐贈絲綢給寺院，以答謝僧侶為他們祈福，也藉此為來世積德。另一方面，僧侶則用絲綢來換取日用品及裝飾浮屠（塔）的「七寶」：黃金、青金石、紅珊瑚、水晶、珍珠和瑪瑙。在物阜民豐的時代，佛教的寺院就成了重要的經濟個體。[4]

除了中國出口的絲綢，其他藉由絲路運送的產品包括：中亞的駿馬、毛皮和羊毛地毯、印度的珍珠和水晶、地中海的珊瑚、印度和羅馬世界的玻璃器皿，以及印度、阿拉伯半島和非洲出產的香水和香料。

當時留下來的兩篇絲路遊記透露出旅途的情況。這兩篇遊記雙雙出自中國的佛教朝聖者，他們從中國前往印度，一位叫做法顯（卒於西元四一八年至四二三年間），另一位叫做玄奘（卒於西元六六四年）。兩人沿途投宿的地點，都是前人所建立的佛教社群和寺院。

## 伊斯蘭興起和中國的復興（西元六〇〇至一〇〇〇年）

西元第一個千禧年的後半段，伊斯蘭乍然興起，這個宗教在西元六三〇年誕生於阿拉伯半島，到了七五〇年，已經成為西起庇里牛斯山脈，東至印度河，遍布歐亞非大陸中央核心貧瘠地帶的宗教。

當時阿拉伯半島的人擅長駱駝貿易，把貨物從葉門的阿拉伯海岸城市往北運到巴勒斯坦、約旦和敘利亞的定居農田。阿拉伯當地仍然信仰多神教，主要崇敬的是自然力量和天體。經商的旅人帶回基督教和猶太教的觀念，在阿拉伯半島流傳開來。有些資料來源顯示，當地深受猶太教習俗與思想的影響，也有一神教派的存在。[5]

西元五七〇年，伊斯蘭先知穆罕默德生於麥加，麥加是靠近紅海海岸的商隊城市，位於從葉門到敘利亞的半途中。穆罕默德是孤兒，由伯父養大，以經商為生，成功率領了幾支商隊之後，娶了富人遺孀哈蒂嘉為妻。大約西元六一〇年，穆罕默德開始在麥加附近的山上避靜。某一天晚上穆罕默德靈修時（史稱「大能之夜」，Night of Power and Excellence）一位天使對他說話（穆罕默德後來知道那是加百列，阿拉伯語為Jibra'il）。穆罕默德在公眾場合以節奏分明的韻文背誦出這些啟示，一直延續到他過世時才結束，但穆罕默德並沒有將之書寫成文字。

穆罕默德最早得到的啟示是要人們順從創造天地萬物的唯一神：阿拉。等到世界末日的時候，人類會受到審判，無罪的人會到天國享受肉體的歡愉，而有罪的人將嘗到地獄之火的滋味。穆罕默德自稱是阿拉最後的使者，與猶太人的先知及耶穌一脈相承，呼籲所有人成為穆斯林，也就是服從神的旨意（伊斯蘭）的人。服從的人會組成溫瑪（umma，即社群），統一所有的穆斯林，建立一個普世平等的社群。

由於麥加的領袖不接受穆罕默德是唯一真神的代理人，並且迫害他最弱勢的追隨者，於是穆罕默德和他的追隨者在西元六二二年逃到附近的城市，位於麥加北邊三百四十公里的麥地那。他在當地領導一個很龐大的社群，斷斷續續地與麥加作戰，直到後者在西元六三〇年投降。穆罕默德逃往麥地那的那一年被稱為希吉拉（hegira，意為遷徙），被定為穆斯林的伊斯蘭曆元年，同年為羅馬曆法的六二二年。自此穆斯林有了自己的曆法。

西元六三二年，穆罕默德在重病不久後去世，沒有安排領導部族的繼承人。他其中一位妻子的父親阿布・巴克爾（Abu Bakr）成為哈里發，即穆斯林精神與政治上的領袖；他把穆罕默德受到的啟示寫成《古蘭經》，在西元六五〇年左右有了統一的最終版本。西元六五六年及六八〇年，阿拉伯部族先後為了誰該擔任哈里發而發生內訌，造成什葉派和遜尼派的永久分裂。

穆罕默德死前，他領導下的穆斯林統一了阿拉伯半島西部和南部大半地方。在他死後，穆斯林統一了整個阿拉伯半島，並在西元六三四年至六五一年間，擊敗拜占庭帝國和波斯（現在的伊朗）的薩珊王朝，贏得關鍵性的勝利。這些勝利唯一的物質基礎是駱駝，因為穆斯林可以騎乘駱駝橫越沙漠，為軍隊提供補給。不過，穆斯林堅信阿拉站在他們這一邊，這可能才是穆斯林致勝的關鍵因素。穆斯林擴張如此迅速，其他可能的原因包括阿拉伯半島的人口過剩，人們在更早之前就開始向外遷徙。

穆斯林在伊拉克（兩個）、埃及（一個）、突尼西亞（一個）建立起永久的軍事基地，涵蓋的範圍非常廣泛。他們在六六一年遷都大馬士革。穆斯林在進攻君士坦丁堡時曾兩度敗北，但在北非卻是連戰皆捷，並在西元七一〇年越過直布羅陀海峽，登陸西班牙，一路向庇里牛斯山脈推進，準備攻入法國。西元七三二年，法國貴族在距離英吉利海峽兩百四十公里的圖爾（Tours）打敗了一支穆斯林突擊隊。穆斯林大概還不至於征服及併吞法國，但這已經讓歐洲的心臟地帶的人們心驚膽寒。

西元七一七年至七一八年，君士坦丁堡爆發了基督教文明決定性的一戰；儘管拜占庭帝國損失慘重，但要是拜占庭帝國沒有挺住，歐洲可能就成了穆斯林的地盤。然而從文化角度來看，穆斯林在西元七到九世紀東征西討，在文化上發揮了決定性的作用；基督徒最後只奪回地中海諸島及西班牙。穆罕默德辭世剛滿一百年不久，伊斯蘭就從麥加一名商人的信仰，發展成西起西班牙西北的庇里牛斯山脈，向東延伸到興都庫什山脈的大帝國，足以列入人類歷史史上最戲劇性的擴張。穆斯林沒有強迫別人改信伊斯蘭，並且擴張到人口稀少的地區（除了埃及以外）。

到了西元七二四年，穆斯林已經來到中國西部的邊緣。他們發行了金幣和銀幣，叫做第納爾（dinar）和迪爾汗（dirhem），刻著阿拉伯語文的宗教用語，這種貨幣在摩洛哥和中國邊境之間流通。同時穆斯林也建立了一套具有一致性的法律與契約制度，促進貿易發展。

西元七四七年，新興的阿拔斯王朝（Abbasids）成為哈里發，把首都從大馬士革遷到巴格達，統治長達五百多年，最後在一二五八年被蒙古人滅亡。阿拔斯王朝讓巴格達足足風光了兩個世紀。《一千零一夜》的故事以熱愛詩文的哈里發哈倫・拉希德（Harun al Rashid，西元七七六年至八〇九年在位）的時代為背景，反映出宮廷的華麗燦爛。來自希臘、伊朗、中亞和非洲的文化潮流在首都交會，加上巴格達在西元七六〇年代建城時，造紙術從中國傳入，促成了豐富的文學創作。

穆斯林對書籍情有獨鍾，他們在盛世生產的書籍凌駕於過去任何（恐怕是所有）的文明。莎草紙曾經被採收到幾乎絕種，後來在西元二世紀中葉，不知道什麼地方的什麼人發明了一種新型態的書籍：手抄本。手抄本是由一頁頁的羊皮紙或莎草紙組成，後來改用紙張，摺起之後加上封面和封底裝訂起來，和現在的書一樣。穆斯林是從中國的戰俘那裡學會造紙，到了西元十世紀，大致已經取代莎草紙，成為穆斯林世界的書寫載具。中國人造紙用的是桑樹皮，穆斯林則把亞麻打成漿狀，取代伊斯蘭世界缺乏的桑樹皮。[6]

穆斯林把他們位於伊比利半島的領土稱為安達魯斯（Andalus，伊比利是西班牙和葡萄牙半島的古拉丁名）。他們在當地引進了歐洲最先進的農業經濟，出現了柑橘和甘蔗等新作物，以及新的灌溉系統。哥多華、塞維爾和托雷多發展得比歐洲其他城市更繁榮。哥多華和格拉那達成為學術中心，孕育出西歐十一和十二世紀的知識革命（圖8.1）。

在歐亞非大陸的東邊，中國人在漢帝國滅亡之後經歷了三百多年的動盪和顛沛。在這段時間，佛教和道教思想驟然興起，成為中國某些地區的主流思潮。[7]

到了西元六世紀末，隋帝國（西元五八一年至六一九年）成功地使天下歸於一統，並完成了新的運河系統（五百五十萬位民工在五萬名執刑杖的監工監督下勞役的成果）。在唐帝國（西元六一八年至九〇七年），中國成為全世界最先進的社會。穆斯林帝國使興都庫什山脈以西的局勢穩定，突厥人（大多是回紇人）控制大草原地帶，貿易和旅遊重新成為高參與的低風險活動。[8]

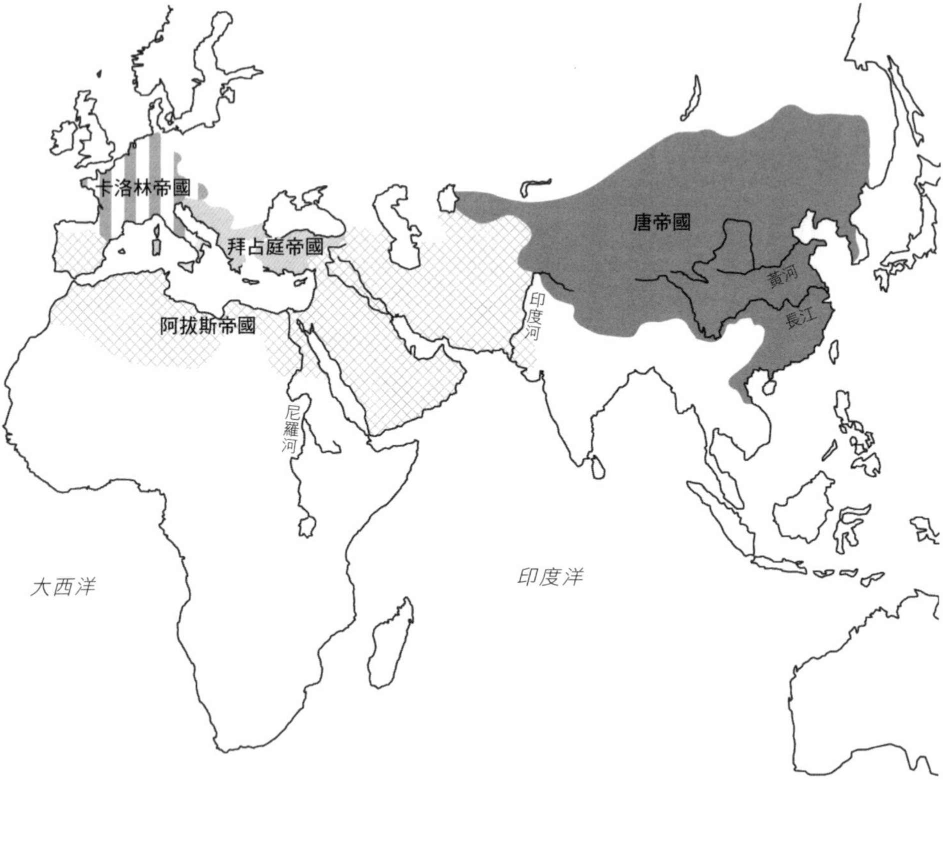


圖8.1　九世紀的歐亞非大陸。

唐代的中國鞏固了對華南沿海地區的控制權，往來印度洋的管道增加。中國的水手擅長設計遠洋航行的大船；載運量比君士坦丁堡或巴格達的船隻多了一倍。中國輸出的貨物主要是上好的絲綢和瓷器（用一種特殊的黏土燒製而成）。中國的出口業為全世界貿易之冠。傳說中國的船隻數量是其他船隻的百倍之譜，載運量還要加上一倍。[9]

進口商品改變了中國，原本穿長袍的男人，現在改穿中亞騎馬民族突厥人喜愛的長褲。中國學會了紡織棉布之後，便取代了麻布，成為最常穿的布料。葡萄酒、茶、糖和香料改變了中國的飲食。這些貿易都是在沒有中央銀行體系的情況下進行的；唐帝國謹慎提防巨額財富的累積。個別的知識分子和地主借錢時會收取利息。

唐帝國的首都長安成為全世界最大的城市，人口將近兩百萬，其中一百萬住在七十七平方公里的內城。當時中國有二十六座居民超過五十萬的城市。百分之二十的人口住在城市裡，是當時最城市化的社會。

在唐帝國歷代皇帝統治下，中國樂於接受來自異國的觀念和文化。許多城市為僑居的外國商人闢建專區，做自家同胞的生意。中國有許多重要人物來自外國；例如節度使安祿山是粟特人，詩人李白則生於中亞。[10]

唐帝國的官僚系統用紙辦公。宦官蔡倫在西元二世紀初發明造紙術。西元六世紀（南北朝），中國開始有人實驗印刷術。到了唐代，比起歐洲當時頂多百分之十的識字率，中國的識字率高達百分之十五到二十。西元十一或十二世紀開始發行紙幣（北宋的交子）。紙張也用來糊窗戶，因為以中國的標準來說，製造玻璃要燃燒太多木材。[11]

西元八五〇年左右，中國的術士在煉製不老仙丹時，無意間發明了火藥（以硝石〔硝酸鉀〕、硫磺和碳製成）。到了十二世紀末，當西方注意到火藥時，中國的火藥早已經過許多階段的發展，同時有了完美的火槍和火砲。[12]

長達一百多年，唐帝國控制了中亞的許多地方。直到西元七五一年著名的怛羅斯河（Talas River）戰役，才停止往西邊擴張，這場戰役發生在塔什干和巴爾喀什之間，也就是現在的哈薩克境內。阿拉伯人（大食）、突厥人（石國）和西藏人（吐蕃）聯手擊敗中國，從此唐帝國國力開始衰退，然而這場戰役也阻止了伊斯蘭往西擴張。

怛羅斯戰役之後，中國的戰俘把造紙的知識和技術傳給阿拉伯人。穆斯林在巴格達成立造紙廠；到了西元一〇〇〇年，歐洲人普遍使用紙張，並且從穆斯林統治的西班牙傳到法國的庇里牛斯山脈。一一五七年，這裡興建了歐洲第一座造紙廠。[13]

怛羅斯戰役四年後，肥胖、過重、患有糖尿病的節度使安祿山在河北起兵叛變，要推翻長安極盡奢華、對各國人士兼容並包的朝廷。唐帝國的各地節度使在平亂之後，大權在握，形成藩鎮割據的局面。唐帝國開始向大草原的領袖（回紇）大量進貢。到了西元九世紀中葉，唐帝國經歷政治和軍事上的腐敗，對外貿易一蹶不振。

當帝國的榮景衰退，文化的反彈隨之湧現。皇帝身邊崇尚儒學的大臣極力勸諫，表示國難皆因夷狄而起，尤其是佛教，佛寺瓦解了中國的家庭和王朝的賦稅基礎（寺院不必納稅）。西元八四五年，朝廷鎮壓寺院，強迫二十六萬名僧尼還俗，摧毀寺廟與庵堂，企圖剷除佛教思想。但佛教思想並未消失，畢竟其中有許多成分已經融入儒家，後來佛寺也重新恢復，不過在重新建立儒學道統之後，唐帝國兼容並蓄的風氣瓦解，就這麼消失了好幾百年。西元九〇七年，各地藩鎮紛紛立國，唐帝國就此覆亡。[14]

## 歐亞非網絡的邊緣與界線

目前我們已經考察過連結歐亞非網絡之核心地帶的城市生活與貿易。現在我們把視角轉向邊緣地帶，這些地方的人經歷過城市化、長途貿易，以及世界性宗教等令人不安的新經驗。

城市人口主要仰賴從外圍農業區輸入的食物維生。在歐亞大陸的許多地方，存在著另外一種社會型態：游牧畜牧業，民眾靠某些動物維生，並跟著尋找新的牧草地，因為動物要吃新鮮的青草。在歐亞大陸北部的心臟地帶，民眾倚賴的是馬匹，早在西元前四千年左右，現今烏克蘭南部的人類已經將野馬馴化。到了西元前一千五百年，這些草原民族發展出一種仰賴胯下坐騎的文化。[15]

游牧民族從事貿易的動機特別強烈，因為必須不斷遷移，自己製造的產品有限。他們可以只靠自己的動物生存，但強烈渴望穀類、布料和金屬。想得到這些產品，只能透過貿易和劫掠。既然他們是一流的戰士，就可以透過協商，向當地農夫收取保護費，對待中國的統治者和割據勢力，也往往如出一轍。從西元三八六年至五三四年，游牧民族組成的拓跋部甚至統治了華北的文明人口。

從西元二〇〇年至一〇〇〇年間，在草原地帶的西邊，一支又一支草原民族在更東邊的游牧民族驅趕下，往西進入東歐。這些新群體是匈人、阿瓦爾人、保加爾人、可薩人（Khazars）、佩切涅格人（Pechenegs）、東哥德人和馬札兒人。西元三七四年至四五三年，匈人以匈牙利平原為大本營，遠赴高盧和萊茵蘭劫掠，在教宗利奧一世（Leo I，四四〇年至四六一年在位）的懇求下，假意撤銷侵略義大利的行動。當匈人的領袖阿提拉在四五三年逝世，其他人又感染了瘟疫，匈人就分崩離析了。

匈人沒辦法征服拜占庭帝國。後者在多瑙河阻止了匈人的攻勢，但高盧、不列顛諸島、伊比利半島和北非都落入被匈人趕走的日耳曼民族手中，從此羅馬在西方的文化遺產只能在暗地裡傳承。接下來的六百年間，羅馬和基督教傳統與日耳曼諸民族傳統相互競爭，展開一次又一次的文化戰爭，日耳曼人於西元五六八年至六五〇年入侵，其後繼者如維京人、來自匈牙利的馬札兒人，以及來自西班牙的穆斯人也一再侵略。在這段期間，西歐倒退為歐亞非大陸的邊緣地帶，缺乏中央政府和安全的貿易路線。

在語言方面，羅馬傳統的通俗拉丁語很快演化成各種拉丁語系方言，如葡萄牙語、西班牙語、法語和義大利語，並未被新侵略者的語言消滅，只不過在北方，拉丁語就被日耳曼和斯堪地納維亞的語言取而代之。盎格魯和撒克遜這兩個日耳曼部族在西元四一〇年至四四二年間征服英格蘭，創造出一種以日耳曼語為基礎的語言，也讓這裡初次有了農業的發展。

在義大利，虔誠的隱修士努西亞的聖本篤（Benedict of Nursia）組織了好幾所隱修院，各有一位院長主持。聖本篤寫下西歐隱修生活的守則，稱為本篤會規（Rule of Benedict），強調清貧、禁欲及服從院長。若非這些隱修士的努力，古代留下來的拉丁語作品很可能失傳。只有一份歐里庇得斯（Euripides）的九部戲劇全集複本、一份塔西陀（Tacitus）著作複本和一份《貝奧武夫》（*Beowulf*）複本沒有在黑暗時代被毀滅。[16]

如前所述，西元七一一年，穆斯林渡地中海北上，從西哥德人手中奪下西班牙，並企圖征服高盧。不過此時來自挪威、丹麥和瑞典的維京人，才是對歐洲的主要威脅，歐洲人稱其為諾斯人（Norsemen，即北方人），俄羅斯和烏克蘭人則稱之為瓦蘭吉人。維京人發展出的社會奠基於三個階級：奴隸、自由農民，以及戰士－酋長。深耕犁直到西元一〇〇〇年才出現，因此維京人吃的多半是燕麥和大麥、綿羊和山羊、牛和魚。他們的貿易網絡相當遼闊，取道聶伯河與窩瓦河南下黑海與裏海，再往南到底格里斯河畔的巴格達。他們從不列顛諸島和斯拉夫地區抓奴隸，賣給歐洲人和穆斯林。他們另一項主要商品是毛皮，包括熊皮、黑貂皮、貂皮和松鼠皮。他們也販賣木材、馴鹿皮、鹽、玻璃、馬和牛、白熊、隼、海象牙、海豹油、蜂蜜、蠟、紡毛料和琥珀（圖8.2）。

維京人相信有一顆命運樹（諾斯語為Yggdrasill，又稱世界之樹）位於神族世界的中心，眾神每天都坐在這裡開會。這棵樹有三條樹根，一條通往死亡的世界（赫爾〔Hel〕掌管的冥

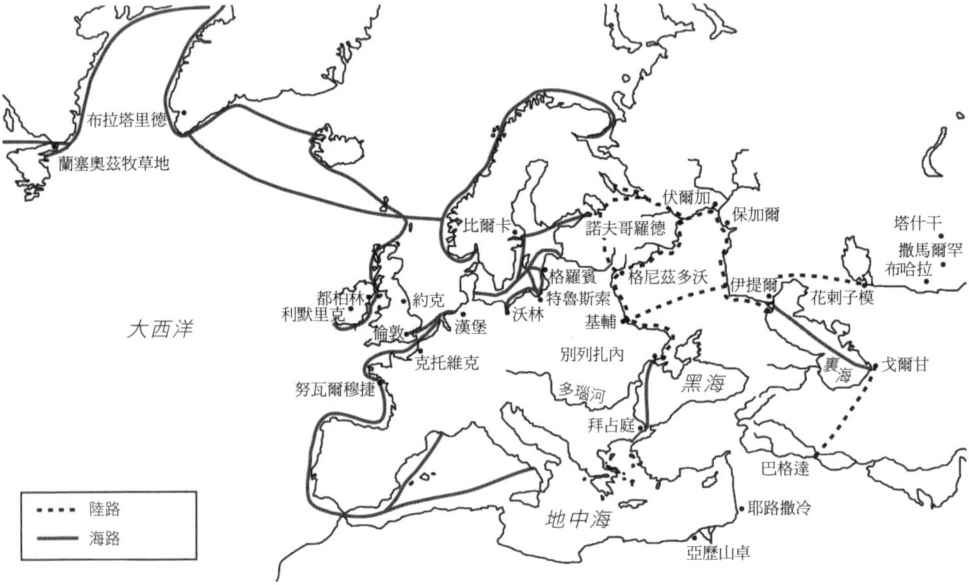


圖8.2　維京人的貿易路線。

界）、一條通往巨人的世界、一條通往人類的世界。他們相信命運樹支撐著整個宇宙；而他們的城鎮烏普薩拉（Uppsala）有一棵特殊的樹，被認為是命運樹在塵世的複製品。維京人每隔九年就要聚集在烏普薩拉的神殿裡，向眾神殺生祭祀九天。每一天要獻上包含人類在內的九種祭品，把屍體掛在神殿附近的樹上。

我們之所以知道維京人的神話，是因為他們創造出一種叫做盧恩（Runes）的字母，這種字母系統出現在西元二世紀末或三世紀初。字母的筆畫全是直線，適合刻在木頭或石頭上。維京人的字母系統有三分之二來自拉丁和塞爾特字母，剩下的屬於自創。敘述維京人前往冰島定居的薩迦傳奇（Sagas）流傳至今，呈現他們對生活看法。

維京人擴張的時間很短，始於將近西元八〇〇年，然後在一〇七〇年劃下句點。一般推測，維京人大量湧入鄰國，主要是因為人口過剩，畢竟人類總會到沒有中央帝國保護居民的地方，追尋土地、財富和聲望。法王查理曼（Charlemagne）征服撒克遜人，直達丹麥邊界，可能激發了維京人的反應。經過改良的造船技術也是擴張的因素之一。維京人學會用橡木造船，船身長二四．五公尺，吃水只有一．二二五公尺，可以搭載三十到一百多人。他們製作松木桅杆和羊毛船帆。維京船隻之美，人工製品實在難以望其項背。

到了西元八二〇年，維京人在諾夫哥羅德定居。八三九年，他們入侵愛爾蘭，並在八六六年至八七八年間入侵英格蘭，奪下東部的五個地區，納入領土。八四一年至八八四年，維京人攻擊諾曼第海岸，並取得塞納河盆地的土地，以交換巴黎的安全。後來他們繼續在法國揚帆南下，繞行西班牙海岸，最後抵達巴塞隆納、馬賽和義大利海岸。他們往西航行，在冰島（八七五年）、格陵蘭（九八二年）建立殖民地，西元一〇〇〇年後，也在紐芬蘭短暫殖民。一九六二年，人們在紐芬蘭的蘭塞奧茲牧草地（L'Anse aux Meadows）發現了維京人興建的房屋遺跡，證明維京人來過此地。

西元九六五年左右，丹麥國王「藍牙」哈拉爾德（Harald Bluetooth）皈依基督教，並且奉日耳曼民族神聖羅馬帝國奧托一世（Otto I）為共主。大約西元九九五年，挪威人被強制信奉基督教，不過烏普薩拉的神殿繼續存在到十二世紀下半葉。事實證明，維京人的影響固然短暫，卻對西歐文化的塑造貢獻卓著。[17]

羅馬中央集權的政府垮台以後，西歐的農夫受到游牧民族來自四面八方的攻擊，只得躲到當地或許有能力保護他們的領主那裡。日耳曼的莊園（manor）傳統，也就是自給自足的農村經濟共同體，變得普及。務農的人被稱為農奴，屬於莊園所有，不得離開莊園，以交換領主提供的保護，而領主如果幾乎一年到頭在外打仗，便受封為貴族騎士。此時，全面的奴隸制度（羅馬經濟的一根支柱）日益縮減。城市人口減少，道路失修，商業凋敝、識字率降低，難怪歐洲把這段時期稱為中世紀，夾在希臘羅馬文明的盛世和十四世紀的文藝復興中間。

儘管看似出人意表，拜犁的改良所賜，這段時期的農業生產反而增加了。北歐的土壤是厚重的黏土，不像其他土壤那麼容易翻鬆。於是發展出厚重的深耕犁，最後重到需要六到八頭牛才拖得動，用犁板把掘起的土壤翻到一邊。到了一〇〇〇年，一片片耕種穀物（小麥、大麥和裸麥）的農田延伸在北歐的大地上，當地人的主食是啤酒、豬油或牛油，以小麥、大麥或裸麥製成的麵包，以橡實維生的林豬，以及野生獵物。南歐人吃的主要是小麥、葡萄酒和橄欖油。

日耳曼諸國在西歐各地取代了羅馬的統治，原本有可能殲滅基督教這股重要的文化勢力。然而它卻存活下來，成為西方文明的主流，這是為什麼呢？[18]

羅馬的教宗制度並未瓦解，提供一個堅強的統一、權威和組織的來源，尤其是從西元六世紀開始，教宗樂意和很早就皈依的日耳曼統治者結盟，並且吸納足夠的日耳曼傳統，讓多神教的信徒也能欣賞基督教。但這不表示基督教三兩下就消滅了異教習俗，一直到十一世紀，西歐某些地方的神職人員仍明令禁止崇奉樹木、河川和山岳。

基督教之所以成為主流，主要肇因於發生在不列顛諸島和法國的幾起事件。不列顛的愛爾蘭塞爾特人從來不曾被羅馬征服，在西元五世紀上半葉，羅馬化的不列顛基督徒聖派翠克（St. Patrick）使塞爾特人改信基督教。撒克遜人和盎格魯人遷徙到英格蘭之後，只有愛爾蘭繼續信仰基督教，修道院派遣隱修士和學者到英格蘭傳教，宣揚「塞爾特基督教」。教宗格列哥里一世（Gregory I，西元五九〇年至六〇四在位）也從羅馬派遣傳教士。西元六六四年，英格蘭的基督徒齊聚一堂，決定服從羅馬教會，而非塞爾特教會。從西元八到十世紀，英格蘭的撒克遜人對抗占領了英格蘭東部的大片領土的維京人。西元一〇一七年至一〇三五年，丹麥國王克努特（Canute）統治英格蘭，一〇六六年，諾曼第人（定居諾曼第的維京人後裔）征服者威廉（William the Conqueror）稱王。威廉同意支付例行的稅金和費用給羅馬教會，但拒絕承認教宗擁有管轄他的權威；沒有國王的同意，英格蘭教會不承認新教宗，也不接受教宗的命令。因此，英格蘭國王選擇信仰基督教，不過要按照國王的意思行事。

在現今的法國，有一個起源於萊茵蘭的日耳曼群體，稱為法蘭克人。有些人原本住在羅馬帝國，因此皈依了基督教。羅馬帝國瓦解後，法蘭克人把王國往南擴張，貫穿現今的法國。他們的第一位偉大的領袖克洛維（Clovis）從西元四八一年統治到五一一年，顯然受到他早已信仰基督教的妻子克羅德切爾狄（Chrodechildis，法語讀作克勞蒂爾德〔Clotilde〕）的影響，在五〇八年皈依羅馬基督教。法蘭克國王與教宗結盟，並獻上擊敗倫巴底王國後取得的領土。在查理曼統治期間（西元七六八至八一四年），法蘭克王國往東向薩克森的領土推進，抵達易北河，同另外也沿著維也納以南的多瑙河進擊。薩克森人②的宗教和維京人極為類似，西元七七二年，查理曼及麾下大軍摧毀了薩克森人的聖樹。

由於薩克森人堅拒放棄他們的宗教習俗，查理曼強迫他們接受基督教洗禮，凡是不遵守四旬節齋戒、殺害主教或神職人員、把死者依薩克森習俗火化、拒絕受洗、密謀推翻基督教徒或不服從法蘭克國王的人，一律處以死刑。薩克森人反抗查理曼、拒絕基督教化長達三十幾年，但法蘭克人取得軍事勝利之後，隱修士和神職人員隨之而來，在當地平和地傳教，經年累月下來，薩克森人終於皈依基督教。[19]

查理曼位於東邊的帝國領土（也就是現在的德國）落入當地的公爵手中，直到出現一位強而有力的君主：奧托一世，才有能力在九六二年被教宗加冕為神聖羅馬帝國皇帝。神聖羅馬帝國延續原本鬆散的組織，這是一個由日耳曼貴族組成的邦聯，推舉其中一位貴族擔任皇帝。

到了西元一〇〇〇年，歐洲的大地主成為穿戴盔甲的騎士，捍衛自己的莊園，並且和當地的國王結盟，在羅馬統治消失後的幾百年裡，他們已經成為基督徒。在轉變的過程中，基督教本身已經從一個和平主義者的宗教（由耶穌在羅馬一個偏遠省份向社會邊緣人傳教），變成了戰士的宗教（用來捍衛歐洲和拜占庭帝國的人民）。[20]

儘管西歐經歷了四處遷徙和戰爭不斷的黑暗時代，非洲卻進一步被納入以穆斯林世界為中心所形成的貿易與穩定的網絡中。前面提過，北非改信伊斯蘭，撒哈拉沙漠以南的非洲則繼續自成一格，此地自絕於世界貿易主要潮流的時間，遠超過歐亞大陸大多數的地方（圖8.3）。

在西元開始之前，以駱駝為馱獸的做法從阿拉伯傳入非洲，在西元三〇〇年左右傳到查德湖，這時商隊開始橫越撒哈拉沙漠。由於駱駝優於其他馱獸，只需要較少的食物和飲水，就能運送更多的貨物，撒哈拉沙漠成為廉價運輸的有利區域。從西元六三六年至七一一年間，埃及和北非被納入穆斯林世界的版圖，後來非洲主要是透過穆斯林和世界其他地方接觸。剛開始和穆斯林做生意的幾百年間，西非統治者拒絕接受伊斯蘭信仰，無視於後者的識字率和世界參與度，原因是穆斯林要求他們放棄在地的宗教傳統，而西非的國王是靠這些傳統來宣稱自己擁有

② 編按：薩克森人與撒克遜人系出同源，皆是Saxons，日耳曼民族的一支。中文史學界通常將征服不列顛諸島者稱為撒克遜人，留在德國境內者稱為薩克森人，以示區別。

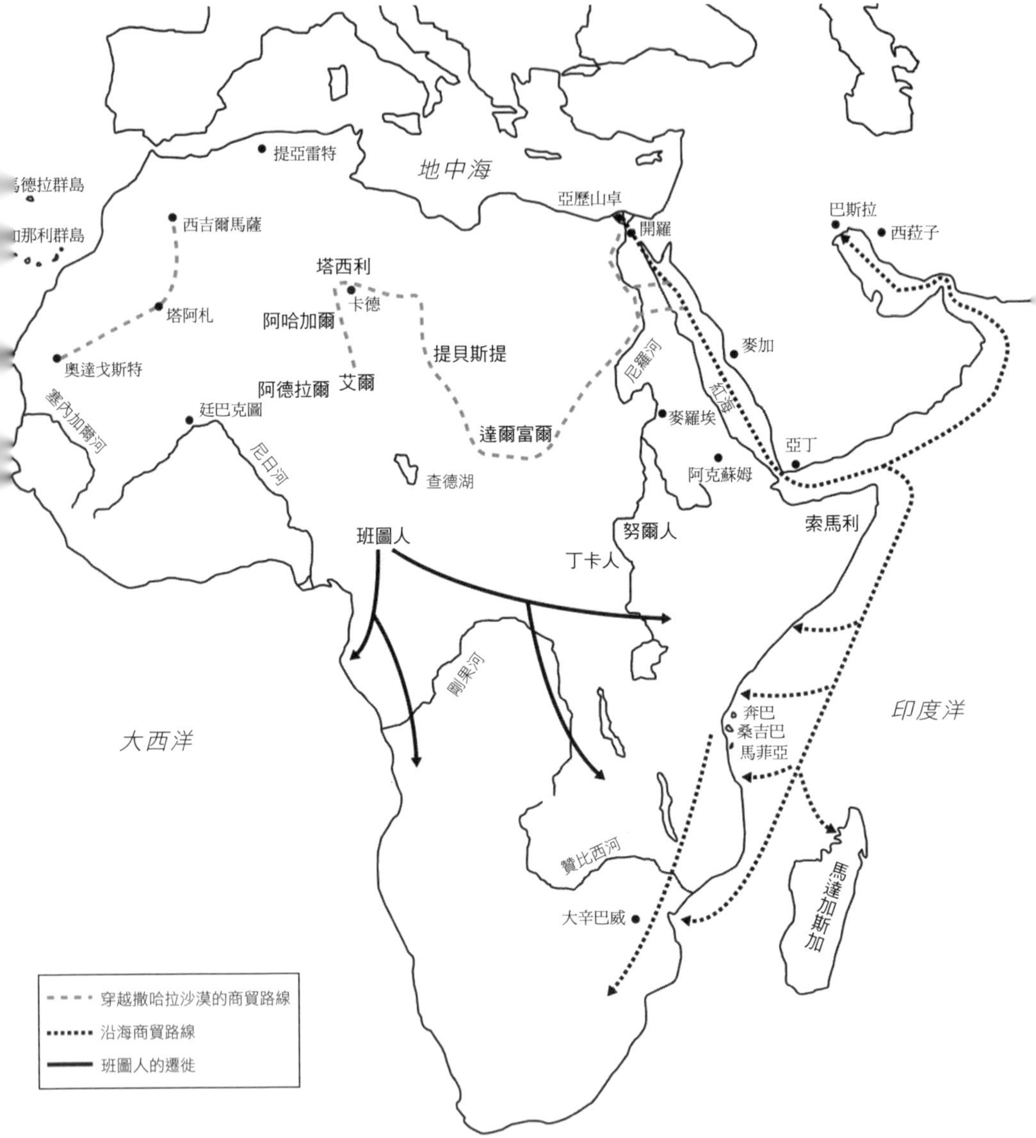

圖8.3　西元十一世紀左右的非洲商貿路線。

神聖的力量。根據史料記載，第一位皈依的非洲國王是在九八五年改信伊斯蘭教。[21]

來自現今印尼的水手，在西元五〇〇年左右沿著非洲東岸航行，抵達馬達加斯加，帶來香蕉、山藥和芋頭根，當地原生的班圖人拿來栽種，把更多森林地帶化為聚落。伊斯蘭教沿著海岸繼續流傳，當地發展出一種共同的文化及語言，以非洲的文法與字彙為基礎，但加上許多阿拉伯語和波斯語的詞彙，並且是以阿拉伯語的字母書寫。長久下來，說這種語言的人和語言本身被稱為斯瓦希里（Swahili），出自阿拉伯語的名稱 sawahil al sudan，意思是「黑人的海岸」。伊斯蘭商人並未進入內陸，當地說班圖語的非洲人原本的信仰因而又延續了數百年之久。

撒哈拉沙漠以南的氣候潮濕，當地的采采蠅和牠們攜帶的錐體蟲（導致昏睡病），使能夠穿越撒哈拉沙漠的駱駝完全派不上用場。非洲撒哈拉以南的其他疾病，如瘧疾和黃熱病，足以令不習慣這個疾病環境的人喪命。地理因素也使得外人難以進入撒哈拉以南地區；尼日河和剛果河河口是非洲最大的兩條河流，河口附近不是急流就是瀑布，把大海隔絕在外。各式各樣錯綜複雜的寄生蟲使在地人口難以成長。在十九世紀以前，非洲內部一直與世隔絕，人口密度不足，無法發展城市社會；在地傳統、使用大約兩千種語言，一直是撒哈拉以南地區的特色。[22]

大約從西元第一個千禧年初期開始，非洲人發展出煉鐵技術，可能是自己的發明，也可能引進外來的觀念和（或）技術。到了西元八〇〇年，居住在雨林邊緣，位於目前已知的早期煉鐵遺址，鄰近現代奈及利亞和喀麥隆邊界的班圖人往南遷徙，把煉鐵技術傳入非洲南部。

在撒哈拉沙漠以南濕熱的熱帶森林和潮濕的大草原，所有的交易貨物都必須靠人頂在頭上運送。其他馱獸都無法存活。在這種情況下，最適合從事最輕、最有價值的商品貿易，特別是黃金。西元一〇〇〇年以前，出現了兩個奠基於黃金交易的王國，即西非的迦納和東非的辛巴威。

西元八世紀末葉的一份阿拉伯語文獻把迦納稱為「黃金國度」。索寧克人（Soninke people）建立了迦納王國，涵蓋馬利、塞內加爾和茅利塔尼亞的部分領土，他們把金沙賣給北部沿岸的柏柏人（Berbers），交換銅和人工製成品。西元一〇〇〇年前，迦納的古代首都由兩座城鎮組成，其中一區住的是各種族裔的商人，另一區住的是軍事和政治領袖，以及他們的追隨者。[23]

在贊比西河以南的一塊高原，出現另一個強大的國家，其經濟命脈是把當地開採的黃金運到海岸。這個國家的首都位於現在的大辛巴威（Great Zimbabwe），在西元一四〇〇年的全盛時期，居民大約有一萬八千人。史學家懷疑首都居民為了燒柴，把附近的森林砍伐殆盡，又因為過度放牧而讓牛隻破壞了附近的牧草地，才使這個國家在十五世紀快速衰亡。不過整體而言，西元一〇〇〇年以前，非洲海岸一直是歐亞非網絡的一個邊緣地帶，在一〇〇〇年以後的許多年裡，非洲內陸才成為歐亞非網絡的邊緣。

如前所述，在其他的邊緣地帶，維京人定居在冰島、格陵蘭和紐芬蘭。他們經常航行到印度洋和太平洋，但沒有留下如同冰島的薩迦傳奇那樣的文字紀錄。玻里尼西亞人大約在西元四〇〇年到復活島及夏威夷定居，西元一三〇〇年又到紐西蘭落腳，但他們一直沒有和外界接觸。到了西元四〇〇年左右，西太平洋和印度洋已經成為一個龐大的運轉水域。能夠長途航行的船隻再也不必沿著海岸行駛或支付地方稅賦。許多貨物廣泛流通，如印度的胡椒和棉花、中國的瓷器和絲綢、印尼的肉豆蔻和丁香、非洲的黃金與象牙。在八百年間，人類進行複雜互動的步調急遽加速。

簡而言之，從西元二〇〇年至一〇〇〇年的八百年間，歐亞非網絡出現了戲劇性的增強和擴張。商船隊和駱駝商隊鞏固並擴張了貿易和交通。西元二〇〇年以前，農業文明只是不規則地出現在核心網絡地區；到了西元一〇〇〇年，非洲的某些地區、整個東南亞和南太平洋島嶼、朝鮮、日本、北歐和歐亞大草原都被納入網絡中，涵蓋全球兩億五千三百萬人口當中的兩億人左右。[24]

這段時期的特色是救贖的宗教傳播到人們原本崇拜在地神祇或自然神靈的地方。從奠基於在地族裔和地方主義的地方認同，轉移到以世界性宗教為基礎的認同，這樣的轉變以伊斯蘭為顛峰。當穆斯林遭遇北非和歐亞大草原西部突厥人當中的多神教民族，隨後就有大批人皈依伊斯蘭教。基督徒也成功使塞爾特、日耳曼和斯拉夫民族改變信仰。維京人一直抗拒到一〇〇〇年，但這時全歐洲都是基督徒，唯一的例外是波羅的海南岸少數孤立的地區，這裡是歐洲最晚皈依基督教的信徒，時間是一三八七年。佛教思想傳播到中亞、中國和東南亞。救贖宗教的共同特徵，是引導人類追求一個出世、超驗的世界，如天堂、天國、涅槃、與濕婆和克里希納③

③編按：克里希納（Krishna）是婆羅門教—印度教的重要神祇，又稱為「黑天神」。

同在。在城市現實生活中受苦的人，從這些宗教獲得來生得以平反的希望。城市生活很不穩定，經濟景氣時貧富不均，經濟蕭條時隨時搖搖欲墜。這些新宗教維持了希望，有助於維持城市組織必要的社會分化（social differentiation）。城市的增加和人們改信救贖宗教有關；兩者是二〇〇〇年至一〇〇〇年歐亞非大陸人類生活的共同特徵，儘管這時還有許多非城市化地區。

## 複雜社會的代價

有些代價和人類社會變得更加複雜有關。為了創造複雜社會，人類必須把更多的地球能源轉移到自己的生活體系。其中一種做法就是砍伐林木。

如果人類能搭乘太空船，分別在西元二〇〇〇年和一〇〇〇年到歐亞大陸上空翱翔，那麼他眼見最醒目的差別應該是消失的森林。從整個中國一直到印度，由於人類砍伐樹木，開闢稻田來餵養更多人口，全球數一數二的龐大熱帶森林消失了。整個歐洲的原始森林被砍伐殆盡，在厚重的土壤上耕作穀物，來餵養更多人。崇拜森林的人主動或被動地改信應許他們未來將得到救贖的宗教，以換取更多人的生存和更複雜的社會。

儘管失去了這些森林，地球仍然保有百分之七十五以上的林木，以一九八五年的全球林木量來看，到一七〇〇年為止，被砍伐的森林還不到百分之二十五，一八五〇年左右達到百分之五十，到了大約一九一五年，則有高達百分之七十五的森林消失了。雖然砍伐森林的模式在西元一〇〇〇年就很明顯，但砍伐的步調直到過去三百年才急遽加速。[25] 人類與其他所有動物之間的力量平衡也持續改變。相對於其他哺乳動物，人類掌握了更大的優勢，把這些動物獵殺到只剩寥寥無幾，並迫使其中許多動物淪為食材和馱獸，以滿足人類的需求。

從西元二〇〇年至一〇〇〇年，地球上的人口略為減少，從兩億五千七百萬減少到兩億五千三百萬左右。在西元一〇〇〇年，不把俄羅斯計算在內，歐洲的人口大約是三千萬，比西元二〇〇年少了一千四百萬。中國大約有五千六百萬人，占全球人口的百分之二十二左右，非洲約莫是百分之十五，美洲大約是百分之七。[26]

讓我們回顧歷史，到了西元一〇〇〇年，人們可以從歐亞非看出人類歷史共同的五種模式。首先，人口數的長期趨勢是穩定地增加。其次，隨著人口數的增加，居住的地點也更集中，人口密度提高。而當居住的地點更加集中，階層化、組織化、技術和知識專業化的程度也隨之提高。在過去一萬年裡，無論任何時候，都會發現這五種人類生活的發展模式在規模和程度上有增無減。增加的態勢並非恆常不變，而是起起伏伏。但如果以一千年為單位來看，這些發展模式是顯而易見的，人類社會普遍地日益複雜。[27]

第六章、第七章和第八章敘述了非洲和歐亞大陸的人類史。現在我們應該把地球轉動一下，瞧瞧美洲大陸，這時的美洲尚未和歐亞非有經常性的往來，但人類已經在這裡居住了至少一萬三千年，甚至可能已有三萬年之久。就複雜社會的形成而言，這裡正在進行另一場獨立的實驗。

## 待解之謎

### 一、非洲和美洲在一四九二年之前有沒有接觸？

有些非常值得玩味的證據顯示有這個可能。在維德角群島（Cape Verde Islands）和塞內甘比亞海岸（Senegambia）這兩個地方，非洲離岸的大西洋洋流向南美洲的東北岸和加勒比海流動。一九六九年，挪威探險家索爾·海爾達（Thor Heyerdahl）搭乘一艘依循非洲人古法建造的紙莎草船，成功從位處摩洛哥的薩非（Safi），航向加勒比海上的巴貝多群島（Barbados Islands）。也有其他人如法炮製。事實上，西元一五〇〇年，葡萄牙船長佩德羅·阿爾瓦雷斯·卡布拉爾（Pedro Álvares Cabral）的船在繞行非洲途中意外來到巴西海岸，證實了這股洋流的存在。

非洲人試圖抵達美洲的證據，出現在大馬士革的一位阿拉伯地理學家伊本·法德爾·阿拉·烏馬里（Ibn Fadl Allah al-Umari，一三〇一年至一三四九年）的書裡，馬利國王曼薩·康康·穆薩（Man Kankan Musa）在一三二四年行經開羅，十二年後，烏馬里來到開羅，聽當年接待曼薩·穆薩的人轉述國王講過的故事，其中一個是關於他如何當上國王。曼薩·穆薩的前任國王曼薩·穆罕默德（Mansa Muhammed）據信可能抵達過大西洋的盡頭。他打點了兩百艘船，派他們從塞內甘比亞海岸（當時的馬利）出發。最後只有一艘船返回，表示船隻在大海中遇到一條水勢洶湧的大河。其他船隻駛進大河之後再也沒有回來，於是他們就掉頭返航。曼薩・穆罕默德後來又打點一支更大的遠征船隊，把王位讓給曼薩・穆薩，然後在一三一一年親自登船出海，從此音訊全無。這股水流可能是亞馬遜河的河口，而這些水手在中美洲登陸。

關於非洲人確實在一四九二年前抵達美洲大陸，這個假設的主要捍衛者是一位來自圭亞那的人類學家，羅格斯大學非洲研究的教授艾文・范・瑟蒂馬（Ivan van Sertima）。他的著作包括《他們比哥倫布更早來》（*They Came Before Columbus*）和《重訪早期美洲》（*Early America Revisited*）。至今主流的史學家多半還沒有接納他的論證。

# 第九章　美洲文明的興起

## 西元二〇〇〇年至一四五〇年

智人從東非向外遷徙，最後才來到美洲。人類大約在四萬年抵達澳洲，不過人類抵達現今阿拉斯加的時間，早則在三萬五千年前，晚則在一萬三千年前。

在此同時，美洲的植物和動物得以長期發展，無需遭受人類卓越狩獵能力所害。在七萬五千年前到一萬年前的大冰河期，動物可以輕易穿過亞洲和阿拉斯加之間的陸橋。舉例來說，起源於美洲的馬，就越過陸橋到了亞洲，和人類的全球分布範圍最接近的哺乳動物：獅子，也藉此從亞洲前往美洲。在這幾萬年的時間裡，北美洲哺乳動物的物種是現在的五倍之多。四種體型高大的地懶（ground sloth，高六．四公尺，重三噸）四處漫遊。當時哺乳動物的種類想必多到令人眼花撩亂，有巨型齧齒動物、三種駱駝、長毛象、乳齒象、長角野牛、雕齒獸（類似犰狳）、巨型的獅子和貘、獵豹、劍齒虎、大象、狼、巨型短面熊和馬。

在一萬六千年前到一萬年前之間，這些動物有不少都絕種了。為什麼在這短短的時間內，有這麼多動物絕種？專家無法確定；氣候暖化和人類的到來產生了複雜的交互作用。許多動物在這段期間死亡，可能是因為棲息地的改變，也可能是因為智人能夠輕易加以獵殺，抑或兩者皆然。[1]

## 人類的出現

大約在西元前一萬四千年至一萬年前，巨大的冰原開始融化，原因迄今不明。隨著冰河的後退，露出的大量土壤、碎石和湖泊，呈現截然不同的地景。生物的複雜分布顯得片段而零散，植物和相關的動物群落往北遷徙。

這時人類狩獵者悄悄出現了，可能正好趕上了海水上漲淹沒陸地，白令陸橋封閉之前的最後一刻（如今的白令海峽是隔絕阿拉斯加和西伯利亞的八十公里冰冷海水）。推測可能有一小群人在西元前一萬四千年左右進入阿拉斯加；過了不到幾千年，冰河中出現一條走廊，阿拉斯加人得以脫離冰天雪地，來到北美大平原，大約在現代的加拿大艾德蒙頓（Edmonton）附近。前後至少有兩到三波的大遷徙，從東亞不同的地區，迅速擴散到兩塊新大陸。在遷移的過程中，人口迅速增加。到了西元前九千五百年至九千年，人類已經從加拿大的大平原延伸到整個墨西哥中部。起初人數稀少的群體，假設為一百人，在三百年間增加到大約一百萬人口。到了西元前八千五百年，人類來到了南美洲最南端的火地島，不到一千年的時間人類就遷徙了一萬兩千八百公里。[2]

經歷了西伯利亞的生活之後，人類一定認為美洲是無比美好的伊甸園，容易獵殺的大型動物，如雲朵般成群的鳥兒，一片原始、壯觀、溫暖的曠野。在人類剛到美洲棲息的兩千年裡，估計有五千萬到一億隻動物消失了，其中有許多大型動物可能被馴化了。

穿越白令陸橋而來的人，沒有攜帶陶器或馴化的動物（可能除了狗以外）。他們延續漁獵和採集的生活，一直到西元前六千年左右，才開始在四個不同地區馴化植物：墨西哥、北美洲東部的林地、南美洲的熱帶地區，以及安地斯高原。這四個地區同時開始馴化植物，而且彼此顯然毫不相干，顯示這四個地方都出現了有利於植物生長的氣候變遷。這四個地區的美洲原住民總計馴化了一百多種植物，其中有些是世人最愛吃的食物：玉米、馬鈴薯、辣椒、番茄、花生、菸草、可可和古柯。但即使農業已經在美洲萌芽，人們仍主要以漁獵採集為生；要再過四千五百年，墨西哥和安地斯山區才出現永久的聚落。

美洲最早被馴化的農作物，似乎是中美洲的辣椒、林地的向日葵、新墨西哥州的南瓜，以及這三個地區的莧屬植物（其種子是一種營養豐富的穀物）、還有安地斯山脈的堅果。近年的考古證據顯示，到了西元前兩千年，玻利維亞和巴西的亞馬遜河流域可能已經開始闢建大規模的熱帶園林；樹薯的歷史可能和玉米一樣悠久。[3]

美洲沒有野生的小麥、大麥、燕麥或稻米可馴化。前面討論過，玉蜀黍或玉米（最後支持各種美洲文明的農作物）原本是一種野生的禾本科植物，細小的穗軸和人類的拇指差不多大小。經過長時間的基因篩選，才在西元前五百年至西元前四千年培育出馴化的玉米。雖然每一畝玉米產出的熱量（卡路里）勝過稻米、小麥或大麥，在美洲流傳的速度卻很緩慢，原因在於它的基因必須適應每種氣候不同的日照時間，才能依時令成熟。美洲土地的南北軸線和歐亞大陸的東西軸線形成強烈的對比；表示農作物無法沿著相若的緯度傳播，而必須適應不同緯度的不同氣候條件。

到了約莫西元前三千年，墨西哥已經發展出自己獨特的玉米、豆子和南瓜料理。除了火雞和狗以外，中美洲沒有其他動物可以馴化，因此當地人主要倚賴玉米和豆子的結合來攝取蛋白質。到了約莫西元前一千兩百年，墨西哥的農作物慢慢傳播到美國西南方，並且在約莫西元一〇〇〇年左右流傳到美東的森林區域。

南美洲的兩種氣候產生了迥然不同的糧食。在熱帶的低地，到了西元前四千年左右，人類馴化了樹薯和甘薯。甘薯可能來自美洲，不知怎麼地被引進玻里尼西亞島鏈，顯示早在歐洲人登陸之前，美洲人早就斷斷續續地航行到玻里尼西亞。或許在西元四〇〇年左右抵達復活島的玻里尼西亞人，也曾登上美洲海岸，把甘薯帶回老家。沒有任何蛛絲馬跡顯示雙方曾經往來，至今誰也不知道甘薯為什麼會出現在玻里尼西亞。[4]

在熱帶低地以南，安地斯山脈高處的人產生一種獨特的文化和料理。馬鈴薯和藜麥（一種富含蛋白質的輕質穀物）是他們主要的碳水化合物來源。從紫色的小馬鈴薯到白色的大馬鈴薯，一共栽種三千種不同的品種，近年在北美洲的市場都看得到。安地斯山脈的人有三種動物蛋白質來源：他們馴化得了的駱馬和羊駝，以及馴化不了的瘦駝。（這三種動物都屬於駱駝科。）駱馬和羊駝的功能是載運貨物，而非提供乳汁或犁田。安地斯山人學會把馬鈴薯和動物的肉曬乾冷凍，肉乾（jerky）一詞正是典出此處。[5]

美洲的農業發展得很慢。沒有大型的家畜可以耕田、施肥和除草，人類只能用勞力密集的方式慢慢灌溉新土地，才能提高糧食供應。由於緯度是南北向，馴化的農作物無法快速傳播。一直到西元前一千五百年左右，中美洲和安地斯山脈才出現永久定居的社群。其中少數社群的人口快速成長，社會分化、組織戰爭和重大建築也愈來愈多，這些是新興農業文明興起的跡象。

## 中美洲的城市中心

美洲大約在西元前一千年左右出現城市文明，由奧爾梅克人所創建，地點在墨西哥灣沿岸，也就是現在的塔巴斯科（Tabasco）和維拉克魯茲（Veracruz）。奧爾梅克人人口約有三十五萬人，居住在小城鎮，興建了三座舉辦慶典的場所，在此間歇性地集會。奧爾梅克人沒有發展出可以代表口說語言的書寫系統，而是用表意字符，也就是象形文字，做為輔助記憶的工具，來銘記某些神祇或思想。

我們無法透過書寫來了解奧爾梅克人的思想，只能從他們的物質文化來推論。他們用玄武岩雕刻巨大的頭像，每個頭像的表情各有不同，其中有幾個高達三．四公尺，重二十噸，透過水路和（或）陸路運輸五十英里左右。他們的神祇具有雙重性別。奧爾梅克人喜歡玉石，常常在上面雕刻美洲豹，或是變身成美洲豹的人。

奧爾梅克人是最早打「球賽」的民族，在他們的納瓦特爾語（Nahuatl）中稱為tlachtli。比賽的場地是一座I字形的縱長形石造球場（寬三十．四八公尺，長六十一公尺），周圍是斜坡。球員戴手套、繫腰帶、穿著鹿皮的護臀。必須用屁股或膝蓋把一顆橡膠球頂進球場兩端的石環裡，不得伸出手雙手或雙腳。某些球場石牆上的雕刻是描繪輸球的隊長被砍頭的畫面，但也有可能是贏球的隊長，因為成為祭祀的犧牲品被認為是一種光榮。

奧爾梅克人開創的「圓曆」（Calendar Round）是以五十二年為週期的複雜曆法，同時使用兩套不同的計日系統。一種是神聖曆（ritual system），一年有兩百六十天，分成十三個月，每個月二十天。另外一種叫太陽曆（solar system），一年有三百六十五天，分成十八個月，每個月二十天，最後再加上五天的凶日。由這兩套曆法組合而成的日期，每隔五十二年會重複一次。以奧爾梅克人這種循環式的史觀，顯然他們預期基本的型態，例如王朝更迭和軍事侵略，會周而復始地重複。他們發明的長計曆（long count）以西元前三一一四年八月十三日為起點，採用二十進位制，「五」是一橫，「一」是一點，「零」則是貝殼狀的字符。

奧爾梅克人從西元前四百年就開始衰敗，國家結構也為之崩潰。究竟是因為內亂、外患或農作物歉收？誰也不清楚。

奧爾梅克亡國之前，也就是西元前六百年左右，一個成就相仿的鄉野強權，馬雅人，在奧爾梅克南方的猶加坦半島興起（圖9.1）。這裡的氣候和環境挑戰更為嚴峻，高溫使得土地雜草叢生，大量沉澱的石灰岩榨取了土壤的養分。刀耕火種的耕作法養不活密集的人口，因此必須採用灌溉和培高田地的農業系統。

培高田地系統是把額外的土壤堆在沼澤區，堆成一座座島田，保留島田之間的水渠。中美洲文明一律採用這種培高田地耕作，看起來宛如浮在水面。農業需要莫大的勞動力，島田能夠以划船收割，對沒有馱獸的人是一大福音。

馬雅從來不是一個中央集權的帝國，在西元六〇〇年至八〇〇年的顛峰期，反而囊括了大約六十個擁有共同文化與意識型態的小城邦。當時的人口至少達到三百萬至五百萬人，等馬雅文明滅亡六百年後，西班牙人抵達猶加坦半島時，只剩下六分之一的人口。馬雅的主食是玉米、豆子、南瓜、番茄和胡椒。他們建造了精密的儲水和輸水系統，但一直很容易遇到旱災。馬雅的統治者用仙人掌的針葉刺穿皮膚，透過自我獻祭（也就是放血）的方式與祖先和神明溝通。目前知道曾經有兩名女子統治馬雅諸王國。

只有西半球的馬雅人發展出一整套可以代表口說語言的書寫系統；使用一些表達意思的元素（表意文字），以及一些代表音節的語音元素。馬雅人沒有完全按照語音來書寫，這顯然是因為表意文字的地位似乎與眾不同，帶有政治和宗教的意涵。在書籍方面，馬雅人在樹皮紙裹上石膏粉，然後摺疊成宛如屏風的書本。西班牙人來到美洲後，將馬雅文化摧毀殆盡，西元九〇〇年以前的典籍連一本也沒留下來，九〇〇年之後的著作也只保存了四本。馬雅人也會把文

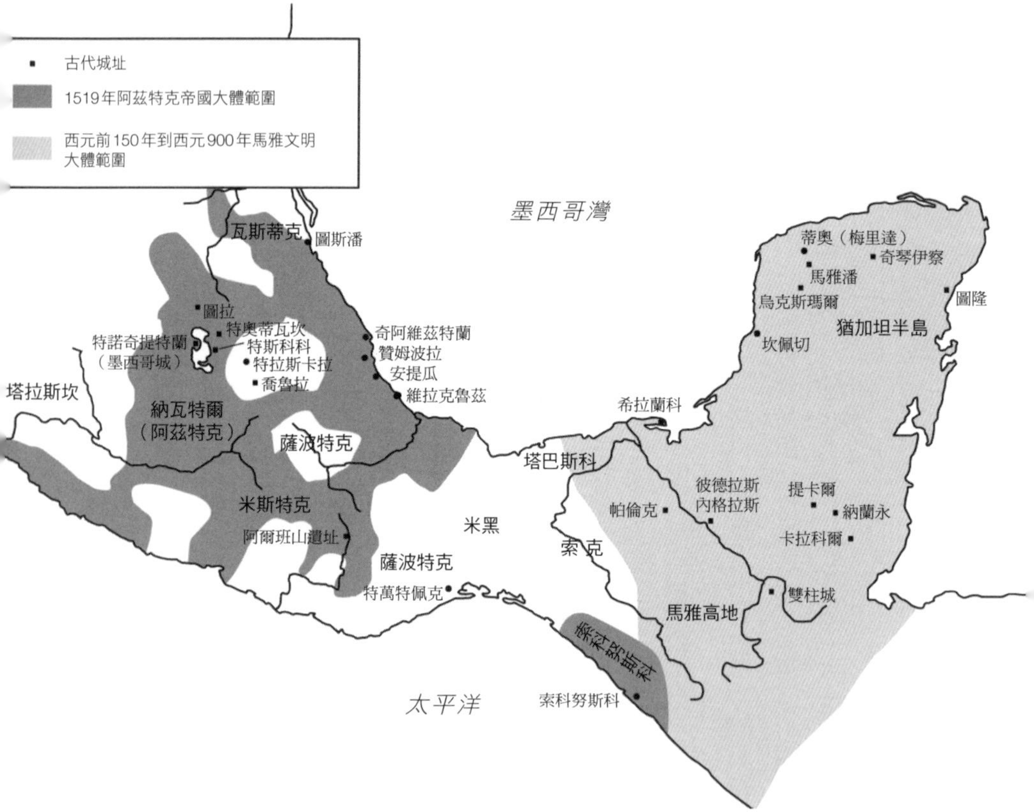


圖9.1　馬雅文明和阿茲特克帝國。

字雕刻在石碑、牆壁和骨灰罈上；直到一九八〇年代學者才破解馬雅文字。

由於普遍性的饑荒，馬雅損失了一半的人口，到了西元九〇〇年左右，馬雅的國家結構才發展了幾個世代，就快速崩潰了。崩潰的理由不得而知，但近年來的幾個研究約略透露出背後的因素。祭典場所很快被棄置，有些雕刻甚至尚未完成。戰爭大量增加，發現短暫使用過的防禦工事。統治的家族和祭司顯然不得民心，消失無蹤。留下來的人退回刀耕火種農業時代，省的行政組織消失，只剩下村莊結構。西元八八九年，也就是五十二年週期結束時，只有三個地點舉行了慶祝活動。從西元七五〇年左右開始，馬雅進入長期、嚴重的乾旱，在糧食迅速消失的同時，政治也動盪不安，大約西元九〇〇年以後，馬雅國家結構完全失能。精雕細琢的神殿被熱帶叢林吞噬，只留下這段不解之謎。6

馬雅文明才剛剛開始，在現今墨西哥城東邊四十八公里的特奧蒂瓦坎城（Teotihuacan），就興起另一個墨西哥文明。大約從西元前二〇〇年至西元七五〇年，特奧蒂瓦坎的統治者控制墨西哥中南部的高原和盆地超過八個世紀。在第一個千禧年中期，特奧蒂瓦坎的發展達到顛峰，有十萬到二十萬人口，居住在面積二十平方公里左右的地區。黑曜石（也就是火山玻璃）形成特奧蒂瓦坎財富的基礎。

特奧蒂瓦坎的文化把衍生自奧爾梅克文明的許多特徵永久流傳下去，包括曆法和字符書寫系統。兩者祭拜的眾多神明雖然名字不同，本質上也大同小異。最主要的是剝皮神（Flayed One）、太陽神、月神、雨神（Tialoc），以及信仰羽蛇神（Quetzalcoatl）的教派。美洲豹代表大地的肥沃，蛇代表大海的豐饒。西元八世紀，來自北方的沙漠民族入侵特奧蒂瓦坎，百姓各自逃亡，分散到周遭的小社群裡。

特奧蒂瓦坎文明的滅亡和馬雅文明在約莫一百年後崩潰，顯示整個墨西哥中部在這段時間發生了某種環境危機，導致農產量減少。在恢復期間，重建社會秩序的其實是建造圖拉城（Tula）的托爾特克人（Toltecs）。托爾特克人的統治期只有短短兩百年，但卻留下恆久不滅的影響，引進了冶金術（銅器和裝飾品）、獵弓，以及軍國主義、壓制性的生活方式，包括經常用活人祭祀來安撫眾神。根據傳說，托爾特克人的大祭司托皮爾岑・奎札爾科亞特爾（Topiltzin Quetzalcoatl）號稱是由文化與文明之神奎札爾科亞特爾（即羽蛇神）化身的凡人，但托皮爾岑被黑暗與戰爭之神的信徒趕走，只得揚帆出海，保證有一天會回來。乾旱結束後，來自北方沙漠的漁獵採集者入侵，托爾特克人在十二世紀初滅亡。[7]

一個名不見經傳的部族：墨西加人（Mexicas，後來被稱為阿茲特克人），延續並運用了托爾特克文化，依照傳說，他們在山林間游牧了兩百年之久，為其他民族效命。西元一三二五年左右，墨西加人在特斯科科湖（Lake Texcoco）中央的一座小島定居，包括特斯科科湖在內的一系列淺水湖，占地一千六百平方公里，坐落在海拔兩千一百公尺的墨西哥中央高原的一塊台地上；台地周圍的高山環繞，讓雨水流入淺水湖中。此地有豐富的黑曜石礦床。局部性的降雨反覆多變，難以預測。在這個環境裡，墨西加人／阿茲特克人在特諾奇提特蘭城（Tenochtitlan）和鄰近的城鎮群，創造出美洲在前西班牙時期最密集的人口，可能高達兩、三百萬人。

這些湖泊只有一到兩公尺深，其實比較像沼澤，阿茲特克人建造高出水面的人工小島，叫奇昂帕（chinampa），可以在排水之後耕種作物。家家戶戶住在這些人工島上，乘著獨木舟，從島嶼周圍的水道把一桶桶的水潑到島上灌溉。阿茲特克人在谷底和山坡打造了精密的梯田和灌溉系統；高海拔地區原本可以提供林產品和野生獵物，不過到了阿茲特克人的時代，只有火雞和狗被馴化，野生動物卻所剩無幾。玉米是主要糧食，補充食物則有豆子、南瓜、番茄、辣椒、莧菜，以及龍舌蘭，發酵之後可製成龍舌蘭酒。

阿茲特克人在他們的小島沼澤上建立了特諾奇提特蘭城，如今埋在現代墨西哥城地底深處。特諾奇提特蘭的面積是十三至十五平方公里；正中央是一個四十八公尺見方的圍牆廣場，可以容納八千六百人圍成一圈跳舞。雙子城特拉特洛科（Tlatelolco）擁有阿茲特克時代最大的市場，和羅馬及君士坦丁堡的市場不相上下。因為沒有輪式交通工具或馱獸，貿易以輕盈的產品為主，如黃金、珠寶、羽毛、可可豆和獸皮。

一四二八年，也就是阿茲特克人初次定居的一百年後，他們打敗了在當地稱霸的城邦阿茲卡珀扎克（Azcapotzalco），並與鄰近的兩個城邦結盟，開始建立他們的帝國。到了一五一九年，他們控制了三十八個省份，每年向特諾奇提特蘭納貢七千噸玉米、四千噸豆子、四千噸莧菜、兩百萬件棉布斗篷，以及數量龐大的可可豆、戰衣、盾牌、羽毛頭飾和琥珀，這些都儲存在中央的倉庫裡，然後由負責貢物的官員分配。其中可可豆是中美洲大小城邦普遍使用的貨幣。[8]

由於糧食供應稀少，阿茲特克的統治者只得到處攻城掠地，以取得更多的貢物。一四五〇年代初期，蝗災和水災造成農作物歉收，阿茲特克人遭遇嚴重的饑荒。父母鬻兒賣女來換取玉米，人們為了生存只得賣身為奴。統治者蒙特祖馬一世（Moctezuma Ilhuicamina，一四四〇年至一四六八年在位）終年四處征戰，藉此確保糧食供應無虞。

西元一三二五年在特斯科科湖的小島定居時，墨西加人是一個以家族為基礎的部落社會。在建立特諾奇提特蘭城的過程中，他們迅速蛻變成一個高度階層化的城市文明，平民（農夫、工匠、漁夫）、農奴、奴隸和戰俘為極少的貴族和祭司服務。貴族可以一夫多妻，其他人則遵循一夫一妻制。從服裝可以看出一個人的階級和地位。只有貴族可以穿著從熱帶低地買來的棉布；其他人只能穿用龍舌蘭或相關植物的纖維織成的布料。斗篷是主要的地位表徵；從長度、布料和裝飾，可以精準判斷穿著者的家庭和階級。戰爭領導人身穿布滿羽毛的精緻短袍和頭飾，衣飾的顏色和風格代表了土狼、美洲豹和死神。

每個阿茲特克人都隸屬於一個卡爾普利（calpulli），一個根據父系血統組成的氏族。社區由卡爾普利形成，可能包含幾千人；每個卡爾普利要負責納貢、募兵，擁有自己的神殿和學校，而且土地是共同持有的。家庭和卡普爾利之間的關係緊密，提供了每一個人從出生到死亡的人生架構。

阿茲特克人把他們的時代（始於西元九七八年）稱為第五太陽紀；他們相信眾神已經摧毀了世界四次，他們的世界是最後一個，將在某一個五十二年的週期過後毀滅。（阿茲特克人採用奧爾梅克、馬雅和托爾特克人發展出的雙曆法。）他們相信只有用活人獻祭才能撫慰眾神，延緩末日的來臨；他們祭拜的主神每天都要食用人的心臟。大規模活人獻祭是阿茲特克文化的特色之一，這種做法始於奧爾梅克人放血祭神的習俗。但阿茲特克人認為自己身負阻止宇宙毀滅的重任，因而把一個適用範圍有限的習俗（活人獻祭）變成他們思想體系的核心元素。

在這個改變的過程中，阿茲特克人宣揚崇敬戰神維齊洛波奇特利（Huitzilopochtli，字面意思是左邊的蜂鳥），而非農業與藝術之神奎札爾科亞特爾（羽蛇神）。在數以百計的神明中，維齊洛波奇特利原本的地位不高，不過阿茲特克人（也可能是更早的托爾特克人）奉他為太陽神，並且認為自己是神的選民。每天的黎明時分，都要在太陽神殿宰殺鵪鶉，焚香祭祀。

舉凡十二到十五歲的阿茲特克孩童，一律要進入神殿附屬的歌唱之家，學習歌唱、舞蹈和音樂。此外男孩要接受戰鬥訓練。貴族和平民的男孩上的軍事訓練學校不同；貴族的男孩在後腦勺留一束長髮，等到上戰場首次俘虜對方的戰士之後，才能剪掉。由於要用戰俘來祭祀太陽神維齊洛波奇特利，阿茲特克的戰士盡量不殺死敵軍，而是抓回去當俘虜。他們使用標槍和黑曜石鑲邊的木棍，並且拿著包裹獸皮、飾以羽毛的柳條盾牌。秋收之後，就展開一年一度的榮冠戰爭（flower war），藉此增加糧食貢物，並取得祭祀太陽神需要的人血和心臟。

活人獻祭在日出或日落時進行。祭司把人牲塗上紅白條紋、嘴巴抹紅、繞著嘴巴畫黑圓圈、然後把白絨毛黏在人牲的頭上。祭司護送人牲登上金字塔，把他們往後推倒在祭祀石上，由主持祭典的祭司一刀刀（玉髓刀或黑曜石刀）剖開胸膛，然後伸手從胸口掏出還在跳動的心臟、舉高、扔進特定的碗中。人牲的屍體被祭司一拋，滾下階梯，把人牲抓回來的人可能就等在下面，把屍體帶回家。

我們找不到可靠的數據來計算阿茲特克人用了多少活人來祭祀。西班牙征服者科提茲估算每間神殿一年大約用五十名活人祭祀，總計阿茲特克的領土每年拿兩萬人祭祀。但西班牙人對這種習俗感到驚駭莫名（這是他們眼中的大罪），恐怕把數字誇大了。

阿茲特克人相信戰死的男人和分娩死亡的女人有資格在死後過著最風光的生活。他們相信死去的戰士會和太陽同行四年，然後變成蜂鳥重返人間。因生產死亡的女人和太陽同行四年後，會變成女神回到凡間。其他人一旦死亡，將在完成四年之旅後抵達冥界，也就是祖先居住的虛空之地。途中可能輕鬆閒逸，也可能恐怖萬端，端看個人的財富多寡，以及活著的時候是否遵守規定。

阿茲特克人發展出一種書寫形式，用字符或圖像來代表事物本身，並且用象形文字來代表詞彙或觀念，例如用一捆蘆葦象徵五十二年的週期，或是用帶花的捲軸來表示詩或歌曲。阿茲特克人的文字是做為記載和演說時的提示之用，並非傳達人們的口說語言，只是一連串籠統的主題和觀點。他們將無花果樹內層的樹皮浸水，然後捶成長條的紙張，摺成宛如手風琴的書籍，把字符畫在上面。抄寫員用紅、黃、藍、綠等鮮豔色彩在書頁的兩面書寫。圖像的大小，以及顏色和裝飾的許多細節，是依據一套精密的符碼來傳達訊息。某些語音符號則用來指涉人名和地點。西班牙傳教士在十六世紀來到此地，燒毀了幾百部（如果不是幾千部的話）這種無價的書籍。

我們如何了解阿茲特克人的生活？一五一九年十一月來到墨西哥的西班牙征服者留下了兩份第一人稱的文字敘述，分別是科提茲從一五一九年至一五二六年寫給西班牙皇帝的五封書信，以及貝爾納爾・卡斯蒂略（Bernal Diaz del Castillo）在將近五十年後寫下的紀錄。一五四二年，巴托洛梅・卡薩斯（Bartolomé de Las Casas）提筆寫下阿茲特克文化如何被摧毀，來抗議西班牙的殘暴。但最重要的文字資料仍然是傳教士伯納迪諾・迪薩哈岡（Bernardino de Sahagun）多達十二冊的巨著，他在一五二九年來到墨西哥，學習納瓦特爾語，然後花許多年的時間訪問阿茲特克長老，他們拿出密藏的文獻，一面回想阿茲特克的歷史與文化，一面娓娓道來，迪薩哈岡則在上面注記。他的著作在一五四七年至一五六九年寫成，但多半到了十九世紀才出版，原因是歐洲的宗教當局認為內容過於冒犯。另外有許多學者和考古學家，對我們了解阿茲特克的歷史有所貢獻，例如一九七八年以後在墨西哥城地底挖出的大神殿遺跡。[9]

## 南美洲的城市中心

南美洲西部地形那種緊密的垂直分布，是世上獨一無二的自然環境。四千萬年來，太平洋海底的納斯卡板塊（Nazca）不斷往東滑向南美洲板塊下方，在距離海岸不遠處形成山脈，並在離岸的海床形成深邃海溝。安地斯山脈主要包含兩個平行的山脈；這兩個山脈從海岸快速隆起，因此大陸分水嶺和西邊的利馬海岸線相距不過一百公里。在這個狹窄的垂直景觀帶裡，夾雜著一片乾旱多年的海岸沙漠、西半球最高的山峰，以及密集的熱帶叢林，共同創造出形形色色的微氣候，以及外觀迥異，但相距不到一小時腳程的不同生態帶。能夠成功地在這種環境定居的人，必須深刻了解當地的諸多地景和眾多生物。[10]

南美洲的熱帶地區所生產的可貯存剩餘糧食，不夠養活城市人口。因此，只有現今祕魯的西部海岸和附近的安地斯山脈有城市人口的發展。由於這些南美洲社會沒有書寫的傳統，甚至沒有輔助記憶的字符系統，我們在這方面掌握的知識甚至低於阿茲特克。

我們對這些南美洲社會的理解，是來自當地已經被大肆劫掠後，由入侵的西班牙人和後來的在地印加後裔，以及一九七〇年代鄭重展開的考古挖掘所留下的紀錄。兩份非常精采的印加歷史記載在十七世紀初問世，作者是西班牙與印加混血的後裔子孫，其中一位是西班牙征服者和印加公主的私生子。[11]

到了西元前四五五〇年，人類在安地斯山脈的山谷耕種馬鈴薯和藜麥。安地斯山的人馴化了兩種既能馱重物，又能提供蛋白質的馱獸：駱馬和羊駝。每隻駱馬的載重量大約是三十二公斤，一個人可以管理十到三十隻駱馬。海岸的居民早期和山上的居民似乎沒什麼接觸，大多靠魚類維生；到了西元前三千年，他們生產了棉織品，並且在西元前一千八百年至西元前一千五百年左右製作出陶器。西元前三千年左右，一種原始的玉米從中美洲傳到安地斯山脈和海岸。

海岸和高地都出現了城鎮，各有鮮明、亮麗的文化。到了西元四〇〇年左右，兩個小城市蓬勃發展，分別是的的喀喀湖（Lake Titicaca）附近的蒂亞瓦納科（Tiwanaku），以及瓦里（Wari）（兩者都是奇楚瓦語〔Quechuan〕的拼音）。西元一〇〇〇年左右，兩地的居民顯然因為不明原因棄城離去，回到鄉下的小村落，城市就此衰亡。

蒂亞瓦納科和瓦里衰亡之後，祕魯南部除了印加人以外，其他幾個族裔也希望透過戰爭和通婚來擴大勢力。西元一四〇〇年前後，印加開始成為區域的霸主，然後不到幾十年的光景，一個十萬人左右的社會正式統治了七百萬到一千兩百萬的人口，如此驚人的偉業可能只有亞歷山大大帝足以媲美。在印加人擴張的幾十年當中，他們在高山的山谷深處重建了自己的庫斯科城（Cuzco），做為印加帝國的神聖中心。

一四三八年，印加人打退鄰國進擊的部隊，帶兵保家衛國的人，是國王年紀比較小的兒子，戰勝之後，他更名為帕查庫特克（Pachacuti），是奇楚瓦語的世界撼動者或世界改變者之意。帕查庫特克罷黜了父親和兄長，建立印加帝國，然後由他的兒子圖帕．印卡（Topa Inca）繼位。這對父子在四十年內把介於海岸和叢林之間的南北四千公里及東西一千一百公里的領土納入版圖（圖9.2）。

帝國必須有一些運輸貨物的系統。印加人建立的道路網堪稱全球公共建築的偉大成就。這些在高山地帶以石材鋪砌的道路長達兩萬五千公里，是供帝國使者和軍隊，以及駱馬馱隊使用的交通路線。

國家不徵收貢金和貢物，而是依賴被征服的屬民提供勞務，他們要為帝國耕田、放牧、織

圖9.2　1532年的印加帝國。

布、建造道路、橋梁和城市，來取得歲收。土地不屬於私人所有；每個氏族（Aylla）共同持有土地，飼養及耕種自己的糧食，同時每年提供定額的工人給國家使用。國家掌握龐大的財富，而且理當為工人提供豐厚的食物、飲料（玉米啤酒）和音樂，同時致贈布料給官員、軍隊，以及剛被納入帝國的民族。即使沒有金錢或私人所有權，社會的階級意識卻非常強烈。

印加的農夫馴化了幾十種植物，包括棉花、馬鈴薯和藜麥。他們開發從中美洲傳入的原始玉米，然後用來釀製啤酒。在肉食方面，印加人吃的是馴化的駱馬和羊駝，以及野生的瘦駝。他們栽種古柯；只有統治階級可以咀嚼古柯，以攝取少量的古柯鹼。

印加人在織布方面有獨特的長才。布料是當地的貴重物品，甚至可以焚燒祭神。每個國家和省份的人都有用來辨識身分的徽章和標記。短袍是社會地位的符碼，頭飾顯示了族裔和階級。參加婚禮和葬禮，必須穿著特殊的布料；外交和行政慣例要靠紡織品來呈現。紡織一件斗篷可能要消耗五百多個小時的勞力；有一種女性叫瑪瑪庫納（mamakuna），是國家精心挑選的未婚婦女，專門紡織國家需要的布料。織布的纖維來自駱馬、羊駝和瘦駝的毛，以及當地生產的棉花，共有白色到深棕色等五種自然色調。她們也用某些植物的纖維來增加布料的韌性，並且用羽毛和黃金及其他金屬的薄片來裝飾織品。

印加皇帝和貴族控制了採礦和金屬的生產，法律規定只有他們能使用奢侈品和貴金屬。錫和銅是最常見的；由於大多數的金器和銀器都被西班牙人熔毀，我們無從得知這些貴金屬在文化上的意義。

印加是全球唯一沒有文字的重要農業文明，他們發展出其他的技術來記錄和傳遞訊息。最知名的一種叫奇普（quipu），也就是繩結。此外還有彩繪的樹枝、木板上的繪圖，以及布料的花樣設計。

奇普的傳統，比印加人出現早了將近一千年。因為西班牙人一看到奇普就加以毀壞，現今僅存約剩下四百個。奇普包含一條主繩，通常以棉線編成，但有時也用毛線，上面綁了一連串的打了結的繩索。依據十進位系統，不同的繩結表示不同的數字。繩結染成幾百種不同的顏色。

至於奇普的完整意義是什麼，現在還沒完全弄清楚。每個奇普都伴隨著繩結記錄者的口述記憶，在印加帝國的體制下，這是一種專業職位。奇普的用途是記錄數字資料，從人口普查紀錄、畜群的計算、應繳的稅金到倉庫的存貨。一般認為奇普有助於記錄家譜和記憶詩歌。一般人用來記錄社群共同放養的畜群，這個做法一直延用到今天。

印加人的宗教屬於泛靈論信仰；他們認為住所和自然物不但有靈魂，還有神聖性。印加社會幾乎沒有地位崇高的祭司，也沒多少規模龐大、精雕細琢的祭祀場所。他們敬拜的神祇眾多，特別是三位關係匪淺的神明：創世神、太陽神和雷神。官方的宗教以太陽神印蒂（Inti）為核心。供奉太陽神的大祭司通常是統治者的近親。月神瑪瑪基利亞（Mama Quilla）被認為是太陽神的妻子、黃金是太陽神的汗水、銀是月神的眼淚。

印加人碰到特殊的隆重場合，例如皇帝登基或駕崩，或是發生地震、傳染病或日食時，會拿活人獻祭。人牲有時是戰俘，但多半是因為面容姣好而被選上的十歲童男童女。每個城鎮都必須送一、兩對孩童到庫斯科，在大廣場被勒死或割喉，獻給神明。這種習俗背後的邏輯不明，但編年史學家表示，這麼做的用意是要派最出色的人與神明作伴，陪同統治者步入死亡。

顯然印加人相信人死了以後，靈魂繼續存在人間，必須喝一種用玉米或其他植物釀製的發酵酒，叫奇奇（chichi）。統治者死後，印加人把遺體製成木乃伊，在他人協助下，可以繼續存活，彷彿靈魂不曾離開。皇族的木乃伊留在家裡；由一群特定的親戚照料，照樣吃喝拉撒、互相拜訪、開會議事。製作木乃伊時，要清除內臟、主要的肌肉、有時還要挖出腦部。然後在體腔內塞入灰和煤，接著曬乾。固定關節，用手杖把脊椎骨打直，在體內塞入羽毛、草、貝殼和泥土。

印加馬丘比丘（Machu Picchu，意思是老山丘）遺跡是全世界最雄偉的古蹟之一，位於烏魯班巴河（Urubamba River）下游，庫斯科西北七十五公里處，西班牙征服者一直沒有發現此處。一九一一年，當地的農夫引導海勒姆・賓厄姆（Hiram Bingham）來到馬丘比丘，隨後在隔年獲得全世界矚目。在耶魯大學和國家地理協會的贊助下，賓厄姆主持馬丘比丘的考古工作，然後在一九一三及一九三〇年出版相關記錄。馬丘比丘位於叢林中的高聳懸崖，複雜的梯田和優雅的建築物環繞著主要廣場。建物由巨型天然石塊構建。馬丘比丘看起來不像是舉行宗教祭祀活動的場所，而是開國皇帝帕查庫特克專用的皇室度假地點。他所建立的帝國才發展不到一百年，就遭遇跨海而來的外敵侵犯。[12]

## 美洲的其他區域

墨西哥和安地斯山開始發展農業文明時，美洲其他地方的人依然是半定居或四處游牧的漁獵採集者。許多地方的環境限制了更密集農業的發展，人口也維持在能靠狩獵輔以有限耕作就能生存的數量。

只有少數地區出現了素樸的祭祀中心，特別是南美洲肥沃的河川低窪地。這些祭祀中心顯然是在西元前一千年左右首先出現在現今的路易斯安納州，然後在西元前五百年以後，沿著密蘇里河兩岸發展。俄亥俄河谷的人馴化了種子作物，並且興建了宏偉的土方工程，被稱為霍普韋爾文化（Hopewell）。他們的城鎮階層分明，由酋長領導，最多可達七千人，種玉米釀製啤酒，利用河川網絡賣到現今的懷俄明州換取黑曜石，到蘇必略湖買銅，到北卡羅萊納州買雲母，並且到洛磯山脈購買大灰熊的牙齒。西元四〇〇年至五〇〇年左右，城鎮受到來自北方的弓箭入侵者襲擊（他們可能是在三、四個世紀之前隨著伊努特人來到北美洲），霍普韋爾遺跡就此遭到廢棄。[13]

西元七〇〇年至一五〇〇年，霍普韋爾文化在如今所謂的密西西比文化中延續。密西西比河沿岸的人耕種中美洲傳入的玉米和南瓜，在現今伊利諾州的東聖路易斯附近，也就是俄亥俄河和密西西比河交會處，興建了一座城市，叫卡霍基亞（Cahokia），如今是北美洲最大的土墩，大約一百六十公尺高，包含貴族階級的住所和神殿。西元一二〇〇年，卡霍基亞的人口達到前所未有的三萬人，但五十年後為了不明原因棄城而去。當地一位酋長的陵墓挖出五十幾名年輕女子和家臣的骨骸。[14]

在現今美國西南部的沙漠，大約西元前三百年，從更南邊的地方遷徙到此的人帶來了灌溉農業。如此一來，人口得以成長，也出現了定居的村莊生活。鹽河和基拉河谷的霍霍坎人（Hohokam）呈現出墨西哥最強烈的影響，球場也是其中之一。再往北方，到了位於亞利桑納州、新墨西哥州、科羅拉多州和猶他州交會處的四角保護區（Four Corners），阿納薩奇人（Anasazi）住的是大村莊，大約從西元四五〇年開始耕種玉米、豆子和南瓜；西元九〇〇年後，他們建造大型的居住和儀式中心。十二世紀，該地恐怕發生了旱災，較大型城鎮的居民紛紛離去，躲到路途崎嶇、俯瞰谷底的高山洞穴裡，顯示此地的可耕地有限，人口的壓力挑起了更多戰爭。

美洲各地住了數不清的小群體，靠狩獵和農耕或採集維生，創造出絢爛的文化和屬於自己的藝術，透過水運和人力運輸來從事貿易。平原上的野牛獵人、阿拉斯加的伊努特人、加勒比海的泰諾人（Tainos）、亞馬遜河流域的人，每個部族都適應了他們的地域和環境，創造出變化萬千、美不勝收的人類社會。這些半定居社會根本不存在發展帝國的條件。糧食基礎不足以累積大量的剩餘糧食；社群雖然由酋長領導，卻採行共識型政治；酋長不能要求族人納貢或奉獻勞力。雖然發展出幾個跨部族聯盟，例如易洛魁五族同盟（Iroquois Confederation of Five

Tribes），但即使是這些聯盟，其作用也比較像一種互不侵犯協定，而非提供政策或軍事行動的運作。[15]

不過，許多地方的糧食基礎確實養出了健康、營養均衡的人。北美洲各地的人創造出一種「速食」，叫做肉乾，提供了充足的營養。肉乾的做法是把燻肉乾（熊肉或水牛肉）搗碎，加入動物脂肪和莓果，再壓成條狀。英國清教徒來到美國時，發現自己比當地人矮上一截。[16]

## 歐亞非脈絡下的美洲

美洲提供了一個舞台，讓人類社會在這裡獨立發展，完全不受非洲和歐亞社會的影響。比較兩地的發展，會發現兩者有非常相似之處。我們暫且可以斷定，在兩個不同的半球，彼此幾乎或根本沒有任何接觸，人類歷史演化的途徑卻大同小異。

東、西兩個半球的人先後棄獵從農時，首先需要的是祭司的服務，然後需要戰士的效勞，才能蓬勃發展。祭司幫助人們學習何時種植，如何保留足夠的種子到下一次栽種。這要歸功於他們懂得觀察天象，據此決定耕種的時間，以及運用大宴、齋戒和祭祀來分配一整年要消耗的糧食。祭司控制儲存的糧食，當作獻給神明的祭品，一方面可以用來支持更多的宗教儀式，一旦發生饑荒，也可以拿來賑災。在祭司領導下的農業社群比較能夠安然度過災難；因此，祭司掌握了權力。

不過剩餘的糧食很快招致組織性的劫掠，以及對職業戰士的需求。凡是能籌組作戰部隊和提供保護的領袖，就能掌握權力。隨著剩餘糧食愈來愈多，貴族階層就出現了。軍事貴族和祭司團體結合，後者和一般人的關係比較密切。這似乎是所有人類社會發展過程中的共同現象。[17]

美洲到了十五世紀，已經發展出中央集權的帝國，上述的模式顯然也出現在美洲文化裡。美洲農業文明發展得比歐亞非晚，主要是因為當地根本沒有可以提供剩餘糧食的植物和動物，沒有山羊、綿羊、牛、馬、小麥、大麥、燕麥或橄欖。只要研究五、六百年前的美洲農業文明，即可約略看出歐亞非的城鎮是如何發展成帝國，歐亞非在這方面的發展比美洲早了三、四千年，因此留存的證據較為稀少。

自從馴化了馱獸和馬匹以加快旅行速度，數千年來，歐亞非已經建立一個互動和分享知識的網絡。在這網絡裡，很容易相互往來、交流貨物、觀念、最佳實踐方法和疾病。這些交流締造出更多的財富、更低的文化差異性、更強大及階級性的社會。在美洲，這樣的交流開始萌芽，但尚未達到歐亞非那樣的密度和複雜性。專門研究交流網絡的世界史學家約翰．麥克尼爾與威廉．麥克尼爾寫道：

> 然而，這個世界的網絡並不平等。最大也最密集的是舊世界網絡（歐亞非）。其中的組成分子包含全球最強大的社會，擁有最強大的軍事和運輸科技，最能夠把政治力集中在選定的時間和地點，也擁有最佳的疾病抵抗力。如果把兒童死亡率和社會平等當作指標的

話，這些或許不是全球最宜居的地方，但確實是最強大的。[18]

十五世紀末，美洲有四千萬到六千五百萬人。（這方面的人口估計少則五百萬，多則一億多，但多半認為介於兩者之間。）能達到這樣的人口密度，要歸功於玉米的馴化，以及豆子及南瓜等作物。除此之外，美洲人和來自歐亞非的動物或人缺少近距離接觸，也防止了疾病的大規模爆發。

美洲人多半住在墨西哥中部，人數高達兩千五百萬。十五世紀末，特諾奇提特蘭城的阿茲特克人是這一帶的霸主。阿茲特克帝國建於一四二八年，只延續了短短三個世代。另外安地斯山脈也住了一千兩百萬至一千五百萬人，他們的統治者印加帝國只延續了不到一百年。歐洲人抵達美洲時，美洲這兩個文明都相當年輕而有活力，為他們奠定基礎的早期城市生活傳統，曾經一而再、再而三因為糧食供應的減少而縮小。其他的美洲人，指住在北美洲、安地斯山脈以外的南美洲、加勒比海、阿茲特克領土以外的中美洲的人群，仍然沒有形成由官僚系統管理、由法律治理的國家。不管在什麼地方，人類的心靈已經創造出眾多新奇的觀念、藝術、故事、哲學、宗教和治理方式。

美洲的故事暫且先說到十五世紀末，下一章我們要回到歐亞非，敘述西元一〇〇〇年至一四九〇年發生了哪些事。我們會談到美洲人和西班牙及葡萄牙水手命定的相遇，這些水手航越時間的海洋，把整個地球連結起來。

## 待解之謎

### 一、人類最早在什麼時候來到美洲？

美洲考古學家最有興趣的問題，莫過於人類最早是在哪一個時段來到美洲。自從七萬五千年到一萬兩千年前，淺海的海底開始暴露出來以後，西伯利亞的獵人隨時都可以穿過海洋，抵達美洲。但考古學家相信，西伯利亞東北部大概一直到三、四萬年前才有人居住；在此之前，這片凍原的生活挑戰未免過大。因此，從西伯利亞跨越到美洲的時間大概是在三萬年至一萬兩千年前。

一九五〇年，有了透過測試放射性碳的衰變來為考古挖掘物定年的方法，各界無不希望能回答美洲何時有人定居的問題。當地幾乎沒有超過一萬年歷史的考古遺跡，也很難鑑定可靠的年代。擁有一萬一千五百年的歷史、證據力又充足的遺跡，出現在阿根廷、智利和委內瑞拉，以及梅多克羅夫特（Meadowcroft），也就是賓州西南部俄亥俄河流域克羅斯溪（Cross Creek）的岩棚。經過鑑定，岩棚最古老的地層有一萬九千六百年的歷史，只不過有人認定這個年代並不可靠。隨著新證據出土，相關的辯論未曾止歇。如果人類確實在西元前九千五百年以前抵達美洲，顯然在更早之前，當地並不具備適合人類繁衍擴張的條件。[19]

## 二、阿茲特克人彼此相食的情況有多嚴重？

許多考古學家相信，阿茲特克人會在宗教儀式上吃人肉，不過對於這究竟是一種象徵性的行為，還是日常飲食的一部分，則是各說各話。紐約新學院（The New School）社會研究學者麥可・哈納（Michael Harner）指出，在沒有大量肉食供應的地方，人肉是當地人口其中一個蛋白質來源。考古學家威廉・埃亨（William Ahern）相信，阿茲特克人根本不吃人，征服者和傳教士的陳述帶有偏見，他們之所以這麼寫，多少是為他們自己的大肆殺戮提供正當性。早期的一位傳教士狄亞哥・杜蘭（Diego Duran）曾說過，他看到一條大腿被割下來帶走，大概是給擄獲人牲的那些阿茲特克人食用。只有考古發現被啃食的骨頭才能做為人吃人的證據，而最可能發生這種行為的地方是住所，但至今無人挖掘到阿茲特克人的住所。[20]隨著人口成長，戰爭和活人祭祀也跟著增加。根本的原因是眾神終究會毀滅世界，而獻祭人牲可以把末日往後拖延。或許領袖是把活人獻祭當作一種政治策略，用來控制人口，或是抑制叛變。這似乎是舉國上下為了延長第五太陽紀所做的努力。上述的說法都是可能的解釋。

## 三、納斯卡圖形是什麼？

南美洲的謎團之一是祕魯納斯卡沙漠的巨大地面圖形。這些留存在沙漠表面的線條構成大規模的動物圖案、直線和幾何形狀，其中有些是兩千多年前留下來的。這些圖形能留到現在，是因為沙漠降雨稀少。繪製這些圖形時，要刮除土壤表面薄薄的覆蓋層，也就是沙漠岩漆。這些深色岩漆的組合成分是由好氧微生物沉積了數千年而成的氧化錳和氧化鐵；去除這一層岩漆，就能露出下面顏色較淺的土壤。沙漠中最大的圖形足足有數公里寬；有一隻猴子一百公尺；有一隻鳥的長度超過三百公尺。

誰也不知道在製作者眼中，這些圖形代表什麼意義。當中的幾何圖形可能象徵水的流動，或是和祈雨有關的儀式。蜘蛛、鳥和植物可能是土地肥沃的象徵。其他的可能解釋包括灌溉規劃、巨型的天文曆法或是太空船的降落地點等等。[21]

# 第十章　歐亞非一體化

西元一〇〇〇年至一五〇〇年

綜觀全球如今被現代國家統治的土地，在西元一〇〇〇年，農業文明控制的範圍還不到百分之十五。儘管大多數的歷史書籍都以農業文明為焦點，野蠻人（這是城市菁英的說法）控制了當時全球大多數的土地。野蠻人包含了覓食者、畜牧者、粗耕者和小規模農人；他們居住在亞馬遜流域、北美洲、西非和中非、歐亞中部的草原、東南亞和美拉尼西亞，共同形成一個經濟與文化異質性的世界。[1]

本章的故事要從蒙古人說起，這個游牧民族生活在中亞高地平原或草原的部分地區，也就是現在的蒙古。西元一二一〇年至一三五〇年這段期間，這些來自城市帝國邊緣的人成功建立起他們自己的帝國，除了印度外，蒙古人控制從朝鮮半島到匈牙利的整個亞洲。蒙古人缺乏農業文明或城市文明的基礎，卻建立了人類歷史上版圖相連最大的一個帝國，延續了大約兩百年（圖10.1）。

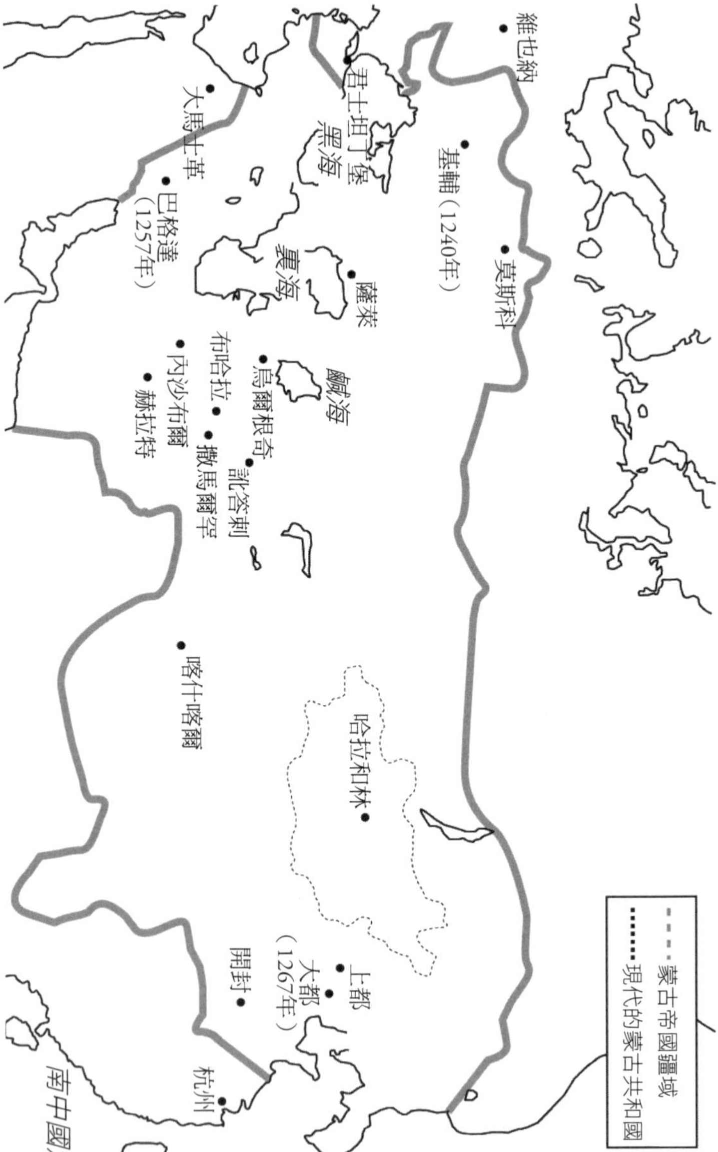


圖10.1　一二六〇年的蒙古帝國。

要知道蒙古帝國的領土有多大，不妨用一百萬平方公里為測量單位，比較諸多國家和帝國控制的領土面積。中國的漢帝國控制了六百萬平方公里左右的土地，羅馬的凱撒家族統治了四百萬平方公里。西元七世紀和八世紀的早期伊斯蘭帝國控制了一千萬平方公里，印加帝國大約是兩百萬平方公里。相比之下，蒙古可汗統治了兩千五百萬平方公里的土地。[2]

## 蒙古的興起與擴張

在歐洲人的眼中，蒙古人通常是大批騎著馬的野蠻人，飛速馳騁到定居的城市地區，以無比殘酷的手段燒殺擄掠。歐洲人給他們取了各種稱號：塔塔兒人、韃靼人、蒙兀兒人、莫臥兒人、莫阿兒人、蒙古人。他們的名聲流傳了好幾個世紀；到了十九世紀，歐洲醫師在解釋優越的白種人母親怎麼會生出發展遲緩的孩子時，宣稱孩子的五官可以證明一定是家族的某個祖先曾經遭受蒙古戰士強暴，因此衍生出「蒙古症」的說法。[3]

不過，當新的資料顯示蒙古人，尤其是他們的首任領袖成吉思汗是極富遠見的統治者，在龐大的帝國中納入許多體現現代意義的思想和價值觀，例如宗教寬容、外交豁免權、自由貿易、國際通行貨幣等等，西方史學家的觀點也因此迅速改變。[4]

記載蒙古人生活和歷史的第一手史料少之又少。游牧民族通常不會把大批的資料埋進地底保存，供後代子孫挖掘；蒙古歷史沒留下任何原始的考古資料。就連成吉思汗究竟葬在哪裡，也無人得知；他的族人小心翼翼，確保不會有人到他誕生的那片原始荒野（位於現今蒙古與西伯利亞邊界附近），驚動他的遺體。

現存僅有的第一手史料是一部名叫《蒙古祕史》（*The Secret History of Mongols*）的典籍，作者不詳，可能撰寫於西元一二二八年或一二四〇年，也就是在成吉思汗剛剛駕崩，或離世十二年以後。作者以回鶻蒙古文書寫，這是成吉思汗欽定的蒙古帝國文字，因為蒙古人原是沒有文字，靠口述記載歷史的民族。西元十四世紀，出現將蒙古文（音）轉寫為漢字的漢譯本，這也是目前唯一流傳下來的版本。到了西元一九八〇年代，本書的英譯本問世，但一直到一九九〇年代初期，才有蒙古學者加以翻譯和注解，比對出書中所描述的地方，使讀者更容易了解。[5]

在亞洲草原上的生活，最重要的是放牧各種不同的動物，其中以食用的綿羊和山羊，以及運輸用的馬、牛和駱駝為主。（馬約莫於西元前五世紀至西元前三世紀間在黑海的草原被馴化。）動物的種類必須搭配得宜，一旦失去繁殖的價值就會被吃下肚。人口的多寡完全取決於牧群的大小。要養活一家人，最少需要五十到六十隻牲畜，也就是每人十五到二十隻牲畜的比例。有個殘酷的現實是永遠不變的：畜在人在，畜死人亡。

蒙古人維生的方式，基本上是仰賴放牧蒙古人所謂的「五畜」：牛／犛牛、馬、山羊、綿羊和駱駝。蒙古人從放牧的牲畜中取得食物（肉和乳汁）、衣服（毛、毛皮、皮革）和遮風避雨的地方（用油氈覆蓋圓形的骨架，俗稱蒙古包，俄語和英語稱為yurts，蒙古語稱為ger）。不過蒙古人需要鐵來製作轡勒、馬鐙、馬車和武器，而且他們熱衷購買木材、棉布、絲綢、蔬菜和穀物。

草原的游牧民族和定居民族打交道已經有一千多年。要維持游牧的生活方式，就得從定居民族那裡取得幾樣生活必需品，例如製作馬鐙和韁勒的鐵。游牧民族有兩個選擇，用買的或是用搶的，這兩種方法他們都試過，端看當時的環境而定。蒙古帝國的興起使這種上千年的對立達到最高點。

成吉思汗的生平無疑是人類史書中數一數二的精采故事。經歷了貧困潦倒的童年，這位目不識丁的男人統一了蒙古各部落，四處攻城掠地，歷史上沒有任何人能企及他一半的戰功（無論是依土地面積、國家或人口數計算），強制推行和平、統一文字和宗教自由的政策。在成吉思汗將近七十歲那年，他在深愛他的家人和忠心的將士陪伴下離世。

成吉思汗的名字是鐵木真，父親是一個小部落的酋長，在鐵木真大約九歲時被殺害，留下兩位妻子（鐵木真的母親訶額侖是父親的第二位妻子）和七個孩子。部落的人認定他們家裡沒有男人可以打獵及供養家人，於是遷至他地，對鐵木真一家棄之不顧。這群孤兒寡母在森林邊緣過著野人般的生活，靠獵殺小動物、捕魚、採集莓果維生，總算存活了下來。

鐵木真成年時，意識到年紀略長於他的異母兄弟別克帖兒，將會娶她的母親訶額侖為妻，成為一家之主，於是和同母弟哈撒兒合謀，放箭射殺了兄長別克帖兒，從此淪為亡命之徒。鐵木真與哈撒兒在充滿綁架、謀殺和部落衝突的環境下長大，沒有受過任何正式的教育，使兩人變得殘酷無情。

當鐵木真奮力救出被擄走的妻子孛兒帖後，鐵木真帶著妻子離開森林，來到高原地帶，著手組織自己的軍隊，好擊敗蒙古其他部落，結束永無休止的戰爭。他號召年輕戰士投入麾下，與其他部落結盟，在二十年的時間裡，一步步擊潰所有競爭者。為了統一蒙古各部族，鐵木真削去親族的權力，趕盡殺絕所有敵對可汗及世襲貴族的後裔，廢除原有的部落，把所有人組織起來，並且下令殺害蒙古勢力最大的薩滿（巫師）闊闊出。

西元一二〇六年，鐵木真年約四十四歲，被突厥—蒙古各部落推舉為大汗，尊號成吉思汗。他不給追隨者取名叫某某部落，而是一律稱為「氈帳內的人民」。身為蒙古大汗，成吉思汗統治的版圖相當於現代的西歐，臣民約莫百萬名，擁有一千五百萬到兩千萬頭牲畜。

蒙古人相信山川神靈，主神是長生天或蒼天（騰格里，Tengri）。成吉思汗一直認定是長生天同意他征服天下。在長生天之下有眾多神靈，可透過蒙古人的薩滿傳達旨意。在蒙古帝國擴張期間，大汗對其他宗教予以尊重，也樂於比較接觸各種宗教，並且在家族內實行宗教寬容政策。

成吉思汗依照蒙古文化的習俗，按十進位組織軍隊，以十戶（十個人）為最小作戰單位，彼此必須以兄弟相待。凡不滿六十歲的男子皆須服兵役。萬戶形成主要的作戰單位，個別的士兵則放棄對部落的忠誠，認同所屬的千戶。除了胯下坐騎，每個士兵都有好幾匹馬；額外多配五匹馬似乎是司空見慣之事。士兵可以騎馬連續馳騁十天，不必生火煮飯；據傳，蒙古人先把牛奶曬成硬膏，途中再加水食用，或是把生肉置於馬鞍下，隨著騎乘顛簸而軟化之後，可以用來果腹，如此便可一口氣飛奔上千公里。起初士兵的酬勞是靠打家劫舍搶來的，後來則是分發軍餉和農產品。一旦士兵戰死，就把他的戰利品分給家眷，於是人人忠心耿耿。成吉思汗駕崩時，麾下大軍有十二萬九千人。在長達六十年的征戰中，沒有一位將軍背棄成吉思汗，這是一個非常特殊的例子。

統一蒙古各部落之後，成吉思汗把目標轉向中國的東北，當地的滿族（女真）已經在一百年前拿下中國最大的城市：開封。在後續的四年裡，成吉思汗征服了女真。然後用了十五年的時間征服西域的党項人（和藏人有密切的親緣關係），入侵中亞的回鶻和由契丹遺族建立西遼，以控制絲路，然後從花剌子模（位於裏海和鹹海以南）一路打到巴基斯坦中部，這裡的天氣非常炎熱，蒙古人難以消受。成吉思汗鼓勵軍民書寫或講述蒙古戰士的殘暴行徑，好促使其他城市投降。成吉思汗有別於其他征服者，他會把敵軍的貴族殺得精光，永絕後患。被征服的城市一旦叛變，他就會大舉屠城，燒毀房舍，人畜螻蟻無一倖免。[6]

成吉思汗在一二二七年過世後，蒙古的宗王大臣在忽里勒台大會上推舉他的第三個兒子窩闊台繼承。這個家族決定分三路進攻，分別是位於西面的歐洲，東南面的中國，以及西南面的中東，好讓更多朝貢的車隊連綿不絕地駛進新建的首都哈拉和林。成吉思汗的孫子拔都領軍攻打歐洲，征服基輔和莫斯科，一二四一年十二月，大軍抵達維也納城郊的時候，成吉思汗四個兒子當中僅存的窩闊台也死了。拔都回到乃蠻故地，幫忙從成吉思汗的眾多孫兒中選出繼承人，這一選就是十年，歐洲才能免於蒙古軍進一步的蹂躪。

蒙古大汗外出征戰時，往往把帝國交給妻子管理（游牧民族的婦女經常參與戰爭與治理）。其實窩闊台常常爛醉不堪，執政的權力就交給妻子脫列哥那，窩闊台死後，由她臨朝稱制十年之久。汗位的繼承爭奪戰愈演愈烈；成吉思汗的孫子旭烈兀征服阿拔斯王朝，在巴格達誅殺伊斯蘭精神領袖穆斯台綏木（Al-Musta'sim）哈里發。但在一二六〇年，埃及蘇丹率領一支奴隸軍隊在加利利海（現在的以色列境內）擊潰蒙古軍，阻止了蒙古帝國繼續擴張。

一二六五年以後，蒙古帝國開始分裂。成吉思汗的孫子忽必烈在一二六五年被推舉為大汗，有些宗室拒不承認，於是帝國裂解為四個汗國，各由一位可汗統治，但彼此往來。此時印度尚未被蒙古可汗征服，不過到了十四世紀末期開始被蒙古人統治。

在蒙古帝國的時代，貿易蓬勃發展，觀念的交流頻繁，透過統稱為絲路的諸條路線，把中國、伊斯蘭世界和歐洲連結起來。蒙古人建立的通訊系統，是在每隔四十到五十公里的地方設置驛站（蒙古語稱「站赤」），備有馬匹和糧草，供持有金銀令牌的信使所用，令牌刻有蒙古文，是現代護照的前身。有的城市繁榮昌盛，有的則為了進貢而弄得財困民窮。一個半全球化體系在歐亞非出現了：一個連結中國、東南亞、印度次大陸、伊斯蘭世界、中亞、非洲撒哈拉沙漠以南某些地區、地中海和歐洲的單一商業網絡。

載著貢物的車隊絡繹不絕地駛入涵蓋哈拉和林和周遭地區的蒙古首都。駱駝和牛車所載的絲綢多到只得拿來包裝和捆紮其他貢品。絲綢製品樣式眾多，例如繡花長袍、地毯、枕頭、毛毯，以及花色多到讓蒙古語彙不敷使用的布料。其他在草原四處流通的熱門商品還包括漆器家具、瓷碗、青銅刀、皮雕馬鞍、香水、化妝品、珠寶、葡萄酒、蜂蜜、紅茶、薰香、藥品和春藥。

成吉思汗征服華北的女真以後，收到大批貢品，因而同意在克魯倫河畔的曲雕阿蘭（位於哈拉和林附近）興建宮帳（斡耳朵，Orda），貯藏貢物（通常蒙古人只搭建氈帳）。窩闊台在一二二九年登基時，大開寶庫以示慶祝，人人都有新的絲綢長袍；數量多到每個朝臣一律穿著顏色相同的長袍，每日更換。

元代出身江西的王禮（一三一四年至一三八九年）曾經敘述帝國貿易的便捷：

惟我皇元，肇基龍朔，創業垂統之際，西域與有勞也。洎于世祖皇帝，四海為家，聲教漸被，無此疆彼界。朔南名利之相往來，適千里者如在戶庭。之萬里者如出鄰家。於是西域之仕於中朝，學于南夏，樂江湖而忘家國者眾矣。歲久家成，日暮途遠，尚何屑屑首丘之義乎。嗚呼，一視同仁，未有盛於今日也。《義塚記》7

不過，往來商旅不知道的是，貿易因自由流通而昌盛，也因自由流通而終結。像這樣四通八達的人貨運輸所帶來的問題，在一三三一年首次露出端倪，忽必烈建都所在的河北省突然有百分之九十的人得了怪病死亡。不到一年，在上都避暑行宮的蒙古皇室也得了這種怪病（上都即開平，位於現在的北京西北部，鄰近戈壁沙漠）。據稱中國在二十年間少了三分之一到一半的人口，從西元一二〇〇年的一億兩千四百萬人，減少到一四〇〇年的七千萬人。

這種疾病以驚人的速度從中國向外傳播。以絲路為途徑，在西元一三三八年傳到吉爾吉斯的天山山脈，在一三四七年傳到黑海。到了一三四八年，怪病經由船隻傳入熱那亞，肆虐埃及、歐洲和土耳其各大城市。到了一三五〇年，更是橫越北大西洋，傳入冰島和格陵蘭。從一三〇〇年至一四〇〇年，歐洲至少喪失了百分之二十五的人口。（圖10.2）

這種可怕的傳染病究竟是什麼？當時被稱為黑死病，因為患者皮下滲出的血液乾掉之後呈黑色。淋巴結長出像高爾夫球一樣大的腫塊，破裂化膿；這個怪病的醫學名稱叫淋巴腺鼠疫（bubonic plague），出自希臘語buboes，意思是鼠蹊部。患者多半會在經歷幾天的痛苦折磨之後一命嗚呼。有時發病的部位不是淋巴結，而是肺臟，使患者溺死在血泡中，透過咳嗽和打噴嚏傳染給周遭的人。

誰也不知道這場災難是怎麼發生的，但有人發覺疾病似乎是沿著貿易路線散播。在歐洲，基督徒把疫情怪罪在猶太人頭上，因為他們往往靠經商維生，而且和黑死病一樣是源自東方。教宗克雷芒六世（Clement VI）在一三四八年頒布教宗詔書，下令基督徒不得火焚猶太人，後者一有機會就逃到歡迎他們的波蘭去。

黑死病的傳播意味著蒙古帝國的終結。做為帝國命脈的貿易近乎瓦解。人群、貨品和資訊不再頻繁流動，複雜的帝國體系崩潰瓦解。蒙古統治家族的各個支系無法相互聯繫，只得自力更生。蒙古人在俄羅斯建立的金帳汗國（又稱欽察汗國）分裂成三個小汗國，三者的勢力在後

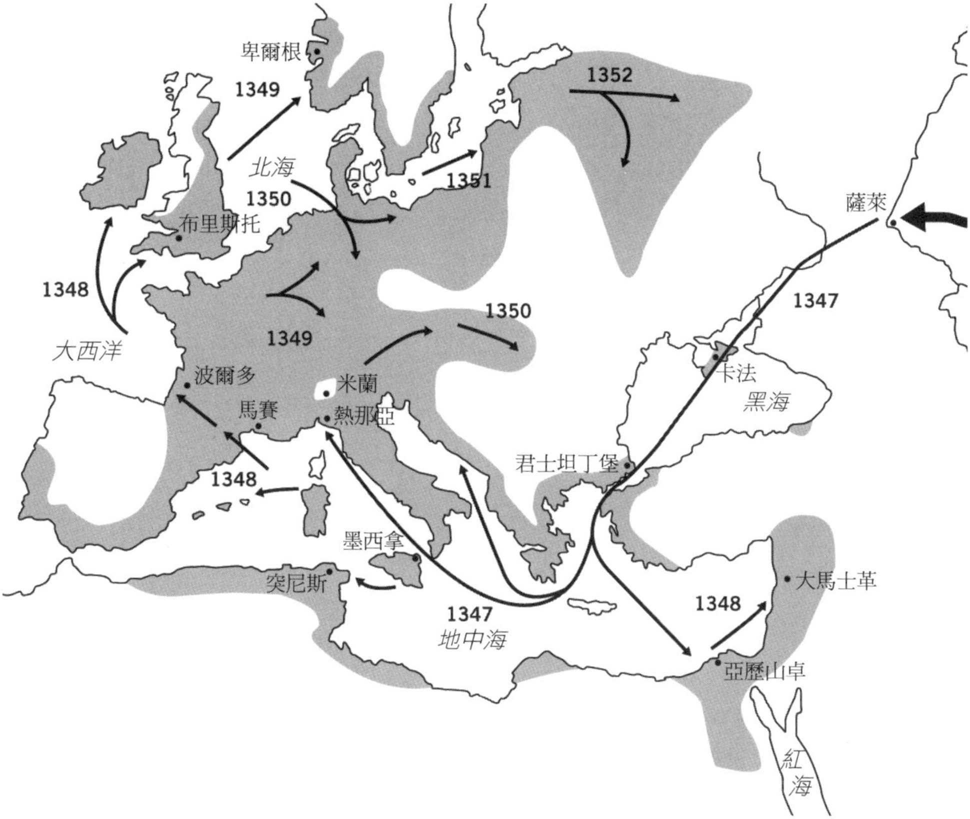
卑爾根
1349
1352
北海
1351
1350
布里斯托
薩萊
1348
1349
1350
1347
大西洋
波爾多
米蘭
卡法
黑海
馬賽
熱那亞
君士坦丁堡
1348
墨西拿
大馬士革
突尼斯
1348
1347
地中海
亞歷山卓
紅海

圖10.2　黑死病的蔓延。

續的四百年不斷衰微。蒙古統治的波斯地區建立的伊兒汗國，在一三三五年滅亡。同時，在中國的蒙古政權也敗仗連連，一三六八年由明帝國所取代。蒙古人繼續統治的範圍只剩下蒙古和中亞的蒙兀兒斯坦。到了十四世紀末，綽號「跛子」的蒙古人帖木兒征服了從印度到地中海的土地，建立帖木兒帝國（一三七〇年至一四〇五年）；他的後裔在印度建立蒙兀兒帝國（一五二六年至一八五八年）。最後一位擔任統治者的成吉思汗後裔，是布哈拉埃米爾國（Emirate of Bukhara）的穆罕默德·阿里木（Mohammed Alim），統治烏茲別克，直到蘇維埃革命爆發，才在一九二〇年退位。

一直到一八九四年，科學家才了解黑死病的真正發生原因和傳播方式。鼠疫桿菌恐怕是出自戈壁沙漠，生存在齧齒動物身上的跳蚤腸道裡。在運輸糧食的時候，疾病隨著船上的老鼠傳遍天下。人口密集的城市和船隻是鼠疫桿菌繁殖的溫床，這些地方的老鼠長期和人類近距離共處，根本沒有人懷疑牠們是這種怪病的罪魁禍首。現在全球仍然有許多齧齒動物被帶有鼠疫桿菌的跳蚤寄生，不過拜抗生素所賜，黑死病的大規模爆發已成過去式。[8]

## 中國的元帝國和明帝國

前面提到，成吉思汗在一二〇六年統一蒙古諸部後，不出幾年，即親率大軍征服華北的某些區域。成吉思汗死後，後繼的子孫征服中國更多的領土，最後孫子忽必烈推翻偏安的南宋，成功地統一全中國。忽必烈建立元帝國，爾後在一二九四年駕崩，元帝國的統治則延續到一三六八年。

可想而知，漢人多半憎恨蒙古人的野蠻行徑（茹毛飲血、住氈帳、穿獸皮）。但忽必烈把自己充分漢化，以便有效統治。他建設新都（蒙古語叫汗八里，Khanbalik，即可汗之城，漢語叫大都）的地點，正是後來的北京。他請御用的穆斯林阿拉伯建築師也黑迭兒在後來的紫禁城所在地設計新宮殿。在城牆背後，忽必烈可以在微型草原上過著蒙古人的生活：睡臥氈帳、騎馬狩獵。忽必烈設立官學，使教育普及，整整五百年後，西方各國的政府才承擔起公共教育的責任。忽必烈成立興文署，從事大規模的活字版和雕版印刷。他提倡節慶的戲曲表演，一演就是幾個星期；他廢除科舉考試，使商人的地位僅次於官吏，儒士的地位則低於娼妓，但高於乞丐。他請來一位藏傳佛教的喇嘛八思巴，制定一套可以拼寫世界所有文字的字母系統（八思巴創造了八思巴文字，有四十一個字母）。在忽必烈統治的十三和十四世紀期間，中國許多領先全球的科技透過貿易和旅行向外輸出：繪畫、印刷術、指南針導航、火藥武器、高溫鼓風爐、造船技術。

不過在蒙古人統治下，漢人農民被沉重的稅賦壓得喘不過氣來。到了一三六〇年代，農民起義，重新奪回自己的國家，建立明帝國，同時保留蒙古最主要的遺產，即一個幅員龐大的統一國家，其中漢語人口的居住面積僅為全中國領土的五分之一。

明帝國的開國君主朱元璋將首都定在遠離蒙古領地的應天（南京），厭惡蒙古或異國的所有事物。穆斯林、基督教及猶太教商人被驅逐；禁止取蒙古名、著蒙古服；排斥佛教、廢除紙鈔。朝廷恢復科舉制度，晉用讀書人，對富商巨賈恨不得除之而後快。只有蒙古語做為外交語言被保留下來。

後來明成祖朱棣遷都回北京，並以中國的建築風格重建紫禁城。當中國農業生產量在十五世紀中葉達到顛峰，人口也開始增加。明成祖疏濬大運河，把糧食從江南運到北京，同時派大軍鎮守邊關，防禦北方的蒙古騎兵。

一四〇五年至一四三三年間，明廷斥資進行了七次深入印度洋的遠洋探險。其中六次是由宦官鄭和全程親自領軍（他在第七次下西洋途中死亡），沿途造訪海外商人、確立皇帝的聲威，但卻讓政府耗資甚巨。鄭和七次下西洋中，規模最大的一次率領了六十幾艘船，計有兩萬五千至四萬人；相較之下，哥倫布最盛大的海上探險只有十七艘船和一千五百人。鄭和最大的寶船配有九支桅杆，船員五百人，長度是哥倫布後來率領的最大船隻的五倍。鄭和每次下西洋，平均耗時兩年，總共造訪至少三十個國家，是中國卓越航海技術的最佳展現。[9]

然而中國並沒有善用他們的航海優勢繼續在非洲岬角附近探險，或是橫越太平洋，前往未知的大陸。明帝國決定集中資源，專注於發展國內和戍衛草原邊疆，並且撤回大軍，不再南下往安南（今越南）擴張，任由船隊腐爛，並且禁止私人的海外貿易活動。明帝國的統治階層認為社會的安定比對外侵略更重要；他們成功地讓原本在蒙古人統治下變得財困民窮的中國恢復元氣。有些學者主張，由於蒙古人所保護的貿易體系崩解，才使中國經濟變得如此困頓，國家為了重建農業基礎和國內生產，因而不得不採取海禁政策。[10]從西元一四〇〇年至一七〇〇年，中國的人口和印度一樣，增加了兩倍以上。

## 伊斯蘭世界的蒙古人及後續發展

有些史學家堅持，從西元一〇〇〇年至一五〇〇年間，世上最有創意和動力，把創新從一個社會傳播到另一個社會的文明，是伊斯蘭，而非中國，如果一五〇〇年有一位大公無私的觀察家，很可能會預測伊斯蘭將成為全球最主要的宗教。[11]

這些評估是出自三個基本事實。首先，在一〇〇〇年至一五〇〇年間，伊斯蘭世界的疆域幾乎倍增；主要位於印度（帖木兒和其他蒙古後裔改信伊斯蘭）、東歐、非洲和東南亞。其次，在伊斯蘭心臟地帶（伊拉克、伊朗和亞塞拜然），以波斯化的突厥暨蒙古宮廷文化為基礎的伊斯蘭菁英城市文化，經歷了一段全盛期。最後，伊斯蘭是歐亞商業網絡的中樞，把中國和印度與非洲、地中海及歐洲連結起來（圖10.3）。

伊斯蘭文化的燦爛輝煌，孕育出美麗的公共建築（泰姬瑪哈陵）、附插圖的精美手稿，以及像奧瑪．開儼（Omar Khayyam，卒於一一三一年）、魯米（Rumi，卒於一二七三年）與哈菲茲（Hafez，卒於一三八九年）這樣的詩人。伊斯蘭文化也締造出馬拉蓋（Maragha）的天文台（位於伊兒汗國首都大不里士〔Tabriz〕附近，亦即現今的伊朗西北部）和數學家納西爾．艾爾

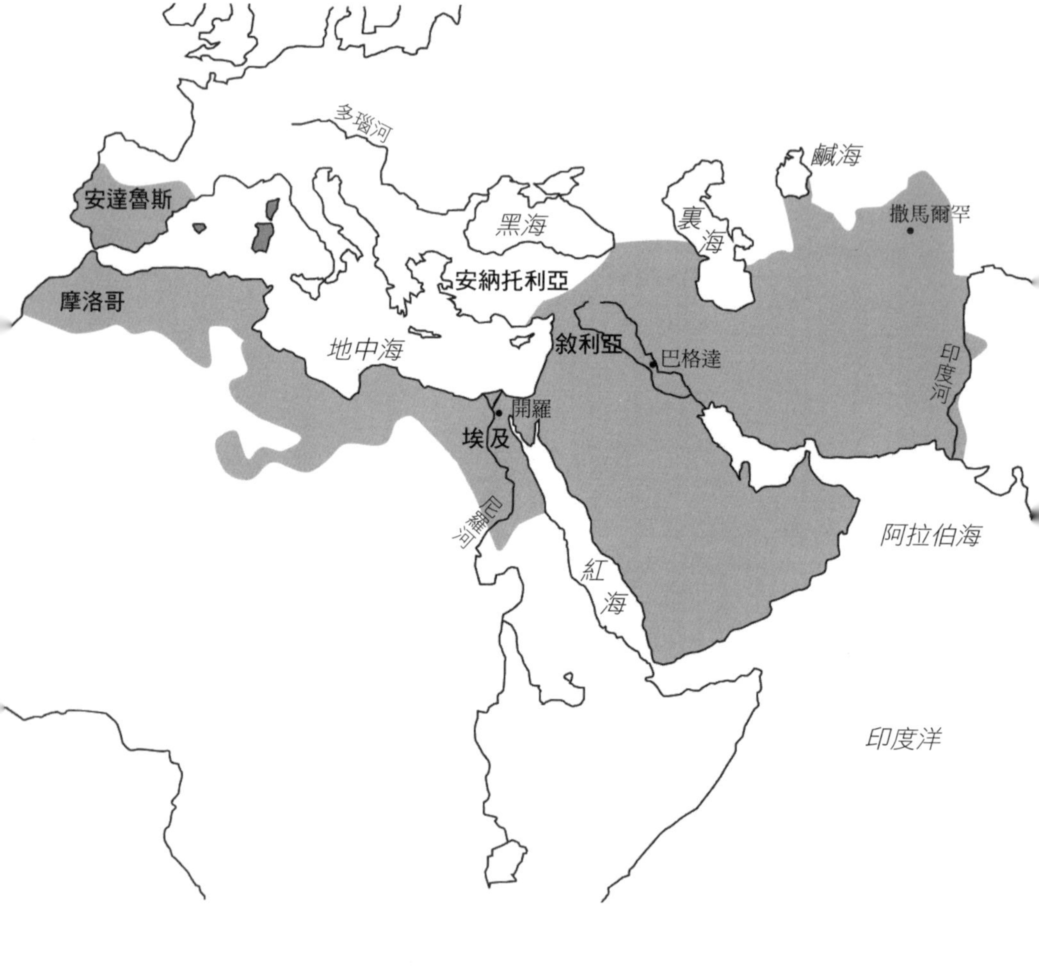


圖10.3 西元一〇〇〇年左右的伊斯蘭核心地帶。

丁．圖西（Nasir al-Din Tusi），圖西運用他在天文台的觀察，提出地球在公轉同時間自轉的構想，最後啟發哥白尼提出日心說的理論。圖西也為複雜的代數與三角函數奠定基礎。此外到了西元七世紀，穆斯林學會了印度的數字系統，包括「零」的使用，在包括西班牙在內的伊斯蘭世界普遍運用。西元九六七年至九七〇年間，一位法國僧侶在西班牙學到這套數字系統，後來他成為教宗西爾維斯特二世（Sylvester II），以教宗之尊在歐洲協助推廣這套系統。

在東、西半球相遇之前，伊斯蘭世界的農業交流恐怕是史上最精采的。阿拉伯人從印度帶回了硬粒小麥、稻米、甘蔗、香蕉、苦橙、檸檬、萊姆、芒果、西瓜、椰子、波菜、朝鮮薊、茄子和棉花。除了芒果和椰子之外，其餘都一路流傳到西班牙。[12]

其後，伊斯蘭世界的農業發展倒退。一〇三七年，突厥游牧民族塞爾柱人兵強馬壯，一路從草原打進伊朗和土耳其東部的伊斯蘭地區。不到三十五年，塞爾柱人攻破拜占庭帝國的邊疆，占據了安納托利亞（現代土耳其）大多數的地方。這次農業的倒退可能要歸咎於歐洲從西元九五〇年至一二五〇年的氣候溫暖期，這段時期的氣溫升高，夏季也更加酷熱。這種天氣提高了歐洲的農業產量，不過同期的伊斯蘭世界可能過於炎熱及乾燥。[13]

蒙古人在一二五八年劫掠阿拔斯王朝首都巴格達，伊斯蘭文明似乎岌岌可危。不過由於蒙古人沒有先進文化可以引進，歷任可汗便融入了波斯的宮廷文化，並在一二九五年皈依伊斯蘭教，一直統治到一三五三年，事實證明蒙古人的政權有利於伊斯蘭的成長和擴張。

改信伊斯蘭的伊兒汗合贊（Ghazan），是在歷史上第一位世界史學家拉希德丁（Rashid al-

Din）的勸服下皈依。拉希德丁是一名出生在波斯的猶太人，後來改信什葉派伊斯蘭教。擔任合贊的宰相期間，拉希德丁遊歷四方，和中亞及中國的蒙古官員保持聯繫，鼓吹同時在伊朗、俄國和中國發展出來的貨幣改革。前面提過，拉希德丁寫下了人類史上第一部世界史，其中包含人類最早的歐洲通史（資料來自歐洲的隱修士）。拉希德丁在書中收錄了歐洲和中國繪畫的插圖，從而把中國水彩構圖和人物描繪的原理介紹到伊斯蘭世界。

蒙古人的伊兒汗國在一三五三年滅亡，此後在驍勇善戰的軍事領袖率領下，波斯出現了幾個不穩定的伊斯蘭政權，其中最成功的是在一三六九年至一四〇五年在位的帖木兒。在此同時，與基督教世界比鄰的游牧民族中，出現信仰伊斯蘭教的鄂圖曼帝國，征服了安納托利亞西北部和巴爾幹半島大多數的土地。當陸路不安全，伊斯蘭商人就擴大印度洋的海上貿易，並且把生意做到東南亞操馬來語的馬來半島去。

摩洛哥伊斯蘭律法學者伊本．巴杜達（Ibn Battuta）的遊記，最能把伊斯蘭世界的廣大遼闊表達得活靈活現。伊本．巴杜達生在摩洛哥的丹吉爾（Tangier），出身律法世家。在研讀一段時間的律法之後，到了一三二五年，也就是他二十一歲那年，伊本．巴杜達離開家鄉赴海外朝聖，除了造訪麥加外，也盡量遊歷其他許多重要城市。他曾經遠赴中國華南，並在二十四年後返鄉，然後又去了馬利兩年，最後回到摩洛哥撰寫回憶錄：《遊記》（*Rihla*），由於他在旅途中完全沒有做筆記，本書全憑記憶寫就。伊本．巴杜達可能總共走了十八萬公里，造訪過大約現代的四十四個國家。由於伊斯蘭國家用的是同一部教法，即伊斯蘭律法，因此伊本．巴杜達在好幾個地方當過法官。凡所到之處，他都能用阿拉伯語和商人、王公貴族及學者大談法學、神學課題，以及伊斯蘭世界的時事，這證實了溫瑪（即穆斯林社群）的存在。[14]

在非洲東岸，與伊斯蘭世界的貿易往來自一二五〇年開始擴大，帶動了三十到四十個城邦興起，例如摩加迪休（Mogadishu）和基爾瓦（Kilwa），這些城邦的人講的是同一種語言，即斯瓦希里語。東非的黃金出口貿易在十四和十五世紀大幅擴張；到了十五世紀末，基爾瓦每年出口的黃金多達一噸。西元一四〇〇年左右，黃金貿易臻於顛峰，有不少黃金產自大辛巴威這個城市，或是經由此地輸出。

沿著尼日河到非洲大西洋沿岸，伊斯蘭貿易蒸蒸日上，當地的統治者因而一一改信伊斯蘭教，做為連結更廣大世界的文化橋梁。非洲的統治者靠販賣奴隸、黃金和鹽而致富。馬利王國沿著尼日河發展起來，在一三三〇年左右進入全盛時期；此時非洲的統治者控制了全球三分之二的黃金生產。穆斯林商人引進了紙張和造紙術；廷巴克圖成為學術中心。當地敵對的統治者利用販奴來充實國庫，侷限了人口成長和農業生產。到了十五世紀，貿易衰退，商人紛紛離去，有的非洲人又回歸傳統的泛靈論信仰。

在穆斯林貴族生意愈做愈大的同時，蓄養的奴隸也愈來愈多。印度的軍事活動造成數以千計的印度人淪為奴隸。在撒哈拉沙漠以南的非洲，受到伊斯蘭習俗的影響，地方貴族開始蓄奴，一方面販賣牟利，一方面留作己用。照現代人的估計，在一二〇〇年到一五〇〇年間，撒哈拉沙漠以南和紅海的貿易商大約販賣了兩百五十萬名非洲奴隸，給北非和其餘伊斯蘭世界的穆斯林買家，只不過這些數字都不太精確。非洲奴隸最晚在西元七世紀來到中國，到了十二世紀，廣東有些富人也養起了黑奴。有些穆斯林富商立志要在已知世界的每一個地區包養一名妾侍。據說一位印度貴族的後宮有兩千名奴隸，包括來自土耳其和中國的婦女。[15]

在連結中國和歐洲的歐亞貿易路線上，伊斯蘭正好位於中心點，因而得以和來自四面八方的人廣泛交流其觀念和習俗。有別於漢人在奪回政權之後極力排斥蒙古的觀念，伊斯蘭統治者反而成功地吸收並調整蒙古人留下的遺產。

## 西元一〇〇〇年至一五〇〇年的歐洲

西元一〇〇〇年的歐洲是個窮鄉僻壤，人口稀少，百分之九十的人口住在鄉下。在穆斯林和拜占庭的鄰國口中，歐洲人被稱為「法蘭克人」，但他們自稱是「拉丁人」，以示效忠羅馬天主教，以及在天主教儀式中使用的拉丁語。相形之下，口操希臘語的羅馬皇帝卻在東正教的支持下，統治拜占庭帝國，其疆域從塞爾維亞與保加利亞的邊界往南貫穿希臘、土耳其西部和義大利南部。

依據西歐當時主要的社會型態，每一戶作戰的貴族要靠十五到三十戶佃農供養，這些佃農耕作的穀物至少有一半要上繳，另外還要服侍他們的貴族騎士，以換取耕作的田地和安全的保障。佃農組成操作板犁的犁田隊伍，先以犁頭切入土壤，再由翻土板將土壤切起翻鬆。冬天的天氣溫和，加上一年四季都有降雨，農業的生產自然增加，除了聖誕節的十二天假期之外，一年可收穫三次。

舉例來說，一戶佃農可以耕種三、四十畝地，每年或許平均可以生產一萬零兩百磅的穀物。其中有三千四百磅必須留待來年播種之用，兩千八百磅要餵養四匹馬，兩千七百磅交給領主，剩下一千三百磅留給農夫及家人食用（相當於每人每天只吸收大約一千六百大卡的熱量）。因此，家裡還得栽種水果、蔬菜，飼養牲畜、雞隻和兔子。[16]

當產量隨著犁田技術的進步而增加，佃農就能留下一些穀物來換取商品，帶動了連續三個世紀的人口成長。從西元一一〇〇年至一四四五年，歐洲人口增加了不只一倍。在這段期間，歐洲曾經茂盛的森林變成了耕地，唯一的例外是有權有勢的地主所設立的狩獵保留區。

在歐洲的政治方面，十一和十二世紀的重頭戲是十字軍東征，這是基督徒對地中海東岸的穆斯林展開的一連串軍事侵略行動。當伊斯蘭勢力不斷逼近君士坦丁堡時，教宗想改革教會，並保護教會的權力；上層階級的男性需要教廷批准他們使用武裝暴力；商人也想多做點生意。極其複雜的各種聯盟起起落落、生生滅滅。一二〇四年的第四次十字軍東征沒有進攻巴勒斯坦，十字軍反而大肆劫掠原本要保護的拜占庭首都君士坦丁堡，然後在拜占庭的領土建立拉丁帝國（Latin Empire）。歐洲的反猶主義更加劇烈，珠寶、藝術和宗教器物等戰利品源源不絕地湧入歐洲各個城市。[17]

有別於歐亞大陸其他地區，歐洲的統治者和神職人員一直控制不了銀行業者和商人。城市自治盛行，經常互相競爭、敵對，並且暴力相向，不像帝制國家可以強制各個城市和平共處。神聖羅馬帝國皇帝和羅馬教宗都號稱能夠一呼百應，但只是說說而已；歐洲並未形成大一統的局面，反而繼續飽受戰火蹂躪。英法百年戰爭正是法國的諸侯（也就是英格蘭國王和諸多貴族）從一三三七年至一四五三年對法王的集體叛變。英格蘭固然抓了聖女貞德（Joan of Arc），但最終由法王查理七世（Charles VII）取得勝利，同時兩國君主都向比較能代表民意的議會和三級會議等機構釋出了一些權力。

西元十三世紀期間，歐洲人初次有緣窺見蒙古和中國文化。匈牙利一位隱修士在一二三七年啟程東遊，途中遭遇成吉思汗的孫子拔都率領的蒙古西征，他完全想不通這些究竟是什麼人：是古代傳說中失蹤的以色列十支派？①還是神聖羅馬帝國皇帝腓特烈二世（Frederick II）使出的計謀，要匈牙利國王對其效忠？首位奉命前往蒙古宮廷的歐洲使節在一二四六年七月抵達哈拉和林，這時他已經騎了將近三個半月的馬，全程長達四千八百公里，平均一天要騎四十五公里。消息的傳遞注定既稀少又緩慢。[18]

歐洲第一位橫越東半球的旅行家馬可．孛羅（Marco Polo），出身威尼斯的商人家庭；西元一二七一年至一二九五年間，他隨父親及叔父前往中國，三人之所以能夠成行，可能要歸功於蒙古的政策，允許各個國家和宗教的商人到境內旅遊和經商。（馬可．孛羅於忽必烈在位期間抵達中國，伊本．巴杜達來的時間比較晚，大約是一三四五年至一三四六年。）一三〇〇年，馬可．孛羅的遊記在義大利出版，當時許多博學之士認為內容純屬杜撰，多少是因為這些內容出自馬可·孛羅的口述，而執筆者是一位書寫虛構冒險故事成名的作家。

加入蒙古貿易體系的歐洲人，換來肆虐全歐洲的黑死病。但同時，歐洲從蒙古貿易體系得到的好處亦非其他任何地區所能比擬。透過與中國的貿易往來，歐洲人得到他們在西元一五〇〇年之後稱霸全球所用的工具：印刷術、火器和航海儀器。紙張取代了羊皮紙，當時紙張已經發明，但與蒙古人通商之前，歐洲幾乎沒什麼人使用。經由採購和貿易，歐洲人改良了鼓風爐，有了新的木作工具、起重機和新的食物，如胡蘿蔔、蕪菁、歐防風和蕎麥。拜貿易的增加所賜，歐洲在一二五二年鑄造金幣，而且到了十四世紀中葉，義大利發明了複式記帳，這種記帳法首次實現了精確的損益計算。

一三一五至一三二二年，歐洲的天氣變得比較涼爽、潮濕，導致農作物歉收，遍地饑荒。一個世代之後，黑死病從熱那亞傳入，在一三四七年至一三五一年間肆虐全歐洲。一四〇〇年的歐洲人口和一二〇〇年相差無幾；直到西元一五〇〇以後，才開始超越黑死病時期的人口數量。有了火藥以後，身穿盔甲的騎士派不上用場，加上黑死病讓社會秩序全面崩潰，農奴制度就此消失；佃農不是乾脆逃跑，就是自行贖身。森林稍微恢復，法國和德國在十四世紀出現了林地管理的科學。[19]

---

① 編按：西元前七二二年以色列王國被亞述毀滅後，以色列十二支派（或稱部落）中的十個支派消失於《聖經》的記載，自此衍生出眾多說法。

到了十四世紀中葉，歐洲人利用他們從中國學來的火藥知識發展出野戰砲。到了十五世紀中葉，在私人企業家而非政府的資助下，歐洲的槍砲製造商憑藉地方上的採礦事業，遠遠超越了全球其他的軍備製造者。到了一四八〇年，活動式攻城砲可以攻破任何城堡，要是架設在船上，還能攻擊其他船隻或海岸要塞。

從西元一〇〇〇年至一五〇〇年這段期間，原本只有《聖經》和羅馬帝國功業史可讀的歐洲，在學術上的發展令人瞠目結舌。西元十一世紀，拉丁基督徒從穆斯林手中奪回西班牙的托雷多和西西里島，並且收復了原本屬於拜占庭帝國的義大利南部，從而取得希臘和阿拉伯隱修士的手稿。早在西元九〇〇年從巴格達傳到埃及的造紙術，終於在西元十二世紀傳到了摩洛哥和西班牙。

一二〇〇年以後，歐洲出現了新的學院，可能是以伊斯蘭學校（Madrasas）為藍本，伊斯蘭學校是靠清真寺的慈善基金捐助的求學機構，提供學生津貼住宿，並支付教師薪水，在伊斯蘭世界分布甚廣。歐洲這些新學院的老師往往來自兩個宗教修會，分別是道明會和方濟會。此外，歐洲人把原本學院的規模加以擴充，成立大學，是一種可以授予學歷的機構，專攻研究和高等教育。這是一項重大的發明。

西元一三〇〇年以前，歐洲人已經創立了二十所大學；一三〇〇年至一五〇〇年又新增了六十所。這些大學一律以拉丁文授課。有時學生會組織起來，成立一所大學；比較常見的則是教師行會成立的大學。波隆納的大學專攻法學訓練；法國蒙佩利爾和義大利薩雷諾的大學以醫學為主；巴黎和牛津大學則以神學見長。皮埃爾・阿伯拉爾（Pierre Abélard，一〇七九年至一一四二年）和多瑪斯・阿奎那（Thomas Aquinas，一二二五年至一二七四年）這兩位知名的法國教授則運用邏輯推理來尋找宗教和哲學問題的答案。

一四五〇年以後，三大技術改良使印刷術全面革新，也帶動了學術上的革命；個別字母的金屬活字模、適合在紙張上印刷的新墨水、修正後的木製螺旋壓力機（把沾了墨水的字模壓在紙張上）。約翰尼斯・古騰堡（Johannes Gutenberg）在一四五四年印出第一本《古騰堡聖經》，其精美的程度見證了他多年實驗的心血。到一五〇〇年，歐洲的印刷機每年印製一千萬至兩千萬冊書籍，涵蓋十幾種語言，既有古代典籍，也有當代政治與宗教的宣傳手冊。[20]

在歐洲，私人可以購買槍枝（權力）及書籍（知識）。政府對社會的變遷及持續的商業化束手無策。這是拉丁歐洲和其他歐亞社會不同之處，後者的政府管制力較強，幾乎更能夠強制維持傳統的典範和行為。以日本為例，當地的槍枝製造受到限制，一六三七年以後，幕府將軍任其消失，因為用槍並非君子之道。

## 歐亞核心的邊陲

歐洲和亞洲的太平洋沿岸國家一樣，都位於歐亞中部貿易核心的邊陲。兩者有些非常相似的發展，尤其是航海船隻和航行技術的發展，是為日後的全面全球化鋪路。馬來亞的水手和商人把生意做到比較偏遠的太平洋諸島，包括摩鹿加群島、婆羅洲和菲律賓的民答那峨島。日本設法阻擋了中國遠征的水師，發展出自己獨特的文化。朝鮮和安南（越南）比較容易受到中國的影響，但並非直接隸屬於帝國的官僚體系之下。因此自然和西歐一樣，可能出現一些敵對和創新。

在西元三世紀或四世紀，黑皮膚的班圖人開始從西非的奈及利亞東部向外移居，成為全球歷史上的一次大遷徙。遷徙的原因不得而知，可能肇因於撒哈拉沙漠的乾旱化使大量人口向外逃離。班圖人會鍛鐵，鐵製的武器使他們比鄰近的漁獵採集者占有更大的優勢。這一次的遷徙過程究竟是平和或是暴力，則不得而知。班圖人首先進入蘇丹中部，到了十三世紀，又前往中非及西非的森林、非洲東岸，以及尚比西河以南的非洲南部，一場延續上千年的漫長遷徙。

從塞內加爾延伸到查德湖的非洲草原，構成歐亞非核心貿易地區的南緣，馬利及後續的桑海帝國（Songhai Empire）都憑著與阿拉伯世界的貿易致富。不過到了更南邊的中非和非洲南部，人們仍然處於貿易的邊陲地帶。欠缺馱獸和可航行的河川，加上致命的疾病和反覆不斷的旱災與饑荒，幾乎不存在什麼城市和長途貿易。這裡的非洲人依舊過著以祖先、泛靈論信仰和地方首領為中心的傳統生活。（大辛巴威這個城市終究是轉瞬即逝的例外。）

位於極圈地帶的北方（西伯利亞以北、阿拉斯加、加拿大北部），同樣處於貿易的邊陲；這裡的獵人、漁夫和採集者用他們傳統的方式討生活。俄羅斯的氣候稍微溫暖一點，具備可航行的河川，俄羅斯沙皇國在十五世紀興起，以諾夫哥羅德為中心，專營毛皮買賣。

到了一五〇〇年，全球人口已經達到四、五億人。中國和印度各占世界人口的百分之二十左右，相當於整個非洲。不把俄羅斯計算在內，歐洲的人口大約占了百分之十五，南、北美洲則不到百分之十。[21]

從西元一〇〇〇年至一五〇〇年的五個世紀裡，歐亞非核心地帶的人從事貿易、互動、發明科技、交流觀念、動員人力，成功把這些地區的權力和財富增加到前所未有的高峰。成吉思汗創建的帝國強勢締造的和平，使這些交流得以順利推動，沒想到因為內部的爭執和黑死病的肆虐，使帝國分崩離析。既然橫越中亞的貿易路線不再安全，南歐的人開始尋求與中國人貿易的新途徑。在他們成功的同時，世界史也進入新的一章。

不過這是西方史學家一貫的說法。但若說現代世界這個新篇章始於西元一〇〇〇年到一五〇〇年，恐怕還比較正確，在這段期間，整個歐亞非的糧食供應、科技、新發明和社會宗教觀念的交流相當頻繁。中國、印度和伊斯蘭文化在這些交流中扮演著領頭羊的角色，而停滯的歐洲則在後面苦苦追趕。無怪乎哥倫布的新發現令歐洲人大為振奮。

## 待解之謎

### 一、「封建制度」是什麼意思？這個名詞能否做為分析世界史的工具嗎？

世界史學家目前正在辯論這個問題。假如封建制度的定義是指使用的馬匹種類、騎士菁英同其國家和社會的關係，以及農民生產模式等等的改變，有些學者認為整個歐亞大陸都有類似的變遷，有些學者則不以為然。即使以「封建制度」這個名詞來描述從西元九〇〇年到一二〇〇年的歷史演進，而且把範圍限縮於歐洲，在使用上也很複雜，不像這個名詞的理想化版本看起來那麼簡單。身負作戰之責的貴族擁有更大的權力和聲望，名下所屬莊園的佃農生產力增加，後來莊園領主開始花錢僱用僕人，不再要求佃農以無償的勞務來換取土地。在此同時，仍然靠漁獵採集維生的人，或是務農的部落所居住的地方（無國家地區），在國家權威有限的情況下，成為核心農業地區的一部分。由於歐洲的封建化過程牽涉到同時發生在許多層面的變化，在使用「封建制度」這個名詞時，必需小心加以辨別和定義。[22]

## 二、全球的男性人口是否可能有百分之〇．五是成吉思汗的後裔？

遺傳學家表示有這可能，現在的遺傳學有能力追蹤似乎專屬於成吉思汗及其子孫的Y染色體。中國、巴基斯坦、烏茲別克和蒙古的遺傳學家，在牛津大學克里斯．泰勒—史密斯（Chris Tyler-Smith）教授的率領下，以長達十年的時間，收集前蒙古帝國境內和外部居民的血液樣本，發現有一簇特殊的Y染色體在帝國境內非常普遍，境外卻毫無蹤影。唯一的例外是巴基斯坦和阿富汗的哈扎拉族（Hazara），他們以前是蒙古軍，號稱是成吉思汗的後裔。遺傳學家相信這簇特殊染色體來自成吉思汗及其祖先，但因為成吉思汗的遺體一直沒有找到，因此無從證實。他們也認為這一簇特殊染色體之所以如此普遍，一部分是因為蒙古軍在攻城掠地的過程中強姦婦女，但更主要的原因是可汗有權染指汗國中的大批婦女。在當年屬於蒙古帝國的疆域，發現在世的男性高達百分之八擁有這一簇特殊染色體；在現今的蒙古，大約百分之二十的男性擁有這些染色體。[23]

## 三、我們該如何解釋明帝國的統治者在海上技術大幅領先之際，卻選擇退出全球的航海競逐？

過去的西方史學家多半認為中國從世界貿易的領域退出，是一大失算、一項錯誤，結果把世界霸主的地位拱手讓給連結全球之後的歐洲。現在的史學家則多半主張這是中國政府一個明智的決定，因為中國是一個龐大的陸上帝國，犯不著試圖統治遙遠的殖民地。有人認為這幾次海上遠征是明成祖朱棣的個人喜好；成祖駕崩之後，後來的皇帝都無意資助大規模的遠洋探險。儘管如此，這依舊是世界史上一個很大的「如果……」的假設，如果中國船隻到新大陸殖民，那會怎麼樣呢？

近年來，英國皇家海軍的退休潛艇指揮官加文・孟席斯（Gavin Menzies）聲稱，在西元一四二一年至一四二三年間，在鄭和的領導下，中國的船隻確實曾經遠赴巴哈馬群島和福克蘭群島，並且在澳洲和紐西蘭、波多黎各、墨西哥、加洲和英屬哥倫比亞建立殖民地。孟席斯的著作《一四二一：中國發現世界》（*1421: The Year China Discovered America*）成為二〇〇三年的全美暢銷書，但世界史學家否定了本書的正確性，認為書中的主張荒誕不經，提出的證據並不可信。[24]

# 第十一章　航海通世界

西元一四五〇年至一八〇〇年

十六世紀，海上航行的人把兩個半球連接起來。海上航行的事業一直穩定擴張，也曾經有人試圖穿越未知的汪洋，結果發現是兩片海洋，中間隔著一塊大陸。維京人在一〇〇一年抵達紐芬蘭；玻里尼西亞人登陸美洲的時間可能更早；馬利的國王曼薩・穆罕默德可能率領船隊遠征大西洋；巴斯克漁夫十五世紀曾在紐芬蘭離岸處捕撈鱈魚。可是到頭來卻是來自葡萄牙和西班牙水手，把歐亞大陸及非洲和美洲永久地連接起來。就航向新大陸而言，葡萄牙和西班牙占了地利之便，登陸之後也有資源可以在當地定居。[1]

從馬克思（Karl Marx）到大衛・克里斯蒂安都認為東、西兩半球的結合是人類有史以來最重大的時刻之一，此一歷史發展造成三片區域：美洲、澳洲和太平洋諸島嶼，面臨殘暴且毀滅的結果。歐亞社會取得壓倒性的成功，同時正如馬克思筆下所言：「世界貿易和世界市場始於十六世紀，成為現代資本主義歷史的濫觴。」[2]

## 時勢造英雄：哥倫布

到西元一五〇〇年為止，全球只有不到百分之二十的陸塊被劃入國界，由官僚經營、依法律治理。其他地方則組織成酋邦和部落，大多過著定居生活，從事某種農業維生。在全球四億六千一百萬的人口當中，漁獵採集者大概只占百分之一。[3]

無論生活在複雜的國家或地方性的酋邦，想做生意的人都會組織貿易路線和貿易圈。太平洋諸島之間就存在這麼一個貿易圈，當地可能有幾百萬航海技術十分了得的人（沒有羅盤，全靠一雙眼睛觀察海浪、星辰、水流和陸地）從事各島之間的貿易，如加羅林群島（Carolines）的雅浦島（Yap），以及關島、帛琉、斐濟、薩摩亞和東加。

另一個貿易圈出現在南、北美洲，大約囊括四千萬到六千萬人，從五大湖連接到安地斯山脈，一方面透過陸路的中繼貿易，另一方面以獨木舟取道河川及加勒比海，銜接墨西哥中部的阿茲特克地區，並利用印加人在安地斯山脈的道路通往印加帝國。

第三個貿易圈牽涉到全球四分之三的人口，大約是兩億六千萬到三億人，擴張到歐亞大陸各地和非洲北部。這個貿易圈是以兩大路線為主幹：穿越中亞的車隊路線：絲路，以及從朝鮮半島、日本和中國繞過馬來半島及摩鹿加群島或香料群島，進入印度洋，抵達波斯灣和紅海的各個港口，然後取道萊茵河、易北河、多瑙河和波河延伸到歐洲，以及用駱駝商隊進入非洲。[4]

在第三個貿易圈裡，歐洲人曾經採取激烈的手段對付穆斯林，除了一次又一次的十字軍東征，葡萄牙和西班牙的基督徒自一〇三一年起，開始從穆斯林手中奪回他們的土地。（西班牙還分成亞拉岡、卡斯提爾、納瓦拉和格拉納達四個王國。）到了一二五〇年，基督徒幾乎奪回整個西班牙，唯一的例外是格拉納達，一個囊括西班牙南部大部分海岸的狹長地帶。

在幾次十字軍東征期間，歐洲人首次在敘利亞嚐到糖的滋味；由於歐洲的（除了西西里島以外）天氣太冷，種不出甘蔗，歐洲人自然起心動念，尋找能夠栽種甘蔗的地方。此外，他們想在東方的香料貿易中分到更大一杯羹。[5]

歐洲各個統治者也想找到新的黃金來源，以擴大經濟體，支付經濟活動所需。當時的黃金大多來自西非，也就是現在的迦納、貝南、多哥和幾內亞，當時的歐洲人稱之為黃金海岸。這些黃金必須靠駱駝商隊穿越撒哈拉沙漠到摩洛哥的費茲，或是突尼斯、的黎波里，穆斯林商人獨占了黃金貿易。

大西洋沿岸的歐洲人擁有大海。為了運用海洋的優勢，他們設計出遠洋航行的船隻，不但能在各地的公海航行，還能裝載重型火砲。葡萄牙人發展出輕快帆船，這是一種雙桅杆的小船，體積只有歐洲和中國最大船隻的五分之一，把厚木板直接釘在龍骨上，而非像北歐帆船常見的那樣，把木板相互交疊。葡萄牙的輕快帆船，是用三角形的船帆（稱為大三角帆，印度洋也使用這種船帆）來操縱船隻，而非歐洲的方形船帆；有了大三角帆，輕快帆船便可逆風而行。後來，輕快帆船發展成三桅杆船隻，配備大三角帆和方形船帆。

建造適合航海的船隻，只解決了一半的問題；此外還必須建立航海的相關知識，把阿拉伯天文學和數學的傳統，與水手的實務經驗結合。航海最重要的工具是由中國人首先發展出來的羅盤，以及阿拉伯人或希臘人發明的星盤，用來測量太陽或星辰的位置，讓駕駛員知道船隻在哪個緯度。葡萄牙國王的第三個兒子，航海家亨利王子（Prince Henry）在國內創辦鑽研航海與收集地圖的研究機構。在此之前，他率領葡萄牙軍隊在一四一五年進攻摩洛哥，最後沒有擊敗守衛內陸黃金的穆斯林，有鑑於此，亨利王子一心要研究出如何沿著非洲海岸往南航行。在葡萄牙鑽研航海技術的同時，鄂圖曼帝國的穆斯林軍隊在一四五三年拿下了信仰基督教的君士坦丁堡，從此改名為伊斯坦堡，提高了陸上貿易的難度，因此葡萄牙心一橫，投入更多資金，尋找前往中國的航海路線。

等到航海家亨利王子在一四六〇年過世，葡萄牙的船長已經在國家支持下，抵達了非洲離岸處的島嶼（馬德拉群島、亞速群島、維德角群島），而且已經沿著海岸南下航行到獅子山。一四八七年，一支葡萄牙遠征船隊往西航行，從此一去不返。到了一四八八年，迪亞士（Bartolomeu Dias）繞過非洲南端，然後在一四九七至一四九八年，達伽馬（Vasco da Gama）率領的葡萄牙遠征船隊繞過非洲，前往印度。一五〇〇年，卡布拉爾（Pedro Álvares Cabral）率領的船隊順風西行，希望能迅速繞過非洲南端，結果卻在南美洲的海岸登陸；故此葡萄牙主張擁有對巴西的主權。到了西元一五一〇年，葡萄牙用船上架設的大砲打贏了一場海戰，從此掌握印度洋的制海權。

同時，西班牙各國的皇室只顧著把穆斯林逐出格拉納達。在一四六九年結褵的亞拉岡的費爾南多（Ferdinand II）與卡斯提爾的伊莎貝拉（Isabella I），在一四八〇年代將兩個王國合併，重新燃起擊敗摩爾人（穆斯林）的決心。兩人復興了由修士聖道明（St. Dominic）在亞拉岡成立，以剷除異端為目標的宗教裁判所。

無論是在穆斯林或一三四八年黑死病爆發前的基督教國王統治下，基督徒、猶太人、穆斯林都在西班牙各王國生活得相當和諧。在西班牙，猶太人和穆斯林把持著幾個最有生產力的農場和事業。宗教裁判所在一四八一年處決了第一批異教徒，沒收猶太人的財產，做為和摩爾人作戰的經費。最後，摩爾人在一四九二年初投降，自此費爾南多與伊莎貝拉獨尊基督教，全然禁止其他宗教，下令猶太人一律改宗，否則即刻驅逐出西班牙。十年後，穆斯林也面臨相同的抉擇。[6]

在至關重要的一四九二年，費爾南多與伊莎貝拉成功把穆斯林趕出西班牙之後，終於決定資助哥倫布西行尋找中國的遠征行動。哥倫布已經請求了四年，但由於西班牙各國君主忙著和敵軍作戰，使他遲遲難以如願。基督徒對抗穆斯林的聖戰打了幾百年，如今處在基督教凱旋勝利的氛圍下，讓哥倫布除地利之外，也占了天時之便。於是在一四九二年八月三日，哥倫布和他的船員從塞維亞附近的海港帕羅斯（Palos）揚帆啟航。哥倫布出發之前，必須等待當局把最後幾名猶太人在一四九二年八月二日驅逐出境；這些猶太人乘船前往葡萄牙、北義大利、荷蘭，或是北非等施行宗教寬容的穆斯林國家。

和摩爾人之間的衝突激化，使歐洲的種族主義思維在伊比利半島生根。大多數的史學家認為，在希臘人、羅馬人和早期基督徒的思維中，不存在和「種族」（race）意義相同的概念。基督徒憎恨猶太人害死了耶穌，在十字軍東征期間，這種仇恨被輿論激化。中世紀的歐洲對黑人並不憎恨，唯一的例外是伊比利半島，當地的基督徒從穆斯林那裡學會把黑膚色和奴隸劃上等號。（穆斯林蓄養的奴隸有白人有黑人，但黑人通常從事比較卑微的工作。）當歐洲的多神教信徒皈依基督教時，歐洲的白人奴隸隨之減少。

伊比利半島諸國把猶太人和穆斯林逐出之後，很快頒布了血統純正法（Limpieza de sangre），禁止具有猶太或摩爾血統的人擔任某些公職，也不准成為征服者或傳教士，只有根正苗紅的基督徒子孫才能從事這些工作。從這些企圖維持宗教純正血統的做法，衍生出日後歐洲在生物學上的種族主義思維。[7]

## 初次相遇

哥倫布航向中國時，隨身帶了一本馬可．孛羅遊記。雖然元帝國早在一三六八年滅亡，但哥倫布以為蒙古人依然統治中國，所以也帶了一位懂得阿拉伯語的人隨行，幫忙他和蒙古大汗溝通。

哥倫布前後四度前往加勒比海。第一次出航時，他帶了一百二十人的探險隊登上伊斯帕尼奧拉島（Hispaniola），也就是現在的海地和多明尼加共和國（圖11.1）。島上的泰諾人（Taíno）耕種玉米、甘薯、辣椒、絲蘭或木薯（一種營養豐富的塊根作物）、棉花和菸草，另外也收集微量的黃金，製成裝飾品配戴；他們不買賣黃金，也沒有鐵。泰諾人生性溫和、愛好和平；附近其他島嶼的部族則會相互交戰。泰諾人謹慎地接待哥倫布，指點他到其他地方尋找黃金。哥倫布留了四十人在島上，但他們到處姦淫擄掠，最後被泰諾人殺了。

第二次西行時，哥倫布帶了一千兩百名男子（沒有女人），以及牛、豬和山羊，準備建立永久的殖民地。這些男子的殘暴行徑（再度姦淫擄掠、偷竊黃金飾品和食物），使泰諾人不得不挺身作戰。這場仗打了一年，為數二十五萬的泰諾人有好幾萬人死在西班牙人手裡，倖存者被迫進貢糧食、紡棉和黃金。島上沒有大型的黃金礦床；飾品裡的黃金是世世代代的泰諾人積累下來的，但西班牙人制訂了配額，凡是沒達到配額的人一律斬去雙手。西班牙人帶來的牲畜大量啃噬著泰諾人的莊稼，釀成饑荒。後來哥倫布兩度重返此地，一心相信自己來到了亞洲的離岸島嶼，不斷尋找黃金和香料，證明他沒有白來一趟。他確實是一位了不起的航海家，但欠缺行政管理的能力，就算用西班牙的標準來看，也令人搖頭。一五〇四年十一月，他灰頭土臉地回到西班牙，五十三歲的哥倫布在十八個月後默默辭世，身後淒涼。[8]

哥倫布抵達西半球兩年後，西班牙和葡萄牙兩國在西班牙波吉亞家族（Borgia）出身的教宗亞歷山大六世（Alexander VI）授權下，在大西洋正中央劃了一條想像的線（從他們觀點來看，地球的另一面全是大西洋），把世界分成兩半。中線以東全屬葡萄牙所有，中線以西全歸

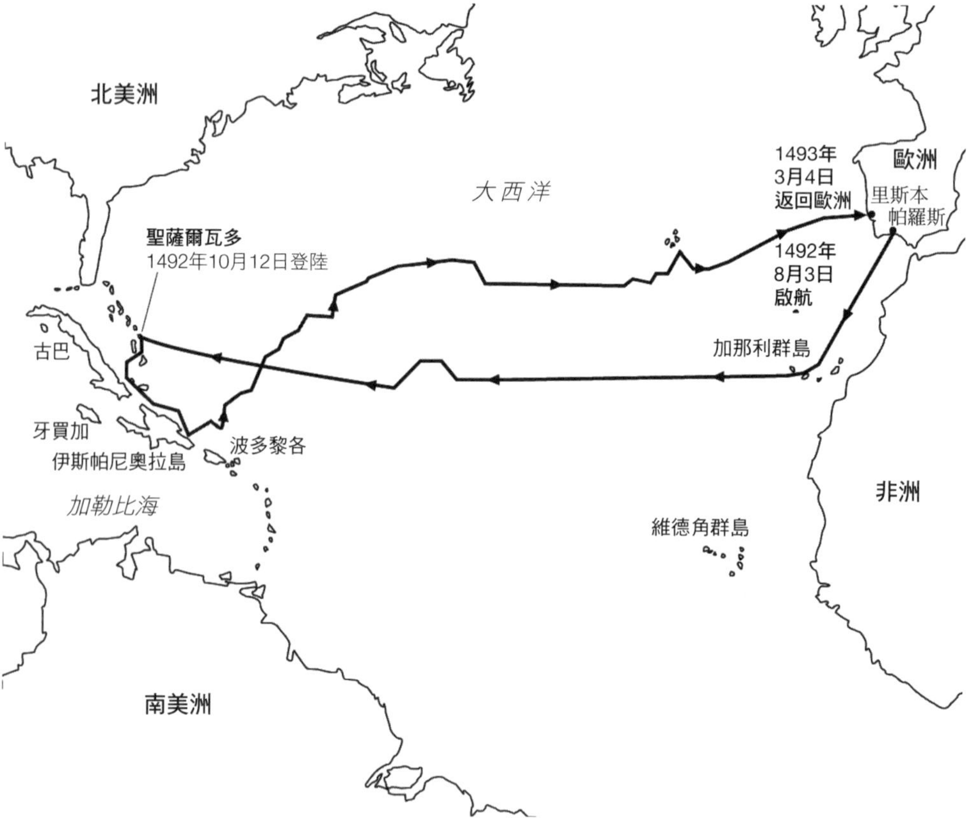


圖11.1　哥倫布的第一次旅程。

西班牙。雙方把這個協議稱為「托爾德西里亞斯條約」（Treaty of Tordesillas），希望遏止雙方的爭議（圖11.2）。當時歐洲人還不知道世界有多大，議約者不知道該把摩鹿加群島（東印度群島寶貴香料來源）分配給誰。不過，麥哲倫（Ferdinand Magellan）的船隊在一五二二年返航，到了一五二九年，西班牙承認摩鹿加群島歸葡萄牙所有，這時葡萄牙已經掌握馬來半島最重要的港市麻六甲；西班牙則繼續保有菲律賓。

南、北美洲的西班牙人征服、控制當地的異教徒，強迫他們改信基督教，目的是服侍上帝和發財。征服了伊斯帕尼奧拉和古巴這兩個島嶼之後，西班牙人繼續西行，希望找到更多財寶。一五一九年，一名三十四歲、鐵石心腸、野心勃勃的貴族，埃爾南·科提茲（Hernán Cortés），從古巴帶了六百名戰士，攻打他兩年前從別人那裡聽說的阿茲特克帝國。他遠征隊的一名成員帶有天花病毒；一五一八年，伊斯帕尼奧拉島第一次有人罹患天花，是被非法輸入的非洲奴隸所感染。

無論是征服或殖民，科提茲都沒有獲得西班牙君主卡洛斯一世（Carlos I）授權，當時的卡洛斯一世才剛兼任神聖羅馬帝國的皇帝，稱為查理五世（Charles V）。這位西班牙國王是歐洲權力最大的君主，在接下來的十年，他忙著想辦法統一歐洲，阻擋鄂圖曼帝國的穆斯林，並於一五二九年在維也納擊潰鄂圖曼大軍。

在科提茲抵達南美洲前幾年，阿茲特克人已經聽說有蓄鬍的白面男子出現。阿茲特克的統治者蒙特祖馬二世（Moctezuma II）可能假設一定是傳說中的預言成真，農業與藝術的守護神

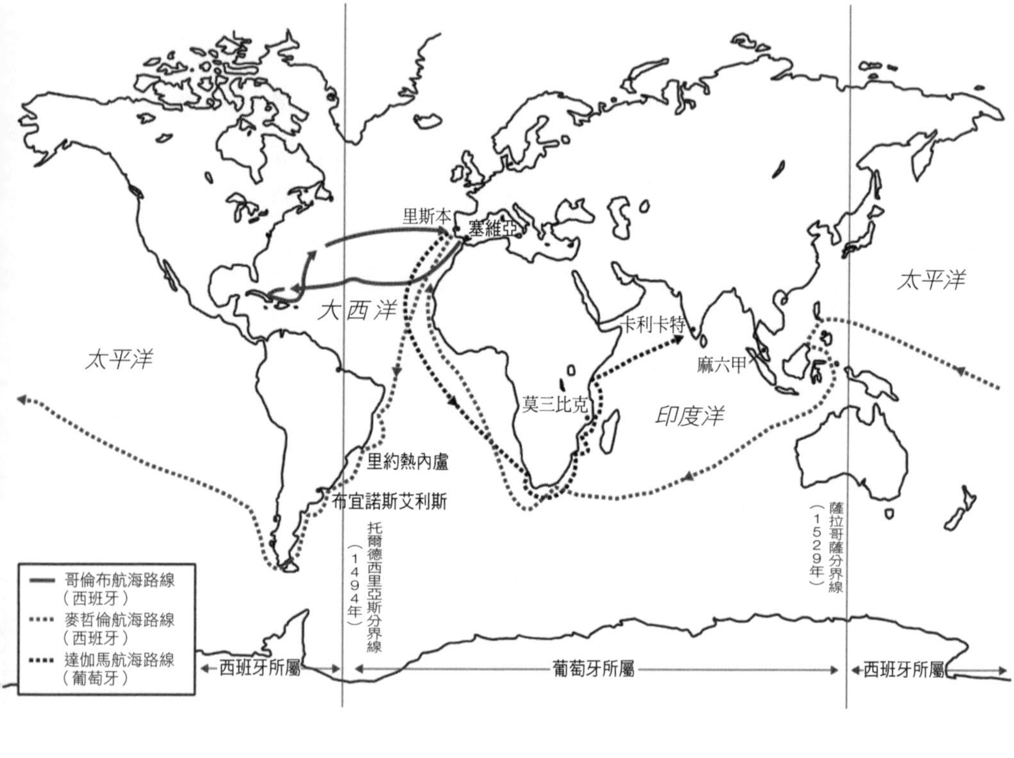


圖11.2　葡萄牙與西班牙平分的世界。

奎札爾科亞特爾（羽蛇神）回來了。一五一九年八月，科提茲在維拉克魯茲州登陸，蒙特祖馬派人送上神的禮服，科提茲穿上之後，問道：「只有這些？」同年十一月，蒙特祖馬迎接科提茲進入特諾奇提特蘭城，並且安排他和麾下士兵住進皇宮。這些西班牙人到處探索，在驚愕中殺光了在神殿用活人獻祭的阿茲特克人。後來科提茲挾持蒙特祖馬，逼他交出皇宮寶庫裡的黃金，由西班牙人全數鎔化。雙方全面開打，蒙特祖馬死亡（不知道究竟是怎麼死的），科提茲退兵之後，把阿茲特克人曾經征服過的部族組成聯軍。一五二〇年，特諾奇提特蘭城首度遭受天花肆虐，因感染天花而死的人比戰死的人還多。科提茲重返阿茲特克，封鎖全城，沒有留下任何糧食或飲水，圍城九十三天後，特諾奇提特蘭開城投降，只有五分之一的人還活著。在圍城期間，西班牙軍隊的五十三名士兵和四匹馬被活活殺死，向戰神維齊洛波奇特利獻祭。[9]

西班牙花了十年的時間才控制整個墨西哥，也就是他們口中的「新西班牙」。特諾奇提特蘭開城淪陷一年後，科提茲成為新西班牙的總司令兼總督，名下有一座巨大的莊園，強迫數千名阿茲特克人為他耕田。他享受了二十五年的榮華富貴，最後在一五四七年死亡。到了一五五〇年代中期，一百三十戶的西班牙人利用一種半封建的強迫勞動體系，控制了十八萬印第安人，而這顯然違背了查理五世的期待。文化的改變使原本的地景一去不回。西班牙人砍伐森林，不是當作柴火，就是做為建材，在特諾奇提特蘭開城的廢墟上興建墨西哥市。犁翻土翻得比掘土棒更深，造成土壤流失。牛、豬和綿羊吃光了地面的植被。阿茲特克的運河系統從此廢棄。不到幾個世代，墨西哥盆地的許多地方無法從事大規模農業，只得向外購買糧食。西班牙統治了將近三百年，直到墨西哥人在一八二一年宣布獨立。[10]

在西班牙人抵達之前，天花早一步來到美洲另一個帝國，位於祕魯的印加帝國。一五二〇年代末期，天花已造成不計其數的印加人死亡，包括死於一五二六年左右的皇帝瓦伊納・卡帕克（Huayna Capac）和他大多數的朝臣，過了沒多久，他指定的繼承人尼南・庫尤奇（Ninan Cyuchi）也跟著染病過世。印加人沒聽過什麼西班牙人；也沒有消息傳到他們那裡，直到一五二七年，法蘭西斯科・皮薩羅（Francisco Pizarro）在祕魯海岸登陸。[11]

一五〇二年，二十五歲的皮薩羅到美洲闖蕩，尋找發財的機會。他參加了征服伊斯帕尼奧拉的戰爭，以及橫越巴拿馬的探險隊，成為當地最有錢的地主之一。有了西班牙國王的授權，加上狄亞哥・德・阿爾馬格羅（Diego de Almagro）在金錢上的支持，皮薩羅賭上全副家當，前往太平洋岸探險，一登陸就獲知印加帝國的存在。

皮薩羅的追隨者多半是二十幾歲的年輕人；在西班牙的封建結構下，有野心的人想發跡，不是高攀富有的女繼承人，就是從軍打仗。皮薩羅是一名私生子，父親官拜步兵上校，是對抗摩爾人的沙場老將，皮薩羅本人目不識丁，一心追逐財富和權力，但不是科提茲那種宗教狂熱分子。所以這批人參與暴力戰爭的主要動機，是為了提高社會地位。

西班牙人像唐吉軻德似地尋找黃金多年，一直毫無成果，結果皮薩羅和他手下的一百八十人終於在印加帝國的宮殿神廟和安地斯山脈找到了。皮薩羅抵達厄瓜多海岸時，印加帝國的內戰方酣，同父異母的兄弟阿塔瓦爾帕（Atahualpa）和瓦斯卡爾（Huascar）互相爭奪王位。阿塔瓦爾帕剛剛俘虜了瓦斯卡爾，正在現今利馬以北大約九百六十公里的卡哈馬卡（Cajamarca）一處溫泉休息，準備登上帝位。

雙方在卡哈馬卡見面時，皮薩羅和他的手下殺了七、八千名手無寸鐵的印加人，把阿塔瓦爾帕囚禁起來。儘管收到印加帝國一萬三千四百二十磅黃金的贖款，皮薩羅仍然處決了阿塔瓦爾帕，擁立一名印加傀儡皇帝，不到三年，就控制了印加帝國的所在地。

皮薩羅和他出資的夥伴阿爾馬格羅因為領土分贓不均而起了爭執，一五四一年，阿爾馬格羅的支持者殺了皮薩羅。皮薩羅處決阿塔瓦爾帕才過九個月，描述他成功掘金的故事就在塞維亞出版，西班牙殖民者受到這本暢銷書的刺激，紛紛湧入祕魯，西班牙政府因此必須派遣新官員，恢復當地的秩序。

一五四五年，西班牙發現了波托西（Potosí，位於玻利維亞）的銀礦。十年後他們在祕魯發現了水銀，這有助於金礦和銀礦的開採，金、銀礦產量從此暴增。在安地斯山脈豐富礦藏的誘惑下，西班牙發動了更多的征服行動，來金援位於歐洲的帝國，用黃金和白銀來鑄造錢幣、裝飾教堂和皇宮、償還債務，並且擴充軍隊。到了一五七〇年至一五七二年，原住民被迫離開傳統的社群，到西班牙人聚居中心附近的新村莊落腳。整體原住民人口降低了百分之五十，有些海岸村莊的人口足足少了百分之九十。

為什麼西班牙征服者只憑區區幾個人，就能如此迅速地征服美洲各大帝國？兩個彼此隔離超過一萬五千年的文化偶然相遇，為什麼其中一個這麼快就被另一個文化所支配？這段戲劇化的人類歷史（在時間上近到好像和我們直接有關）不斷激發我們的想像力。

答案似乎是西班牙占了位處歐亞非大陸的優勢，在文化專業化和發明方面，這裡的人一開始就領先了。歐亞非能取得領先地位，是因為當地可馴化的植物和動物比美洲豐富許多，而且農業技術可以在相似的氣候條件下橫向傳播。拜剩餘的糧食所賜，複雜社會可以早一些發展，生產出讓歐亞非領先美洲的各種技術和特質：槍枝、馬匹、刀槍、大砲、船隻、疾病免疫力、通訊傳播所需要的讀寫能力、分配資源所需要的中央集權式政治組織，以及地圖和航海方面的學問。自從古老的蘇美人開啟城市文明以來，歐亞非的眾多複雜社會起起落落，西班牙和這些社會交流，自然獲益良多。

西班牙吸收和調整了歐亞非的各種創造發明，因此具備種種在美洲不可能實現的長處，在美洲，農作物很難南、北傳播，除了安地斯山脈的駱馬，沒有其他馱獸，而且才剛剛開始使用冶金技術。就複雜社會的發展而言，美洲比北非和歐亞大陸落後了兩千到四千年。[12]

在西班牙和葡萄牙人掌握的所有優勢中，許多史學家一致認為，最大的關鍵是西班牙和葡萄牙人對於動物傳給人的疾病較有免疫力，如麻疹、天花、流行性感冒、白喉、腺鼠疫，以及來自熱帶非洲的瘧疾和黃熱病。美洲原住民不會接觸到家禽和家畜，從來沒遇過這些微生物，連抵抗的能力都沒有，於是一個接著一個倒下，數量多到令人震驚。哥倫布交換（Columbian Exchange）所包含的天花傳染病，是人類有史以來最嚴重的兩大人口災難之一（另一次則是十四世紀大流行的黑死病）。從西元一四九二年至一六五〇年，因為一再爆發的傳染病而死亡的美洲原住民至少有一半之多，甚至可能多達百分之九十。在長驅直入的流行病攻擊下，原本高度發展的社會驟然瓦解，歐洲人遇到的印第安人，往往是身心受創的災後倖存者。[13]

對於征服者在美洲的行為，西班牙的神學家和國王並沒有睜一隻眼、閉一隻眼。從一四九四年，教宗把世界分配給西班牙和葡萄牙以來，學者一直在辯論，教宗授權的範圍是否僅止於勸誘當地人改變信仰，抑或同時包含侵略和征服在內。

到了一五一二年至一五一四年間，西班牙的神學家公然譴責伊斯帕尼奧拉島的殖民者，並主張國王只有權利改變當地人的信仰，無權加以侵略。最著名的印第安人擁護者，傳教士巴托洛梅．卡薩斯在一五一四年開始公開聲援印第安人。雖然查理五世在一五二〇年廢除了監護徵賦制（Encomienda，把原住民分配給西班牙人為奴），卻是徒具其名。二十年後，國王任命了一個委員會，制訂對原住民有利的新法律，結果在祕魯激起內戰，最後殖民者取得勝利。雖然幾度嘗試任命原住民擔任行政官員，但西班牙殖民者始終沒有交出充分的權力。[14]

## 全球交易

在西班牙和葡萄牙征服美洲之後的兩百年裡，歐洲人發展出現代世界的資本主義經濟。憑藉美洲的強迫勞力，以及土地與資源，特別是在安地斯山脈發現的巨量黃金與白銀，他們才能夠累積資本，發展這種現代經濟。歐洲人用這些金屬創造出可攜帶的財富，使貴族的土地財富漸漸式微，而這些黃金白銀正是擁有土地的貴族為了增加本身的財富而遠赴海外發現的，所以格外諷刺。[15]

從一五〇〇年至一六五〇年，至少有一百八十到兩百噸的黃金（現值二十八億美元）流入西班牙，先用人力從山區運出來，再由騾子穿越巴拿馬地峽，送到在岸邊等候的船上。由於身兼神聖羅馬帝國皇帝的西班牙統治者拿了許多黃金來還債，不久之後，黃金流到歐洲各地，締造出巴洛克和洛可可風的誇張裝飾風格。

然而，人們萬萬沒想到白銀的影響反而更大，因為銀幣比金幣更適合做為日常交易的貨幣。有了銀幣，私人可以開始儲存及累積財富。根據官方記載，在西班牙人於波托西附近發現銀山之後的第一個五十年裡，有一萬六千噸白銀（現值三十三億美元）正式流入歐洲（同樣靠人力和騾子運送），另外可能還有五千噸是透過非法管道進入歐洲。印第安人遭受強迫勞動，開採銀礦，剛開始採礦的幾十年裡，有八成的礦工死亡。從一五〇〇年至一六〇〇年，歐洲黃金和白銀的供應量增加了八倍，導致通貨膨脹，侵蝕其他社會的財富。鄂圖曼帝國的銀幣變得不值錢，是伊斯蘭勢力瓦解的重要因素。非洲也成了受害者，當地的黃金再也賣不出去。印度和中國的貨物深受歐洲人喜愛，故而從中得利；總的來說，流向中國的白銀恐怕高達全球產量的三分之二。

在新興的全球貿易中，非洲社會居於劣勢；奴隸是他們唯一令世人感興趣的產物。一四四一年，葡萄牙水手首次買入西非人，帶到葡萄牙、馬德拉和加那利群島種植甘蔗。在此之前，撒哈拉沙漠以南的非洲人被當成奴隸輸出到中東和中國，已經有一千多年的歷史，但自從大西洋岸的歐洲人把大西洋東、西兩岸連結起來以後，奴隸買賣的數量和重要性都提高了。後來，既然黃金賣不出去，非洲的王公貴族和酋長就販賣其他的非洲人，以購回布料、鐵、銅、酒、槍枝，以及來自印度洋的瑪瑙貝殼，這是西非的主要貨幣。酋長賺到更多財富，就能多娶幾個老婆，生下更多兒女，而孩子才是他們最重要的財富。

歐洲人必須利用奴隸在熱帶美洲耕種，才能提高蔗糖和菸草的利潤。甘蔗原產於印度，後來被哥倫布和他的手下帶到加勒比海群島，到了一五二〇年，光是聖托馬斯島（Saint Thomas）就有六十家糖廠。但由於當地的泰諾人和加勒比海人逐漸凋零，非洲人的價錢又比歐洲人便宜，對瘧疾又有抵抗力，因此被大量輸入美洲，但這些非洲人除瘧疾外，也帶來了鉤蟲病和黃熱病。

法國和英國在加勒比海和西班牙競爭，到了十八世紀末，法國和英國都把糖島①視為本國主要的貿易財富。荷蘭投資者在巴西跟葡萄牙人競爭，到了十七世紀初，他們賣糖的利潤率是百分之五十六。歐洲每人每年的糖消費從一七〇〇年的四磅（將近兩公斤）上升到十九世紀初的十八磅（八公斤），提供了工業勞動需要的廉價熱量。[16]

越洋奴隸運輸始於一五三四年，從塞內加爾和迦納運到巴西；最後，奴隸出口貿易往南拓

① 編按：即聖基茨島（Saint Kitts），該島甘蔗種植占總面積的三分之一，故有糖島之稱。

展到安哥拉，並且在十八世紀擴張到莫三比克和非洲東岸。歐洲人通常用不著動手抓自己要的非洲奴隸；非洲的統治者和販奴商人皆願意代勞。大西洋奴隸貿易持續了三百五十年，期間從非洲運到美洲的奴隸，估計有一千兩百萬到兩千五百萬人，其中大約僅有百分之八十五能熬過六到十週的悽慘越洋航程。大約百分之四十的奴隸送到巴西，百分之四十送到加勒比海，百分之五送到後來的美國，剩下的就送到西屬美洲的其他地區。到了一八二〇年代，到美洲來的非洲人比歐洲人多了五倍。[17]

在大西洋奴隸貿易持續的這三百五十年裡，穆斯林販奴商人估計把兩百一十萬非洲奴隸從非洲東岸運到阿拉伯和印度的各大港口。總體而言，穆斯林奴隸貿易維持了十二個世紀，大約運送了一千四百萬到一千五百萬人。此外，非洲內部的奴隸可能和運往西方及東方的人數差不多。[18]

奴隸貿易對非洲文化究竟有多少影響，至今仍然沒有定論，但退一萬步說，至少有許多非洲社會因此而軍事化，產生更多的軍閥—財閥。在人口流失方面，事實證明奴隸制度對非洲的影響遠低於疾病對美洲的衝擊。

英國政府很早就投入爭奪殖民地的競賽，資助熱那亞航海家喬瓦尼．卡博托（Giovanni Caboto），他在一四九七年抵達紐芬蘭，一四九八年抵達新英格蘭。經過這幾次的探險，開始有大規模的遠洋船隊到北美洲外海捕撈豐富的魚產，這些漁獲必須先用鹽巴醃漬，否則運到歐洲時早已腐敗。醃漬鱈魚餵飽了水手、士兵和北歐的窮人。在卡博托登陸之後，英格蘭並沒有立刻採取進一步行動。一五八四年，華特・雷利（Walter Raleigh）爵士試圖在北卡羅萊納州的離岸小島建立殖民地，結果鎩羽而歸；隨後的一六〇七年與一六二〇年，英國殖民者抵達詹姆斯鎮和普利茅斯，成功建立殖民地。但比起西班牙或法國的殖民者，英國政府固然會發放皇家特許狀，但卻無法提供官僚體制來支持殖民活動，因此英國殖民者幾乎都是自力更生。

法國在新大陸經營的重點是毛皮，中國和歐洲的毛皮市場似乎永遠供不應求。一六〇八年，法國在聖勞倫斯河畔建立一個殖民地，稱為新法蘭西，也就是現在的魁北克。法國的捕獵者從這裡溯河上行，來到五大湖和哈德遜灣，準備穿越大陸中心地帶，獵捕狐狸、貂、松鼠和黑貂，這些動物很容易用獨木舟運送。美洲印第安人用毛皮換取火器、織品、金屬器具和酒。和捕獵者同行的是耶穌會傳教士，懷抱滿腔熱血，一心想說服原住民皈依天主教。法國在美洲落腳的殖民者沒有英國殖民地那麼多；法國的皇室政策禁止胡格諾派教徒（Huguenots，法國的清教徒）前往美洲，原因是希望新法蘭西繼續信仰天主教。當法國、英國和兩國的殖民地打完一系列的殖民戰爭以後，法國只得在一七六三年把路易斯安納州轉讓給西班牙，並且把加拿大讓給英國。

當法國把北美洲的漁獵採集民族帶進農業與城市社會的貿易網絡中，俄國也在遼闊的西伯利亞地區（大約是四分之一個歐亞大陸）如法炮製。當地依然有以親族群體聚居的組織，靠漁獵、採集和放牧馴鹿維生。俄國招募烏克蘭的哥薩克人在西伯利亞建立毛皮生意，用河船上的大砲擊敗在地人；他們帶來的疾病也發揮了用處。到了一四四〇年，俄國人來到太平洋岸，強制要求每一名成年男子納貢，並且用麵粉、工具和酒來交換毛皮。在十七世紀大多數的時間裡，克里姆林宮每年的歲入有百分之七至十是來自西伯利亞出產的毛皮。到了一七三〇年代，俄國已經把貿易站拓展到阿拉斯加，並且在一八一〇年擴張到美國加州北部。

另一個歐洲國家，荷蘭，在北美洲爭奪殖民地。他們在哈德遜河口的新阿姆斯特丹設立了一個貿易站，並且進軍毛皮貿易。一六六四年，英國海軍用大砲奪下新阿姆斯特丹，重新命名為紐約，阻擋荷蘭繼續擴張。

這股大西洋貿易熱潮孕育出一種新經濟體制，日後將改造全世界。十五和十六世紀的西班牙與葡萄牙企圖讓皇室繼續獨占海外的貿易與殖民地，但事實證明這種做法耗資甚巨，而且成效有限。美洲的殖民者寧願跟法國、荷蘭和英國人做生意。這幾個國家的富有私人投資者，設法透過銀行、股份公司、股份交易和特許貿易公司來降低風險，提高利潤，這些機構共同形成了「資本主義」體系。合資股份公司把股份賣給投資者，藉此募集海外遠征隊需要的高額款項；投資者需要一個買賣股份的管道。一五三〇年，阿姆斯特丹開了一家股票市場，後來成為整個十七和十八世紀全球最大的股票交易市場；一六九五年在英國成立的皇家交易所，在一七七三年發展成為倫敦證券交易所。[19]

有些政府鼎力支持該國公民的私人投資，以政策來推廣及保護公民的海外貿易活動，必要時甚至動用武力，這種政策稱為重商主義。一六〇二年，荷蘭政府給予荷屬東印度公司合法的獨占權，壟斷荷蘭在印度洋的所有貿易。此舉激勵了投資者購買公司的股票；當公司從葡萄牙手中奪走印度洋的海路控制權，投資者就賺到錢了。政府賺到的則是增加的稅收。大約二十年後，荷蘭政府特許荷屬西印度公司壟斷大西洋的貿易，從葡萄牙手中取得巴西的港口和非洲的販奴港。一六五二年至一六七八年間，英、法兩國用更強大的海軍打垮了美洲的荷蘭軍隊。

隨著經濟體制的發展，銀行依照借出的款項收取利息，在反對利息或至少反對高額利息的人口中，這叫做高利貸。有的基督徒和穆斯林一樣，深信不應該收取一分一毫的利息，這是一種農業文明對資本力量的本能反應。在他們眼中，新興的資本主義經濟製造了一種道德危機。《舊約聖經·申命記》中寫道，只能向外人收利息。歐洲的天主教會一再重申古代對借款生息的約束；直到一七八九年，在法國的法律中，借款生息仍然屬於犯罪行為。一五四五年，喀爾文（John Calvin）表達了新教徒的立場，認為以百分之五的合理利率借款生息是正當行為。[20]

歐洲與非洲和南、北美洲之間的三角貿易可分成兩種：一種是兩邊都認識的商品，以及有一邊完全沒見過的商品。舉個例子，魚產和毛皮是兩邊都認識的，但美洲人對糖聞所未聞，歐亞非則從未耕種過菸草。史學家把這些新民族、新植物、新動物、新疾病和新科技的移轉稱為「哥倫布交換」。

我們很難想像哥倫布交換之前的人是怎麼做菜的。番茄從美洲傳入歐洲之前，義大利人的麵條要搭配什麼？同樣的，可可來自美洲，但在一四九二年之前，歐亞非的人連看都沒看過。歐洲人全然陌生的玉米和馬鈴薯幫忙養活了許多人。木薯（或木薯根）這種熱帶美洲的高熱量塊根作物（原生於巴西），可栽種於貧瘠的土壤和乾旱的時節，成了熱帶非洲的救命糧食。豆子、南瓜、甘薯、花生、辣椒、染料、菸草和各種藥物，如同美洲賜予人類的禮物，全數流入歐亞非。

回流大西洋彼岸的歐洲作物則有小麥、橄欖、葡萄和田園蔬菜。同時歐洲人也帶來亞非的作物，如稻米、香蕉、椰子、麵包果、甘蔗、柑橘、甜瓜、無花果、洋蔥、蕪菁和綠葉蔬菜。西班牙帶來馬（馬原生於美洲，但在上一個冰河期於美洲絕種）、牛、豬、綿羊和山羊、鼠和兔子。非洲的奴隸帶來了秋葵、黑眼豌豆、山藥、小米、高粱和芒果。

歐亞非的人除了帶來禮物，也帶來美洲前所未見的細菌和病毒。在西元初的幾百年間，中國和地中海沿岸各民族深受其害，但也漸漸產生了免疫力。前面提過，美洲印第安人首次接觸到這些疾病，人口減少了百分之五十到九十。美洲把菸草送回歐亞非，同時梅毒似乎起源於美洲，被水手傳播到世界各地。

全球貿易不斷擴張，最後連澳洲和太平洋諸島的生態系統也不免要和世界其他地方接觸，不過這已經是十八世紀晚期的事了。一七六九年，詹姆斯．庫克（James Cook）船長在英國的贊助下，開始繪製紐西蘭海岸線的地圖，當地估計有十萬名毛利人居住，先祖是玻里尼西亞人，在一三〇〇年左右來到紐西蘭。澳洲有七十五萬原住民，是靠漁獵採集維生的遷徙群體。一七八八年，英國開始把罪犯運往澳洲，其中大多是小偷；到了一八四五年，移民的人口已經超越了原住民。在交換的過程中，澳洲為世界帶來了桉樹，同時得到了大量的新植物和數十種新動物，產生了全世界最劇烈的變異。

## 主要帝國

儘管跨大西洋及東、西兩岸的交易頻繁，在整個十八世紀，就貿易和財富的數量而言，中國和位於印度的蒙兀兒帝國才是全球的火車頭。僅次於中國和印度的另外兩個最強大的政府，是起源於土耳其的鄂圖曼帝國，還有控制歐洲百分之二十的領土及美洲西班牙殖民地的哈布斯堡家族。

在中國，滿人在一六四四年占領北京，四十年內征服其餘各地，最後在一九一一年覆亡。清帝國出了兩位明君，康熙與乾隆。中國政府嚴格控制貿易，歐洲人只能在廣州做生意，大多用白銀來換取他們想要的中國產品。富有而積極的歐洲中產階級對中國的產品（無論是真貨還是贗品）貪求無饜，包括絲綢、瓷器、茶葉和壁紙；到了十八世紀晚期，英國擔心對中國的貿易赤字龐大，試圖在政策面做出改變，結果毫無用處。

在明帝國統治下，中國人口從原本的一億，暴增到一八〇〇年的三億五千萬，囊括全世界三分之一的人口。在人口壓力下，不得不砍伐森林，導致嚴重的土壤流失和河水氾濫；大運河淤塞嚴重，到了十八世紀末，已經形同廢棄。中國中部和西南部的農民紛紛揭竿而起，如野火燎原。

信奉伊斯蘭教的突厥人在巴布爾的率領下，從費爾干納盆地（位於現今的烏茲別克）出征，在一五二六年擊敗德里的蘇丹國，建立了印度蒙兀兒帝國。巴布爾是成吉思汗的次子察合台的後裔。這些穆斯林突厥人以少數民族的身分，統治以印度教徒為主的國家，將帝國擴張到整個北印度，從印度河和恆河、喀什米爾、旁遮普，一直到孟買，但不包括印度南部或東部口岸。巴布爾的孫子阿克巴（Akbar）娶了拉傑普特人（Rajput）的公主為妻，生下一個兒子，既是穆斯林，也是印度教徒。憑著奢華的擺飾、數不盡的財富和波斯語言，蒙兀兒宮廷創造出一種獨特的文化。從十六世紀末到十七世紀初，印度人口多達一億至一億五千萬，由於沒有海軍軍艦或商船，便在港口買賣棉布，貿易非常繁榮。在十七世紀，蒙兀兒帝國一年的歲入是法國的四倍。一八五七年，名存實亡的最後一任皇帝被英國流放，蒙兀兒帝國正式滅亡。但其實早在一七〇七年，印度教的地方勢力挑戰蒙兀兒帝國的軍事霸權時，皇帝就不再握有實權，此後印度分裂成好幾個公國。到了十九世紀，帝國完全無法抵擋英國的侵略。

鄂圖曼帝國由安納托利亞西北部的穆斯林突厥人創建，一四一五年以後開始對外擴張，到了一四五三年，已經把君士坦丁堡（改名為伊斯坦堡）納入領土範圍，到了一五五〇年，再從幼發拉底河擴張到歐洲的匈牙利和非洲的撒哈拉沙漠。鄂圖曼帝國的人口原本是兩千萬至兩千五百萬人，在十八世紀成長到三千萬人左右。征服了巴爾幹半島的基督教國家以後，鄂圖曼強制徵召基督徒村落的男童，送到突厥家庭養大，然後到伊斯坦堡讀軍校，以提供兵源，少數的優秀人才則擔任政府官員。葉門位於阿拉伯半島南端，紅海與印度洋在此交會，葉門高原栽種的咖啡在十五世紀的伊斯坦堡風行一時，後來向歐洲傳播（一六一五年抵達威尼斯，一六五一年抵達倫敦）。儘管鄂圖曼帝國經常和伊朗作戰，但一直到第一次世界大戰才因內亂而滅亡。

一六〇〇年的伊朗被稱為薩法維王朝（Safavid），其疆域西起巴格達，東至蒙兀兒帝國。有別於周遭信仰遜尼派伊斯蘭的鄰國，薩法維統治家族的創始人伊斯瑪儀一世（Ismail I）堅持信奉什葉派伊斯蘭。自從蒙古軍在一二五八年摧毀巴格達以來，伊朗文化仿效的對象是印度而非阿拉伯；伊朗學者和作家主要使用波斯語，而非阿拉伯語。薩法維王朝大多數的人，無論是伊朗人、突厥人、庫德人或阿拉伯人，皆仰賴餬口農業和放牧維生。他們唯一的外銷產品是絲織品，而時至今日波斯長毛地毯依然十分貴重。到了一七二二年，中央政府幾乎得不到游牧民族的支持，最後王朝首都被阿富汗人占領，結束了薩法維的統治。

西元一〇〇〇年至一五〇〇年的全球第四大帝國是歐洲的哈布斯堡家族；這個家族源於瑞士，統治者魯道夫一世（Rudolf I）在一二七三年當上神聖羅馬帝國皇帝。他把奧地利交給兒子統治，然後透過婚姻和繼承，哈布斯堡家族在一四七七年統治荷蘭，一五一六年統治西班牙，外加盧森堡、勃艮第、波希米亞、匈牙利、西西里、那不勒斯和米蘭。一五一九年，哈布斯堡家族的西班牙國王卡洛斯一世（費爾南多與伊莎貝拉的孫子）也成為神聖羅馬帝國皇帝，即前面提到的查理五世。

查理五世在馬丁・路德（Martin Luther）發動宗教改革的兩年後登基，他率領好戰的天主教十字軍討伐新教徒，並且帶領十字軍東征鄂圖曼帝國的穆斯林。查理五世統治了兩千萬人，大約是歐洲百分之二十的人口。對於統一歐洲或遏止新教，他都沒有太多建樹；他四度和法國作戰，使神聖羅馬帝國陷入新教和天主教之間無止境的宗教戰爭。一五五六年，查理五世退位，搬到修道院居住；哈布斯堡家族的領地分裂，在奧地利的一支延續到一次大戰結束的一九一八年。

儘管有來自美洲殖民地的白銀補貼，西班牙仍在十七世紀初破產，而波旁王朝統治的法國成了歐洲最強盛的國家。阿姆斯特丹是歐洲十七世紀的金融中心和主要港口。到了一六八九年，英國成為法國最大的勁敵。歐洲在政治上的分裂，創造出一個異常競爭的環境，可能也形成了科技變遷的內在變革機制。

歐洲的農村生活大概在西元一五〇〇年至一七五〇年惡化。天氣變冷（被稱為小冰河期），釀成疾病、營養不良和死亡。樹木被大量砍伐，做為造船或建屋的木材、取暖和燒飯的燃料，以及冶煉礦石需要的煤炭。由於森林被大量砍伐，窮人紛紛湧入城市。一五〇〇年，巴黎是歐洲北部唯一人口超過十萬人的城市；到了一七〇〇年，巴黎和倫敦各自擁有五十萬人，阿姆斯特丹有二十萬人，另外有二十座城市的人口也達到六萬人以上。城市的主要支配者是有錢人，也就是法國人口中的布爾喬亞階級或城鎮居民，在君主的支持下，他們整天忙於事業，國家的歲入也隨著企業的成長而增加。大約百分之十到二十的城市居民因為太過貧窮而豁免賦稅。

## 宗教、科學與戰爭

從一四五〇年至一八〇〇年，歐洲及其殖民地有別於世界其他地區，包括鄂圖曼帝國、蒙兀兒帝國和中國，已能夠重複使用的金屬活字模從事印刷。在十九世紀之前，這些帝國依然仰賴人工抄寫書籍。其背後的潛在原因各有不同，且目前無從查明，原因可能是政府擔心不能控制印刷出版，或是怕褻瀆神聖的經文，或是表意文字在印刷上的優勢不如字母文字。有一段時間，穆斯林官方覺得印刷會褻瀆《古蘭經》的神聖經文。目前僅知朝鮮是唯一的例外，當地在十三世紀發明了金屬活字模，並且在十五世紀初增加了字母系統，儘管識字的人僅限於少數的菁英，國內的印刷業依然蓬勃發展。[21]

在歐洲，一四五四年古騰堡發明的印刷機正以驚人的速度流傳。到了一五〇〇年，兩百三十六個歐洲城鎮擁有類似的印刷機。一五〇一年，鑄造了西里爾字母和希臘字母的印刷字模。一五三三年，西班牙已經在美洲成立印刷廠，英國則在一六三九年成立。一六〇五年，全球第一份定期報紙誕生，一七〇二年發行第一份日報。到了一七五三年，英國每天賣出兩萬份報紙。識字率提升，商業交流頻繁，參與知識性辯論的人也增加了，尤其是教會認為罪大惡極的宗教爭論。

歐洲有將近一半的人改信新教，大概就是拜印刷術所賜。天主教隱修士兼威登堡大學的神學教授馬丁・路德，公開反對教宗利奧十世（Leo X）發行贖罪券的做法。所謂的贖罪券，即是藉由捐獻或朝聖，使過往犯罪應得的懲罰得到赦免。一五一七年，路德用拉丁文寫下他反對的理由，然後釘在教堂的大門上，主張基督教是個人的信仰，能得到救贖，純粹是因為信念，與任何一種善功無關。廉價的小冊子將這些思想四處傳播，受到眾人擁戴，不分貴賤；天主教教會試圖阻止這些思想的散播，但收效甚微。路德不主張宗教寬容，他的目標是由新教徹底取代天主教，成為唯一真正的信仰。日耳曼諸侯陷入連年戰爭，後來在一五五五年簽訂停戰協議（奧格斯堡和約，Peace of Augsburg），由每一位諸侯決定自己國內的宗教信仰（教隨國立）。歐洲其他地方也出現別的改革運動，例如喀爾文教派、英國國教派和長老教會。

全球許多地區開始挑戰既有宗教思想。中國的王陽明主張一般人無須長年鑽研儒家思想，也能達到德行與至理的境界；他對儒家思想的挑戰，最終重新確立了儒家的正統觀念。印度的古魯・那奈克（Gure Nanak）開創了一種新的宗教：錫克教，其教義來自印度教的典籍，但否定婆羅門階級在神職上的權威，並主張全體信徒必須遵守同一套道德規範，而非像印度教那樣，對不同階級有不同的規範。蒙兀兒皇帝阿克巴鼓勵不同的宗教，主張宗教寬容政策，但後來的皇帝卻獨厚伊斯蘭教。

這段期間，全球許多地方性宗教都被節節高漲的遷移、貿易、交流和殖民潮一掃而空。誓死堅守在地傳統的人，不是離群索居，就是成了穆斯林或基督教傳教士下手的對象。即使是長期遵守薩滿教傳統的蒙古游牧民族，也漸漸改信藏傳佛教；一六〇一年，一名蒙古人（雲丹嘉措）被選定為第四世達賴喇嘛，自此佛教寺院如雨後春筍出現於蒙古各地。

在歐洲，對權威提出強烈挑戰的想法，形成一種全新的態度，即完全不相信任何權威，而要用實驗和理性來檢驗每一種觀念。這種被稱為「科學性」的態度在歐洲盛行，而大學成為科學實踐的大本營。到了一五〇〇年，歐洲開設了一百多所大學，吸收並試圖理解湧向歐洲的全球資訊流。教廷在一五五九年開始頒布《禁書目錄》，專門收錄被認為是顛覆天主教的書籍；直到一九六六年才廢止。教廷反對科學家伽利略（Galileo Galilei）的日心說。一六一六年以後，天主教當局將他軟禁在佛羅倫斯的家裡，但無法鎮壓他的思想，伽利略的著作最終在荷蘭付梓出版。英國劇作家莎士比亞（William Shakespeare）的劇作正反映出全球的快速變遷所帶來的衝突。

戰爭是我們經常提到的內容，但在本書中我們卻沒有對戰爭的過程多做描述。從一四五〇年至一八〇〇年，幾個重大的新發展改變了戰爭的性質：配備大砲的海軍艦隊、野戰砲、抵禦大砲的巨型堡壘；可以在砲火下挺進不撤退的常備軍；對野戰部隊的大規模後勤支援。這些發展耗資甚巨，連銀行體系都成為戰爭的一環。全球前幾名的大帝國把百分之七十到九十的歲入投注在戰爭機器上。

但各帝國採用這些新發展的程度不盡相同。只有歐洲和中國建立了海軍，而中國後來又裁撤了海軍。歐洲和鄂圖曼帝國擁有精良的野戰砲和武裝步兵。歐洲人發明密集隊形操練的軍事訓練法和銀行系統（如義大利、低地國家、英國），儘管基督教經典明文禁止放高利貸。穆斯林遵守《古蘭經》的指示，不放高利貸，但他們設計出一種體系，藉此把債權人變成投資的合夥人。蒙兀兒帝國既沒有銀行，也沒有海軍。中國的清帝國向耶穌會傳教士學習如何使用攻城砲，成為推倒明帝國的利器。在各種新穎的軍事發展中，非洲人只學到一小部分，一舉摧毀了游牧民族的勢力，因為游牧民族無法大量製造槍枝和大砲。

到了一七五〇至一八〇〇年間，以海洋連結各大陸的全球貿易體系得到鞏固。港市及其腹地繁榮發展，內陸地區則一蹶不振。以交通時間而言，橫越大西洋要一個月，橫越太平洋要三個月，用駱駝越過撒哈拉沙漠至少要一個月，從歐亞大陸的一端走到另一端則要一整年。海上貿易成為一四五〇年至一八〇〇年的特色。

在同一時期，全球人口倍增，達到整整九億人。糧食作物的哥倫布交換及傳染病的衰減，都是背後的功臣。非洲人口成長的速度遠低於其他地區，不過總體而言，十八世紀是人口成長的轉捩點；從這時候起，人類進入了急速成長的現代時期。然而全球百分之八十到八十五的人依舊務農為生，靠自己的力氣混飯吃、不識字、很難得才會遇見陌生人。在這段時間，全球的奴隸人數明顯增加，到了一八〇〇年，已經達到兩千萬至五千萬人，也就是全球人口的百分之二到百分之五。

全球經濟的發展和人口成長率差不多。從一四五〇年到一八〇〇年，每年的經濟成長率不到百分之〇．二五，因此時期的經濟總量只增加了兩到三倍。經濟的成長主要肇因於人口的成長，而非效率的提升，畢竟人力還是最主要的動力來源。中國和印度依然是經濟重鎮，提供全球將近百分之八十的貨物與勞務，一直到十八世紀中葉，大西洋經濟才有能力和西太平洋經濟匹敵。一四九二年以後，歐洲的經濟在短短幾十年內急速增長，靠的是從美洲取得的奴隸勞力和土地。

在講述西元一〇〇〇年至一五〇〇年這段時期，我論述重點會以蒙古為主，但在一五〇〇年至一八〇〇年，我把焦點轉移到海上的蒙古人，也就是大西洋的歐洲人身上。[22]他們憑著無比的殘暴和堅定的信念，把自己的文化擴展到美洲，並在歐洲奠定日後工業化及歐洲稱霸全球的基石。

## 待解之謎

### 一、奴隸貿易對非洲有什麼影響？

以麥克尼爾父子為代表的史學家認為，奴隸貿易對非洲整體人口的影響恐怕很小。他們認為這兩千五百萬名奴隸分散在四百個年頭和許多國家，其實只影響非洲很小一部分的人口（具體數字則不得而知）。[23]另外也有如派翠克．曼寧（Patrick Manning）之類的史學家表示，事實上從一七五〇年至一八五〇年，撒哈拉沙漠以南的非洲人口完全沒有成長，若非奴隸制度使然，當地人口應該會從五千萬人成長到七千萬或一億人。曼寧相信從一七五〇到一八五〇年：「可能有百分之十的非洲人口（約莫六、七百萬人），因為西方與東方對奴隸的需求而受到奴役。」[24]

奴隸制度對非洲的影響不僅如此。由於無國籍的人特別容易被抓，因此奴隸制度促進了國家的形成。許多社會因此而軍事化，也增加了槍枝的數量（以販賣奴隸的所得購買）。它使得社會分裂，並迫使社會和個人選擇他們究竟要不要做奴隸買賣。即使到今天，非洲有些地方的人仍然記得誰的祖先是奴隸販子，誰的祖先是奴隸。

## 二、有沒有任何歐洲人為美洲印第安人受到的對待提出抗議？

人數並不多，其中以傳教士巴托洛梅·卡薩斯為主。卡薩斯生於西班牙塞維亞，出身皈依天主教的猶太裔家庭。祖父生於一四九二年，是猶太教徒；他父親參與了哥倫布的第二次航海。一五〇二年至一五〇六年，卡薩斯隨父親前往加勒比海，接著返回西班牙擔任聖職，然後在一五〇九年至一五一五年重返加勒比海，親眼見證西班牙如何征服古巴。卡薩斯寫了好幾本書，詳細描述他的同胞如何虐待美洲原住民。西班牙政府最終在他的影響下通過法律，稱為一五四二年的新法（New Law），禁止奴役美洲印第安人，並限制其他形式的強迫勞動，對美洲印第安人提供了一些保護。他在一五五〇年代寫下《印第安人的歷史》（*A History of the Indians*）一書。不過卡薩斯並不反對用非洲人當奴隸。[25]

三、為什麼資本主義只出現在歐洲地區，而非中國或印度地區？

這是歐美社會科學家和史學家最喜歡討論的問題。學界截至目前為止已提出許多可能的解釋，包括因為歐洲缺乏統一政府而導致國與國的競爭激烈；臨海的地理位置；征服美洲而意外得來的糧食、勞力、黃金和白銀；堅實的國家機器；充足的煤礦；人口密度；印刷所帶來的知識快速傳播；社會結構和政策的差異，以及許許多多偶然的條件。上述原因似乎都扮演了某種角色。不過我們接下來要問的是：英國是如何在資本主義的發展中拔得頭籌？筆者將在下一章提出一些說明。

# 第十二章　工業化

## 西元一七五〇年至二〇〇〇年

有些歷史學家使用「工業革命」一詞，敘述大約在一七五〇年首先發生於英格蘭的人類轉向化石燃料、工廠體系，以及製造業經濟；包括筆者在內的其他學者，則更偏好以「工業化」一詞說明這個更長遠而漸進的過程：它從非洲與歐亞大陸成為同一網絡（見第十章）開始，隨著全球連結（見第十一章）而強化，而在一八五〇年前後完成於英格蘭，隨後也在其他地區完成，如今仍在全球許多地區進行中。歷史學家大多同意，人類轉向化石能源和製造業，象徵著人類歷史上三到四次根本轉變的其中之一，與人類轉向農業或轉向城市生活一樣意義重大。[1]

在工業化發展過程中，產生了兩個人類歷史上前所未見的現象。其一與人口成長有關，其二則與經濟成長有關。

從西元元年至一七〇〇年，全世界的人口是漸進成長的，平均每一個世紀增長百分之十二。但人口成長並非持續發生的；正如前文所述，當人口數量超出糧食供給能力，或疫病造成人口銳減，人口就會下降。一七〇〇年之後，人類死亡率開始下降，全世界人口在十八世紀之內成長了百分之三十到五十，在十九世紀增長了百分之八十，到了二十世紀更增加了百分之兩百八十。確切原因無人知曉：更溫暖的氣候、更多的糧食（來自美洲的新品種，以及更先進的農耕技術）、更便捷的交通運輸，以及更多致命疾病的流行（人類因此產生更強的免疫力），看來是最有可能的解答（圖12.1）。[2]

更為戲劇性的還有英格蘭和荷蘭的經濟從十七世紀晚期開始，也在人口成長的同時提升了人均收入，即使農業生產的收益減少。人均收入的成長（每人真正收入增加）先前在世界許多不同地區也曾發生過，但隨後總會反轉，使得自給農民（subsistence farmers）的生活水準和過去並

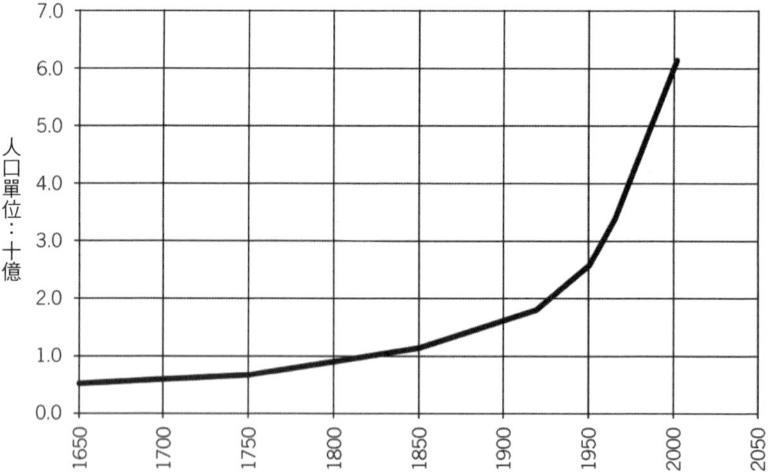


圖12.1　世界人口變動，一六五〇年至二〇〇〇年。資料來源：Donella Meadows, Jorgen Randers, and Dennis Meadows, 2004, *Limits to Growth: The 30-Year Update*, White River Junction, VT: Chelsea Green Publishing, 6.

無二致。但在歐洲，生活水準自十七世紀晚期以來卻不曾倒退，除了戰爭期間之外。確切原因也不得而知，儘管許多學者都對此進行分析，最有名的可說是亞當・斯密（Adam Smith）在《國富論》（*The Wealth of Nations*）中的主張：他認為社會可藉由確保和平、降低稅率，以及公正執行的法律保障財產和投資，促進經濟成長。[3]

## 資產階級的力量

自從人類在大約五千年前首先建立國家以來，君主制一直都是最常見也最持久的政治制度安排——由單一個人統治，他（偶爾是她）的權力受到不同程度的制約。而在城市興起之後，只有少數社會創立了民主制度，讓無論何種定義下的每一位公民都能參與政治，但這些社會仍是小規模的，為時也不久。

隨著貿易增長，城市數量大增，大約從十七世紀開始，強大的商人和經營地主群體對君主向他們課徵的稅心懷不滿。建立在遠古傳統之上的大帝國有效管控這種緊張關係，避免內戰發生，像是中國的清帝國，印度的蒙兀兒帝國，以及統治土耳其和中東的鄂圖曼帝國。

但在互相競爭的新生小國林立的歐洲，荷蘭和英格蘭兩國的君主卻無法管控這種緊張關係。資產階級領袖帶領著社會走向內戰，以節制君主的權力。荷蘭的都市菁英在從一五六七年持續到一六〇九年的漫長戰爭之後驅逐了哈布斯堡王朝的統治，建立了荷蘭共和國。

英格蘭的政治革命晚了五十年，但也進行了將近五十年才完成，從一六四二年內戰爆發開始，經過一六四九年查理一世（Charles I）被斬首，到其子查理二世（Charles II）在一六六〇年復辟，最後由議會在一六八八年到一六八九年間發動政變。這場政治革命是由議會中的資產者（men of property）實現的：他們安排了一位君主做為國家團結的象徵，真正的權力則由議會掌握，經權利法案明定，確保議會掌握預算監督的至上權力，定期開會議事，並禁制國王權力。這場名為「光榮革命」（Glorious Revolution）的政治變革，為其後經濟和技術的劇烈變革奠定了基礎。領導這場革命的菁英約占人口百分之五，但他們控制了國家收益的將近百分之二十五，他們將財政集權於中央並予以改革，訂立了嚴格的記帳標準。[4]

其他政治革命也因大西洋貿易增長而發生。多數人口屬於資產者的英屬北美殖民地反對被課徵更高的稅，並在一七七六年向英國宣戰。由於海外戰事對英國而言成本太過高昂，法國也向殖民地人民提供援助，殖民地人民得以獨立成功。事隔不久，法國的政治革命也在一七八九年發生，農民和多屬資產者的三級會議聯手推翻了君主制；法國人經歷了一段無政府時期，接著由拿破崙實施獨裁統治，而後君主制復辟又引發多次革命，直到一八七一年建立的共和國才得以延續至今。①而在美洲，法國的糖業殖民地聖多明哥（Saint Domingue）發動反抗，並於一八〇四年獨立成為海地；到了一八二六年，玻利瓦爾（Simón Bolívar）在拉丁美洲領導的獨立運動，使得西班牙的大多數美洲屬地各自成為獨立國家，只有古巴和波多黎各的種植園主仍然效忠於他們最大的主顧西班牙。巴西也在一八二二年脫離葡萄牙獨立。而在德國，君主制與權力受限的議會延續到第一次世界大戰戰敗為止，俄國的君主制（沙皇制）則在一九一七年被推翻。

擁有財富和產業的資產階級男性發展出了代議制政府的理念，試圖抗衡君主向他們的財產徵稅的權力。兩位闡發代議制政府理念的英國重要人物，是詩人彌爾頓（John Milton）和一位伯爵的顧問洛克（John Locke），兩人的家境都很富有。彌爾頓的父親是一位銀行公證人，他資助兒子追求前程。在英格蘭聯邦（Commonwealth of England）建立前的內戰中，彌爾頓寫下了捍衛言論自由、反對政府出版審查的擲地有聲作品《論出版自由》（*Areopagitica*）；而在國王的出版審查終結後的文宣戰中，彌爾頓則為議會處死國王的權利辯護。一六四九年內戰結束後，議會建立的英格蘭聯邦成立，統治全國，一直延續到一六六〇年，期間大權主要掌握在常勝將軍克倫威爾（Oliver Cromwell）手上。彌爾頓此時在聯邦擔任祕書官。

多年之後，洛克也在《政府論》（*Two Treatises of Government*）中為議會有權對抗王權而辯護。洛克在這些論著中主張，人民服從於政府並非因為天生傾向於服從絕對權威，而是因為具有正當性的政府應保障人民的財產權。倘若政府無法保障人民的財產權，資產者就有權撤回對政府的授權，另組新政府。國王並不具備統治權，反倒是人民有權同意政府統治。為了強化自

① 編按：法國自一八七一年至一九四〇年建立法蘭西第三共和國，因納粹德國入侵而倒台。後續法國陸續存有第四共和、第五共和。目前的法國即是法蘭西第五共和國。

己的論述，洛克提出了一套全新的心智理論，他否定人類具有任何先天觀念（innate ideas），包括服從絕對權威的先天觀念；反之，洛克主張新生兒的心智是一塊白板（tabula rasa），一切觀念都是由後天經驗與理性刻劃而成。

可是什麼樣的人有權利同意政府統治？在洛克的時代，只有少數成年男性能夠投票選舉議員。傑佛遜（Thomas Jefferson）在美國獨立宣言運用洛克的觀念為英屬美洲殖民地的反叛辯護時，則在權利清單中以「追求幸福的權利」替換財產權，這顯然擴充了他所認定的合法選民基礎。麥迪遜（James Madison）則確立了傑佛遜的論點，他主張財產一方面是指土地、金錢與貨品，但廣義而言則是指自由言論，以及個人依其選擇自由發揮才能。他總結：「既然人可說對其財產擁有權利，他同樣也擁有權利這一財產。」[5]由於這些觀念的發展，那些挑戰查理一世並將他斬首的富人所採取的行動，或許產生了他們始料未及的結果。

美國憲法並未明文規定投票資格。總統是由選舉人團（electoral college）選出的，參議員則由各州議會選出，而每一州各自設定了推選代表進入眾議院的資格限制。在一八〇〇年時，只有賓州沒有財產限制。奴隸不得投票，但在決定眾議員人數時可以照一個人的五分之三計算，蓄奴州因此獲得額外的政治權力。女性直到一九二〇年才有投票權。[6]

隨著男性政治平等的觀念在歐洲和美國得到認可，這些地區的人們也發展出按照身體特徵分門別類的種族概念。要是所有男性都平等，那有些人看來如此落後又該怎麼解釋呢？對此，歐洲人提出了質疑。瑞典博物學家林奈（Carl Linnaeus）在一七三五年嘗試進行種族分類，但最權威的一套種族分類，則是由體質人類學之父，德國哥廷根大學（University of Göttingen）教授布魯門巴赫（Johann Blumenbach）以顱骨測量為基礎建立的。布魯門巴赫在《論人的天生變異》（*On the Natural Varieties of Humankind*）一書中將人類區分為五大種族，並在一七九五年該書三版中定名為高加索人種、蒙古人種、衣索比亞人種、美洲人種和馬來人種。布魯門巴赫並不相信非洲人比其他民族更接近於人猿，但他確實相信高加索人種是初始人種，其他人種則由高加索人種分歧演變而來。[7]

## 工業革命

工業化轉變如今被看作是全球性現象，它並非由歐洲社會創造，而是由整個全球網絡中發揮作用的力量催生，也就是非洲—歐亞大陸人民和美洲人民的互動。東西兩半球連結起來之後，發明創造的進展、生產力水平，以及集體學習的速度在全球各地都急遽提升。歐洲的大西洋海岸由於位置得天獨厚，成為第一個世界體系的最初樞紐：歐洲人身處的戰略位置，以及他們年輕而靈活、隨時準備迎接轉變的特質，都是出類拔萃的。

具體來說，工業化進程是從西北歐洲海外的潮濕小島不列顛展開的。主要理由之一是不列顛蘊藏了大量的煤。隨著島上的森林逐漸耗盡，用以煉鐵的木炭減少，鐵產量開始下滑。燃燒一般的煤又不足以煉鐵，因為煤中的雜質會使鐵變得易碎。一七〇九年，施洛普郡（Shropshire）

的達比（Darby）家族發現，要是先把煤加熱成為煤焦，就能順利煉出鐵來。

但煤層都深埋於地底，被淹沒礦井的地下水阻隔，因此需要某種抽水機。一七七〇年代，蘇格蘭人瓦特（James Watt）改良了蒸汽機，到了一八〇〇年，英國已經有將近兩千部蒸汽機，雖然其中只有大約百分之五可以使用，但每一部蒸汽機將水抽出煤礦的能力都相當於兩百名人力。（自一七八〇年到一八三〇年，煤產量提高了將近五倍。）為了改良蒸汽機，英國人為此投注了製造槍砲和鐘錶的全副技術。一八三〇年之後，以蒸汽為驅動的機具，價格大幅下降。[8]

蒸汽機做為一種新奇事物，在十八世紀之前也曾在其他文明社會中開發出來。中國人有許多種蒸汽機系統，但他們把引擎當作風箱，由輪子推動活塞，而不是像瓦特的設計那樣以活塞驅動輪子，兩者的設計剛好相反。中國人也用煤炭煉鐵，他們在一〇八〇年的鐵產量就已經超越了不包括俄國在內的歐洲各地在一七〇〇年的產量；但煤層所在的華北地區卻遭受蒙古人入侵、內戰、洪水和饑荒肆虐，人口因此向南方遷移，重新開始煉鐵時，則以木炭取代煤炭做為燃料。[9]

十八世紀時，印度是全世界唯一大量出口棉織品的國家。一七二一年，英格蘭的富商經由議會禁止印度布料進口，以提升他們從本土生產中獲得的收益。他們從北美殖民地取得奴隸種植的生棉花，將其運往英格蘭鄉村，由一整個工匠家族運用紡車、家用織布機等手工器材織出布料，再由這些商人銷售。紡紗和織布的工人都在家工作，或是在原始工廠（protofactory）之類的小團體工作。

一七六四年，倫敦的一個社團舉辦選拔，頒獎給最能改良紡紗進程的發明者；哈格里夫斯（James Hargreaves）以他設計的「珍妮紡紗機」贏得大獎，這是在木製框架中由一個紡輪帶動並列的一連串紗錠，可同步紡出八十條棉線，水力推動的改良機型更可一次紡出一百條棉線。十九世紀早期，英國人研發出了蒸汽織布機，（美國）喬治亞州發明的軋棉機更提高了棉產量。到了一八六〇年代，印度在棉紡業就無法與英國抗衡了。

英格蘭的工業化進程有賴於諸多同步進行的轉變。正如前文所述，發明是必要的。美洲殖民地提供了原料與市場。運河和道路提供了基本的交通運輸；其後，汽船和鐵路加快了運輸。足以支持資本積累的金融體系也在十七世紀和十八世紀初期開始發展。人們看待高利貸的態度也必須改變。最後，農業生產的提高讓工人得以離開田地，進入工廠。

英格蘭農民運用許多方法大幅提高產量：他們選擇育種綿羊，讓綿羊平均體重增加到兩倍；將種子排列成行而不用播種；使用馬拉的條播機（drilling machine）；以及想出四年輪作制（蕪菁、大麥、苜蓿、小麥），讓土地無須休耕。農民在冬季用蕪菁餵牛，如此就不需在秋季殺牛，整年都能產製牛乳和牛油。但這些轉變需要更大片的田地才能收效，於是最富裕的農民要求圈占先前允許貧困農民放牧家畜的公用地。圈地運動在十八世紀末和十九世紀初達到高峰，小農成為僱工，或是繼續為城市消費耕種。即使糧食產量提高，但人口也隨之增加，英格蘭到了十九世紀中葉就不得不以製成品換取糧食。英國最後一次有剩餘的小麥可供出口是在一七九二年。[10]

這一切轉變對於英格蘭的窮人即使還算不上災難，也是十分艱苦的。數以千計的織匠因著動力織布機的使用而流落街頭。工資自一七六〇年到一八一五年間持續下跌。歷史學家對此時窮人的處境是否比從前更惡劣，以及惡劣到何種地步看法不一。有些學者認為英國工業的奠基犧牲了整整兩代人，但多數學者都同意，在一八五〇年英國的工業化臻於成熟之後，全體人民都得以共享英國在世界舞台上的成就。與此同時，也有大批人口外移：從一八一五年至一九一四年，共有兩千萬英國人離開不列顛島。一九〇〇年英國的總人口數有四千一百萬人，但移民潮沒發生的話應當有七千萬人。[11]

菸草、可可、茶和咖啡在工業化進程中成為日常生活的主角，也絕非巧合。來自美洲的菸草自一五六五年開始在英格蘭栽種，咖啡在一六五一年來到倫敦，可可在一六五七年傳入，茶則在一六六〇年傳入。它們都足以成癮，準備和服用的時間很快，而且都能讓人在短時間充滿精力，這正是長時間出門在外工作的人最需要的。窮人則在飲料裡加糖，藉以防止他們在日常生活中攝取相當缺乏的蛋白質在能量消耗中被耗盡。赤道地區每一畝甘蔗田所能產生的卡路里，相當於四畝馬鈴薯田或九到十二畝小麥田。一九〇〇年英國的糖進口量已是一八一五年的十一倍，英國人每日的熱量卡路里則有百分之十五到二十五來自於糖。[12]

由於工業化將工作移出了家庭環境之外，婦女和兒童因此受到了巨大影響。他們成了一支靈活的勞動力，因應著增補男性勞動力的需求而進入職場，從事男性不願做、不具權威或僅需最低限度培訓的工作。如此一來，不平等就成了工業化進程的一部分。不過有些兒童的處境較好，得以從折騰人的生產勞動中解脫，而以追求教育為優先任務；有些定居城市，從事服務業（家政服務除外）的女性，生活條件也比男性農業零工寬裕。[13]

工業化為何是從英格蘭開始？歷史學家各有不同答案。簡短的答案似乎是由諸多獨特因素結合而成：在海洋中的位置、森林過度砍伐、煤層蘊藏、光榮革命的政治和社會後果、以美洲土地和財富為基礎的商業和農業發展、交通運輸、儀器技術、人口增長、印刷媒體，再加上發明創造的自由和誘因。

一八一五年之後，歐洲其他地區和美國也展開了工業化進程。比利時和瑞士較早開始工業化，兩國都有煤層蘊藏。德國有煤產豐富的魯爾區，它的工業發展在一八八〇年代超越了英國。法國的煤產量太少，無法率先展開工業化，一八四八年之後法國則不得不進口煤。美國則是工廠管理的先驅，首先將可替換配件運用於武器生產，到了一八九〇年代，它的工業也已超越德國而領先全世界。一九〇〇年之前唯二開展工業化的非西方社會，只有俄國和日本。俄國在一八六〇年代開始工業化，到了一九一〇年，已經擁有全世界第四或第五大的重工業複合體，並且在一九五〇年發展成熟；日本也從一八六〇年代開始工業化，到了一九一四年已是世界第一流的軍事和工業強國。二十世紀的世界強國，正是那些十九世紀時已經設法開展工業化的國家，如英國、德國、俄國、美國和日本。[14]

隨著煤能源的開發利用，勞力更容易取得，奴隸制和強迫勞動也就愈來愈不具備經濟效益，不再令人嚮往。就在全世界的奴隸制和農奴制極盛之時，這兩項古老的制度也十分迅速地在全世界多數地區遭到廢除。

奴隸制和農奴制的全盛時期是十九世紀上半葉。美國南方種植棉花的奴隸，自一八〇〇年至一八六〇年增加了五倍。奴隸制在加勒比海和巴西也為了生產更多的糖而擴張。而在東南亞，奴隸則在種植園裡栽種甘蔗和胡椒。俄國則有數百萬農奴種植小麥，埃及的奴隸大軍栽種棉花，北非的奴隸人數在這段時期也增加了，特別是在榨取棕櫚油做為工業用潤滑油這方面。

要求廢除奴隸制的鼓動宣傳首先在十八世紀晚期由英國的貴格會（Quakers），以及法國的啟蒙思想家展開，印刷術和旅行則將理念傳揚開來。一八〇七年，英國廢止奴隸買賣，法國也在一八〇八年至一八三〇年間跟進；一八二〇年代，墨西哥和智利廢除奴隸制；英國也在一八三三年廢除奴隸制。其他大西洋國家也跟進：美國在一八六五年廢除奴隸制、西班牙在一八八六年、巴西則是在一八八八年。一八六一年，俄國廢除私有農奴，但農奴仍需繼續工作至少九年，才能集體擁有土地，公有農奴則在一八八六年解放。鄂圖曼帝國屈服於西方壓力，禁止奴隸買賣，但從未廢止奴隸制，因為伊斯蘭律法認可奴隸制。非洲的奴隸買賣終止於一九一四年，奴隸制則在二十世紀過了三分之一時廢除。總體而言，奴隸制和農奴制的廢除象徵著人類的歷史性解放；光是在俄國，就有五千萬名農奴獲得自由。化石燃料的使用有助於解釋政府為何正式廢除奴隸制，即使奴隸制尚未完全消失。[15]

運輸和通信的創造發明持續改變世界貿易。一八〇一年，美國和蘇格蘭製造出早期的輪船，到了一八六〇年，它們就在公海上把大帆船拋在腦後。一六五〇年時，從荷蘭航行到爪哇需要整整一年，到了一八五〇年只需要三個月，一九二〇年時更只需要三星期。全世界海運在一八五〇年至一九一〇年間成長了四倍。

英國在一八三〇年興建了全世界第一條公營鐵路，但在一八四五年，美國的鐵路總長度已是英國的兩倍，到了一九一四年，美國的鐵路總長度更占了全世界鐵路總長度的一半。世界第一封電報在一八四四年由華盛頓傳往巴爾的摩，一八六六年鋪設了橫跨大西洋的電報線路。一八七〇年自英國到印度的電報線路，將訊息往返的時間從八個月減少成五小時。一九〇二年，英國的電報線路遍及全世界。一八六〇年的電報每分鐘只能以摩斯電碼傳送十個字，六十年後，每分鐘已能傳送四百字。全球電氣化也大約在一八九〇年前後開始。[16]

十九世紀結束時，另一項創新似乎也改變了世界，即石油的使用。石油是一種化石燃料，可做為內燃引擎的燃料，和煤一樣在數百萬年前即已埋藏於地底。蘇格蘭人楊格（James Young）在一八五〇年發現提煉原油的方法，賓州的德雷克（Edwin Drake）則在一八五九年證明了可以鑽入岩石深處取得石油。一八八〇年代，德國人開始研發使用石油的引擎。全世界的石油產量從一八〇〇年的零公噸增加到一九〇〇年的兩千萬公噸，再提高到一九九〇年的三十億公噸，占全世界人口百分之四的美國人則使用了全球產油的百分之二十五。石油將在二十世紀的歷史上成為一條主線，或許還是唯一的主線。[17]

## 帝國主義和世界大戰，一八五〇年至一九四五年

一八七〇年，歐洲占有全世界貿易總額的大約百分之七十。一九一四年，歐洲已占領或控制了全世界百分之八十的地區。一八〇〇年時，中國占全世界生產總額的百分之三十三，到了一九〇〇年，大幅下降至百分之六。印度從一八〇〇年的百分之二十五下跌至一九〇〇年的百分之二。非洲則被歐洲列強瓜分了。[18]

而在歐洲和美國，這個時期的特徵是種族主義思想，乃至由種族主義出發的政策都達到極盛。種族主義存在於「……一個種族或歷史集體，基於其確信為不可改變的遺傳差異，而支配、排除或試圖滅絕另一集體」，同時卻又宣稱相信人類平等的作為之中。[19]種族主義看來主要是歐洲和美國的產品，即使並不專屬於歐美。種族主義的邏輯在二十世紀的三個社會中得到全面實施與貫徹：美國南方針對非洲裔美國人（一八九〇年代至一九五〇年代），南非歐洲殖民者針對非洲人（一九一〇年代至一九八〇年代），以及希特勒的德國針對猶太人（一九三三年至一九四五年）。

到了十九世紀中葉，許多歐洲人和美國人都認為自己對全世界的支配，證明了自身內在的生物優越性，而不是文化、技術或地理優勢的表徵。法國、英國、德國、葡萄牙、比利時和美國都運用這套種族主義意識型態，為自己獲取新的殖民地辯護。

光是這些工業強國的軍事實力，就讓它們能夠在一九一四年之前的數十年中瓜分全世界大部分地區。一八四〇年代以後，武器和通信系統的實力對比出現了顯著失衡，到了十九世紀結束時，連發步槍和機關槍的發明，加上控制疾病的醫藥能力，更加重了這種實力不對稱。這時工業化強國已能運用迅速而成本低廉的軍事行動攻取殖民地，他們也採用這一途徑。

英國占領了最多的殖民地，大英帝國版圖在一九一四年遍布世界各地，成了世界史上最大帝國。（蒙古帝國則是疆域連綿不斷的最大陸上帝國。）英國最富庶也最重要的殖民地印度，隨著蒙兀兒帝國在一七一〇年走向衰落，也在一七五〇年至一八六〇年間逐漸落入英國手中。英國也控制了加拿大、澳洲、紐西蘭、南非、埃及，以及非洲其他廣大地區，因此在十九世紀結束時即已掌控了非洲總人口的百分之六十。

非洲的社會階序在十九世紀最後數十年中比以往更牢牢扎根於奴隸制之上，為工業強國掃清了併吞之路，它們占領了賴比瑞亞與衣索比亞之外的全部非洲（圖12.2）。中部非洲的人口在此之前和外界幾無往來，但在一八八〇年至一九二〇年間減少了將近四分之一。而在二十世紀稍後，隨著醫療進步與普及，非洲則經歷了全世界前所未見最迅速的人口成長。[20]

中國不曾成為殖民地，清帝國一直支撐到一九一一和一九一二年之交。但它的處境卻落得有可能比殖民地還不如，從英國和美國走私印度鴉片進入中國開始，接著在一八五〇年至一八六四年間引發了人類有史以來最大規模的內戰：太平天國之役，多達兩千萬到三千萬中國人喪生於這場戰事中。

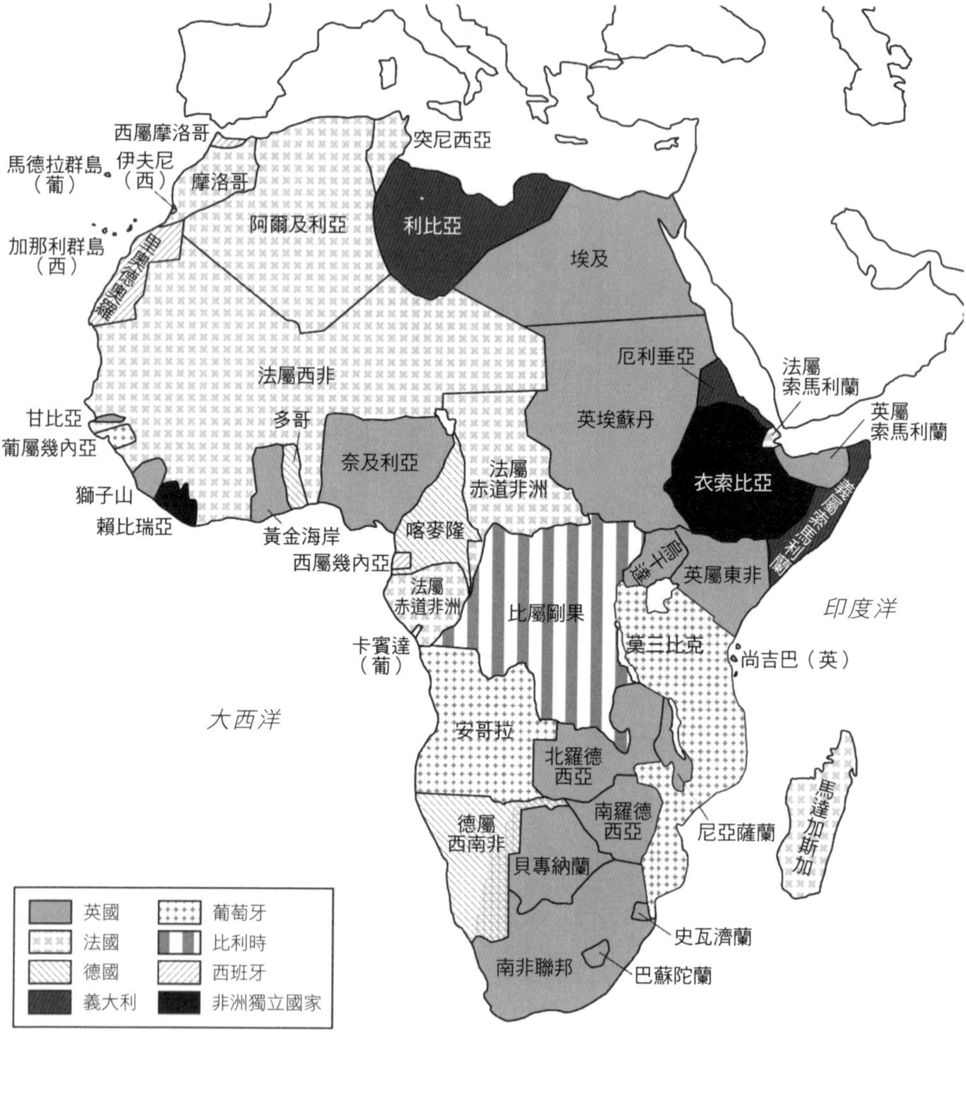


圖12.2　一九一四年的非洲。

美國在一八九八年和西班牙開戰，接管了波多黎各和菲律賓。俄國將版圖擴張到高加索山區，日本則從中國手上取得了福爾摩沙（台灣）和朝鮮，在滿洲取得租界，並從俄國手上取得半個庫頁島。

帝國主義國家的野心同時得到了十九世紀晚期氣候變遷的幫助。自一八七六年至一八七九年起，季風有三度無法帶來降雨，時間長達三年到六年不等，降雨缺乏在赤道國家和中國華北都引發了乾旱與饑荒，導致三千萬到五千萬人死亡，也造成這些地區工業化程度低落。非洲直到二十世紀仍然容易發生乾旱。[21]

然而，歐洲人實現的世界體系卻為時不久。它在二十世紀隨著歐洲強國彼此交戰，以及日本和俄國這兩個歐洲之外的工業強國和歐洲、美國爭奪土地及資源而瓦解。

歐洲帝國主義的終結，始於一九一四到一九一八年間的第一次世界大戰，戰爭起因是德國在這個國族主義昂揚的時代崛起為強國，並與其他歐洲國家爭奪殖民地。英國、法國、俄國、塞爾維亞組成協約國陣營，最後美國也加入，才驚險擊敗德國、奧匈帝國和鄂圖曼帝國的同盟國陣營。戰後和平條約略微縮小了德國的領土，同時以德國挑起戰端為由索取巨額賠款。一九二〇年，戰勝國成立了國際聯盟這一國際組織，總部設在瑞士日內瓦，以控管及預防日後可能的衝突。在國際聯盟的託管地體系之下，德國在非洲的殖民地被分給了幾個不同的戰勝國。鄂圖曼帝國的一部分也被分給了戰勝國，包括巴勒斯坦由英國託管；鄂圖曼帝國的其他部分則在一九一九年至一九二三年的革命中瓦解，一個世俗的土耳其共和國隨之誕生，廢除了伊斯蘭教的哈里發制度，使得穆斯林世界不再擁有宗教領袖或政治中心。俄國的沙皇制在一九一七年被革命推翻，義大利政府也在一九一九年至一九二七年間垮台，墨索里尼的獨裁統治隨之興起。第一次世界大戰結束，各國軍隊復員返鄉之後，流行性感冒則傳染世界各地，造成將近四千萬人死亡，比大戰期間的死亡人數更高出許多。女性在大戰期間提供不可或缺的貢獻之後，部分民主國家開始給予女性投票權。

這場殘酷的大戰結束後，世界各國從全球貿易退卻，試圖實現某種經濟自足。一九二九年美國股市崩盤之後，從事全球貸款業務的銀行隨之破產，導致全球經濟大蕭條。各國政府則以提高關稅和盡力減少進口因應，使得經濟情況更加惡化。一九三二年，世界經濟萎縮了百分之二十，世界貿易則萎縮百分之二十五。[22]

由於第二次世界大戰在第一次世界大戰之後僅僅二十年就爆發，許多歷史學家都認為這場戰爭是一戰的延續。國族主義仍然猛烈，義大利的墨索里尼、德國的希特勒以及日本帝國主義者的野心，則驅使他們發動侵略，重新點燃戰火。英國、法國、蘇聯和美國再次聯手，一九四五年五月首先在歐洲戰場擊敗軸心國勢力（德國、義大利、日本），隨後在同年九月戰勝日本。共有六千萬人死在這次大戰中，相當於一九四〇年世界總人口的百分之三左右。其中六百萬人是德國及其占領國家的猶太人，希特勒及其部屬蓄意以大規模屠殺將其滅絕；還有兩千五百萬人是蘇聯的軍人和平民，這使得蘇聯成為這場大戰中遭受最慘重傷亡的國家。此外有超過十萬人則在日本的兩座城市（廣島和長崎）喪生，美國在這兩座城市投下運用核能源製造的原子彈新式武器，促使日本趁早投降。

二十世紀中的戰爭和革命，對人類的精神面貌產生了深遠的影響，在一九一四年以前，許多人都相信先進的工業社會會讓人類不再陷入過往的征伐屠殺。不過除了散播恐怖之外，屠殺對全世界總人口的影響其實微乎其微。將戰爭、種族滅絕、人為饑荒和國家恐怖行動造成的死亡人數相加，共造成一億八千萬到一億九千萬人死亡，僅占整個二十世紀死亡人數的百分之四。[23]

## 美國領導全世界，一九四五年至二〇〇〇年

第二次世界大戰結束時，全世界的工業強國幾乎都在戰爭中嚴重毀壞了彼此的工業生產能力，只有美國例外，戰後的和平進程由它出頭領導，世界經濟也由它支配。二戰結束時，美國一度短暫獨占核子武器，以及全世界一半的工業生產能力；而在戰後時期，美國記取了一戰後德國捲土重來的教訓，並因應蘇聯和共產主義擴張引發的焦慮，得以承包歐洲經濟的重組，以及監督日本的重建。全世界工業生產在二十世紀下半葉再度蓬勃發展。

二十世紀能源的最大突破，在於人類學會運用石油這一能源。美國率先將經濟基礎建立在石油運用上，交通運輸從此革新，因為汽車和飛機都不能依靠燃煤動力。一九一二年，福特（Henry Ford）開發出第一條電動生產線組裝汽車；他必須付給員工兩倍薪水，好讓他們繼續從

事這項一成不變的工作，結果員工兩個月的薪水就買得起一部福特T型車。一九二〇年代，汽車、電話和收音機在美國十分普及。

在美國領導之下，世界在一九五〇年至二〇〇〇年間再度展開全球化。經濟全球化於一九四四年奠定基礎，四十五個國家在這一年共同創立國際貨幣基金和世界銀行。戰勝國不顧一切地要防範下一次毀滅性的戰爭，於是成立了聯合國，總部設在紐約，以貫徹國際聯盟的未盡之業，而且效率更高。在羅斯福夫人（Eleanor Roosevelt）主導下，聯合國大會在一九四八年通過世界人權宣言，這是第一份闡述全體人類應享權利的文件，是人類歷史的里程碑。兩年後，聯合國教育、科學與文化組織發表由世界頂尖科學家起草的宣言，承認種族概念並無科學基礎。

然而，經濟支配地位的競爭並不隨著第二次世界大戰而結束。蘇聯證明了自己是美國最勢均力敵的對手，和美國展開了政治、經濟對抗的冷戰，並隨著蘇聯在一九四九年製造出原子彈，中國共產黨於一九四九年奪取政權而更加白熱化。

蘇聯與西方工業國家的互相猜忌，可追溯到一九一七年俄國推翻沙皇制之後，一度由西式的政府短暫統治，但俄國人民最終選擇了布爾什維克黨實行共產革命。蘇聯（共有十五個加盟共和國）的領導人將工業和農業生產收歸國有，並為公民提供住房、衛生保健和教育。他們運用馬克思的理念，相信資本主義民主政體注定要瓦解，並在暴烈的階級戰爭之後成為共產政權。（「資本主義」一詞直到二十世紀才普及，以區別於「社會主義」和「共產主義」。）

馬克思理念在西方民主國家獲得不少追隨者，因為有一部分人想方設法，努力縮小工人與工業資本家之間的不平等。但蘇聯的共產體制跟不上經濟、軍事和農業各方面的競爭；它在一九七〇年代晚期已無法供養自己的人民，一九八〇年代更因油價急速下跌導致財政破壞。共黨領導人渴望資本主義的物質利益。一九九一年，十四個加盟共和國脫離俄羅斯獨立，蘇聯隨之解體，蘇聯總書記戈巴契夫則允許它們和平獨立。

二十世紀的兩次世界大戰不僅中止了歐洲的擴張，更逐漸裂解了歐洲的舊帝國。第一次世界大戰之後，奧匈帝國解體，分裂為四個新國家：匈牙利、波蘭、捷克和奧地利；同時愛爾蘭也脫離英國獨立。第二次世界大戰期間和戰後，全世界的大多數殖民地都解放了自己；一九九〇年代獨立國家的數目比起六十年前大約增加了三倍。

一九五〇年代，歐洲國家在德國、法國兩大世仇領導下，成立了歐洲經濟共同體彼此支持，同時防範美、蘇兩大強權支配歐洲。這在一九九〇年代促成了歐洲部分統合成為歐洲聯盟（經過了這麼多年！），採用共同貨幣，並實行共同的經濟、農業及移民政策。

第二次世界大戰結束後，一個嚴重的問題在巴勒斯坦發生。第一次世界大戰期間，法國和英國外交官分別向猶太人和阿拉伯人雙方許諾將巴勒斯坦交給他們，以換取支持；但戰爭結束後，國際聯盟將巴勒斯坦交給英國託管。英國在二戰前夕允許一部分猶太人移居巴勒斯坦，二戰結束後則有大量猶太人移入巴勒斯坦。爭取建立猶太國的宣傳，加上美國的支持，促使英國在一九四七年勉強同意建立以色列國，並於一九四八年獲得聯合國通過。有些巴勒斯坦人遭到殺害，隨後大量巴勒斯坦人逃往外國，周邊的阿拉伯各國圍攻以色列，卻被以色列擊敗。雙方從一九四八年至二〇〇五年先後打過四場戰爭。由於阿拉伯和伊朗的石油對美國及其盟友至關重要，美國在附庸的阿拉伯各國扶植不受歡迎的領導人，同時給予以色列大筆軍事及財政援助。以色列並不承認正在研發原子彈，但舉世皆知他們已經研發成功，而雙方仍在危險對峙中。

二十世紀後半葉的科學進步，已到了一日千里的程度。第二次世界大戰期間研發出的抗生素通行於世，不斷拯救人命；科學家也持續發現其他救人的藥物，到了一九八七年，日本達到了全世界最高的預期壽命：七十八歲。俄國在一九五七年將第一顆人造衛星（史普尼克號）送上環繞地球的軌道，美國太空人在一九六九年登陸月球，一九七七年則發射了航海家一號太空船，航行至今已離開我們所在的太陽系最外層邊界。一九五〇年代，美國科學家在ＤＮＡ分子中解開了基因密碼，藉由呈現基因的隨機突變確立了達爾文的演化論。一九六〇年代，宇宙物理學家為他們的大霹靂理論找到了具體證據，證明宇宙是從一個爆炸的時刻起源的。化學家則在一九四〇年代從石油殘留物開發出塑膠，新品種的小麥、稻米和玉米，也從大約一九六〇年至一九八〇年開始將收穫量提高兩倍到四倍。

在科學的力量與威信提升之際，宗教卻未曾凋零。儘管世俗觀點在歐洲和美國都增強了，基督教和伊斯蘭教卻雙雙在殖民時期擴張，並在二十世紀末成為全世界信徒最多的兩大宗教。強調一切宗教本為一體、著重一切福音相似性的新興宗教也產生了，如印度的羅摩克里希那（Ramakrishna）運動及其使徒辨喜（Vivekananda），以及波斯什葉派伊斯蘭教的分支，選擇英語為偏好語言的巴哈伊（Baha'i）信仰。二十世紀結束時，在恐懼不安的氛圍之中，世界各大宗教的基本教義派都得以復甦。根據統計，全世界在二〇〇二年有一萬個獨特的宗教，其中一百五十個至少擁有一百萬信徒。若以十人為一組概略估算全世界的宗教，那麼這十人中會有三位基督徒、兩位穆斯林、兩位不皈依任何宗教或主張無神論、一位印度教徒、一位佛教徒，還有一位則代表所有其他宗教。[24]

二十世紀後半葉也見證了全世界經濟驚人的六倍成長。這在置身其中的人們看來或許平常，但這種全球範圍的經濟成長卻是史無前例的，它有賴於上文所述的科學及技術發展、人口成長，以及能源使用增加。全世界人口從一九五〇年的二十五億增長到二〇〇〇年的六十一億，石油生產則從一九五〇年至一九七三年增加六倍，到了一九九〇年代，平均每一位世界公民使用的能源相當於二十名奴隸的人力，但這個數值掩蓋了能源分配的不均。平均每一位美國公民管理超過七十五名「能源奴隸」（energy slave），而孟加拉的每一位公民所能管理的卻不到一名。儘管如此，從一九五〇年至一九七五年，全世界最富庶與最貧困地區的不均卻縮小了，工業社會內部的不平等也減輕了。在過去一切都市社會中分隔貧富的古老鴻溝，在這二十五年之間實際上是拉近了。[25]

但從一九七〇年代以來，全世界最富庶與最貧困地區的發展不均，以及最富裕與最貧窮的人之間的不平等卻開始擴大了。一九八〇年代之後，全世界最富裕的十分之一人口變得更加富裕，最貧窮的十分之一人口則變得更窮了些。二〇〇〇年，人口數相加幾乎占了世界總人口數一半的六個國家，其人均收入簡直不足以和世界最富裕國家相提並論。一九八五年，總人口數占全世界六分之一的獨立民主政體，卻享有全世界六分之五的財富；而在二〇〇〇年，全世界最富裕的百分之二十人口掌控了全世界生產毛額的百分之八十以上（圖12.3）。[26]

到了二十世紀結束時，全世界的大量財富已不再由國家政府安排及管控，而是歸於以某種方式超越國家掌控，甚至比世界上許多國家更富裕的跨國公司所有。這樣的發展對於未來意味著什麼，無人能夠確知。[27]

連結網際網路的個人電腦也加入了這個局面，意義之重大或許正如印刷媒體的發明。電子計算機首先是在第二次世界大戰期間用來破解密碼的，到了一九九〇年代，連結網際網路的個人電腦出現並且普及，二

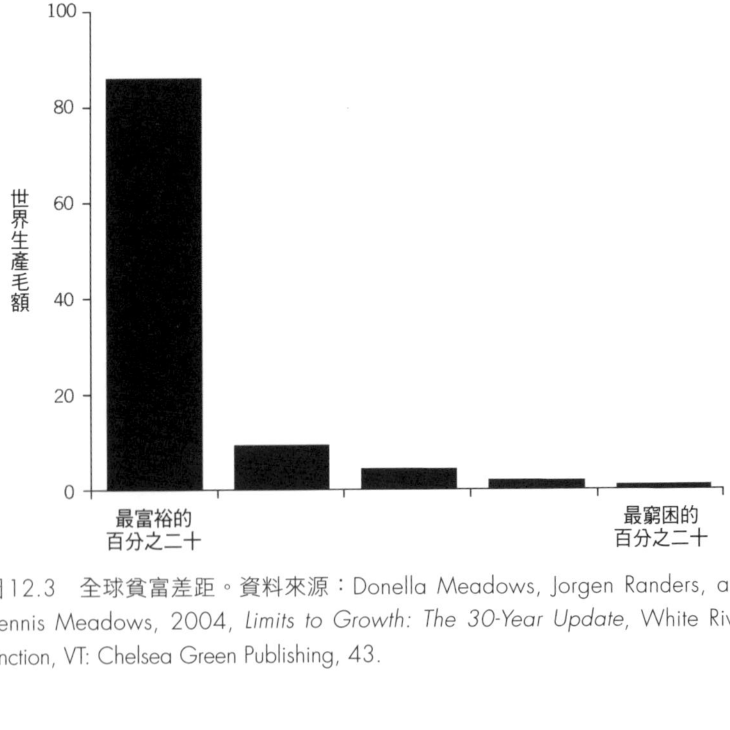


圖12.3　全球貧富差距。資料來源：Donella Meadows, Jorgen Randers, and Dennis Meadows, 2004, *Limits to Growth: The 30-Year Update*, White River Junction, VT: Chelsea Green Publishing, 43.

〇〇〇年全世界已經有了上億台個人電腦，還有十六億個網頁可供選擇，其中百分之七十八是英文網頁。電腦讓教育變得更昂貴，同時至少一度削弱了國家權力，增強了跨國公司、學術界、壓力團體和恐怖分子內部的通訊，並且提高了駭客對系統和體制肆虐的可能性。世界上還有超過十億人口無電可用，但他們從咖啡館的電視節目或收音機廣播，還是能夠得知別人擁有哪些自己所缺乏的事物。世界上的不均是如此嚴重，迅捷的傳播卻又讓人們清楚了解自己的不利處境，由此產生了爆炸性的局面，今後的發展無法預料。

把根本事實化約到最簡單的形式，也就是人類總數在二十世紀之中增加了將近四倍，世界經濟成長了十四倍，人均收入成長了將近四倍，能源使用量則增加了十六倍。如此規模的增長確實是太陽下的新鮮事，在地球歷史上是前所未見的。[28]

## 待解之謎

### 一、「資本」和「資本主義」指的是什麼？

它們都是既定觀點詞語，詞義一直備受爭論。我盡可能避免使用它們，在此也只能指出一些可能的差別。

資本最初指的是金錢，但在一七七〇年前後法國經濟學家羅伯特・雅克・杜爾哥（Robert Jacques Turgot）的概念之中，它多了掌握勞力這一層意義。而在十九世紀，馬克思以「資本家」一詞指稱掌握生產工具的人。如今人們則將道路、橋梁、運河、船舶、工具和機器稱作固定資本，將原物料、金錢、薪資和勞力稱作可變資本或流動資本。

「資本主義」直到二十世紀才被普遍使用，做為社會主義和共產主義的對比。著名的資本主義歷史學家布勞岱爾（Fernand Braudel）認為，資本主義不只是一套經濟體系或一個自由市場，而是一套由文化和支配階級所支持的社會階序，對於資本主義的存續，文化和支配階級的支持與政府政策同等重要。在布勞岱爾看來，長期的資本主義包括城鎮與貿易興起、勞動市場出現、人口密度增加、金錢的使用、產量提升，以及國際市場。[29]

我則是將資本主義、社會主義和共產主義都看作工業化的變體。資本主義是由私人倡議的工業化，共產主義是由國家倡議的工業化，社會主義則是兩者的結合。

## 二、工業化是好事嗎？

歷史記載通常預設工業化是所有人一致追求的目標，如同亞倫．史密斯（Alan Smith）所說的「向現代性行進」。[30]

在工業化得以實現的地區，它在人們看來確實是銳不可當；隨著工業化而來的是財富、健康、教育、旅遊、刺激、娛樂，以及一切挑戰。少數個人和團體在有選擇餘地時拒絕了這些好處，但他們是極少數。

然而，少了可供搾取的殖民地，工業化恐怕難以長久存續。已完成工業化的國家正苦於難以維持生活水平。隨著新興國家也試圖實現工業化，工業化所需的資源日漸稀少。完成工業化的國家能夠逐漸縮小規模，以及／或者找到替代能源嗎？或許尚未工業化的國家應對二十一世紀挑戰的處境反倒更有利。

## 三、基督新教文化是否在工業化的草創階段發揮了至關重要的作用？

一九〇四年，社會學家韋伯（Max Weber）在他影響深遠的著作《基督新教倫理與資本主義精神》（*The Protestant Ethic and the Spirit of Capitalism*）中主張，新教徒的努力工作、儲蓄、理性等價值觀與信念，將他們造就為成功的資本家。比方說，喀爾文教派相信發財致富足以證明自己得到上帝救恩的揀選，這激勵了人們勤奮工作。許多新教徒相信財富不該用在生活炫富上，而是要成為公共財產。韋伯將自己的理念建立在德國某地進行的一項調查上，調查結果似乎顯示新教徒比天主教徒更富裕，也更投入經濟活動。這項論點似乎也符合事實，也就是資本主義首先發達的新教國家和地區（荷蘭與英國）與天主教會維護傳統社會的傾向兩者之間的關聯性。

韋伯這部經典論著出版一百多年來，已在學術界受到徹底辯論，就連辯論本身都被稱為「學術百年戰爭」。[31]到了二十世紀晚期，韋伯的論點似乎被後續發展給動搖了。俄國和日本的宗教信仰都不同於基督新教，但都早已實現高度工業化社會，二十世紀中葉之後，亞洲的幾個「小龍」也先後跟進，它們是韓國、新加坡和台灣。但還有些國家即使有在進行工業化，進展也極為緩慢；理論家們為此爭辯原因究竟是在地理、社會結構還是文化方面，影響程度又有多大。或許韋伯正確指出了加倍努力工作的最初動機；日後的工業化轉型則有可能是被工業化本身的報償所激勵，而這在歐洲第一波工業化實驗中尚未顯現出來。

# 第十三章　現在與未來

歷史學家通常並不試圖描述現在，他們把這項任務留給社會學家、政治學家和政治人物。但筆者到目前為止並不自限於歷史學家的常規。分析現在以擘劃未來，是人類能力和人類責任的一部分，那就開始吧。

## 幾種全球尺度

二〇〇〇年時，地球上有六十一億人生活，這在自古至今曾經在地球上生存過的總計五百億到一千億人之中，大約占了百分之六到百分之十二。按照許多可衡量的指標，今日存活在世上的人類，命運相較於古代已有長足進步。[1]

在一九〇〇年，全球人類的平均壽命徘徊在三十歲上下，和羅馬帝國時期每位普通公民的二十二歲相去不遠。但在二〇〇〇年，全球人類的平均壽命已大幅提高到六十七歲，多出的這些歲數則是健康而不受苦的。

糧食價格在二十世紀後半顯著下跌；在二〇〇〇年，消費者購買食物的整體花費，比起一九五七年減少了超過三分之一（圖13.1）。這主要是由於高產作物、灌溉系統和水壩、肥料和殺蟲劑，以及農民的經營技術而產生的，姑且不論環境破壞的代價。但是撒哈拉沙漠以南的非洲並未享受到廉價卡路里的增長，從一九六〇到一九九七年，它的每日熱量僅僅增加了大約一百五十卡路里，反觀亞洲的每人每日熱量則增加了八百卡路里。撒哈拉沙漠以南的非洲每公頃土地使用

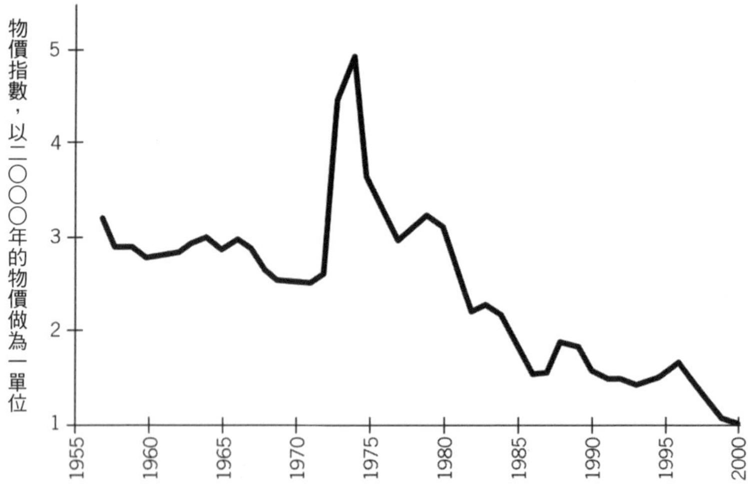


圖13.1　一九五七年至二〇〇〇年的糧食價格。資料來源：Bjorn Lomborg, 2001, *The Skeptical Environmentalist: Measuring the Real State of the World*, London and New York: Cambridge University Press, 62. Includes material originally published in the International Monetary Fund, *International Statistics Yearbook*, 2000.

的肥料少於亞洲，得到灌溉的耕地也只有百分之五，亞洲則有百分之三十七，土壤侵蝕也比亞洲更嚴重。撒哈拉沙漠以南的農民有能力生產更多糧食，卻始終受阻於嚴重族群衝突、乾旱、貪汙腐敗、基礎建設不足、教育落後，以及固定的產地價格。

二十世紀的人們平均而言也比過去的任何歷史時期更為富裕。全球人均產值，也就是全球人均國內生產毛額，在十九世紀之前一直維持在四百美元上下，然後在十九世紀增加一倍，成了八百美元，到了二〇〇〇年則突破六千美元。儘管這個平均數值包含了全世界最富有的國家，但窮人的比例確實也減少了些，特別是在南亞和東亞。一九五〇年統計的全世界窮人比例大約占了百分之五十。二〇〇〇年世界銀行的數字，則顯示出第三世界的窮人比例從一九八七年的百分之二十八・三下降到一九九八年的百分之二十四。自從一九五〇年至今，可能約有三十四億人脫離了赤貧狀態。

二十世紀結束時的人們，比二十世紀之初更有機會接受正規教育。發展中國家的平均就學年數從一九六〇年的二・二年提高到一九九〇年的四・二年，西方世界的平均就學年數則從一九六〇年的七年增加到一九九〇年的九・五年。印度在二十世紀之中的教育成長尤其突出，中學入學人數比例從一九〇〇年的百分之三到四，增加到一九九八年的百分之五十，識字率也從一九〇〇年的百分之二十提高到二〇〇一年的百分之六十五。整個發展中世界按照出生日期計算的不識字率，根據聯合國教科文組織的數據，則從一九一〇年的百分之七十五，下降到二〇〇〇年時青年人的百分之十七（圖13.2）。而二〇〇〇年發展中世界各年齡層人口的整體不識字率則是百分之三十左右。

人類人口年成長率的迅速增長，以一九六四年的略高於百分之二．一七為顛峰，到了二〇〇〇年則下修到百分之一．二六，倍增時間則是五十到五十五年。一種節育藥物自一九六〇年開始普及，中國政府則從一九七九年起實行「一胎化政策」。發展中世界的每家平均子女人數在二〇〇〇年是三．一人，比起一九五〇年的六．一六人下降了，這和節育以及女性接受教育有所關聯。根據二〇〇〇年聯合國運用生育率中位推計（medium variant）估算的結果，我們可以預期全世界在二〇二五年將有八十億人，二〇五〇年有九十三億人，二

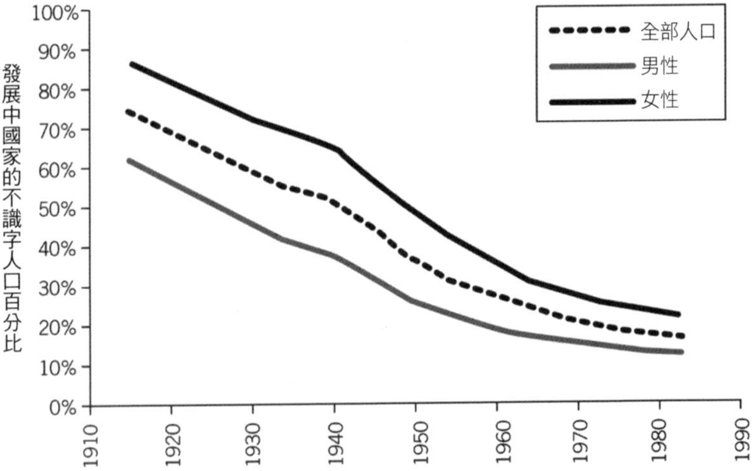


圖13.2　按照出生年份計算的發展中世界不識字率，一九一五年至一九八二年。資料來源：Bjorn Lomborg, 2001, *The Skeptical Environmentalist: Measuring the Real State of the World*, London and New York: Cambridge University Press, 81. Includes material originally published in the *Compendium of Statistics on Illiteracy–1990 Edition*, Paris: UNESCO, Office of Statistics.

二〇〇年則穩定維持在一百一十億人，而大多數的增長都是在開發程度較低的區域（圖13.3）。

## 試驗地球

就在人類千百年來運用智慧和巧思增加人口數、壽命和收入的同時，他們卻也不經意地對供養自己的地球展開一項試驗。一九七二年，一個由來自十國的科學家、教育家、工業家、經濟學家和公務員組成，名為羅馬俱樂部的團體，發出了一份警訊《成長的極限》（*The Limits of Growth*）。到了二十世紀結束時，許多見識廣博的人都對於人類生活在一個資源有限的星球所面臨的困境深感憂慮。[2]

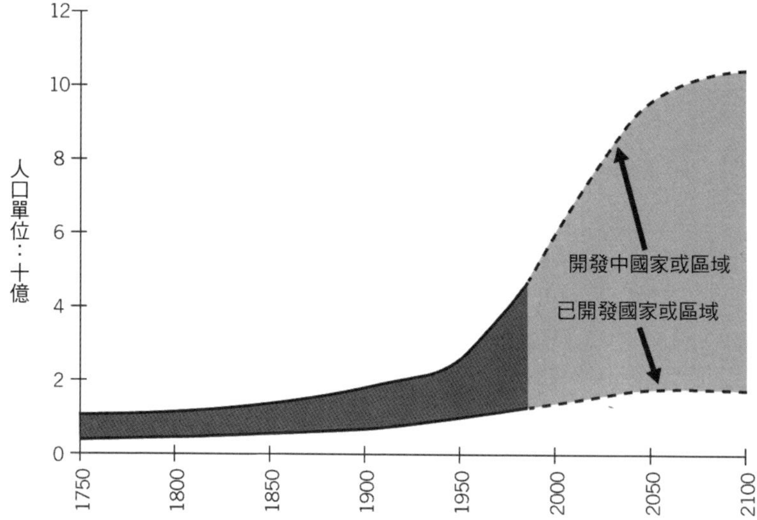


圖13.3 全球人口推估。資料來源：Paul Kennedy, 1991, *Preparing for the Twenty-First Century*, New York: Ballantine, 23. Includes material originally published in *The Economist*, January 20, 1990, 19.

比方說，人類人口在二十世紀從十六億增加到了六十一億。就算人類立刻將家庭大小限定在替代規模（replacement-size）（這本身就是不切實際的期望），人口還是會先達到至少八十或九十億才能穩定下來。絕大多數的人口成長又會出現在尚未工業化，也最沒有能力予以供養的國家。這立刻引出了一個急迫的問題：地球承載人口的能力何時會達到極限？還是已經達到極限了？

人類對自身居住星球的試驗有許多面向，它們全都在地球這個生命有機體中相互連結。為了簡短與清晰起見，我將它們分成空氣、森林、土壤、水和輻射這幾類。[3]

## 空氣

二〇〇〇年，全世界有一半的人口居住在城市裡；英國在一八五〇年定居城市的人口已經超過一半，中國則可望在二〇〇五年至二〇一〇年之間達成這項指標。日本東京是全世界最大的城市，擁有三千四百萬人口，這正是人類開始從事農業時全世界的總人口數。

世界衛生組織在一九八八年調查城市空氣品質時，估計全世界約有十億到十八億城市居民呼吸著有害的二氧化硫、灰塵和煤煙。早期工業化國家的城市，例如倫敦和匹茲堡，有足夠財力能夠大幅度清潔空氣，但是二十世紀後半的巨型都會（人口超過一千萬人）發展得太快，難以施行相關法規，又以經濟發展為優先考量。這些城市包括：墨西哥市（人口一千八百萬）、加爾各答（人口一千五百萬）、上海（人口一千三百萬）、北京（人口一千一百萬）、喀拉蚩（人口一千萬）、開羅（人口一千二百萬）以及漢城（今稱首爾，人口一千萬）。這些城市的空氣汙染足以每年經由呼吸系統疾病殺死數百萬人。洛杉磯也是如此，霧霾在整個一九九〇年代不斷對健康造成危害，這是全美國最嚴重的都市空氣汙染問題。

人類排入大氣層的另一種添加物則是氟氯碳化物（chlorofluorocarbons，簡稱CFC）。第一種氟氯碳化物：氟利昂（freon）取代了冰箱中的有毒易燃氣體，讓空調成為可能。可是氟利昂的發明者們並未考慮到氟氯碳化物進入大氣層上層之後會發生什麼事，也就是紫外線輻射分解了氟氯碳化物分子所釋放出物質，會分解由氧氣與太陽光交互作用形成，保護地球上生物免於紫外線輻射危害的稀薄臭氧層分子。科學家在一九七四年指出這種狀況在理論上是可能發生的；一九八五年的觀測則證實了南極洲上空的臭氧層出現破洞。一九八八年之後，全世界氟氯碳化物使用量下降百分之八十，各國在一九八七年蒙特婁議定書（Montreal Protocol）中迅速採取行動禁用氟氯碳化物，因為紫外線輻射增加的後果會是毀滅性的：紫外線會殺死海洋食物鏈的根基——浮游生物，影響光合作用，在人類身上則引發白內障、皮膚癌，並抑制免疫系統。但已經排出的氟氯碳化物，至少在二十一世紀最初一、二十年仍會繼續摧毀臭氧層，而臭氧層重建則需要數十年歲月。這對人類免疫反應以及人類健康究竟會帶來怎樣的長期影響，無人確知。[4]

人類排入大氣層的其他有害添加物，則是所謂「溫室氣體」，主要是二氧化碳和甲烷，後者是植物性雜質腐敗所產生的氣體，是天然氣的重要成分。我們的氣候是由大氣成分所掌控的，而這些溫室氣體將從地球表面反射的太陽輻射吸收起來，使地球保持溫暖。

在一八〇〇年之前，二氧化碳含量大約在百萬分之兩百七十到兩百九十之間不等。人類經由焚燒化石燃料（煤、石油、天然氣）以及砍伐森林導致了這樣的含量。一八〇〇年之後，二氧化碳含量開始顯著上升，一九九五年已達百萬分之三百六十左右。這次增加有四分之三是化石燃料消耗所造成的，剩下四分之一則是砍伐森林所致。美國在一九九〇年占了工業國家二氧化碳排放量的百分之三十六，隨後在一九九〇年至二〇〇二年間，溫室氣體排放量也增加了百分之十三．一。甲烷含

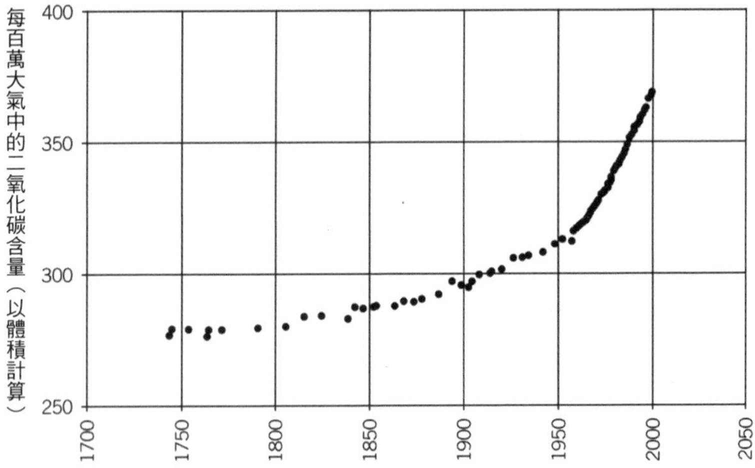


圖13.4　二氧化碳在大氣層中的濃度。資料來源：Donella Meadows, Jorgen Randers, and Dennis Meadows, 2004, *Limits to Growth: The 30-Year Update*, White River Junction, VT: Chelsea Green Publishing, 7.

量則自一八〇〇年以來從十億分之七百增加到十億分之一千七百二十，主要來源包括家畜（從消化道排出甲烷）、垃圾分解、採煤和使用化石燃料。西伯利亞凍原的融化也有可能釋放出大量甲烷（圖13.4）。

地球在二十世紀暖化的幅度並不大，地表平均溫度上升了攝氏〇．三度到〇．六度，海洋溫度則上升更多。最大規模的暖化發生在北緯四十度以北的區域，也就是費城、馬德里和北京以北。大多數科學家在二十世紀結束時都同意，氣候變遷正在發生，人類活動則造成了氣候變遷。科學家大多預期二十一世紀的氣溫仍將持續上升，從攝氏一度到五度都有可能，後果難以確知，但會相當劇烈，其中包括更頻繁的乾旱與洪水，海平面上升，赤道疾病擴大流行，物種加速滅絕，以及／或者墨西哥灣暖流在北大西洋中的流速減慢。二〇〇六年，世界最優秀的科學家們估計，人類必須在未來十年內大量減少碳排放，否則就得面臨不可避免的氣候變遷和影響深遠的不利後果。[5]

## 森林

森林受到的最重大影響，來自人類以森林為燃料。十八世紀末，英國面臨了嚴重的森林砍伐問題；英國的森林覆蓋率（百分之五到十）和人均木材供應量，都低於人口稠密的中國和印度。英國和西歐的森林覆蓋水平在一八〇〇年至一八五〇年間穩定下來，拯救了森林的是森林保育、來自美洲的新作物、更有效的森林管理，以及煤的使用。[6]

全球森林從一萬年前到現在減少了多少？估計值從百分之十五到百分之五十各異。在非洲和季風亞洲，一萬年前被森林覆蓋的土地，如今或許只有三分之一仍是森林；俄國有三分之二的森林自一萬年前保存至今，美洲則有四分之三。森林採伐約有一半發生在二十世紀，二十世紀又有一半的採伐是一九六〇年代以來在赤道地帶進行的。地球上只有三片大面積的森林仍然保存下來：從瑞典到庫頁島橫跨歐亞大陸北端的森林，從阿拉斯加到拉布拉多橫跨北美大陸的森林，以及南美洲的亞馬遜河和奧利諾科河（Orinoco）盆地。按照目前的轉換率，現有森林的四分之一在未來五十年內也將被轉為他用。[7]

## 土壤

地殼表面覆蓋著一層薄薄的表土，深度只達髖部高，卻需要數百年甚至千年才能累積形成。這層表土層在森林被砍伐之後很容易就被侵蝕掉，而這個過程在二十世紀隨著全世界耕地面積大致增加一倍，大部分的新耕地又是在雨林遭砍伐而急速生成的。非洲的土壤侵蝕程度平均比歐洲嚴重八到九倍，而在一九六〇年代之後糧食生產不增反減的也只有非洲。而在其他區域，土壤侵蝕和流失則被糧食產量增長所掩蓋，如此增長則是使用了化學肥料替代自土壤流失的氮與磷，排除掉農作生長限制因素的結果。

精製肥料的發明，在晚近的人類歷史上發揮了重大作用。精製肥料是從空氣中萃取氮提煉合成氨而製成的。出身今日波蘭西里西亞（Silesia）的學院化學家弗里茨．哈柏（Fritz Haber）在一九〇九年開發出這個方法；另一位工業化學家卡爾．博施（Karl Bosch）則研發出大量生產肥料的方法，如今稱作「哈柏—博施法」。但這個方法需要燃燒大量的石油。由此觀之，額外養活二十億人的糧食生產大躍進，其實代價高昂：對石油的依賴，以及人工肥料對土壤和水的汙染，而人工肥料的使用量從一九四〇年的四百萬噸增加到一九九〇年的將近一億五千萬噸。肥料的使用加上新品種植物，在一九六〇年至一九八〇年增加了人均穀物產量，但其後則略微下降。

既然糧食生產仰賴肥料，肥料生產又仰賴燃燒石油，糧食的價格也就反映了石油的價格。據估計，目前已知的石油蘊藏量按照目前的使用率，大約還可維持四十年。美國在二〇〇五年消耗的石油桶數占全世界產油的四分之一。隨著中國和印度展開工業化，全球的石油需求量也在激增。無人能夠確知石油何時會到達最高產量，在那之後，需求將會迫使油價上漲。

## 水

任何社會的健康和財富都取決於充足而潔淨的飲水供應。人類在二十世紀結束時耗用的水量比過去更多。在一九二〇年，全世界較為富庶的城市都有能力供應市民安全的飲用水，但飲用水的供應在亞洲、非洲、拉丁美洲十分不均，甚至完全不具備。殖民地城市通常只在歐洲人居住區設置淨水廠和汙水處理系統，而非遍及全市，上海、坎帕拉和阿爾及爾都是這樣。即使到了一九八〇年代，全世界的都市人口仍有一半缺乏任何型態的汙水處理設施，許多城市居民也沒有裝設排水管。

工業國家的河川和內陸湖在二十世紀接收了大量有毒的生物及化學廢棄物。印度的恆河在一九九〇年承載了七千萬人的排泄物，加上每年重達數噸的人類骨灰，將近六萬頭動物屍骸，以及工廠汙水和肥料中的磷。政府推動的清理工作至今不見成效。另一方面，德國萊茵河自從二次大戰至今的清理工作則有顯著成效，就連鮭魚都在河中復育。一九七五年之後，除了阿爾巴尼亞之外的地中海周邊國家都在聯合國環境署（United States Environmental Programme）集會討論，在地中海行動計畫（Mediterranean Action Plan）名義下，管理各國排放入海的廢棄物。經過二十年，地中海受到的汙染仍甚於過去，但少了地中海行動計畫必定更加嚴重。

遼闊無邊的海洋似乎是不受汙染問題影響的，實則不然。一九九二年，塑膠就占了海灘垃圾的六成；如今更傳出消息，塑膠不但遍布海底，更在海流運動之中被輾碎，進入海水分子及海洋生物體內。大型魚類體內的汞含量如今已高到不適合人類食用。魚類曾是窮人的主食，如今只有富人才吃得起。例如藍鰭鮪魚（bluefin tuna，黑鮪魚）的數量從一九七〇年至一九九〇年減少了百分之九十四，一九九〇年代初期在東京每磅要價一百美元。長期以來都是歐洲主食的鱈魚，二〇〇二年在斯德哥爾摩每磅售價八十美元。二〇〇二年全世界所消費的魚類有三分之一都在海岸濕地養殖，但養殖魚業摧毀濕地，將廚餘和抗生素排入水中，散播病毒，更讓人工培育種得以散入野外。[8]

用水量增加，以及愈來愈多的水體被填平造陸，導致世界上許多區域的地下水位下降。在加州中央谷地，地下水每年平均減少一立方公里。美國中西部供應灌溉的地下水則是一年減少十二立方公里。在北非和中東，水從沙漠含水層抽取上來，卻得不到補充。而在印度從事農業的各邦中，地下水位則是每年降低半公尺。中國華北的黃河正在持續乾涸，部分原因是水井過度抽水。以下結論似乎是合理的：水汙染和水資源耗竭的限制，有可能在二十一世紀限制人類的活動。[9]

## 輻射

第二次世界大戰期間，美國科學家創造出一個地球上前所未見的汙染問題，即分裂鈾原子和鈽原子所產生的輻射。二戰結束時，只有美國研發出了原子彈；四年後蘇聯也有了原子彈。到了二〇〇五年，七個國家公開承認擁有核子武器（美國、英國、法國、俄國、中國、印度和巴基斯坦），還有兩國擁有核子武器卻不對外證實（以色列、南非）。南非顯然已經廢棄了核武。還有數十國在二〇〇四年擁有製造武器等級燃料的能力，因為用於發電的鈾燃料棒或鈽燃料棒，同樣能用於製造核彈所需的濃縮鈾或濃縮鈽。[10]

唯一向人類人口投放過的原子彈，是一九四五年美國在日本投下，促成二戰結束的兩顆原子彈；美國當時並不知道輻射會產生何等效應，於是以日本平民做為實驗品。輻射會造成重病甚至死亡，後果因暴露程度而異。即使在最初暴露中存活下來，也會導致長期後果，如白血病與其他癌症，以及更多基因突變。

一九四五年之後，美國製造了數萬枚核子武器，並在空曠地區試驗超過一千枚。美國最大的核彈工廠是華盛頓州中南部哥倫比亞河岸的漢福德工程工廠（Hanford Engineering Works），摧毀長崎的原子彈就是在此製造的。漢福德工廠將數十億加侖的放射性廢棄物排進了哥倫比亞河，並且外洩一部分進入地下水層。一九四九年在漢福德進行的一次試爆，釋放出的輻射量是當時輻射容許量的八十到一千倍不等。當地居民直到一九八六年才得知這些核試驗。美國五十年核武生產的部分清理預計需要七十五年時間，花費一千億到一兆美元，這是有史以來最大的環境清理計畫；完全清理則是辦不到的。

蘇聯人在數年之內就建立了巨大的核武生產複合體，大多數核試驗都在哈薩克和北極圈內的新地島（Novaya Zemlya）進行。他們將大量核廢料倒入海中，絕大多數倒進北極海。蘇聯處理使用後核燃料的中心，西伯利亞西部鄂畢河上游盆地的瑪雅克核設施（Mayak Complex），如今是全世界放射性最強的地區。它儲存的鈽是漢福德的五十倍，總計二十六公噸。儲存在卡拉恰伊湖（Lake Karachay）的放射性廢料在一九六七年乾旱期間外洩，放射性高出廣島核爆三千倍的輻射塵，隨風散播在超過一百萬名不知情的人民身上。輻射至今仍然存在於空氣、土壤和水中。

蘇聯首先開始致力於核能發電，美國、英國陸續跟進。到了一九九八年，約有四百三十七座核能發電廠在二十八個國家中運作，但是沒有一家符合商業效益，因為它們都得仰賴巨額補助維持營運。核能發電每千瓦小時在一九九九年花費十一到十三美分，反觀化石燃料發電則只需六．二三美分。用過的燃料棒仍具放射性，至今都還找不到存放使用後燃料棒的安全處所。[11]

關閉核能發電廠的代價則很高昂。意外事故頻仍，最嚴重的一次則是一九八六年蘇聯烏克蘭的車諾比事件，人為失誤導致電線走火引發爆炸，幾乎摧毀一個反應爐，釋放出的輻射總量是投擲在日本兩顆原子彈的數百倍。一百萬軍人有四分之三參與清理工作，全都暴露於致癌的輻射量，約有十三萬五千人被迫無限期離開家園。烏克蘭、白俄羅斯和俄羅斯是被影響最大的三個國家。食物也受到嚴重汙染；莫斯科市場上銷售的黑莓直到二〇〇三年仍被檢測出輻射。北半球的每一個人都接收到了車諾比核災外洩的部分輻射，放射性落塵有一部分在兩萬四千年內仍足以致命。

二十一世紀開始時，對科技發展的期望是開發出融合兩個氫原子成為一個氦原子，並運用融合能量的方法，燃料則使用海水，過程中會產生少量的放射性廢棄物及輻射。儘管斥資兩百億美元，至今卻仍無法跨越產生氫核融合能量所需的超高溫的百分之十。[12]

人類對地球環境的各種影響結合起來，正使得許多現有物種急速瀕臨滅絕。物種急速滅絕先前也發生過。地質紀錄顯示至少發生過五次，最大規模的兩次先後發生在兩億五千萬年前和六千五百萬年前；如今存在的物種只占地球上一切曾經存活過的物種百分之一到百分之十。許多科學家相信，人類現在正在實行第六次物種大滅絕。[13]

自一九六〇年代以來，關於環境問題已經簽署了數千份國際協議，產生了可觀的影響。政治上和技術上最容易處理的問題已獲得改善，包括工業廢水、二氧化硫排放、含鉛汽油和汙水處理。但其他問題卻加重了，如有毒的農田徑流水（farm runoff）和來自車輛廢氣的一氧化二氮都增加了，產業也對環境保護展開反撲。

一九八〇年代，一些較為貧窮的國家也制訂了環境保護計畫，例如巴西、肯亞和印度。肯亞的綠帶運動（Green Belt Movement）由旺加里·馬塔伊（Wangari Maathai）領導，在二十八年內種植了三千萬棵樹。二〇〇四年，瑞典的諾貝爾獎委員會頒給她諾貝爾和平獎，以此承認了唯有資源充足才能實現和平。

一九九二年，聯合國在巴西里約熱內盧召開環境與發展會議，達成第一項規定發展必須兼顧環境永續的國際協議，但在實務上卻進展甚微。美國堅持自己的生活方式不容商榷。巴西也堅持開發亞馬遜雨林；中國和印度仍不放棄工業化的志向。二〇〇二年在約翰尼斯堡召開的下一屆會議成果更少，與會者在利益衝突中幾乎一事無成。汙染、森林砍伐和氣候變遷既然是漸進發展，在各國人民和領袖看來，也就不像缺乏經濟發展或缺乏軍事準備那樣具有立即威脅性。正當全球發展不均日漸加劇之際，富裕國家的人民似乎不相信自己的安全正被貧窮國家人民的走投無路所威脅。

## 短期內的可能事態

我們人類如今正處於嚴重的困境，但情勢有多嚴峻？無人確知。或許現在已經來不及防止災難性的人口減少和都市生活倒退了。也或許經濟發展和新科技、新發明能讓我們運用目前的政策，逐漸轉向一個永續發展的全球社會。

一九七二年發表《成長的極限》的三位系統分析學者：唐妮拉・米道斯（Donella Meadows）、喬詹・蘭德斯（Jorgen Randers）和丹尼斯・米道斯（Dennis Meadows）持續以電腦模擬資料，每次更動一個變項，而後觀察對其他變項可能產生的效果。歷經三十年推敲資料、改善分析，他們根據直到二〇〇二年為止可取得的資料，發表了第二份報告《成長的極限：三十週年最新增訂版》。他們發現這三十年來人口和糧食生產的實際數字，都與他們早先對現行政策持續下情況可能發展的設想密切相符，只是人口成長比預期下修更多一些。他們得到的結論是：所謂「人類足跡」（human footprint）在一九八〇年代就超越了地球的負荷量。他們提出了以下的證據：穀物生產似乎在一九八〇年代中期就達到最高點；漁獲量沒有增加的可能性；天災造成的損失持續上升；淡水和化石燃料的分配引發衝突；美國及其他國家持續提高溫室氣體排放量；許多區域和地區的經濟都在衰退（五十四國，占全世界人口總數百分之十二）。[14]

人類所面臨的挑戰。

美國有許多聲音不同意，甚至完全否認《成長的極限》所提供的分析。這些主流聲音說，更多成長才能解決我們的問題，自由市場的運行和隨之產生的科技進步、創造發明，將能克服人類所面臨的挑戰。

比方說，馬里蘭大學的商業管理教授朱利安．賽門（Julian Simon）就堅信二十世紀只是地球生活進步的長期趨勢開端。賽門曾在致力於自由、和平和小政府的華盛頓卡托研究所（Cato Institute）擔任客座學者，卡托研究所在賽門去世之後出版了他和史蒂芬．摩爾（Stephen Moore）合著的《時代愈來愈好：過去一百年來的一百個偉大趨勢》（*It's Getting Better All the Time: 100 Greatest Trends of the Past 100 Years*），兩位作者在書中預測：

> 第一、今日美國所獲致的財富與健康，將在未來五十年來擴及世界其他地方。我們正處於全世界富裕繁榮的最初階段。第二、天然資源價格將持續下降，這代表成長將比以往更不受限制。第三、農業的持續進步（尤其在生物工程領域）將意味著糧食生產的充沛遠遠領先人口成長。[15]

米道斯夫婦和蘭德斯則駁斥這種樂觀論調，認為樂觀主義者完全不計算自然環境為人類成就付出的代價。相信成長有其極限的人們目前仍無法確信自己的預測是真實的，即使過去三十年來的演變看似為他們做了確認。他們期望今後十年到二十年間能出現明確證據，證明究竟是他們、還是樂觀主義者的預測更加準確。他們承諾在二〇一二年發表四十週年最新增訂版。

倘若快速成長和汙染持續，並超過地球所能負荷，又會產生何等崩潰？按照《成長的極限：三十週年最新增訂版》所設想的前景，全世界工業產量會在二〇一五到二〇二〇年左右達到顛峰，然後在二一〇〇年時下降到一九〇〇年的水準。全世界人口會在二〇二五年左右達到頂峰，然後在二一〇〇年時暴跌到略高於一九〇〇年的水準（十六億人）。其他變項（如預期壽命、每人所得食物、消費品與服務）也預計會在二一〇〇年時回歸到接近一九〇〇年的水準，除了資源會減少到一九〇〇年水準的四分之一。實際情況會在現實世界如何發展，任誰也說不準。

倘若人類社會充分動員，以史無前例的方式合力應對前所未見的威脅，而非持續當前的發展趨勢，又有可能發生什麼事？米道斯等人的設想則指出，永續的全球社會仍有可能實現，屆時全世界人口將有八十億左右，生活水準等同於今日歐洲的低收入國家。

為了實現這一永續社會，人類將必須在三方面立刻同步採取行動，也就是限制人口、限制工業成長並改進科技。要限制人口，每對夫婦都必須能夠採用節育措施，將子女數限制在每家兩人，如同工業最發達國家將近十億人口那樣。要限制工業成長，人均產量必須穩定在高出二〇〇〇年全世界人均產量百分之十左右，並平均分配；這將是全世界窮人的大躍進，富人則受到顯著調節。（倘若所得無法更平均分配，人口成長與遷徙就不太可能趨於穩定。）最後，科技必須持續發展，並在提升資源使用效能、降低汙染及土壤侵蝕等方面獲得應用。

米道斯夫婦和蘭德斯估計，要是這些措施二十年前就能實行，全世界人口就會穩定在六十億左右，每個人也能享有更多資源。倘若人類再過二十年才實行這些政策，這幾位分析學者相信，屆時就已經太遲而無法遏阻急遽衰退。

實現永續全球社會所必需的國際合作又有多大可能？現今的國際合作與交流網絡，當然已經達到了前所未見的水準。國際合作的一項個案分析尤其顯著，那就是前文提到的禁用氟氯碳化物。這一個案值得重新考察，是因為至今為止只有這一次是消費者迅速行動、部分國家政府和公司勇於以身作則，加上聯合國老練的協商，而共同解決了一項威脅地球生靈的國際問題。

國際合作過程包含了各種不同的參與者。就在人們得知這個問題之後，美國環保團體發起運動反對使用噴霧罐，使噴霧罐的銷售量到了一九七五年下跌百分之六十。就在一九八五年聯合國環境署第一次在維也納召開會議之後兩個月，科學家首次記錄了南極上空的臭氧層破洞，這是因為環極風（circumpolar winds）將大氣滯留在該處長達數月，而後才吹散到世界各地所導致的。美國立即挺身領導，即使雷根總統的政府內部意見嚴重分歧。到了下一次會議，也就是一九八七年蒙特婁會議中，氟氯碳化物的主要製造廠商同意凍結生產，而後在一九九八年時減量百分之三十。科學家蒐集了更多臭氧層破壞的證據；美國最大的氟氯碳化物製造商杜邦公司（DuPont）在一九八八年同意停止一切生產。氟氯碳化物在冰箱和噴霧罐中的替代品也發明出來，而且在應用上相對便宜。聯合國環境署執行長莫斯塔法．托爾巴（Mostafa Tolba）則展現了高超的協商技巧。持續觀測顯示出臭氧層破壞的速度比原先預期的還要快兩倍。一九九二年，蒙特婁議定書的締約國在哥本哈根同意在一九九六年時完全終止氟氯碳化物生產，到了一九九六年，已有一百五十七個國家簽署這份議定書。包含協商與執行在內的最終成本大約四千萬美元。二〇〇二年，聯合國環境署與世界氣象組織共同進行的臭氧層消耗科學評估回報，臭氧層到了二〇一〇年應可增厚，在二十一世紀中則可恢復到一九八〇年代之前的狀態。倘若這個設想成真，那麼臭氧層破壞的高峰期就是在一九九五至二〇一〇年間。有三個國家（俄國、中國和印度）獲准繼續製造少量氟氯碳化物，直到二〇一〇年為止，數量不明的私造和偷運也還在繼續。這看來是一個國際合力制止汙染超出負荷，緩解地球壓力，使得臭氧層回復永續的成功故事。[16]

但在另一方面，世界各國代表在一九九七年共同制定了京都議定書，協議在二〇〇八年時將二氧化碳排放量從一九九〇年的水準減少百分之五。美國代表同意將美國的排放量減少百分之七，參議院卻以九十五票比零票拒絕批准議定書。但其他國家的參與締約已足夠使議定書自二〇〇五年起生效。少了美國的參與，二氧化碳排放量大約會減少百分之一。歐洲和日本能夠減少排放而不致損害經濟嗎？而在美國國內，加州等州能在承認氣候變遷對營收構成重大威脅的產業領軍之下，率先減少排放量嗎？

人類只有在察覺到不改弦易轍的危險時，才有機會動員力量追求永續的未來。早在一九七二年，緬甸籍的聯合國祕書長吳丹（U Thant）就試圖告知各國政府官員和大眾：

我不想小題大作，但依據本人身為聯合國祕書長所接觸到的資料，我只能說：聯合國的會員國只剩十年的時間可以捐棄前嫌並建立起全球夥伴關係，以遏止軍備競賽、改善人類環境、解除人口爆炸的壓力並同心協力從事發展工作。假如在未來十年內無法建立起這種全球夥伴關係，我非常擔心我提及的這些問題會嚴重到我們的能力無法控制的地步。[17]

到了二十年後，一九九二年，來自七十國的一千六百位科學家也發出警訊，名為〈世界科學家對人類的警告〉：

人類與大自然正沿著相互對撞的路徑前進，人類的活動對環境和重要的自然資源造成嚴重而且經常為無可挽回的損害。我們現今的許多做法若未受到制止，將對我們希望見到的未來人類社會和動植物世界構成嚴重的危害，且可能因而改變生態，使得世界無法繼續以我們所知的方式供養生命。假如我們要避免這種對撞的下場，進行徹底的改變乃為刻不容緩的事。[18]

人類有多大機會能夠找到方法管理及引導他們對地球所做的，如今已有些失控、甚至大半失控的實驗？無人知曉，但這個實驗似乎有三種可能的根本解決方案，這三種解法都有可能在目前的兒童及青少年一代生命歷程中發生。人類若不能抑制自身成長及資源使用，就會由自然和人性為他們抑制（疾病、饑荒、戰爭、種族屠殺、社會崩潰），或是兩者以某種方式併發。《成長的極限》三位作者對哪種設想最有可能成真的看法各不相同，每人各自選擇一個可能的情況。

人類經常處在艱困的境地中，但往往能夠迎接挑戰。大規模遷徙和人口凋零在人類歷史上反覆發生，使得人類必須發揮巧思，另闢蹊徑適應環境並堅持求生。

但我們目前的困境在人類歷史上似乎是前所未見的。尤其對於工業國家的人們來說，它是在歷時五百年的生活水準提高，支撐著我們相信自己能夠依靠人類發展和進步之後來臨的。它和人類先前所遭遇困境的差別在於，我們再也找不到無人居住的區域可供遷徙。它還包含了可能的氣候變遷，屆時整個地球都將受到衝擊，而不只是局部區域。我們將自己置入演化進程中扮演推動者，卻對自己的所作所為幾乎一無所知，僅僅依循著生存本能而行動。

當我們縱覽大局，我們看到了人類的能力和社會行為都在至少數十萬年間不斷發展，從人類身為狩獵採集者，分成小團體活動時開始進化。但從人類生存的時間看來，我們的進化並不迅速。人類的複雜文化產生了顯著的慣性：我們往往盡可能堅守自己的生活方式。人類在文化上也進化了，但通常也不快。人類花了數千年完成向農業轉型，又花了數千年轉向城市生活，如今也還繼續發展這兩種生活方式。人類的工業化進行至今也只經歷了三百年。

我們的文化能不能進化得夠快，完成朝向永續的轉型？我們能不能找到方法避免人口銳減？我們能不能在地球逼迫我們屈服之前，先與它和平共存？要是我們非得等到資料確鑿無疑，我們的選擇恐怕就會嚴重受限。究竟有什麼能推動人們在遭遇巨大而迫切的危險之前首先行動？

## 宇宙永存

我們人類做為物種是很年輕的。假如說人類可能還有一百萬年的未來，那麼現在的我們不過是在青春期，就物種而言只有十幾二十歲。有沒有方法去思考我們在未來數百年到數千年之間，也就是中程的未來裡，可能會發生什麼事？

如此超乎尋常的預言會變得很荒誕，但人類總會猜測和夢想。科學家致力於尋求新的替代能源，包括可能的氫核融合；生物科技專家也許能找出新方法，照顧一百億到一百二十億人口的衣食；基因技術專家或許很快就會開始操控人類基因組成，不再等待緩慢的天擇進程。

有些科學家相信人類能夠馴化月球及其他鄰近星球，將一些人口遷移到那裡，或是在某種太空方舟上建立殖民地供人類生活。一部探測器在一九九七年成功登陸火星並進行實驗，還有幾次探測任務預計在二十一世紀的最初十年進行。美國工程師羅伯特·祖賓（Robert Zubrin）在一九九〇年代初期擬定搭載人類登陸火星的計畫（四位太空人，為期三十個月），當時預計花費三百億到五百億美元；但美國參議院在一九六九年審查了太陽神號登陸月球任務的花費（當時的二百五十億到三百億美元，相當於一九九八年的超過一千億美元），之後，決議終止政府對載人太空任務的資助。[19]

一九四九年出版的作品《地球永存》（*Earth Abides*）敘述了一個幾乎所有人口都被疾病消滅的世界，只有一小群人類在孤立地區重新開始，和其他人類完全失去聯絡。創作期間正值冷戰高潮的華特・米勒（Walter Miller），在一九五九年的作品《萊柏維茲的讚歌》（*A Canticle for Leibowitz*）刻劃出一個週期性發生核戰浩劫的未來。金・史丹利・羅賓遜（Kim Stanley Robinson）的火星三部曲《紅火星》（*Red Mars*，一九九一年）、《綠火星》（*Green Mars*，一九九四年）、《藍火星》（*Blue Mars*，一九九六年）則探索人類殖民火星可能發生的情況。

而在中程未來之外則是長程未來，它的變遷是如此緩慢，因此天文學家願意冒險預測星球、太陽和宇宙將會如何。他們知道太陽目前已接近生命週期的一半，在燃燒了將近五十億年之後，還有將近五十億年時間可以燃燒，直到展開漫長的死亡過程。隨著太陽衰老，它的亮度每隔十億年就會增加百分之十，由此逐漸增高地球表面溫度。大約三十億年後，地球接收到的熱度將與現在的金星相同，屆時生物已因過熱而無法生存。[20]

當太陽在五十億年後燒盡所有氫燃料，就會變得不穩定，自外層開始噴射出物質，核心則會膨脹，直到進入地球如今正在運行的太空；來自太陽的引力減弱，則將使地球漂流到六千萬公里之外另一處更遠的軌道上。當太陽開始燃燒氦，它會再次收縮，而後再次增亮並生成碳和氧，接著才最終收縮成為白矮星，其熱源熄滅、冷卻並變黑。

最接近我們的大型星系，仙女座星系，目前正逐漸接近銀河系，大約在太陽開始膨脹的時候，就會與銀河系相遇；然後仙女座星系會再次遠離，再回到更近的距離，直到再過數十萬年，仙女座星系和銀河系，以及其他小型星系結合為一個星系為止。

而銀河系內部的恆星形成階段如今也已進入尾聲。我們的星系已經用去了百分之九十用以形成恆星的物質。數千萬年內，恆星會逐漸死去，宇宙的光也將逐漸熄滅。屆時將不再有足夠的能量創造出任何複雜的實體。數千億年之內，宇宙將成為一個充滿棕矮星、黑洞、死亡行星等黑暗、寒冷物體的墳場。

隨著宇宙膨脹，它將在大爆炸之後的十的三十次方年成為寒冷黑暗的空間，裡面有黑洞，以及零星的次原子粒子彼此相隔數光年而跳動。就連黑洞也終將消失，唯一留存在宇宙無盡長夜中的構造，就只有次原子粒子：電子、正電子（positrons）、微中子（neutrinos）和光子。（以上的設想是根據現有的知識，指向一個無盡的開放宇宙。但如果出現足夠的暗物質，阻止了宇宙的膨脹，那就會產生一個閉合宇宙，將宇宙的膨脹轉為收縮，整個宇宙歷史反轉，回到接近於大爆炸的狀態。）

既然我們如今能夠多少準確地設想整個宇宙的生成及生命歷程，本書所涵蓋的一百三十億年也就不再像是永恆了。它們代表的是宇宙初始及其童年的創造力迸發，那時它巨大的能量和溫暖創造出了我們人類所體驗的這些絢麗實體。至於潛力仍處於童年期，還有發展空間的我們自己，正是宇宙青春洋溢的創造力和力量的產物。

但宇宙的青春不會重來。我們的宇宙意氣風發地創造出人類這樣一種複雜無比的生物，如今我們似乎正掌握著地球最直接的未來。只是在我們之後，地球仍將存續，直到被太陽燒成一片荒蕪。宇宙本身或許也將永存，逐漸冷卻成一片次原子的長夜。

## 待解之謎

一、當今世界各國的政策是在通向一個永續的未來，還是某種崩潰？

二、新科技能夠扭轉世界體系成長直到崩潰的長期走向嗎？

三、市場體系能以永續方式分配資源嗎？它似乎使得富者愈富、貧者愈貧。何者能夠改變當今體系的結構因素？若不改變，人口成長似乎就不可能趨向穩定。

四、工業國人民能否學會與自然和諧共生？他們能否和工業化程度較低的人民共享？

# 注釋

## 第一章 膨脹的宇宙

1. For this chapter I relied most heavily on Terence Dickinson, 1992, *The Universe and Beyond*, revised and expanded, Buffalo, NY: Camden; Timothy Ferris, 1997, *The Whole Shebang: A State-of-the-Universe Report*, New York: Simon and Schuster; Brian Greene, 1999, *The Elegant Universe*, New York: Vintage; and Robert T. Kirshner, 2003, *The Extravagant Universe: Exploding Stars, Dark Energy and the Accelerating Cosmos*, Princeton, NJ: Princeton University Press.
2. Bill Bryson, 2003, *A Short History of Nearly Everything*, New York: Broadway Books, 37.
3. Ibid., 12.
4. Ibid., 24.
5. Lee Smolin, 1998, *The Life of the Cosmos*, London: Phoenix.

## 第二章 孕育生命的地球

1. See two books by James Lovelock: 1979, *Gaia: A New Look at Life on Earth*, Oxford: Oxford University Press, and 1988, *The Ages of Gaia: A Biography of our Living Earth*, New York: Bantam Books.
2. Lynn Margulis and Dorion Sagan, 1986, *Microcosmos: Four Billion Years of Evolution from Our Microbial Ancestors*, Berkeley, CA: University of California Press, new ed. 1997, 183–184.
3. For this section and the next I relied on Margulis and Sagan, 1986; Bill Bryson,2003, *A Short History of Nearly Everything*, New York: Broadway Books; Richard Dawkins, 2004, *The Ancestor's Tale: A Pilgrimage to the Dawn of Evolution*, Boston: Houghton Mifflin.
4. Margulis and Sagan, 1986, 121–123.
5. In addition to the books named in previous notes, I used Stephen J. Gould, ed.,1993, *The Book of Life: An Illustrated History of the Evolution of Life on Earth*, New York: W. W. Norton.
6. Bryson, 2003, ch. 14.
7. J. R. McNeill, 2000, *Something New Under the Sun: An Environmental History of the Twentieth Century World*, New York: W.W. Norton, 49.
8. Margulis and Sagan, 1986, 167.
9. Bryson, 2003, 342.
10. Douglas H. Erwin, 2006, *Extinction: How Life on Earth Nearly Ended 250 Million Years Ago*, Princeton: Princeton University Press, 10, 87.

11. Ibid., 41, 187.
12. For the fascinating story of finding the crater, see Walter Alvarez, 1997, *T. Rex and the Crater of Doom*, Princeton, NJ: Princeton University Press. Also see Bryson, 2003, ch. 13.
13. My favorite books about apes are Frans De Waal, 2005, *Our Inner Ape: A Leading Primatologist Explains Why We Are Who We Are*, New York: Riverhead Books; and Jared Diamond, 1991, *The Rise and Fall of the Third Chimpanzee*, London: Radius. Other fine books are: Roger Fouts with S.T. Mills, 1997, *Next of Kin: My Conversations with Chimpanzees*, New York: Avon; Jonathan Marks, 2002, *What It Means to Be 98% Chimpanzee: Apes, People, and Their Genes,* Berkeley, CA: University of California Press; Robert Sapolsky, 2001, *A Primate's Memoir: A Neuroscientist's Unconventional Life Among the Baboons,* New York: Simon and Schuster; and Craig Stanford, 2001, *Significant Others: The Ape-Human Continuum and the Quest for Human Nature,* New York: Basic Books.
14. Chimps are more closely related to us than they are to gorillas. If classificationwere based on genetic distance, than humans would belong to the same genus (*Homo*) as the other two species of chimpanzee, i.e., we would be the third species of chimpanzee. See Diamond, 1991, 20–21.
15. De Waal, 2005, 7–19. De Waal believes that the sisterhood among bonobos wouldnot be possible without predictable, abundant food supplies (228).
16. For a clear description of the process, see Dawkins, 2004, 517–523.
17. Bryson, 2003, 308–310.
18. Stephen Pinker, 1997, *How the Mind Works*, New York: W. W. Norton, 386–389.

## 第三章　人類：一個新物種的誕生


1. David Christian, 2004, *Maps of Time: An Introduction to Big History*, Berkeley, CA: University of California Press, 502–503.
2. Bill Bryson, 2003, *A Short History of Nearly Everything*, New York: Broadway Books, 336.
3. My main sources for this chapter are: Richard Dawkins, 2004, *The Ancestor's Tale: A Pilgrimage to the Dawn of Evolution*, Boston: Houghton Mifflin; Brian Fagan, 1990, *The Journey from Eden: The Peopling of Our World*, London: Thames and Hudson; Stephen Jay Gould, ed., 1993, *The Book of Life: An Illustrated History of the Evolution of Life on Earth*, New York: W. W. Norton; Roger Lewin, 1988, *In the Age of Mankind*, Washington, DC: Smithsonian Books; Colin Tudge, 1996, *The Time Before History: Five Million Years of Human Impact*, New York: Scribner; and Jared Diamond, 1991, *The Rise and Fall of the Third Chimpanzee,* London: Radius.
4. See Richard W. Wrangham, 2001, "Out of the *Pan*, into the Fire: How Our Ancestors' Evolution Depended on What They Ate," in Frans B. M. De Waal, *Tree of Origin: What Primate Behavior Can Tell Us About Human Social Evolution*, Cambridge, MA: Harvard University Press, 121–143.
5. Jonathan Marks, 2002, *What It Means to Be 98% Chimpanzee: Apes, People, and Their Genes*, Berkeley, CA: University of California Press, 225.
6. Eugenia Shanklin, 1994, *Anthropology and Race*, Belmont, CA: Wadsworth, 10–12.
7. Derek Bickerton, 1995, *Language and Human Behavior*, Seattle, WA: University of Washington Press, 70.
8. Roger Fouts, 1997, *Next of Kin: My Conversations with Chimpanzees*, New York: Avon, ch. 8; and Tudge, 1996,

246–250.

9. Fagan, 1990, 19–22.

10. George Gallup Jr., and D. Michael Lindsay, 1999, *Surveying the Religious Landscape: Trends in U.S. Beliefs*, Harrisburg, PA: Morehouse Publishing, 36–37.

## 第四章　先進的漁獵與採集技術

1. For this chapter, the following books were indispensable: Roger Lewin, 1999,*Human Evolution: An Illustrated Introduction*, 4th ed., Malden, MA: Blackwell Science; Clive Ponting, 1991, *A Green History of the World: The Environment and the Collapse of Great Civilizations*, New York: Penguin; Brian Fagan, 1992, *People of the Earth: An Introduction to World Prehistory*, 7th ed., HarperCollins; and L.S. Stavrianos, 1989, *Lifelines from Our Past: A New World History*, New York: Pantheon Books. For summarizing this material I am guided here, and in subsequent chapters, by two basic books: Richard W. Bulliet, et al., 2003, *The Earth and Its People: A Global History*, brief 2nd ed., Boston: Houghton Mifflin, and J.R. McNeill and William H. McNeill, 2003, *The Human Web: A Bird's-Eye View of World History*, New York: W. W. Norton.
2. Geoffrey Blainey, 2002, *A Short History of the World*, Chicago: Ivan R. Dee, 12.
3. Margaret Ehrenberg, 1989, *Women in Prehistory*, Norman: University of Oklahoma Press, 15–18; Fagan, 1992, 66–69.
4. Ehrenberg, 1989, ch. 2.

5. William H. McNeill, “Secrets of the Cave Paintings,” *New York Review of Books,* October 19, 2006, 20–23.
6. Randall White, 1986, *Dark Caves, Bright Visions,* New York: American Museum of Natural History, 113.
7. See Riane Eisler, 1987, *The Chalice and the Blade: Our History, Our Future*, New York: HarperCollins.
8. Ehrenberg, 1989, 66–76.
9. See Derek Bickerton, 1995, *Language and Human Behavior*, Seattle, WA: University of Washington Press; Jared Diamond, 1991, *The Rise and Fall of the Third Chimpanzee,* London: Radius; and Stephen Pinker, 1994, *The Language Instinct: How the Mind Creates Language,* New York: William Morrow, 2000, HarperCollins Perennial.
10. Diamond, 1991, ch. 2, calls this the “Great Leap Forward.” See also Stephen Mithen,1996, *The Prehistory of the Mind: The Cognitive Origins of Art, Religion, and Science*, London: Thames and Hudson.
11. David Christian, 2004, *Maps of Time: An Introduction to Big History*, Berkeley, CA: University of California Press, 178–180; also Bickerton, 1995; Pinker, 1994.
12. Nicolas Wade, “In Click Languages, An Echo of the Tongues of the Ancients,” *New York Times*, March 18, 2003, science section; this refers to the work of Alec Knight and Joanna Mountain.
13. From the work of Russian prehistorian Boris Frolov, reported in Ian Wilson, 2001,*Past Lives: Unlocking the Secrets of our Ancestors*, London: Cassell, 28.
14. Luigi Luca Cavalli-Sforza, 2000, *Genes, Peoples, and Languages*, New York: North Point/Farrar, Straus and Giroux, 140; Merritt Ruhlen, 1994, *The Origin of Language: Tracing the Evolution of the Mother Tongue*, New York: John Wiley, 119.
15. For discussions of human universals see Donald E. Brown, 1991, *Human Universals*, Philadelphia, PA: Temple

University Press; and Mark Ridley, 1996, *The Origin of Virtue: Human Instincts and the Evolution of Cooperation*, New York: Viking Penguin.

16. For a clear account, see Loyal Rue, 2000, *Everybody's Story: Wising Up to the Epic of Evolution*, Albany, NY: State University of New York Press, 81–96.
17. See William Ryan and Walter Pitman, 1999, *Noah's Flood: The New Scientific Discoveries About the Event That Changed History*, New York: Simon and Schuster.
18. Colin Tudge, 1999, *Neanderthals, Bandits and Farming: How Agriculture Really Began*, New Haven: Yale University Press.
19. For this discussion, see Ivan Hannaford, 1996, *Race: The History of an Idea in the West*, Baltimore, MD: Johns Hopkins University Press.
20. Spencie Love, 1996, *One Blood: The Death and Resurrection of Charles R. Drew*, Chapel Hill, NC: University of North Carolina Press; John H. Relethford, 1994, *The Human Species: An Introduction to Biological Anthropology*, 2nd ed., Mountain View, CA: Mayfield Publishing, 164–173.
21. Richard Dawkins, 2004, *The Ancestor's Tale: A Pilgrimage to the Dawn of Evolution*, Boston: Houghton Mifflin, 405.
22. Relethford, 1994, 173–178.
23. Diamond, 1991, ch. 6.
24. Ibid., chs. 5 and 6.
25. Marshall Sahlins, 1972, *Stone Age Economics,* Chicago and New York: AldineAtherton.

26. Ridley, 1996, 6.
27. Dawkins, 2004, 32–33; Relethford, 1994, 160–161.
28. Bryan Sykes, 2001, *The Seven Daughters of Eve: The Science That Reveals Our Genetic Ancestry*, New York: W. W. Norton.

## 第五章　早期農業

1. This chapter relies heavily on J.R. McNeill and William H. McNeill, 2003, *The Human Web: A Bird's-Eye View of World History,* New York: W. W. Norton; Richard W. Bulliet, et al., 2003, *The Earth and Its People: A Global History,* brief 2nd ed., Boston: Houghton Mifflin; and John A. Mears, 2001, "Agricultural Origins in Global Perspective," in Michael Adas, ed., *Agricultural and Pastoral Societies in Ancient and Classical History*, Philadelphia: Temple University Press, 36–70.
2. See Mark Cohen, 1977, *The Food Crisis in Prehistory: Overpopulation and the Origins of Agriculture*, New Haven: Yale University Press; and Stephen Jay Gould, "Down on the Farm, A review of Donald O. Henry, *From Foraging to Agriculture: The Levant at the End of the Ice Age,*" *New York Review of Books,* January 18, 1990, 26–27.
3. Charles B. Heiser, 1981, *Seed to Civilization: The Story of Food*, 2nd ed., San Francisco: W. H. Freeman, 16; Stephen Budiansky, 1992, *The Covenant of the Wild: Why Animals Chose Domestication*, New York: William Morrow, 82.

4. Budiansky, 1992, 22.
5. Margaret Ehrenberg, 1989, *Women in Prehistory,* Norman: University of Oklahoma Press, 77–78; Riane Eisler, 1987, *The Chalice and the Blade: Our History, Our Future,* New York: HarperCollins, 68–69.
6. David Christian, 2004, *Maps of Time: An Introduction to Big History,* Berkeley: University of California Press, 208; Vaclav Smil, 1994, *Energy in World History,* Boulder, CO: Westview Press, 236.
7. Jared Diamond, 1999, *Guns, Germs and Steel: The Fates of Human Societies,* New York: Norton.
8. L.S. Stavrianos, 1989, *Lifelines from Our Past: A New World History,* New York: Pantheon Books, 48.
9. James Mellaart, 1967, Çatal Hüyük: A Neolithic Town in Anatolia, New York: McGraw-Hill; Ian A. Todd, 1976, Çatal Hüyük in Perspective, Menlo Park, CA: Cummings Publishing; Eisler, 1987.
10. Malcolm Gladwell, 2000, *The Tipping Point: How Little Things Can Make a Big Difference,* Boston: Bay Books, Little, Brown, 178–180; Fred Spier, 1996, *The Structure of Big History: From the Big Bang Until Today*, Amsterdam: Amsterdam University Press, 62–66.
11. John Noble Wilford, 1993, "9000-Year-old Cloth Found," *San Francisco Chronicle,* August 13, 1993.
12. Mark Kurlansky, 2002, *Salt: A World History*, New York: Walker, 6–12.
13. Heiser, 1981, 20–22; Catherine Johns, 1982, *Sex or Symbol? Erotic Images of Greece and Rome*, London: British Museum, 39–40.
14. Sarah Shaver Hughes and Brady Hughes, 2001, "Women in Ancient Civilizations,"in Michael Adas, ed., *Agricultural and Pastoral Societies of Ancient and Classical History*, Philadelphia, PA: Temple University Press, 116–150; Donald E. Brown, 1991, *Human Universals,* Philadelphia: Temple University Press, 52.

15. Clive Ponting, 1991, *A Green History of the World: The Environment and the Collapse of Great Civilizations*, New York, Penguin; Roger Sands, 2005, *Forestry in a Global Context*, Cambridge, MA: CABI Publishing.
16. Quoted in Daniel J. Hillel, 1991, *Out of the Earth: Civilization and the Life of the Soil*, New York: Free Press, Macmillan, 16.
17. J. R. McNeill, 2005, *Something New Under the Sun: An Environmental History of the Twentieth Century World*, New York: W. W. Norton, 45.
18. Stephen Mitchell, 2004, *Gilgamesh: A New English Version*, New York: Free Press.
19. Hillel, 1991, 63, agrees with this interpretation, as does Colin Tudge, 1996, *The Time Before History: Five Million Years of Human Impact*, New York: Scribner, 267.
20. Michael Pollan, 2001, *The Botany of Desire: A Plant's Eye View of the World*, New York: Random House, 11.
21. For further reading see William Ryan and Walter Pitman, 1999, *Noah's Flood: The New Scientific Discoveries About the Event that Changed History*, New York: Simon and Schuster.

## 第六章　早期城市

1. For one discussion see Peter N. Stearns, 1987, *World History: Patterns of Change and Continuity*, New York: Harper and Row, 13–16.
2. David Christian, 2004, *Maps of Time: An Introduction to Big History*, Berkeley: University of California Press, 248.

3. For this chapter my basic sources are J.R. McNeill and William H. McNeill, 2003,*The Human Web: A Bird's-Eye View of World History,* New York: W. W. Norton; Richard W. Bulliet, et al., 2003, *The Earth and Its People: A Global History,* brief 2nd ed., Boston: Houghton Mifflin; and Arthur Cotterell, ed., 1980, *The Penguin Encyclopedia of Ancient Civilizations*, London and New York: Penguin.
4. About the Sumerians, see Harriet Crawford, 1991, *Sumer and the Sumerians*, Cambridge: Cambridge University Press.
5. Christian, 2004, 261.
6. Rosalind Miles, 1990, *The Women's History of the World*, New York: Harper and Row, 43.
7. Crawford, 1991, 151–153; Georges Jean, 1992, *Writing: The Story of Alphabets and Scripts*, New York: Harry N. Abrams, 12–21.
8. Dale Keiger, "Clay, Paper, Code," *Johns Hopkins Magazine,* September 2003, 34–41; Timothy Potts, "Buried Between the Rivers," *New York Review of Books*, September 25, 2003, 18–23; Diane Wolkstein and Samuel Noah Kramer, 1983, *Inanna: Queen of Heaven and Earth: Her Stories and Hymns from Sumer*, New York: Harper and Row, 127–135.
9. Brian M. Fagan, 2005, *The Long Summer: How Climate Changed Civilization*, New York: Basic Books, 6–7, 141–145.
10. Jared Diamond, 1999, *Guns, Germs and Steel: The Fates of Human Societies*, New York: Norton, 418.
11. Wolkstein and Kramer, 1983, 101.
12. Charles Officer and Jake Page, 1993, *Tales of the Earth: Paroxysms and Perturbations of the Blue Planet*, New

York: Oxford University Press, 62–63.

13. Mark Kurlansky, 2002, *Salt: A World History*, New York: Walker, 38–44.
14. Daniel J. Hillel, 1991, *Out of Earth: Civilization and the Life of the Soil*, New York: Free Press, Macmillan, 5.
15. R. F. Willetts, 1980, "The Minoans," in Arthur Cotterell, ed., *The Penguin Encyclopedia of Ancient Civilizations*, London and New York: Penguin, 204–210; William J. Broad, "It Swallowed a Civilization," *New York Times*, October 21, 2003, E1–2.
16. Miles, 1990, 64.
17. Colin A. Ronan, 1978, *The Shorter Science and Civilization in China: An Abridgement of Joseph Needham's Original Text*, vol. I, Cambridge, England: Cambridge University Press, 26–30.
18. Kurlansky, 2002, 44–46; Jerry H. Bentley, 1993, *Old World Encounters: Cross Cultural Contacts and Exchanges in Pre-Modern Times*, New York: Oxford University Press.
19. Hillel, 1991, 16–17.
20. Jean, 1987, 60–62.
21. Christian, 2004, 257, 263.
22. Joseph Campbell with Bill Moyers, 1988, *The Power of Myth*, New York: Doubleday, 169–171.
23. Miles, 1990, 47.
24. Catherine Johns, 1982, *Sex or Symbol? Erotic Images of Greece and Rome,* London: British Museum Press, 42–61.
25. Christian, 2004, 143, 309.
26. Ibid., 258; Geoffrey Blainey, 2002, *A Short History of the World*, Chicago: Ivan R. Dee, 72–73.

27. Cotterell, ed., 1980, 16–17; Bentley, 1993, 21.
28. See a review of the video *Black Athena* by Franklin W. Knight, 1993, "*Black Athena*," *Journal of World History* 4, no. 2, Fall 1993, 325–327.

## 第七章　歐亞非的網絡

1. Mark Kurlansky, 2002, *Salt: A World History*, New York: Walker, 54–55.
2. Peter Berresford Ellis, 1990, *The Celtic Empire: The First Millennium of Celtic History, c. 1000 B.C.–51 A.D.*, London: Constable.
3. Richard W. Bulliet, et al., 2003, *The Earth and Its People: A Global History,* brief 2nd ed., Boston: Houghton Mifflin, 108–115; J.R. McNeill and William H. McNeill, 2003, *The Human Web: A Bird's-Eye View of World History,* New York: W. W. Norton, 67–68; 86.
4. See Huston Smith and Phil Novak, 2003, *Buddhism: A Concise Introduction*, New York: HarperCollins.
5. Robert Temple, 1986, *The Genius of China: Three Thousand Years of Science, Discovery and Invention*, New York: Simon and Schuster, 219–224.
6. McNeill and McNeill, 2003, 67.
7. Xinru Liu, 2001, "The Silk Road: Overland Trade and Cultural Interactions in Eurasia," in Michael Adas, ed., *Agricultural and Pastoral Societies in Ancient and Classical History*, Philadelphia: Temple University Press, 151–179.

8. Vaclav Smil, 1994, *Energy in World History*, Boulder, CO: Westview Press, 232.
9. McNeill and McNeill, 2003, 80.
10. Crane Brinton, John B. Christopher, and Robert Lee Wolff, 1960, *A History of Civilization*, 2nd ed., Englewood Cliffs, NJ: Prentice-Hall, I, 65.
11. Sarah Shaver Hughes and Brady Hughes, 2001, "Women in Ancient Civilizations,"in Michael Adas, ed., *Agricultural and Pastoral Societies in Ancient and Classical History*, Philadelphia: Temple University Press, 140.
12. Michael Cook, 2003, *A Brief History of the Human Race*, New York: W. W. Norton, 226.
13. Donald J. Hughes, 1975, *Ecology in Ancient Civilizations*, Albuquerque: University of New Mexico, 68–75.
14. Kurlansky, 2002, 63–68.
15. Shaye J. D. Cohen, 1988, "Roman Domination: The Jewish Revolt and the Destruction of the Second Temple," in Hershel Shanks, ed., *Ancient Israel: A Short History from Abraham to the Roman Destruction of the Temple*, Englewood Cliffs, NJ: Prentice-Hall, 205–235.
16. William H. McNeill, 1976, *Plagues and People*, Garden City, NJ: Anchor Press/ Doubleday, 121–122; Robert Austin Markus, 1974, *Christianity in the Roman World*, London: Thames and Hudson, 25.
17. William H. McNeill, 1992, *The Global Condition: Conquerors, Catastrophes and Community*, Princeton: Princeton University Press, 103.
18. David Christian, 2004, *Maps of Time: An Introduction to Big History*, Berkeley: University of California Press, 143, 325–326.
19. Clive Ponting, 1991, *A Green History of the World: The Environment and the Collapse of Great Civilizations*, New

York: Penguin, 54–83; Hughes, 1975, 99–124.

20. One of the earliest religions that believed in one God arose in the eastern provincesof the Persian empire by the beginning of the fifth century BCE. Called Zoroastrianism, its prophet was Zoroaster (Greek) or Zarathushtra (Persian), whose dates are not certain. Zoroastrians believe in a dualist universe, with forces of good and evil locked in cosmic struggle until good will prevail at the end of time. Its priests are called magi. Zoroastrianism may have influenced Judaism and Christianity. The later Islamic conquest of Iran caused the decline of Zoroastrianism; surviving communities are today called Parsees.
21. For further reading on the Axial Age, see Karen Armstrong, 2006, *The Great Transformation: The Beginning of Our Religious Traditions*, New York: Alfred A. Knopf; on why people still believe ancient religions, see Sam Harris, 2004, *The End of Faith*, New York: W. W. Norton.
22. See G. W. Bowerstock, 1988, "The Dissolution of the Roman Empire," in Norman Yoffee and George L. Cowgill, eds., *The Collapse of Ancient States and Civilizations*, Tucson, AZ: University of Arizona Press, 165–175; Allen M. Rollins, 1983, *The Fall of Rome: A Reference Guide*, Jefferson, NC: McFarland; and Bryan WardPerkins, 2005, *The Fall of Rome and the End of Civilization*, Oxford: Oxford University Press.

## 第八章　歐亞非網絡的擴展

1. My basic references are J.R. McNeill and William H. McNeill, 2003, *The Human Web: A Bird's-Eye View of World History,* New York: W. W. Norton, ch. IV; and Richard W. Bulliett, et al., 2003, *The Earth and Its People: A Global*

*History,* brief 2nd ed., Boston: Houghton Mifflin, chs. 7–9.

2. Bulliett, et al., 2003, 324; see David Christian, 1998, *A History of Russia, Central Asia and Mongolia*, vol. 1, *Inner Eurasia from Prehistory to the Mongol Empire*, Oxford: Blackwell, 346–348, for a more complex discussion.
3. Crane Brinton, John B. Christopher, and Robert Lee Wolff, 1960, *A History of Civilization*, 2nd ed., Englewood Cliffs, NJ: Prentice-Hall, I, 221–222.
4. Xinru Liu, 2001, "The Silk Road: Overland Trade and Cultural Interactions in Eurasia," in Michael Adas, ed., *Agricultural and Pastoral Societies in Ancient and Classical History*, Philadelphia: Temple University Press, 154–179.
5. Richard M. Eaton, 1990, *Islamic History as Global History*, Washington, DC: American Historical Association, 10–11.
6. Frederick Kilgour, 1998, *The Evolution of the Book*, Oxford and New York: Oxford University Press, 54–62.
7. Liu, 2001, 161.
8. S.A.M. Adshead, 2000, *China in World History*, 3rd ed., New York: St. Martin's Press, 54–56.
9. Bulliet, et al., 2003, 222–223.
10. Adshead, 2000, 72–88.
11. Ibid., 70, 98.
12. Robert Temple, 1986, *The Genius of China: Three Thousand Years of Science, Discovery and Invention*, New York: Simon and Schuster, 224–228.
13. Adshead, 2000, 97.

14. Colin A. Ronan, 1978, *The Shorter Science and Civilization in China: An Abridgement of Joseph Needham's Original Text*, vol. I, Cambridge, England: Cambridge University Press, 44–48.
15. See Peter B. Golden, 2001, "Nomads and Sedentary Societies in Eurasia," inMichael Adas, ed., *Agricultural and Pastoral Societies in Ancient and Classical History*, Philadelphia: Temple University Press, 71–115.
16. Bulliet, et al., 2003, 206–207; Stewart Brand, 1999, *The Clock of the Long Now: Time and Responsibility*, New York: Basic Books, 101.
17. On the Vikings, see Gwyn Jones, 1984, *A History of the Vikings*, rev. ed., Oxford and New York: Oxford University Press; E.O.G. Turville-Petre, 1975, *Myth and Religion of the North: The Religion of Ancient Scandinavia*, Westport, CN: Greenwood Press; and David M. Wilson, 1989, *Vikings and Their Origins: Scandinavia in the First Millennium*, rev. ed., London: Thames and Hudson.
18. For a discussion of this question, see Jerry H. Bentley, 1993, *Old World Encounters: Cross Cultural Contacts and Exchanges in Pre-Modern Times*, New York: Oxford University Press, 100–101.
19. See Roger Collins, 1998, *Charlemagne*, Toronto and Buffalo: University of Toronto Press.
20. Lester Kurtz, 1995, *Gods in the Global Village: The World's Religions in Sociological Perspective*, Thousand Oaks, CA: Pine Forge Press, 271.
21. McNeill and McNeill, 2003, 98.
22. Philip D. Curtin, 1984, *Cross-Cultural Trade in World History*, Cambridge: Cambridge University Press, 15–27; John Iliffe, 1995, *Africans: The History of a Continent*, New York: Cambridge University Press, argues that African history is unique due to its obstacles—climate, geography, and diseases.

23. Curtin, 1984, 38–39; McNeill and McNeill, 2003, 96; David Christian, 2004, *Maps of Time: An Introduction to Big History*, Berkeley: University of California Press, 344.
24. David Christian, 2003, "World History in Context," *Journal of World History* 14, no. 4, 451.
25. Christian, 2004, 344.
26. Johan Goudsblom, Eric Jones, and Stephen Mennell, 1996, *The Course of Human History: Economic Growth, Social Process and Civilization*, Armonk, NY: M.E. Sharpe, 22–28.
27. Basil Davidson, 1991, *African Civilization Revisited*, Trenton, NJ: Africa World Press, 93–97.

## 第九章　美洲文明的興起

1. Roger Lewin, 1988, *In the Age of Mankind*, Washington, DC: Smithsonian Books, 167–169; Jared Diamond, 1999, *Guns, Germs, and Steel: The Fates of Human Societies*, New York: Norton, 44–48.
2. Basic to this chapter is John E. Kicza, 2001, "The People and Civilizations of theAmericas Before Contact," in Michael Adas, ed., *Agricultural and Pastoral Societies in Ancient and Classical History*, Philadelphia: Temple University Press, 183–223.
3. Charles C. Mann, 2005, *1491: New Revelations of the Americas Before Columbus*, New York: Alfred A. Knopf, ch. 9; William H. McNeill, "New World Symphony," *New York Review of Books*, December 1, 2005, 45.
4. J. R. McNeill and William H. McNeill, 2003, *The Human Web: A Bird's-Eye View of World History*, New York: W. W. Norton, 109; John A. Mears, 2001, "Agricultural Origins in Global Perspective," in Michael Adas, ed.,

*Agricultural and Pastoral Societies in Ancient and Classical History*, Philadelphia: Temple University Press, 57.

5. Kicza in Adas, ed., 2001, 185.
6. Brian M. Fagan, 2005, *The Long Summer: How Climate Changed Civilization*, New York: Basic Books, 214–230; Joseph A. Tainter, 1989, *The Collapse of Complex Societies*, Cambridge: Cambridge University Press, 170–175.
7. Brian M. Fagan, 1984, *The Aztecs*, New York: W. H. Freeman, 243–244.
8. Diamond, 1999, 292.
9. Fagan, 1984, 9–11; my account of the Aztecs is based on this book.
10. Terence N. D'Altroy, 2002, *The Incas*, Malden, MA: Blackwell, ch. 2.
11. Garcilaso de la Vega, *Royal Commentaries of the Incas*, and Felipe Guaman Pom de Ayala; see D'Altroy, 2002, 14–15. My account of the Incas is based on D'Altroy, 2002, and Craig Morris and Adriana von Hagen, 1993, *The Inka Empire and Its Andean Origins*, New York: Abbeville Press and the American Museum of Natural History.
12. Hugh Thomson, 2001, *The White Rock: An Exploration of the Inca Heartland*, Woodstock and New York: Overlook Press, 204; John Hemming, 1970, *The Conquest of the Incas*, New York: Macmillan, 498.
13. Jack Weatherford, 1991, *Native Roots: How the Indians Enriched America*, New York: Crown Publishers, 97–98.
14. Richard W. Bulliet, et al., 2003, *The Earth and Its People: A Global History*, brief 2nd ed., Boston: Houghton Mifflin, 250; McNeill and McNeill, 2003, 112.
15. Kicza, in Adas, ed., 2001, 27.
16. I. A. Ritchie Carson, 1981, *Food in Civilization: How History Has Been Affected by Human Tastes*, New York and Toronto: Beaufort Books, 106.

17. Johan Goudsblom, Eric Jones, and Stephen Mennell, 1996, *The Course of Human History: Economic Growth, Social Process and Civilization*, Armonk, NY: M.E. Sharpe.
18. McNeill and McNeill, 2003, 162.
19. Lewin, 1988, 160–164.
20. Fagan, 1984, 233–236.
21. Morris and von Hagen, 1993, 86.

## 第十章　歐亞非一體化

1. David Christian, 2004, *Maps of Time: An Introduction to Big History*, Berkeley: University of California Press, 305, 335.
2. Ibid., 318.
3. Jack Weatherford, 2004, *Genghis Khan and the Making of the Modern World*, New York: Crown Publishers, xxvi.
4. Ibid., introduction; David Christian, 1998, *A History of Russian, Central Asia and Mongolia*, vol. 1, *Inner Eurasia from Prehistory to the Mongol Empire*, Oxford: Blackwell, 426.
5. David Morgan, 1986, *The Mongols*, Oxford: Basil Blackwell, 30; Weatherford, 2004, xxvii. My account of the Mongols is based on these two books, plus Peter B. Golden, 2001, "Nomads and Sedentary Societies in Eurasia," in Michael Adas, ed., *Agricultural and Pastoral Societies in Ancient and Classical Times*, Philadelphia: Temple University Press, 71–115; and Paul Ratchnevsky, 1991, *Genghis Khan: His Life and Legacy*. Oxford: Blackwell.

6. Morgan, 1986, 93; Weatherford, 2004, 113–117.
7. Quoted in Jerry H. Bentley, 1993, *Old World Encounters: Cross Cultural Contacts and Exchanges in Pre-Modern Times*, New York: Oxford University Press, 111.
8. William H. McNeill, 1976, *Plagues and People*, Garden City, NJ: Anchor Press/ Doubleday, 166–186.
9. Philip D. Curtin, 1984, *Cross-Cultural Trade in World History*, Cambridge: Cambridge University Press, 125; Christian, 2004, 379; Richard W. Bulliet, et al., 2003, *The Earth and Its People: A Global History*, brief 2nd ed., Boston: Houghton Mifflin, 290–292. For a readable account, see Louise Levathes, 1994, *When China Ruled the Seas: The Treasure Fleet of the Dragon Throne, 1405–1433*, New York: Simon and Schuster.
10. Janet L. Abu-Lughod, 1989, *Before European Hegemony: The World System A.D. 1250–1350,* New York: Oxford University Press, 344–347.
11. Curtin, 1984, 107; Bentley, 1993, 176.
12. Richard M. Eaton, 1990, *Islamic History as Global History*, Washington, DC: American Historical Association, 23.
13. J.R. McNeill and William H. McNeill, 2003, *The Human Web: A Bird's-Eye View of World History,* New York: W. W. Norton, 132.
14. Eaton, 1990, 44–45; Ross E. Dunn, 1986, *The Adventures of Ibn Battuta: A Muslim Traveler of the Fourteenth Century*, Berkeley, University of California Press.
15. Bulliet, et al., 2003, 319–320; Paul E. Lovejoy, 2000, *Transformations in Slavery: A History of Slavery in Africa*, 2nd ed., Cambridge: Cambridge University Press, 24–25.
16. L.S. Stavrianos, 1989, *Lifelines from Our Past: A New World History*, New York: Pantheon, 54.

17. See Christopher Tyerman, 2006, *God's War: A New History of the Crusades*, Cambridge, MA: Harvard University Press.
18. Morgan, 1986, 179; Weatherford, 2004, 162.
19. Roger Sands, 2005, *Forestry in a Global Context*, Cambridge, MA: CABI Publishing, 31–33.
20. Frederick Kilgour, 1998, *The Evolution of the Book*, New York: Oxford University Press, 8, 82.
21. Christian, 2004, 344–345.
22. See the debate in the *Journal of World History* 4, no. 4, December 2003, 503–550.
23. See Nicolas Wade, "A Prolific Genghis Khan, It Seems, Helped People the World,"*New York Times*, February 11, 2003, D3.
24. See Robert Finlay, "How Not to (Re)Write World History: Gavin Menzies and theChinese Discovery of America," *Journal of World History* 15, 2, June 2004, 229–242. For a sound account, see Levathes, 1994.

## 第十一章　航海通世界

1. Richard W. Bulliet, et al., 2003, *The Earth and Its People: A Global History,* brief 2nd ed., Boston: Houghton Mifflin, 344; J.R. McNeill and William H. McNeill, 2003, *The Human Web: A Bird's-Eye View of World History,* New York: W. W. Norton, 163, 176.
2. David Christian, 2004, *Maps of Time: An Introduction to Big History*, Berkeley: University of California Press, 381.

3. John A. Mears, 2001, "Agricultural Origins in Global Perspective," in Michael Adas,ed., *Agricultural and Pastoral Societies in Ancient and Classical History*, Philadelphia: Temple University Press, 38; Jared Diamond, 1999, *Guns, Germs and Steel: The Fates of Human Societies*, New York: Norton, 266, 283; Christian, 2004, 344–345.
4. McNeill and McNeill, 2003, 156–161.
5. Jerry H. Bentley, 1993, *Old World Encounters: Cross Cultural Contacts and Exchanges in Pre-Modern Times*, New York: Oxford University Press, 177.
6. James Reston, 2005, *Dogs of God: Columbus, the Inquisition, and the Defeat of the Moors*, New York: Doubleday, 205. England had expelled its Jews in 1290, Ibid.
7. Ivan Hannaford, 1996, *Race: The History of an Idea in the West*. Washington, DC: Woodrow Wilson Center Press, ch. 4; George M. Frederickson, 2002, *Racism: A Short History*, Princeton: Princeton University Press, 17–34.
8. Milton Meltzer, 1990, *Columbus and the World Around Him*, New York: Franklin Watts.
9. On Cortez and the Aztecs, see Brian M. Fagan, 1984, *The Aztecs*, New York: W. H. Freeman, ch. 11.
10. Fagan, 1984, ch. 12.
11. On the conquest of Peru, see Diamond, 1999, 68–79; Terence N. D' Altroy, 2002, *The Incas*, Malden, MA: Blackwell; Nigel Davies, 1995, *The Incas*, Niwot, CO: University Press of Colorado; John Hemming, 1970, *The Conquest of the Incas*, New York: Macmillan.
12. Diamond, 1999.
13. William H. McNeill, 1976, *Plagues and People*, Garden City, NJ: Anchor Press/Doubleday; Robert S. Desowitz, 1997, *Who Gave Pinta to the Santa Maria? Tracking the Devastating Spread of Lethal Tropical Disease into*

*America*, New York: Harcourt Brace.

14. Hemming, 1970, 267–288; Hugh Thomas, 2004, *Rivers of Gold: The Rise of the Spanish Empire, from Columbus to Magellan*, New York: Random House, 304–456.
15. On gold and silver, see Jack Weatherford, 1988, *Indian Givers: How the Indians of the Americas Transformed the World*, New York: Fawcett Columbine, 6–17.
16. I.A. Ritchie Carson, 1981, *Food in Civilization: How History Has Been Affected by Human Tastes*, New York and Toronto: Beaufort Books, 111–128; J.M. Blaut, 1993, *The Colonizer's Model of the World: Geographical Diffusionism and Eurocentric History*, New York and London: Guilford Press, 191–192; Bulliet, et al., 2003, 398.
17. Frederickson, 2002, 30; McNeill and McNeill, 2003, 168–169; William H. McNeill,1992, *The Global Condition: Conquerors, Catastrophes and Community*, Princeton: Princeton University Press, 21.
18. Paul Bairoch, 1993, *Economics and World History: Myths and Paradoxes*, Chicago: University of Chicago Press, 146–147; Patrick Manning, 1990, *Slavery and African Life: Occidental, Oriental and African Trade*, Cambridge and New York: Cambridge University Press, 171; Bulliet, et al., 2003, 421.
19. Fernand Braudel, 1985, *Civilizations and Capitalism, Fifteenth–Eighteenth Century*, vol. II, London: Fontana Press, 101–102.
20. Ibid., 559–568.
21. This section relies heavily on McNeill and McNeill, 2003, 186–212.
22. This phrase comes from Arnold Pacey, 1990, *Technology in Civilization: A Thousand-Year History*, Cambridge, MA: MIT Press, 62.

23. McNeill and McNeill, 2003, 170–171.
24. Manning, 1990, 84.
25. Bulliet, et al., 2003, 384; Thomas, 2004, 304–456; Frederickson, 2002, 36.

## 第十二章 工業化

1. Peter N. Stearns, 1993, *The Industrial Revolution in World History*, Boulder, CO: Westview Press. For example, Fred Spier, 1996, *The Structure of Big History: From the Big Bang Until Today*, Amsterdam: Amsterdam University Press, 38.
2. J.R. McNeill and William H. McNeill, 2003, *The Human Web: A Bird's-Eye View of World History,* New York: W. W. Norton, 222; Donella Meadows, et al., 2004, *Limits to Growth: The Thirty-Year Update*, White River Junction, VT: Chelsea Green Publishing, 28.
3. Robert Skidelsky, "The Mystery of Growth," *New York Review of Books*, March 13, 2003, 28–31.
4. Fernand Braudel, 1985, *Civilizations and Capitalism, Fifteenth–Eighteenth Century*, vol. II, London: Fontana Press, 245, 525–574.
5. Charles Van Doren, 1991, *A History of Knowledge: Past, Present and Future*, New York: Ballantine, 227.
6. Howard Zinn, 1980, *A People's History of the United States*, New York: Harper and Row, 82–95.
7. George M. Frederickson, 2002, *Racism: A Short History*, Princeton: Princeton University Press, 56–57; Ivan Hannaford, 1996, *Race: The History of an Idea in the West*, Washington, DC: Woodrow Wilson Center Press, 206–

208.

8. Kenneth Pomeranz, 2001, *The Great Divergence: China, Europe, and the Making of the Modern World Economy*, Princeton: Princeton University Press, 61; J.R. McNeill, 2000, *Something New Under the Sun: An Environmental History of the Twentieth-Century World*, New York: W. W. Norton, 13; McNeill and McNeill, 2003, 230–232.
9. Pomeranz, 2001, 61–66.
10. Crane Brinton, John B. Christopher, and Robert Lee Wolff, 1960, *A History of Civilization*, vol. II, Englewood Cliffs, NJ: Prentice-Hall, 11–12; I.A. Ritchie Carson, 1981, *Food in Civilization: How History Has Been Affected by Human Tastes*, New York and Toronto: Beaufort Books, 135–136.
11. Braudel, 1985, vol. III, 595–615; Paul Kennedy, 1991, *Preparing for the Twenty-First Century*, New York: Ballantine, 6–7.
12. Braudel, 1985, vol. I, 249–261; Pomeranz, 2001, 275–281.
13. Louise A. Tilly, 1993, *Industrialization and Gender Inequality*, Washington, DC: American Historical Association, 14, 48; Stearns, 1991, 14–15.
14. McNeill and McNeill, 2003, 241–245; Stearns, 1991, 35–40.
15. David Christian, 1997, *Imperial and Soviet Russia: Power, Privilege and the Challenge of Modernity*, New York: St. Martin's Press, ch. 3; McNeill and McNeill, 2003, 252–258.
16. This paragraph and the previous one are based on McNeill and McNeill, 2003,217–221.
17. J.R. McNeill, 2000, 14; Kennedy, 1991, 32.
18. Philip Curtin, 1984, *Cross-Cultural Trade in World History*, Cambridge: Cambridge University Press, 251; Peter

Jay, 2000, *The Wealth of Man*, New York: Public Affairs, 186–208.

19. Frederickson, 2000, 170.
20. Paul E. Lovejoy, 2000, *Transformations in Slavery: A History of Slavery in Africa*, 2nd ed., Cambridge: Cambridge University Press, 252, 288; McNeill and McNeill, 2003, 216; John Iliffe, 1995, *Africans: The History of a Continent*, New York: Cambridge University Press, 3.
21. See Mike Davis, 2001, *Late Victorian Holocausts: El Niño Famines and the Making of the Third World*, London and New York: Verso. Also John Richards, 2003, *The Unending Frontier: An Environmental History of the Early Modern World*, Berkeley: University of California Press, 82.
22. McNeill and McNeill, 2003, 291–292; Paul Bairoch, 1993, *Economics and World History: Myths and Paradoxes*, Chicago: University of Chicago Press, 9.
23. McNeill and McNeill, 2003, 280.
24. Lester Kurtz, 1995, *Gods in the Global Village: The World's Religions in Sociological Perspective*, Thousand Oaks, CA: Pine Forge Press, 21.
25. J.R. McNeill, 2000, 15–16; McNeill and McNeill, 2003, 290–316.
26. Kennedy, 1991, 45–46; Donella Meadows, Jorgen Randers, and Dennis Meadows,2004, *Limits to Growth: The 30-Year Update*, White River Junction, VT: Chelsea Green, 42–43.
27. David Christian, 2004, *Maps of Time: An Introduction to Big History*, Berkeley: University of California Press, 444–445; Paul Kivel, 2004, *You Call This a Democracy? Who Benefits, Who Pays and Who Really Decides*, New York: Apex Press, 25.

28. J.R. McNeill, 2000, 16.
29. Braudel, 1985, vol. III, 620–623.
30. Allen K. Smith, 1991, *Creating a World Economy: Merchant Capital, Colonialism and World Trade, 1400–1825*, Boulder, CO: Westview Press, 116.
31. Elizabeth Kolbert, "Why Work?" *New Yorker*, November 29, 2004, 154.

## 第十三章　現在與未來

1. J.R. McNeill, 2000, *Something New Under the Sun: An Environmental History of the Twentieth Century World*, New York: W. W. Norton, 9. The rest of this section is based on Bjorn Lomborg, 2001, *The Skeptical Environmentalist: Measuring the Real State of the World*, Cambridge: Cambridge University Press.
2. Donella Meadows, et al., 1972, *The Limits to Growth: A Report for the Club of Rome's Project on the Predicament of Mankind*, New York: Universe Books.
3. This section is based on J.R. McNeill, 2000, unless otherwise noted.
4. J.R. McNeill, 2000, 111–115; David Christian, 2004, *Maps of Time: An Introduction to Big History*, Berkeley: University of California Press, 478–479.
5. J.R. McNeill, 2000, 108–111; Jim Hansen, "The Threat to the Planet," *New York Review of Books*, July 13, 2006, 12–14, 16.
6. Kenneth Pomeranz, 2001, *The Great Divergence: China, Europe, and the Making of the Modern World Economy*,

Princeton: Princeton University Press, 56–60; Donella Meadows, Jorgen Randers, and Dennis Meadows, 2004, *Limits to Growth: The 30-Year Update*, White River Junction, VT: Chelsea Green, 75.

7. J.R. McNeill, 2000, 229; Jared Diamond, 2005, *Collapse: How Societies Choose to Fail or Succeed*, New York: Viking Penguin, 473, 487.
8. J.R. McNeill, 2000, 146; Meadows, Randers, and Meadows, 2004, 229–231.
9. Meadows, Randers, and Meadows, 2004, 66–74.
10. J.R. McNeill, 2000, 342; Martin Rees, 2003, *Our Final Hour: A Scientist's Warning: How Terror, Error, and Environmental Disaster Threatens Humankind's Future in this Century—On Earth and Beyond*, New York: Basic Books, 34–35; James Sterngold, "Experts Fear Nuke Genie's Out of Bottle," *San Francisco Chronicle*, November 22, 2004, A8.
11. J.R. McNeill, 2000, 312; Lomborg, 2001, 129.
12. Lomborg, 2001, 129.
13. See Richard Leakey and Roger Lewin, 1995, *The Sixth Extinction: Patterns of Life and the Future of Mankind*, New York: Doubleday.
14. Meadows, Randers, and Meadows, 2004, xiv–xv.
15. Stephen Moore and Julian L. Simon, 2000, *It's Getting Better All the Time: 100 Greatest Trends of the Last 100 Years*, Washington, DC: Cato Institute, 23.
16. Meadows, Randers, and Meadows, 2004, ch. 5; Christian, 2004, 478–479.
17. Quoted by Meadows, Randers, and Meadows, 2004, 13.

18. Ibid., 15.
19. Nikos Prantzos, 2000, *Our Cosmic Future: Humanity's Fate in the Universe*, Cambridge: Cambridge University Press, 10, 18, 56–85.
20. For the long-range future, see Prantzos, 2000, and Christian, 2004, 486–490.

# 參考書目

在參考書目中我完整列出本書中參考過的所有書籍和文章。此外，我另外附加了一些著作，甚於這些作品太過於重要，無法忽略。


Abu-Lughod, Janet L. 1989. *Before European Hegemony: The World System A.D. 1250–1350*. New York and Oxford: Oxford University Press.

Adas, Michael, ed. 2001. *Agricultural and Pastoral Societies in Ancient and Classical History*. Philadelphia: Temple University Press.

Adshead, S.A.M. 2000. *China in World History*. 3rd ed. New York: St. Martin's Press.

Alvarez, Walter. 1997. *T. Rex and the Crater of Doom*. Princeton, NJ: Princeton University Press.

Anderson, Walter Truett. 2001. *All Connected Now: Life in the First Global Civilization*. Boulder, CO: Westview Press.

Armstrong, Karen. 2006. *The Great Transformation: The Beginning of Our Religious Traditions*. New York: Alfred A. Knopf.

Bairoch, Paul. 1993. *Economics and World History: Myths and Paradoxes*. Chicago: University of Chicago Press.

Bakker, Robert. 1986. *The Dinosaur Heresies: New Theories Unlocking the Mystery of the Dinosaurs and Their Extinctions*. New York: William Morrow.

Bentley, Jerry H. 1993. *Old World Encounters: Cross Cultural Contacts and Exchanges in Pre-Modern Times*. New York and Oxford: Oxford University Press.

Bernal, Martin. 1987. *Black Athena: The Afroasiatic Roots of Classical Civilization. Vol. 1: The Fabrication of Ancient Greece, 1785–1985*. New Brunswick, NJ: Rutgers University Press.

Bickerton, Derek. 1995. *Language and Human Behavior*. Seattle: University of Washington Press.

Blainey, Geoffrey. 2002. *A Short History of the World*. Chicago: Ivan R. Dee.

Blaut, J.M. 1993. *The Colonizer's Model of the World: Geographical Diffusionism and Eurocentric History*. New York and London: Guilford Press.

Bowerstock, G.W. 1988. "The Dissolution of the Roman Empire." In Norman Yoffee and George L. Cowgill, eds. *The Collapse of Ancient States and Civilizations*. Tucson: University of Arizona Press.

Brand, Stewart. 1999. *The Clock of the Long Now: Time and Responsibility*. New York: Basic Books.

Braudel, Fernand. 1985. *Civilizations and Capitalism, Fifteenth–Eighteenth Century*. 3 vols. London: Fontana Press.

Brinton, Crane, John B. Christopher, and Robert Lee Wolff. 1960. *A History of Civilization*. 2 vols. 2nd ed. Englewood Cliffs, NJ: Prentice-Hall.

Broad, William J. "It Swallowed a Civilization." *New York Times* (October 21, 2003), D1–2.

Brown, Donald E. 1991. *Human Universals*. Philadelphia: Temple University Press.

Bryson, Bill. 2003. *A Short History of Nearly Everything*. New York: Broadway Books.

Budiansky, Stephen. 1992. *The Covenant of the Wild: Why Animals Chose Domestication*. New York: William Morrow.

Bulliet, Richard W., et al. 2003. *The Earth and Its People: A Global History*. Brief 2nd ed. Boston: Houghton Mifflin.

Campbell, Joseph, with Bill Moyers. 1988. *The Power of Myth*. New York: Doubleday.

Capra, Fritjóf. 2002. *The Hidden Connections: Integrating the Biological, Cognitive, and Social Dimensions of Life into a Science of Sustainability*. New York: Doubleday.

Capra, Fritjóf and David Steindl-Rast. 1991. *Belonging to the Universe: Explorations on the Frontiers of Science and Spirituality*. New York: HarperCollins.

Carson, I.A. Ritchie. 1981. *Food in Civilization: How History Has Been Affected by Human Tastes*. New York and Toronto: Beaufort Books.

Cavalli-Sforza, Luigi Luca. 2000. *Genes, Peoples, and Languages*. Translated from the Italian by Mark Seielstad. New York: North Point/Farrar, Straus and Giroux.

Christian, David. "The Case for Big History." *Journal of World History* 2, no. 2 (Fall 1991): 223–238. (Reprinted in *The New World History: A Teacher's Companion*. Ross E. Dunn, ed. Boston: Bedford/St. Martin's, 2000, 575–587.)

———. 1997. *Imperial and Soviet Russia: Power, Privilege and the Challenge of Modernity*. New York: St. Martin's Press.

———. 1998. *A History of Russia, Central Asia and Mongolia. Vol. 1, Inner Eurasia from Prehistory to the Mongol Empire*. Oxford: Blackwell.

———. "World History in Context." *Journal of World History* 14, no. 4 (December 2003): 437–488.

———. 2004. *Maps of Time: An Introduction to Big History.* Berkeley: University of California Press.

Cohen, Mark Nathan. 1977. *The Food Crisis in Prehistory: Overpopulation and the Origins of Agriculture.* New Haven: Yale University Press.

Cohen, Shaye J.D. 1988. "Roman Domination: The Jewish Revolt and the Destruction of the Second Temple." In Hershel Shanks, ed. *Ancient Israel: A Short History from Abraham to the Roman Destruction of the Temple.* Englewood Cliffs, NJ: PrenticeHall, 205–235.

Collins, Roger. 1998. *Charlemagne*. Toronto and Buffalo: University of Toronto Press.

Cook, Michael. 2003. *A Brief History of the Human Race*. New York: W. W. Norton.

Cotterell, Arthur, ed. 1980. *The Penguin Encyclopedia of Ancient Civilizations.* London and New York: Penguin Books.

Crawford, Harriet. 1991. *Sumer and the Sumerians.* Cambridge: Cambridge University Press.

Curtin, Philip D. 1984. *Cross-Cultural Trade in World History*. Cambridge: Cambridge University Press.

D'Altroy, Terence N. 2002. *The Incas*. Malden, MA: Blackwell Publishers.

Davidson, Basil. 1991. *African Civilization Revisited.* Trenton, NJ: Africa World Press.

Davies, Nigel. 1995. *The Incas*. Niwot, CO: University Press of Colorado.

Davis, Mike. 2001. *Late Victorian Holocausts: El Niño Famines and the Making of the Third World.* London and New York: Verso.

Dawkins, Richard. 2004. *The Ancestor's Tale: A Pilgrimage to the Dawn of Evolution.* Boston: Houghton Mifflin.

Demandt, Alexander. 1984. *Der Fall Roms: Die Auflösung des römischen Reiches im Urteil der Nachweld.* Munich: Beck.

Desowitz, Robert S. 1997. *Who Gave Pinta to the Santa Maria? Tracking the Devastating Spread of Lethal Tropical*

*Disease into America*. New York: Harcourt Brace.

De Waal, Frans, ed. 2001. *Tree of Origin: What Primate Behavior Can Tell Us About Human Social Evolution*. Cambridge, MA: Harvard University Press.

De Waal, Frans. 2005. *Our Inner Ape: A Leading Primatologist Explains Why We Are Who We Are*. New York: Riverhead Books.

Diamond, Jared. 1991. *The Rise and Fall of the Third Chimpanzee*. London: Radius.

———. 1999. *Guns, Germs and Steel: The Fates of Human Societies*. New York: Norton.

———. 2005. *Collapse: How Societies Choose to Fail or Succeed*. New York: Viking Penguin.

Dickinson, Terence. 1992. *The Universe and Beyond*. Revised and expanded. Buffalo, NY: Camden.

Dunn, Ross E. 1986. *The Adventures of Ibn Battuta: A Muslim Traveler of the Fourteenth Century*. Berkeley: University of California Press.

Easterbrook, Gregg. 1995. *A Moment on Earth: The Coming Age of Environmental Optimism*. New York: Penguin.

Eaton, Richard M. 1990. *Islamic History as Global History*. Washington, DC: American Historical Association.

Ehrenberg, Margaret. 1989. *Women in Prehistory*. Norman: University of Oklahoma Press.

Eisler, Riane. 1987. *The Chalice and the Blade: Our History, Our Future*. New York: Harper and Row.

Ellis, Peter Bernesford. 1990. *The Celtic Empire: The First Millennium of Celtic History c. 1000 B.C.–51 A.D.* London: Constable.

Erwin, Douglas H. 2006. *Extinction: How Life on Earth Nearly Ended 250 Million Years Ago*. Princeton, NJ: Princeton University Press.

Fagan, Brian M. 1984. *The Aztecs.* New York: W. H. Freeman.

———. 1990. *The Journey from Eden: The Peopling of Our World*. London: Thames and Hudson.

———. 1992. *People of the Earth: An Introduction to World Prehistory*, 7th ed. New York: HarperCollins.

———. 2005. *The Long Summer: How Climate Changed Civilization.* New York: Basic Books.

Fernandez-Armesto, Felipe. 1995. *Millennium: A History of the Last Thousand Years*. New York: Simon and Schuster.

———. 2003. *The Americas: A Hemispheric History.* New York: Modern Library.

Ferris, Timothy. 1997. *The Whole Shebang: A State-of-the-Universe Report.* New York: Simon and Schuster.

Finlay, Robert. "How Not to (Re)Write World History: Gavin Menzies and the Chinese Discovery of America." *Journal of World History* 15, no. 2 (June 2004), 229–242.

Fouts, Roger, with S.T. Mills. 1997. *Next of Kin: My Conversations with Chimpanzees.* New York: Avon.

Frederickson, George M. 2002. *Racism: A Short History*, Princeton, NJ: Princeton University Press.

Gallup, George Jr., and D. Michael Lindsay. 1999. *Surveying the Religious Landscape: Trends in U.S. Beliefs*. Harrisburg, PA: Morehouse Publishing.

Gladwell, Malcolm. 2000. *The Tipping Point: How Little Things Can Make a Big Difference*. Boston: Bay Books; Little, Brown.

Golden, Peter B. 2001. "Nomads and Sedentary Societies in Eurasia." In Michael Adas, ed., *Agricultural and Pastoral Societies in Ancient and Classical History*. Philadelphia: Temple University Press, 71–115.

Gonick, Larry. 1990. *The Cartoon History of the Universe: From the Big Bang to Alexander the Great*. New York: Doubleday.

Goodenough, Ursula. 1998. *The Sacred Depths of Nature*. New York and Oxford: Oxford University Press.

Goudsblom, Johan, Eric Jones, and Stephen Mennell. 1996. *The Course of Human History: Economic Growth, Social Process and Civilization.* Armonk, NY: M.E. Sharpe.

Gould, Stephen Jay. "Down on the Farm: A Review of Donald O. Henry, *From Foraging to Agriculture: The Levant at the End of the Ice Age.*" *New York Review of Books* (January 18, 1990), 26–27.

Gould, Stephen Jay, ed. 1993. *The Book of Life: An Illustrated History of the Evolution of Life on Earth*. New York: W. W. Norton.

Greene, Brian. 1999. *The Elegant Universe*. New York: Vintage.

Hannaford, Ivan. 1996. *Race: The History of an Idea in the West*. Washington, DC: Woodrow Wilson Center Press.

Hansen, Jim. "The Threat to the Planet." *New York Review of Books,* July 13, 2006, 12–14, 16.

Harris, Sam. 2004. *The End of Faith: Religion, Terror and the Future of Reason*. New York: W. W. Norton.

Heiser, Charles B. Jr. 1981. *Seed to Civilization: The Story of Food*, 2nd ed. San Francisco: W. H. Freeman.

Hemming, John. 1970. *The Conquest of the Incas*. New York: Macmillan.

Henry, Donald O. 1989. *From Foraging to Agriculture: The Levant at the End of the Ice Age.* Philadelphia: University of Pennsylvania Press.

Hick, John. 1989. *An Interpretation of Religion: Human Responses to the Transcendent.* New Haven: Yale University Press.

Hillel, Daniel J. 1991. *Out of the Earth: Civilization and the Life of the Soil.* New York: Free Press, Macmillan.

Howard, W. J. 1991. *Life's Beginnings*. Coos Bay, OR: Coast Publishing.

Hughes, J. Donald. 1975. *Ecology in Ancient Civilizations.* Albuquerque: University of New Mexico.

Hughes, J. Donald, ed. 2000. *The Face of the Earth: Environment and World History*. Armonk, NY: M.E. Sharpe.

Hughes, Sarah Shaver, and Brady Hughes. 2001. "Women in Ancient Civilizations." In Michael Adas, ed., *Agricultural and Pastoral Societies in Ancient and Classical History.* Philadelphia: Temple University Press, 116–150.

Iliffe, John. 1995. *Africans: The History of a Continent.* New York: Cambridge University Press.

James, Edward. 1988. *The Franks.* London and New York: Blackwell.

Jaspers, Karl. 1953. *The Origin and Goal of History*. Translated by Michael Bullock. New Haven: Yale University Press.

Jay, Peter. 2000. *The Wealth of Man*. New York: Public Affairs.

Jean, Georges. 1992. *Writing: the Story of Alphabets and Scripts.* Translated from the French by Jenny Oates. New York: Harry N. Abrams.

Johns, Catherine. 1982. *Sex or Symbol? Erotic Images of Greece and Rome.* London: British Museum Press.

Jones, Gwyn. 1984. *A History of the Vikings*, rev. ed. Oxford and New York: Oxford University Press.

Keiger, Dale. "Clay, Paper, Code." *Johns Hopkins Magazine*. (September 2003), 34–41.

Kennedy, Paul. 1991. *Preparing for the Twenty-first Century.* New York: Ballantine.

Kicza, John E. 2001. "The People and Civilizations of the Americas Before Contact." In Michael Adas, ed. *Agricultural and Pastoral Societies in Ancient and Classical History.* Philadelphia: Temple University Press, 183–223.

Kilgour, Frederick. 1998. *The Evolution of the Book.* New York: Oxford University Press.

Kivel, Paul. 2004. *You Call This a Democracy? Who Benefits, Who Pays, and Who Really Decides.* New York: Apex Press.

Kirshner, Robert T. 2003. *The Extravagant Universe: Exploding Stars, Dark Energy and the Accelerating Cosmos.* Princeton, NJ: Princeton University Press.

Knight, Franklin W. *"Black Athena." Journal of World History* 4, no. 2 (Fall 1993), 325–327.

Kolbert, Elizabeth. "Why Work?" *New Yorker* (November 29, 2004), 154–160.

Kurlansky, Mark. 2002. *Salt: A World History*. New York: Walker.

Kurtz, Lester. 1995. *Gods in the Global Village: The World's Religions in Sociological Perspective.* Thousand Oaks, CA: Pine Forge Press.

Leakey, Richard, and Roger Lewin. 1995. *The Sixth Extinction: Patterns of Life and the Future of Mankind.* New York: Doubleday.

Levathes, Louise. 1994. *When China Ruled the Seas: The Treasure Fleet of the Dragon throne, 1405–1433.* New York: Simon and Schuster.

Lewin, Roger. 1988. *In the Age of Mankind.* Washington, DC: Smithsonian Books.

———. 1999. *Human Evolution: An Illustrated Introduction*, 4th ed. Malden, MA: Blackwell Science.

Liu, Xinru. 2001. "The Silk Road: Overland Trade and Cultural Interactions in Eurasia." In Michael Adas, ed., *Agricultural and Pastoral Societies in Ancient and Classical History.* Philadelphia: Temple University Press, 151–179.

Lomborg, Bjorn. 2001. *The Skeptical Environmentalist: Measuring the Real State of the World.* Cambridge: Cambridge University Press.

Love, Spencie. 1996. *One Blood: The Death and Resurrection of Charles R. Drew*. Chapel Hill, NC: University of North Carolina Press.

Lovejoy, Paul E. 2000. *Transformations in Slavery: A History of Slavery in Africa*, 2nd ed. Cambridge: Cambridge University Press.

Lovelock, James. 1979. *Gaia: A New Look at Life on Earth.* Reprint, Oxford: Oxford University Press, 1987.

———. 1988. *The Ages of Gaia: A Biography of Our Living Earth*. New York: Bantam Books.

MacMullen, Ramsey. 1984. *Christianizing the Roman Empire (A.D. 100–400).* New Haven and London: Yale University Press.

McNeill, J.R. 2000. *Something New Under the Sun: An Environmental History of the Twentieth-Century World.* New York: W. W. Norton.

McNeill, J. R. and William H. McNeill. 2003. *The Human Web: A Bird's-Eye View of World History*. New York: W. W. Norton.

McNeill, William H. 1976. *Plagues and People.* Garden City, NJ: Anchor Press/ Doubleday.

———. 1992. *The Global Condition: Conquerors, Catastrophes and Community*. Princeton, NJ: Princeton University Press.

———. "New World Symphony." *New York Review of Books* (December 1, 2005), 43–45.

———. "Secrets of the Cave Paintings." *New York Review of Books* (October 19, 2006), 20–23.

Mann, Charles C. 2005. *1491: New Revelations of the Americas Before Columbus.* New York: Alfred A. Knopf.

Manning, Patrick. 1990. *Slavery and African Life: Occidental, Oriental and African Trade.* Cambridge and New York: Cambridge University Press.

Margulis, Lynn, and Dorion Sagan. 1986. *Microcosmos: Four Billion Years of Evolution from Our Microbial Ancestors.*

Berkeley: University of California Press; rev. ed. 1997.

Marks, Jonathan. 2002. *What It Means to Be 98% Chimpanzee: Apes, People, and Their Genes.* Berkeley: University of California Press.

Markus, Robert Austin. 1974. *Christianity in the Roman World.* London: Thames and Hudson.

Meadows, Donella, et al. *The Limits to Growth: A Report for the Club of Rome's Project on the Predicament of Mankind.* New York: Universe Books.

Meadows, Donella, Jorgen Randers, and Dennis Meadows. 2004. *Limits to Growth: The 30-Year Update.* White River Junction, VT: Chelsea Green Publishing.

Mears, John A. 2001. "Agricultural Origins in Global Perspective." In Michael Adas, ed., *Agricultural and Pastoral Societies in Ancient and Classical History*. Philadelphia: Temple University Press, 36–70.

Mellaart, James. 1967. Çatal Hüyük: A Neolithic Town in Anatolia. New York: McGraw-Hill.

Meltzer, Milton. 1990. *Columbus and the World Around Him*. New York: Franklin Watts.

Menzies, Gavin. 2002. *1421: The Year China Discovered America*. New York: William Morrow.

Miles, Rosalind. 1990. *The Women's History of the World.* New York: Harper and Row, 1990.

Miller, Walter. 1959. *A Canticle for Leibowitz*. New York: Bantam, reprint 1997.

Mitchell, Stephen. 2004. *Gilgamesh: A New English Version.* New York: Free Press.

Mithen, Stephen. 1996. *The Prehistory of the Mind: The Cognitive Origins of Art, Religion and Science*. London: Thames and Hudson.

Moore, Stephen, and Julian L. Simon. 2000. *It's Getting Better All the Time: 100 Greatest Trends of the Last 100 Years.*

Washington, DC: Cato Institute.

Morgan, David. 1986. *The Mongols.* Oxford: Basil Blackwell.

Morris, Craig, and Adriana von Hagen. 1993. *The Inka Empire and its Andean Origins.* New York: Abbeville Press and the American Museum of Natural History.

Officer, Charles, and Jake Page. 1993. *Tales of the Earth: Paroxysms and Perturbations of the Blue Planet.* New York: Oxford University Press.

Pacey, Arnold. 1990. *Technology in Civilization: A Thousand-Year History*. Cambridge, MA: MIT Press.

Patterson, Thomas C. 1991. *The Inca Empire: The Formation and Disintegration of a Pre-Capitalist State.* New York and Oxford: Berg, St. Martin's Press [distributor].

Pearce, Fred. 2006. *When Rivers Run Dry.* Boston: Beacon.

Pinker, Stephen. 1994. *The Language Instinct: How the Mind Creates Language*. New York: William Morrow; 2000, HarperCollins Perennial.

———. 1997. *How the Mind Works.* New York: W.W. Norton.

Pollan, Michael. 2001. *Botany of Desire: A Plant's Eye View of the World.* New York: Random House.

Pomeranz, Kenneth. 2000. *The Great Divergence: China, Europe, and the Making of the Modern World Economy.* Princeton, NJ: Princeton University Press.

Ponting, Clive. 1991. *A Green History of the World: The Environment and the Collapse of Great Civilizations.* New York: Penguin.

Potts, Timothy. "Buried Between the Rivers." *New York Review of Books* (September 25, 2003), 18–23.

Prantzos, Nikos. 2000. *Our Cosmic Future: Humanity's Fate in the Universe*. Cambridge: Cambridge University Press.

Ratchnevsky, Paul. 1991. *Genghis Khan: His Life and Legacy.* Trans. T. N. Haining. Oxford: Blackwell.

Rees, Martin. 2003. *Our Final Hour: A Scientist's Warning: How Terror, Error, and Environmental Disaster Threatens Humankind's Future in this Century—On Earth and Beyond.* New York: Basic Books.

Relethford, John H. 1994. *The Human Species: An Introduction to Biological Anthropology*, 2nd ed. Mountain View, CA: Mayfield Publishing.

Reston, James Jr. 2005. *Dogs of God: Columbus, the Inquisition, and the Defeat of the Moors.* New York: Doubleday.

Richards, John F. 2003. *The Unending Frontier: An Environmental History of the Early Modern World.* Berkeley: University of California Press.

Ridley, Mark. 1996. *The Origins of Virtue: Human Instincts and the Evolution of Cooperation.* New York: Viking Penguin.

Robinson, Kim S. 1991. *Red Mars*. New York: Bantam.

———. 1994. *Green Mars*. New York: Bantam.

———. 1996. *Blue Mars*. New York: Bantam.

Rollins, Allen M. 1983. *The Fall of Rome: A Reference Guide*. Jefferson, NC: McFarland and Company.

Ronan, Colin A. 1978. *The Shorter Science and Civilization in China: An Abridgement of Joseph Needham's Original Text*, vol. 1. Cambridge, England: Cambridge University Press.

Rue, Loyal. 2000. *Everybody's Story: Wising Up to the Epic of Evolution.* New York: State University of New York Press.

Ruhlen, Merritt. 1994. *The Origin of Language: Tracing the Evolution of the Mother Tongue*. New York: John Wiley.

Ryan, William, and Walter Pitman. 1999. *Noah's Flood: The New Scientific Discoveries About the Event That Changed*

*History*. New York: Simon and Schuster.

Sahlins, Marshall. 1972. *Stone Age Economics.* Chicago and New York: AldineAtherton, Inc.

Sales, Kirkpatrick. 1990. *The Conquest of Paradise: Christopher Columbus and the Columbian Legacy*. New York: Alfred A. Knopf.

Sands, Roger. 2005. *Forestry in a Global Context*. Cambridge, MA: CABI Publishing.

Sapolsky, Robert. 2001. *A Primate's Memoir: A Neuroscientist's Unconventional Life Among the Baboons*. New York: Simon and Schuster.

Schulman, Erik. 1999. *A Briefer History of Time: From the Big Bang to the Big Mac*. New York: W. H. Freeman.

Shanklin, Eugenia. 1994. *Anthropology and Race.* Belmont, CA: Wadsworth.

Shanks, Hershel, ed. 1988. *Ancient Israel: A Short History from Abraham to the Roman Destruction of the Temple*. Englewood Cliffs, NJ: Prentice-Hall.

Skidelsky, Robert. "The Mystery of Growth." *New York Review of Books* (March 13, 2003), 28–31.

Smil, Vaclav. 1994. *Energy in World History.* Boulder, CO: Westview Press.

Smith, Alan K. 1991. *Creating a World Economy: Merchant Capital, Colonialism and World Trade, 1400–1825*. Boulder, CO: Westview Press.

Smith, Huston. 1991. *The World's Religions*, rev. ed. New York: HarperCollins.

Smith, Huston, and Philip Novak. 2003. *Buddhism: A Concise Introduction*. New York: HarperCollins.

Smolin, Lee. 1998. *The Life of the Cosmos*. London: Phoenix.

Spier, Fred. 1996. *The Structure of Big History: From the Big Bang Until Today.* Amsterdam: Amsterdam University Press.

Standford, Craig. 2001. *Significant Others: The Ape-Human Continuum and the Quest for Human Nature.* New York: Basic Books.

Stavrianos, L.S. 1989. *Lifelines from Our Past: A New World History*. New York: Pantheon Books.

Stearns, Peter N. 1987. *World History: Patterns of Change and Continuity.* New York: Harper and Row.

———. 1993. *The Industrial Revolution in World History*. Boulder, CO: Westview Press.

Sterngold, James. "Experts Fear Nuke Genie's Out of Bottle." *San Francisco Chronicle* (November 22, 2004), A1, 8.

Stuart, George. 1949. *Earth Abides.* New York: Random House.

Summer Institute of Linguistics. 1990. *The Alphabet Makers*. Huntington Beach, CA: Summer Institute of Linguistics.

Swimme, Brian, and Thomas Berry. 1992. *The Universe Story: From the Primordial Flaring Forth to the Ecozoic Era: A Celebration of the Unfolding of the Cosmos*. San Francisco: Harper San Francisco.

Sykes, Bryan. 2001. *The Seven Daughters of Eve: The Science That Reveals Our Genetic Ancestry.* New York: W. W. Norton.

Tainter, Joseph A. 1989. *The Collapse of Complex Societies*. Cambridge: Cambridge University Press.

Temple, Robert. 1986. *The Genius of China: Three Thousand Years of Science, Discovery and Invention.* New York: Simon and Schuster.

Thomas, Hugh. 2004. *Rivers of Gold: The Rise of the Spanish Empire, from Columbus to Magellan.* New York: Random House.

Thomson, Hugh. 2001. *The White Rock: An Exploration of the Inca Heartland.* Woodstock and New York: Overlook Press.

Tilly, Louise A. 1993. "Industrialization and Gender Inequality." In Michael Adas, ed. *Essays on Global and*

*Comparative History*. Washington, DC: American Historical Association.

Todd, Ian A. 1976. Çatal Hüyük in Perspective. Menlo Park, CA: Cummings Publishing.

Tudge, Colin. 1996. *The Time Before History: Five Million Years of Human Impact*. New York: Scribner.

———. 1999. *Neanderthals, Bandits, and Farmers: How Agriculture Really Began*. New Haven and London: Yale University Press.

Turville-Petre, E.O.G. 1975. *Myth and Religion of the North: The Religion of Ancient Scandinavia*. Westport, CT: Greenwood Press.

Tyerman, Christopher. 2006. *God's War: A New History of the Crusades*. Cambridge, MA: Harvard University Press.

Van Doren, Charles. 1991. *A History of Knowledge: Past Present and Future*. New York: Ballantine.

Van Sertima, Ivan. 1976. *They Came Before Columbus*. New York: Random House.

———. 1998. *Early America Revisited*. Piscataway, NJ: Transaction Publishers.

Van Sertima, Ivan, ed. 1992. *African Presence in Early America*. New Brunswick, NJ: Transaction Books.

Wade, Nicolas. "In Click Languages an Echo of the Tongues of the Ancients." *New York Times* (March 18, 2003), science section.

Ward-Perkins, Bryan. 2005. *The Fall of Rome and the End of Civilization*. Oxford: Oxford University Press.

Weatherford, Jack. 1988. *Indian Givers: How the Indians of the Americas Transformed the World*. New York: Fawcett Columbine.

———. 1991. *Native Roots: How the Indians Enriched America*. New York: Crown Publishers.

———. 2004. *Genghis Khan and the Making of the Modern World*. New York: Crown Publishers.

White, Randall. 1986. *Dark Caves, Bright Visions*. New York: American Museum of Natural History.

Wilford, John Noble. "9000-Year-Old Cloth Found." *San Francisco Chronicle* (August 13, 1993).

Willets, R.F. 1980. "The Minoans." In Arthur Cotterell, ed., *The Penguin Encyclopedia of Ancient Civilizations*. London and New York: Penguin, 204–210.

Williams, Michael. 2003. *Deforesting the Earth: From Prehistory to Global Crisis*. Chicago: University of Chicago Press.

Wilson, David M. 1989. *The Vikings and Their Origins: Scandinavia in the First Millennium*, rev. ed. London: Thames and Hudson.

Wilson, Edward O. 2006. *The Creation: An Appeal to Save Life on Earth*. New York: W. W. Norton.

Wilson, Ian. 2001. *Past Lives: Unlocking the Secrets of Our Ancestors*. London: Cassell.

Wolkstein, Diane, and Samuel Noah Kramer. 1983. *Inanna: Queen of Heaven and Earth: Her Stories and Hymns from Sumer*. New York: Harper and Row.

Wrangham, Richard W. 2001. "Out of the *Pan*, into the Fire: How Our Ancestors' Evolution Depended on What They Ate." In Frans B. M. De Waal, ed., *Tree of Origin:*

*What Primate Behavior Can Tell Us About Human Social Evolution*. Cambridge, MA: Harvard University Press, 121–143.

Yoffee, Norman, and George L. Cowgill, eds. 1988. *The Collapse of Ancient States and Civilizations*. Tucson, AZ: University of Arizona Press.

Zinn, Howard. 1980. *A People's History of the United States*. New York: Harper and Row.

**大歷史**：從宇宙大霹靂到今天的人類世界
**Big History**：From the Big Bang to the Present

作　　者❖辛西婭．史托克斯．布朗 Cynthia Stokes Brown
譯　　者❖楊惠君、蔡耀緯
封面設計❖兒日設計
排　　版❖張彩梅
校　　對❖魏秋綢
總 編 輯❖郭寶秀
責任編輯❖郭棤嘉
行　　銷❖力宏勳

事業群總經理❖謝至平
發 行 人❖何飛鵬

出　　版❖馬可孛羅文化
台北市南港區昆陽街16號4樓
電話：(886)-2-25000888
發　　行❖英屬蓋曼群島商家庭傳媒股份有限公司城邦分公司
台北市南港區昆陽街16號8樓
客服服務專線：(886)2-25007718；25007719
24小時傳真專線：(886)2-25001990；25001991
服務時間：週一至週五9:00～12:00；13:00～17:00
劃撥帳號：19863813 戶名：書虫股份有限公司
讀者服務信箱：service@readingclub.com.tw
香港發行所❖城邦（香港）出版集團有限公司
香港九龍九龍城土瓜灣道86號順聯工業大廈6樓A室
電話：(852)25086231　傳真：(852)25789337
E-mail：hkcite@biznetvigator.com
馬新發行所❖城邦（馬新）出版集團【Cite (M) Sdn. Bhd.(458372U)】
41, Jalan Radin Anum, Bandar Baru Seri Petaling,
57000 Kuala Lumpur, Malaysia
電話：(603)90563833　傳真：(603)90576622
Email：services@cite.my
輸出印刷❖中原造像股份有限公司
初版一刷❖2017年12月
二版一刷❖2024年12月
紙本書定價❖500元
電子書定價❖350元

ISBN：978-626-7520-34-5
EISBN：9786267520338
城邦讀書花園
www.cite.com.tw


國家圖書館出版品預行編目資料

大歷史：從宇宙大霹靂到今天的人類世界／辛西婭．史托克斯．布朗(Cynthia Stokes Brown)作；楊惠君，蔡耀緯翻譯. -- 二版. -- 臺北市：馬可孛羅文化出版：英屬蓋曼群島商家庭傳媒股份有限公司城邦分公司發行，2024.12
面；　公分
譯自：Big history : from the Big Bang to the present
ISBN 978-626-7520-34-5（平裝）
1.CST: 世界史 2.CST: 人類生態學
711　　113016890